RUND UM DIE ERDE

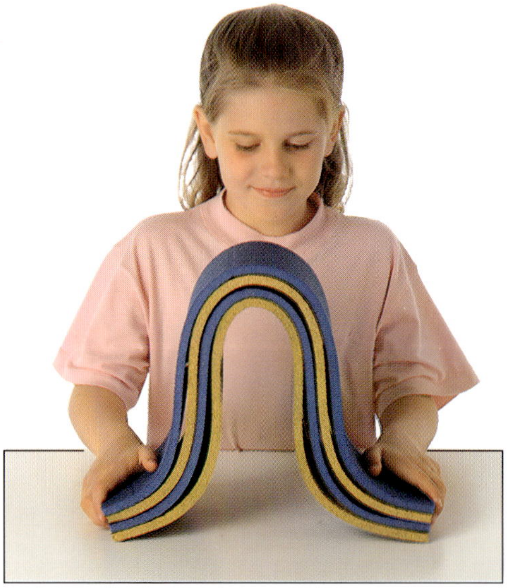

Felsschichten auffalten

Ein Planetarium basteln, das die Bewegung von Erde, Sonne und Mond zeigt

Beobachten, wie Magma unterirdisch aufsteigt

»Kontinente« auseinandertreiben – durch Aufwerfen einer neuen »Meeresbodenkruste«

Das Geräusch von Regen nachmachen

BEOBACHTEN · EXPERIMENTIEREN · ENTDECKEN

Spannende Projekte und Versuche

RUND UM DIE ERDE

Ein Buch für die ganze Familie

Das Magnetfeld der Erde demonstrieren

John Farndon

Ein Donnerblech

Sedimentmuster mit Schlamm und Sand erzeugen

Christian Verlag

HINWEIS

Alle Experimente, die ins Buch aufgenommen wurden, sind ungefährlich und wurden von Fachleuten sorgfältig ausgewählt und überprüft. Wenn erhöhte Vorsicht oder die Aufsicht von Erwachsenen vonnöten ist, wird jeweils darauf hingewiesen. Es ist selbstverständlich, daß nicht alle Versuche für Kinder aller Altersklassen gleichermaßen geeignet sind. Der Verlag kann keine Haftung übernehmen, falls bei der Durchführung der im Buch beschriebenen Experimente Schäden entstehen.

Aus dem Englischen übertragen von Michael Schmidt

Redaktion: Hans-Jürgen Voss
Korrektur: Silvia Rehder
Register: Michael Schmidt
Fachliche Beratung: Florian Bleibinhaus (Geophysik), Silke und Peter Kaufhold (Geologie)
Umschlaggestaltung: Ludwig Kaiser
Herstellung: Dieter Lidl
Satz: Josef Fink GmbH, München

Die Originalausgabe mit dem Titel *How the Earth Works* wurde erstmals 1992 im Verlag Dorling Kindersley Limited, London, veröffentlicht

Text: John Farndon
Spezialbeiträge: David Burnie
Fotos: Michael Dunning

DK Ein Dorling Kindersley Buch

Druck und Bindung: Tien Wah Press, Singapore
Printed in Singapore

ISBN 3-88472-217-4

Inhalt

PLANET ERDE

DER AUFBAU DER ERDE

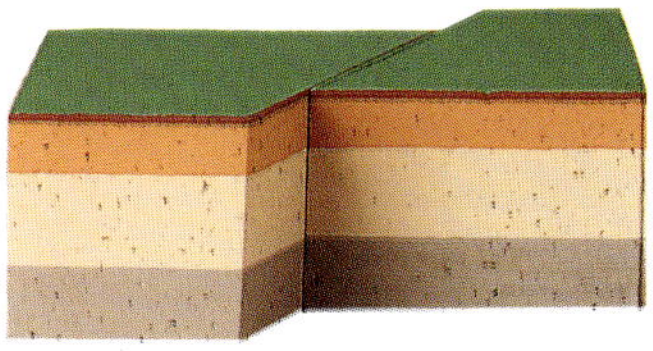

GEWALTIGE KRÄFTE

Gestein und Boden

Landschaft im Wandel

Das Meer

Die Atmosphäre

EINFÜHRUNG

Warum brechen Vulkane aus? Wieso weht der Wind? Wie ist das Felsgestein entstanden? Immer schon haben sich Menschen diese Fragen gestellt – nicht nur aus purer Neugier, sondern weil es lebenswichtig sein könnte, auf ein Erdbeben oder einen Hurrikan vorbereitet zu sein.
Es ist gar nicht lange her, da erschien die Erde so dunkel und geheimnisvoll wie heute für uns die äußeren Grenzen des Weltalls. Vor 1500 Jahren glaubten einige Gelehrte noch, die Erde werde von vier Elefanten getragen, die auf einer Riesenschildkröte stehen. Und vor 300 Jahren waren viele Wissenschaftler tatsächlich der Ansicht, das Innere der Erde wäre voller Wasser; andere beharrten darauf, daß Vulkane nichts weiter als gewaltige Kohlenfeuer wären. Seither wissen wir eine ganze Menge mehr über die Erde und die Vorgänge, die sich auf und in ihr abspielen. Zu den wichtigen Entdeckungen aus jüngerer Zeit gehört die Erkenntnis, daß die Erdoberfläche aus einer Reihe beweglicher Platten besteht. Somit kann man nun auch erklären, wie Gebirge entstanden sind, warum es an manchen Orten Erdbeben und anderswo Vulkane gibt, und vieles mehr. Einige Entdeckungen sind dem Vorstoß in schwer zugängliche Gebiete wie die Tiefsee oder der Verwendung komplizierter Geräte wie Laser zu verdanken. Viele aber beruhen auf einfachen Experimenten und sorgfältiger Beobachtung.

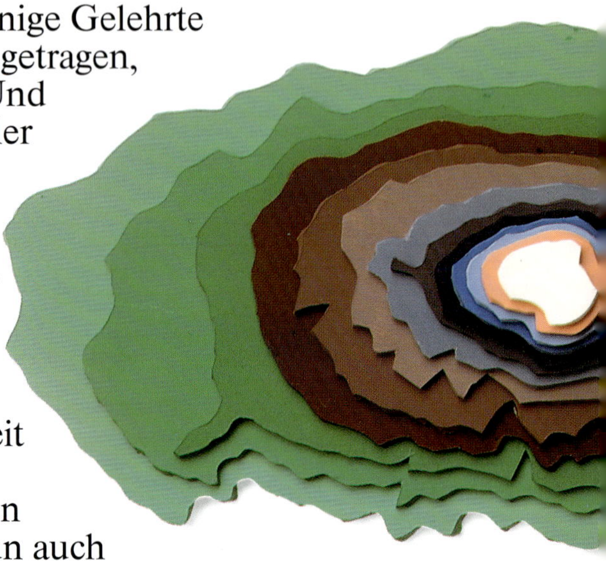

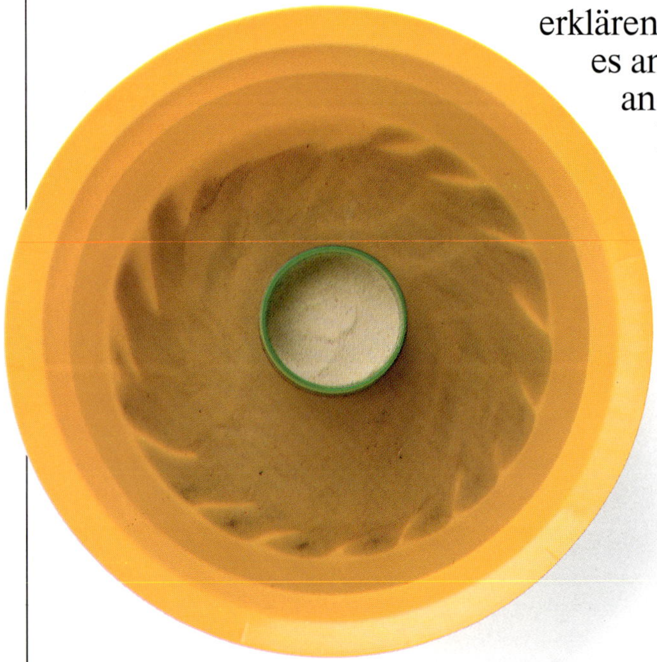

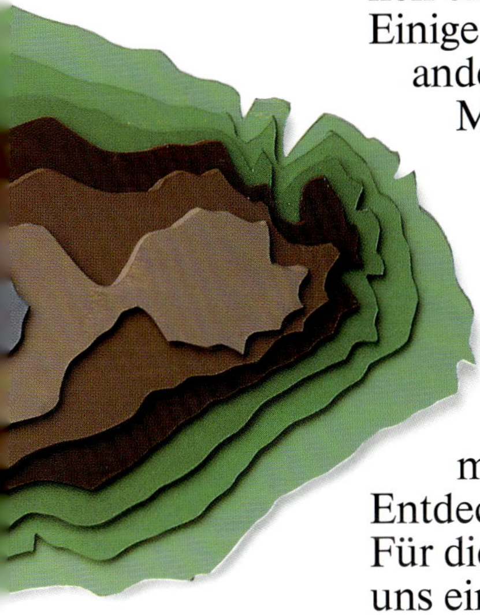

Auf diesem Wege will auch unser Buch Kenntnisse über unsere Erde vermitteln.
Alle darin dargestellten Experimente können zu Hause mit einfachen, alltäglichen oder leicht zu besorgenden Gegenständen ausgeführt werden. Die ganze Familie kann sich daran beteiligen, und wo die Hilfe oder Aufsicht eines Erwachsenen erforderlich ist, wird eigens darauf hingewiesen.
Einige dieser Versuche lassen sich schnell bewerkstelligen, andere sind kniffliger und erfordern mehr Zeit und Mühe. Wenn beispielsweise der Modellbach wirklich funktionieren soll, muß man ihn mehrere Tage lang laufen lassen und ihn immer wieder kontrollieren. Am besten ist es, wenn ihr eure Experimente und Projekte mit den Vorgängen in der freien Natur vergleicht. Denn sobald ihr einmal wißt, wie Eis Felsen sprengt oder warum Wolken Regen bringen, seht ihr die Welt vielleicht mit anderen Augen und macht eure eigenen Entdeckungen.
Für dieses Buch haben wir uns einen kleinen Gag einfallen lassen. Blättert einmal die oberen Ecken der Seiten von hinten nach vorn rasch um, wie bei einem Daumenkino. Dabei scheint sich der kleine Globus zu drehen – genau wie unsere Erde.

Das Heimlabor

Fast alle Experimente in diesem Buch lassen sich mit einfachen Materialien, Werkzeugen und Utensilien ausführen. Die meisten findet man zu Hause vor, besonders in der Küche, oder man kann sie sich sonst leicht besorgen. Auf diesen beiden Seiten zeigen wir einige nützliche Dinge für euer eigenes erdkundliches Labor.

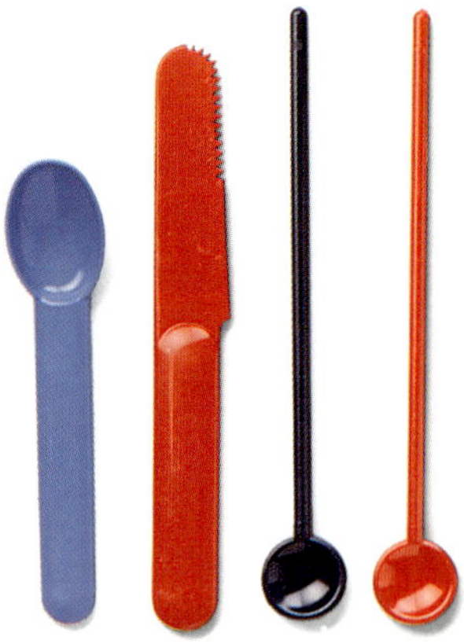

Plastiklöffel *Plastikmesser* *Rührlöffel*

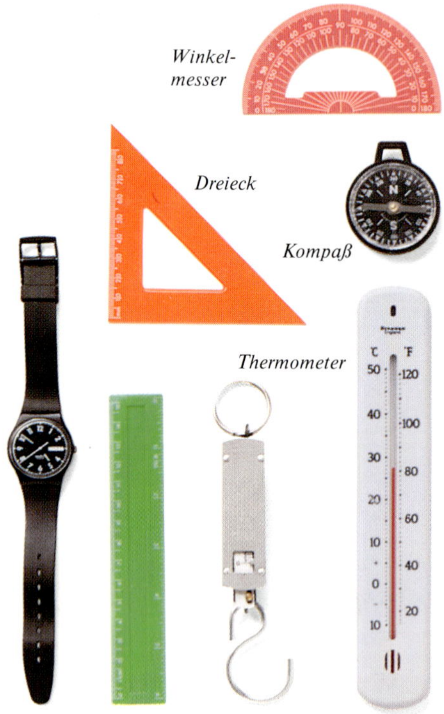

Winkelmesser *Dreieck* *Kompaß* *Thermometer* *Uhr* *Lineal* *Federwaage*

Mischen, Messen und Befestigen

Hier ein paar nützliche Dinge zum Mischen, Befestigen und Messen. Die Uhr sollte die Sekunden anzeigen, das Thermometer Temperaturen von - 10 °C bis 40 °C.

Schrauben *Schnur* *Draht* *Nägel* *Holzleim* *Papierclips* *Universalkleber*

Meßbecher

Materialien

Für einige Experimente und Projekte müßt ihr Grundmaterialien kaufen wie Sperrholz, Balsaholz, Plastilin, Karton und Lebensmittelfarben. Sand und Kies besorgt ihr euch in kleinen Mengen im Baumarkt oder Gartencenter – wenn ihr nicht gerade am Meer wohnt.

Sperrholz *Balsaholz*

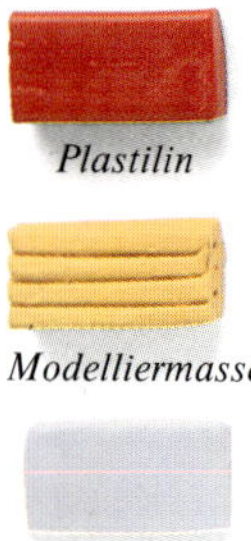

Plastilin *Modelliermasse* *Plastikkitt*

Sand *Kies* *Erde*

Farbiger Karton

Lebensmittelfarben

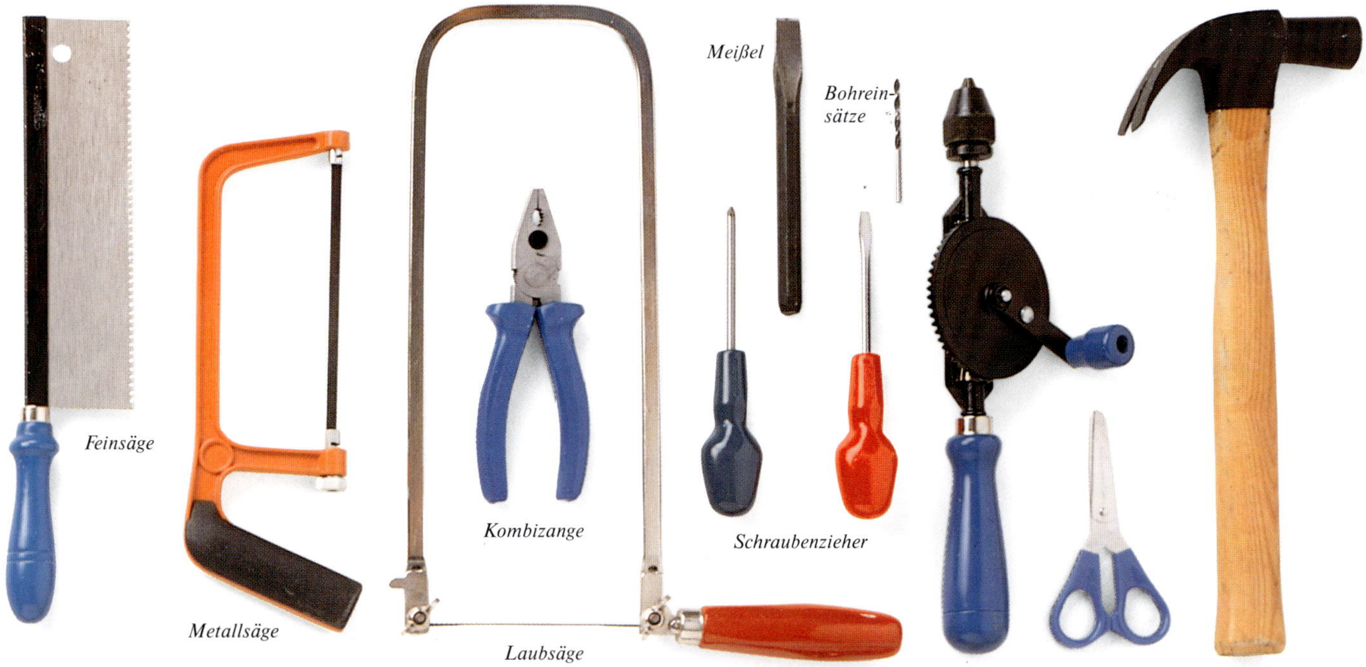

Werkzeuge

Für viele Experimente braucht ihr eine Schere, ein scharfes Teppichmesser sowie Schreiber, Bleistifte und Farben. Nützlich für weitere Bastelarbeiten sind ein kleiner Hammer, eine Feinsäge und eine Handbohrmaschine mit Einsätzen. Wenn ihr scharfe Werkzeuge oder Instrumente verwendet, solltet ihr einen Erwachsenen um Hilfe bitten.

Nützliche Dinge

Alle Küchengegenstände – selbst alte Plastikflaschen und Gläser – können für Experimente verwendet werden. Danach sind sie nicht mehr zur Aufbewahrung von Lebensmitteln zu gebrauchen.

PLANET ERDE

Eine Kugel im Weltall
Am einfachsten kann man die Erde als Ganzes mit einem Globus studieren. Dieser hier stammt aus dem 18. Jahrhundert. Doch der beste Blick auf die Krümmung der Erdkugel ist heutzutage aus dem Weltraum möglich (links).

Aufnahmen aus dem Weltraum haben inzwischen überzeugend bewiesen, was die Menschen schon vor langer Zeit herausgefunden hatten, aber selbst nicht sehen konnten: daß unsere Erde nämlich nichts weiter als eine winzige blaue Kugel ist, die durch die ungeheure Leere des Weltalls rast. Um uns herum ist nichts als Finsternis – außer dem feurigen Glanz einer viel größeren Kugel, der Sonne, und dem blassen Licht ferner Sterne.

WAS IST DIE ERDE?

Unsere Erde ist nur eine winzige Kugel unter zahllosen anderen Kugeln, die übers Universum verteilt sind. Jeden Tag dreht sie sich einmal um ihre Achse. Jedes Jahr bewegt sie sich auf einer Bahn von fast einer Milliarde Kilometern um die Sonne, zusammen mit den acht anderen Planeten im Sonnensystem. Unser Nachbarplanet Venus ist über 40 Millionen km entfernt, unser Mond knapp 400 000 km, und die nächsten Sterne sind so weit weg, daß ihr Licht viele Jahre bis zu uns braucht.

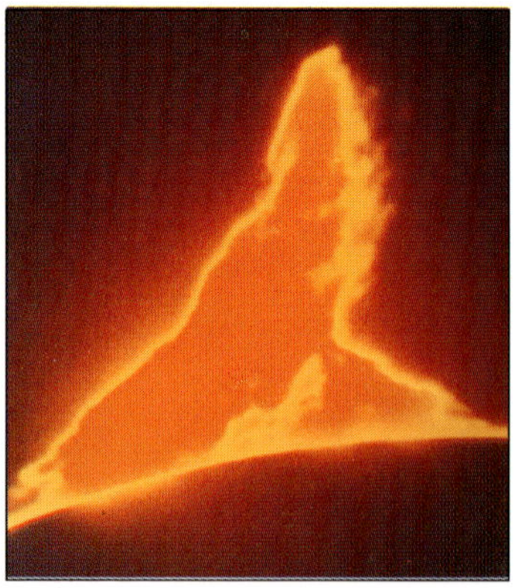

Die gewaltige Energie, die die Sonne ausstrahlt, hält unseren Planeten warm und gibt uns Licht.

Die Vorstellung, daß die Erde eine Kugel ist, die sich im Weltraum dreht, ist uns völlig vertraut und wir können kaum nachvollziehen, daß die Menschen früher ein ganz anderes Weltbild hatten. Was aber soll man glauben, wenn man sich nur auf die eigenen Beobachtungen verläßt? Soweit man sehen kann, schaut die Welt doch flach aus. Man hat auch nicht das Gefühl, als ob die Erde sich bewege. Eigentlich sieht man nur, daß sich Sonne, Mond und Sterne bewegen. Wenn man es nicht besser wüßte, könnte man glauben, man befände sich im Mittelpunkt des Universums und die Erde wäre flach und stünde still.

Jedenfalls haben das viele Menschen bis zum Ende des Mittelalters geglaubt. Doch dann wurde diese bequeme Weltsicht durch zwei kurz aufeinanderfolgende Ereignisse im 16. Jahrhundert erschüttert: 1522 kehrte Fernão de Magalhães' – bei uns Magellan genannt – Schiff »Victoria« am Ende einer Weltumseglung nach Spanien zurück – der Beweis, daß die Welt rund ist. Und 1530 schrieb der Astronom Nikolaus Kopernikus (1473 – 1543) in seinem Werk »De revolutionibus orbium coelestium (Über die Kreisbewegungen der Himmelskörper)«, die Erde sei nicht im Mittelpunkt des Universums befestigt, sondern drehe sich täglich um ihre Achse und bewege sich alljährlich wie die anderen Planeten einmal um die Sonne. Die meisten Menschen akzeptierten die Vorstellung, daß die Erde rund sei, aber der Gedanke, sie sei nichts weiter als einer von vielen Planeten, war doch so schockierend, daß die katholische Kirche im Jahre 1616 schließlich Kopernikus' Buch verbot – bis 1830!

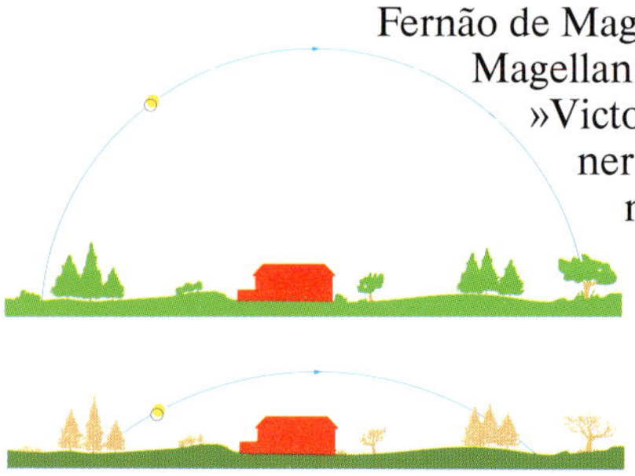

Der Tagbogen der Sonne (oben Sommer, unten Winter) ändert sich wegen der Erdachsenneigung.

Kopernikus zeigte, daß sich die Erde um die Sonne dreht – nicht umgekehrt.

Runde Welt

Doch weder die Vorstellung einer kugelrunden Erde noch Kopernikus' Ansicht über das Universum war neu – bereits 1700 Jahre vorher hatten sich die alten Griechen ähnliche Gedanken gemacht. Sie bemerkten verschiedene Hinweise auf die wahre Form der Erde, obwohl sie nur einen Bruchteil der ganzen Erde kannten.

Wir wissen nicht, wer zum erstenmal behauptet hat, daß die Erde rund ist. Bei den Pythagoreern, einer auf Pythagoras zurückgehenden Philosophenschule, die im 6. Jahrhundert v. Chr. in einer griechischen Kolonie in Italien lehrte, galt diese Ansicht jedenfalls als gesichert. Die am Meer wohnenden Griechen konnten sehen, wie Schiffe hinter dem Horizont verschwanden, und sie hörten von Reisenden, daß neue Sterne auftauchten, wenn man sich nach Norden begab, aber wieder verschwanden, wenn man nach Süden reiste. Dafür gab es nur eine Erklärung: Die Erde ist rund. Folglich hatten die Pythagoreer auch die Vorstellung eines runden Weltalls: Die Erde sei von Schalen oder Sphären umgeben, auf denen Sonne, Mond, Planeten und Sterne befestigt seien und um die Erde kreisten. Aristoteles (384 – 322 v. Chr.) fand einen weiteren Beweis für die Kugelgestalt der Erde: der runde Schatten der Erde während einer Mondfinsternis (S. 24).

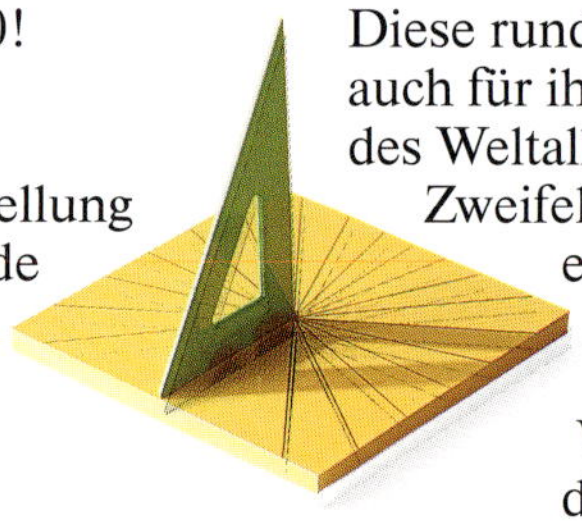

Auf der Sonnenuhr wandert der Schatten mit der Erddrehung (S. 18).

Diese runde Erde war aber auch für ihn der Mittelpunkt des Weltalls. Es blieben aber Zweifel. Warum wandern eigentlich die Planeten am Himmel langsam von West nach Ost quer durch die Sterne, während sich die Sternbilder als Ganzes von Ost nach West am Himmel bewegen? Und müßten bei diesem Weltbild dann nicht auch die Sphären mit den Sternen unglaublich schnell kreisen, damit der Sternenhimmel jeden Tag einmal die Erde umrundet?

Im Mittelpunkt die Sonne

Der griechische Astronom Aristarchos von Samos (um 310 – um 230 v. Chr.) konnte diese Fragen beantworten: Nicht die Sterne sind es, die sich täglich um ihre Achse drehen, sondern die Erde. Diese wandert während eines Jahres in einem riesigen Kreis um die Sonne – daher tauchen im Laufe eines Jahres auch andere Sternbilder auf. Und die Planeten scheinen sich einfach nur deshalb rückwärts zu bewegen, weil sie ein wenig langsamer als die Erde kreisen.
Doch Aristarchos fand nur wenig Zustimmung. Wenn die Erde wirklich um die Sonne kreise, müßte man doch bei den Sternen Parallaxenverschiebungen feststellen, erklärten seine Gegner: Die Sterne müßten sich dann doch scheinbar relativ zueinander verschieben, wenn sich die Erde an ihnen vorbeibewege. Darauf konnte Aristarchos nur erwidern, die Sterne seien so weit von uns entfernt, daß wir solche Verschiebungen nicht wahrnehmen könnten.
Er hatte völlig recht: Mit modernen Teleskopen können wir tatsächlich Parallaxenverschiebungen bei nahen Fixsternen feststellen.

Planetarien wurden im späten 17. Jahrhundert entwickelt. Man demonstrierte damit, wie sich die Erde um die Sonne dreht. Dieses einfache Modell könnt ihr selber bauen (S. 14).

Es wollte auch die Vorstellung von konzentrisch ineinander kreisenden Sphären nicht so recht zu der Beobachtung passen, daß die Bahnen von Sonne, Mond und Planeten ein wenig schwanken. Astronomen wie Hipparch (um 190 – um 125 v. Chr.) erklärten, Sonne, Mond und Planeten vollführten exzentrische Kreise. Ptolemäus (um 100 – nach 160) führte den Begriff der Epizyklen (der ineinanderkreisenden Kreise) ein und baute eine Maschine, die vollkommen der Bewegung der Himmelssphären zu entsprechen schien – wobei sich die Erde immer noch im Mittelpunkt befand. Bis hin zu Kopernikus war dieses System weithin anerkannt.

Die Sonne geht jeden Tag im Westen unter, da sich die Erde mit uns rasend schnell nach Osten dreht – außer Reichweite der Sonnenstrahlen.

Finsteres Mittelalter

Im Mittelalter gerieten viele Erkenntnisse der Griechen in Europa in Vergessenheit. Einige christliche Gelehrte beharrten sogar darauf, daß die Erde nicht rund sei – sie machten sich über die Vorstellung lustig, daß die Menschen auf der anderen Seite der Welt »auf dem Kopf stehen«, und stellten das Universum als Haus mit dem Himmel als Dach dar. Auf mittelalterlichen »Mappae mundi« (Weltkarten) war die Welt eine flache Scheibe, umgeben vom Weltmeer.
In der arabischen Welt jedoch hatten Gelehrte die Ideen der Griechen bewahrt, und als die Europäer vom 13. Jahrhundert an mit den Arabern Kontakt aufnahmen und europäische Kaufleute immer weiter herumkamen, erhielt die Vorstellung von einer runden Erde allmählich wieder mehr Zuspruch.
Und dies um so mehr, als man 1395 die über 1000 Jahre in Vergessenheit geratene bedeutende »Einführung in die Geographie« des Ptolemäus wiederentdeckte.

Wiederentdeckung

Die großen Seereisen des 15. Jahrhunderts erweiterten das Wissen der Menschen über die Erde gewaltig, und nach Magellans Weltumseglung zweifelten nur noch wenige an der Kugelgestalt der Erde.
Viel schwieriger war es dagegen, das ptolemäische Weltbild von der Erde im Mittelpunkt des Universums zu verändern. Doch Kopernikus zeigte, daß alle Bewegungen von Sonne, Mond und Planeten viel leichter erklärt werden können, wenn man die Sonne in den Mittelpunkt rückt. Denn wenn man annimmt, daß die Erde sich täglich um sich selbst und jährlich einmal um die Sonne dreht, kann man sich alle komplizierten Epizyklen und Exzentrizitäten sparen. Nun kreisen nur noch die winzige Erde und die Planeten durchs leere Weltall um die Sonne, und die Sterne sind weit weg. Für die meisten Zeitgenossen von Kopernikus war dieses Bild äußerst irritierend und selbst heute noch kann man sich auf der Erde einsam und bedeutungslos vorkommen, wenn man über die Dimensionen im Weltall nachdenkt.

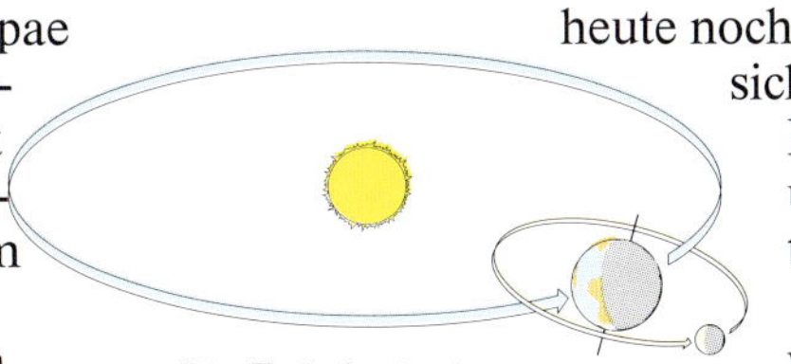

Die Erde kreist in einem Jahr um die Sonne, der Mond in einem Monat um die Erde.

Als die Astronauten vom Raumschiff Apollo 8 im Jahre 1969 auf dem Mond landeten, sahen sie die Scheibe der Erde am Himmel – genauso wie wir den Mond von der Erde aus erblicken.

Die Erde im Weltraum

Während ihr in aller Ruhe dieses Buch lest, könnt ihr euch kaum vorstellen, daß die Erde nur eine winzige Kugel in der unendlichen Weite des Weltalls ist. Noch weniger kann man sich vorstellen, daß sich die Erde wie ein Kreisel mit über 800 km/h um sich selbst dreht und durch die Finsternis mit über 80 000 km/h dahinrast.

Unsere Erde ist einer von neun Planeten, die zum Sonnensystem gehören und um die Sonne kreisen; diese wiederum ist nur einer von 200 Milliarden Sternen in unserer Galaxie - einer riesigen Scheibe, für deren Durchquerung das Licht 80 000 Jahre benötigt. Und unsere Galaxie, die Milchstraße, ist nur eine von 10 Milliarden, die über das gesamte Universum verstreut sind.

EXPERIMENT

Ein Planetarium bauen

Bei diesem Experiment sollte ein Erwachsener helfen.

Nachdem die Menschen im 17. Jahrhundert sicher waren, daß die Erde eine Kugel ist, die sich um die Sonne dreht, begann man Planetarien zu bauen, um die Bewegung von Erde, Mond und Sonne zu demonstrieren.

IHR BRAUCHT
- runde Dose
- dicken Karton
- Balsaholz • Garnrollen • Rundholz
- Gummiband
- Perle • 2 Beilagscheiben • Tischtennisball • Glühbirne mit Fassung
- Batterie • Kabel
- Alurohr • Draht
- Kleber • Isolierband • Werkzeuge

1 Klebt an die Batteriepole mit Isolierband je ein Kabelende, führt die Kabel durch ein Alurohr, das locker in eine Garnrolle paßt und so lang wie 4½ Rollen ist.

2 Bohrt ein Loch von der Stärke des Rohrs in einen Balsaklotz. Klebt ihn in die Dose, steckt zwei Rollen aufs Rohr und dieses in den Klotz.

3 Steckt eine Kartonscheibe von der Größe der Dose aufs Rohr. Bohrt Löcher in die Enden von zwei Balsastreifen, die etwas länger sind als der Dosenradius.

4 Steckt den Balsastreifen aufs Rohr; das Rundholzstück ins Loch am Ende. Dann jeweils Beilagscheibe und Rolle aufstecken sowie den zweiten Balsastreifen.

5 Fixiert den Tischtennisball mit Plastikkitt auf dem Tisch. Bittet einen Erwachsenen, in den Ball ein Loch in Drahtstärke zu bohren.

6 Biegt 8 cm Draht mit Hilfe eines Winkelmessers zurecht, wie in der Zeichnung rechts gezeigt. Bohrt ein Loch ins Rundholz, und steckt den Draht hinein.

8 Spannt das Gummiband über die Rollen, und bewegt mit dem Handgriff die Erde langsam um die Sonne. Beachtet, wie die Erde während der Umdrehungen stets im selben Winkel geneigt ist.

7 Steckt den Ball auf den Draht. Wickelt einen dünneren Draht darum, und befestigt die Perle am Ende. Verbindet die Kabel mit der Birnenfassung und klebt diese an die obere Rolle.

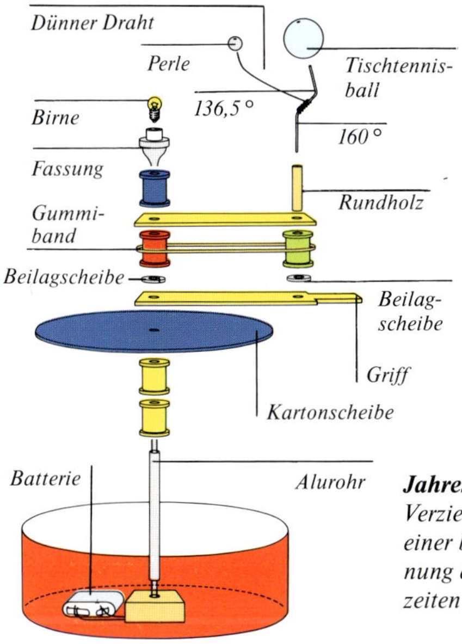

Jahreszeitenschmuck
Verziert die Dose mit einer bunten Zeichnung der vier Jahreszeiten (S. 19).

GROSSE ENTDECKER

Nikolaus Kopernikus

Jahrtausendelang glaubten die meisten Menschen, daß sich die Sonne und alle Planeten um die Erde drehen, wie es schon der griechische Astronom Ptolemäus behauptet hatte. Erst 1530 zeigte Nikolaus Kopernikus (1473 – 1543), daß in Wahrheit die Erde sich zusammen mit den anderen Planeten um die Sonne dreht. Seine Ideen wurden von den entsetzten Kirchenführern als Ketzerei angesehen, und so dauerte es noch ein weiteres Jahrhundert, bis die meisten Menschen einsahen, daß Kopernikus recht hatte. Sein Werk »De revolutionibus orbium coelestium« wurde jedoch von der Kirche lange Zeit verboten.

Alljährliche Reise

Die Erde benötigt genau ein Jahr, um die Sonne zu umkreisen – genauer 365¼ Tage. Darum hat das Jahr 365 Tage, und alle vier Jahre hängen wir im Schaltjahr an den Februar einen Extratag an. Die Umlaufbahn der Erde ist nicht vollkommen kreisförmig, sondern elliptisch (oval), so daß die Erde der Sonne unterschiedlich nahe ist: am nächsten – mit 147,5 Millionen km – am 3. Januar (Perihel), am weitesten entfernt – mit 152,5 Millionen km – am 3. Juli (Aphel).

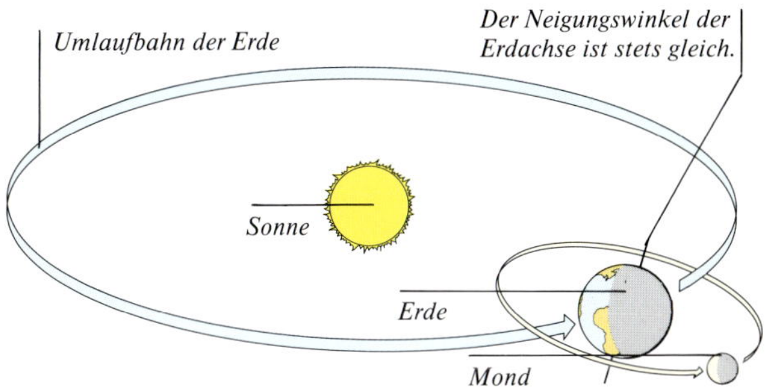

Die Erde dreht sich

Die Erde ist wie ein riesiges Rad mit einer Achse, die vom Nordpol zum Südpol verläuft. Alle 24 Stunden dreht sie sich einmal um ihre Achse, wobei wir einmal der Sonne zu- und dann wieder abgewandt sind – und damit gibt es Tag und Nacht. Diese Bewegung merken wir nicht, weil sie absolut gleichmäßig ist und weil alles um uns sich mit uns bewegt, wie in einem fahrenden Zug. Die Erde dreht sich stets von West nach Ost. Wenn man von oben auf den Nordpol schauen könnte, würde man bemerken, daß sie sich gegen den Uhrzeigersinn dreht. Daher sehen wir die Sonne jeden Tag im Osten auf- und im Westen untergehen.
Alle Orte auf der Erde benötigen 24 Stunden für eine Umdrehung, aber sie drehen sich unterschiedlich schnell: in der Nähe der Pole so gut wie gar nicht, während sie am Äquator mit über 450 m pro Sekunde dahinflitzen – fast 40 000 km am Tag.

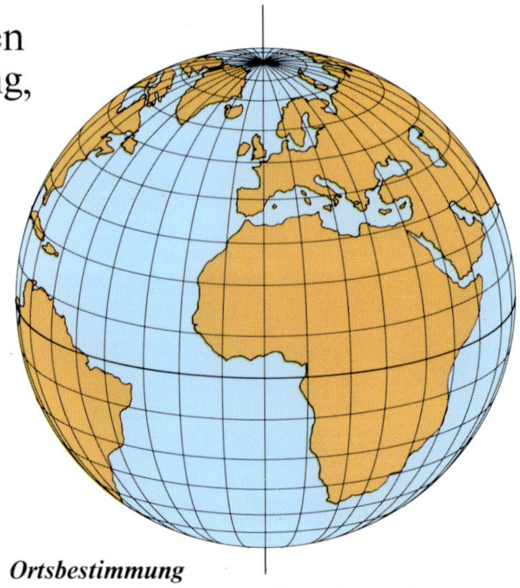

Ortsbestimmung
Damit man die Lage von Orten besser bestimmen kann, weist ein Globus ein Gitternetz von Linien auf, die von Ost nach West (Breitengrade) und von Pol zu Pol (Längengrade) verlaufen.

Tag und Nacht

Da sich die Erde dreht, haben wir Tag und Nacht – wie ihr mit einem Ball und einer Taschenlampe in einem dunklen Zimmer demonstrieren könnt. Die Lampe stellt die Sonne und der Ball die Erde dar. Dabei ist eine Hälfte des Balles immer beleuchtet, die andere immer im Schatten. Wenn ihr die »Pole« des Balls mit den Fingerspitzen festhaltet und den Ball gleichmäßig gegen den Uhrzeigersinn dreht, seht ihr, wie sich einige Bereiche des Balls ins Licht (Sonnenaufgang) drehen, die gegenüberliegenden aber in den Schatten (Sonnenuntergang).

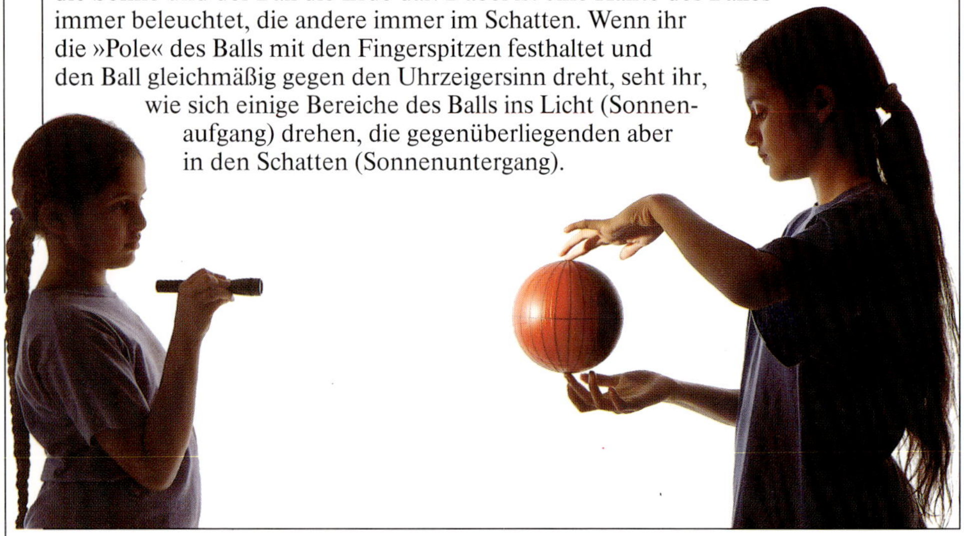

EXPERIMENT

Schwingendes Pendel

Mit einem Gewicht, das an einem sehr langen Draht schwingt, kann man die Erddrehung gut nachweisen. Scheinbar ändert sich die Schwingungsrichtung allmählich – doch nur die Erde darunter bewegt sich. Man nennt dies ein Foucaultsches Pendel, nach dem Physiker Jean Foucault, der es erstmals 1851 vorgeführt hat.

IHR BRAUCHT
- große Plastikflasche
- Sand • Öse
- Schnurknäuel
- Karton • Trichter, evtl. aus Papier gefaltet • Plastikkitt
- Bleistiftstummel
- Handbohrer
- Schere

1 Bohrt auf einem Brett (oder im Schraubstock) in die Flaschenkappe ein Loch, das kleiner als das Ösengewinde ist.

2 Schraubt die Öse in die Flaschenkappe. Zieht daran, um zu prüfen, ob sie auch wirklich fest sitzt.

Die Schnur sollte sicher befestigt sein – vielleicht oben im Treppenhaus.

3 Mit einem Trichter (gefaltetes Papier tut es auch) füllt ihr die Flasche zu zwei Dritteln mit trockenem Sand.

4 Bittet einen Erwachsenen, die Schnur so hoch wie möglich zu befestigen (vielleicht im Treppenhaus), und bindet das Ende an die Öse.

5 Befestigt den Bleistiftstummel mit Kitt am Flaschenboden. Richtet den Knoten an der Öse so aus, daß sich der Bleistift knapp über einem Stück Karton auf dem Boden befindet. Nun laßt ihr die Flasche vorsichtig und sachte weit schwingen. Sobald sie gleichmäßig schwingt, versucht ihr, auf dem Boden liegend, die exakte Schwingungslinie herauszufinden. Könnt ihr nach 15 bis 20 Minuten einen Unterschied feststellen?

Die Schnur sollte mindestens 5 m lang sein, damit die Schwingung genügend lang und gleichmäßig erfolgt, um eine Richtungsänderung sichtbar zu machen.

Das Pendel scheint die Richtung allmählich zu ändern – tatsächlich aber dreht sich die Erde darunter. An den Polen beträgt die Richtungsänderung 360° in 24 Stunden, am Äquator dagegen ist sie gleich Null.

Mit Sand beschwerte Plastikflasche

Schwingungslinie des Pendels zu Beginn des Experiments

Großes, sauberes Stück Karton

Sonne und Erde

Wenn die Sonne scheint, wirft sie deutliche Schatten. Am Mittag, wenn sie hoch am Himmel steht, sind die Schatten kurz. Aber wenn sie am Nachmittag zu sinken beginnt, werden die Schatten immer länger. Auch am Morgen sind sie lang, denn da steht die Sonne ebenfalls tief am Himmel. Im Grunde ändert sich die Länge der Schatten ständig – nicht nur im Laufe jeden Tages, sondern während des ganzen Jahres, je nachdem wie hoch die Sonne steht.

Auch wenn die Sonne über den Himmel zu wandern scheint, so bewegt sich in Wirklichkeit die Erde (und wir mit ihr) um die Sonne. Die Sonne geht nur scheinbar auf und unter, wenn wir uns mit der Erde um sie drehen und uns mehr oder weniger direkt ihr gegenüber befinden. Am kürzesten sind die Schatten mittags im Hochsommer – dann steht die Sonne fast direkt über uns: Sie befindet sich im Zenit, ihrem höchsten Punkt. Am längsten sind die Schatten bei Sonnenaufgang und -untergang sowie im Winter – dann ist der Winkel zwischen uns und der Sonne so groß, daß sie beinahe unter dem Horizont bleibt. Nacht wird es, wenn sich die Erde so weit gedreht hat, daß wir von der Sonne abgewandt sind.

EXPERIMENT

Sonne und geographische Breite

Die Höhe der Sonne am Himmel schwankt nicht nur zeitlich, sondern auch je nach Entfernung vom Äquator. In den Tropen steht sie am höchsten, und darum ist es dort auch so heiß (S. 154). Aber in zunehmender Entfernung vom Äquator sinkt sie immer mehr – je höher die geographische Breite (S. 16), desto tiefer die Sonne. Darum ist es am Nord- und Südpol so kalt. Mit Hilfe eines Globus' und einer Schreibtischlampe könnt ihr ganz einfach die Beziehung zwischen Sonnenhöhe und Breite demonstrieren. Die Länge des Schattens, den der Karton auf den Globus wirft, zeigt die Sonnenhöhe an.

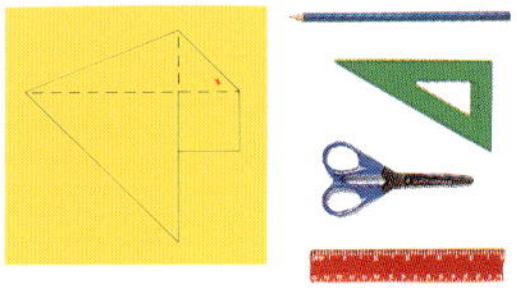

IHR BRAUCHT

- Globus • Lampe • Zeichendreieck • Karton • Kleber • Plastikkitt

EXPERIMENT

Eine Sonnenuhr bauen

Da die Schatten der Bewegung der Sonne folgen, kann man mit ihrer Hilfe die Zeit auf einer einfachen Sonnenuhr ablesen – nämlich dort, wohin der Schatten eines Zeigers, des Gnomons, auf ein Zifferblatt fällt.

IHR BRAUCHT

- Brett • Zeichendreieck • Karton • Säge • Schreiber und Bleistift • Lineal • Schere • Winkelmesser • Kleber

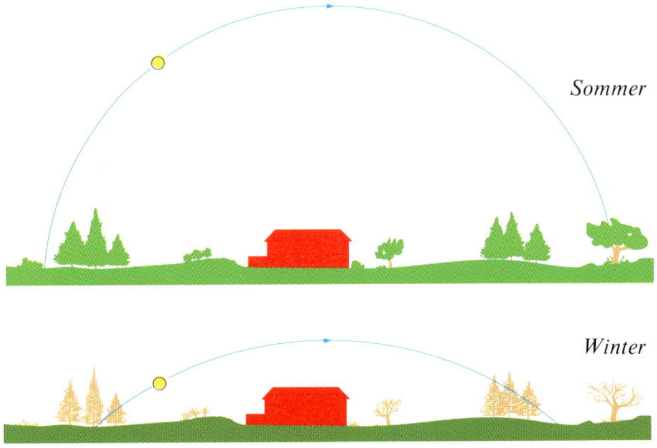

Sonnenstand
Der scheinbare Weg der Sonne am Himmel verläuft im Sommer höher als im Winter.

1 Beklebt ein quadratisches Brett (Seitenlänge 15 cm) mit Karton.

2 Zeichnet Stundenlinien (wie rechts) und klebt den Gnomon (Dreieck) auf.

Wie man die Zeit abliest
Das Brett sollte stets exakt am selben Platz stehen und der Gnomon direkt auf die Mittagssonne ausgerichtet sein. Am Schatten läßt sich die Zeit ablesen.

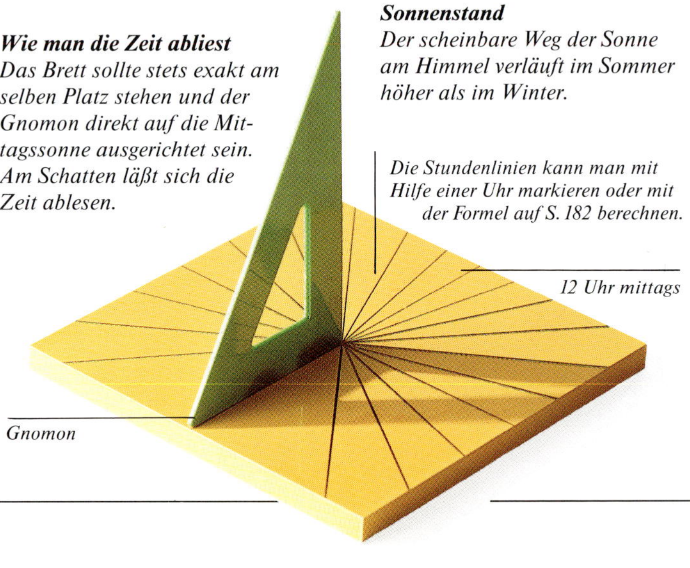

1 Schneidet die auf dem gelben Quadrat unten links gezeigte Figur aus dünnem Karton aus – entlang aller durchgezogenen Linien!

2 Faltet entlang der gestrichelten Linien, so daß ein Gebilde aus zwei senkrecht und 90° zueinander stehenden rechtwinkligen Dreiecken entsteht; das kleine Quadrat wird darunter geklebt.

3 Fixiert das Gebilde mit Plastikkitt exakt entlang eines Längengrades auf dem Globus, und strahlt ihn so mit der Lampe an, daß der Schattenrand von Pol zu Pol verläuft.

4 Dreht den Globus, bis eine Kante des vom Karton geworfenen Schattens exakt entlang eines Längengrads fällt. Führt den Karton darauf schrittweise so nach oben, daß sich eine Kante immer mit den Breitengraden deckt. Beachtet den Schatten: Je höher die Breite, desto länger ist er. Und genauso verhält es sich auch in Wirklichkeit mit den von der Sonne geworfenen Schatten. Berechnet doch einmal eure geographische Breite nach der Länge eines Schattens (S. 183)!

Die vier Jahreszeiten

Warum gibt es eigentlich die vier Jahreszeiten Frühling, Sommer, Herbst und Winter? Weil die Erde stets im gleichen Winkel geneigt ist, während sie sich um die Sonne dreht. Wenn die nördliche Hälfte zur Sonne geneigt ist, dann ist es auf dieser Hemisphäre Sommer (im Bild links), während es auf der Südhälfte kurze, kalte Wintertage gibt. Auf der entgegengesetzten Seite der Sonnenbahn jedoch ist der Süden zur Sonne geneigt, und es herrschen umgekehrte Jahreszeiten (rechts auf dem Bild).

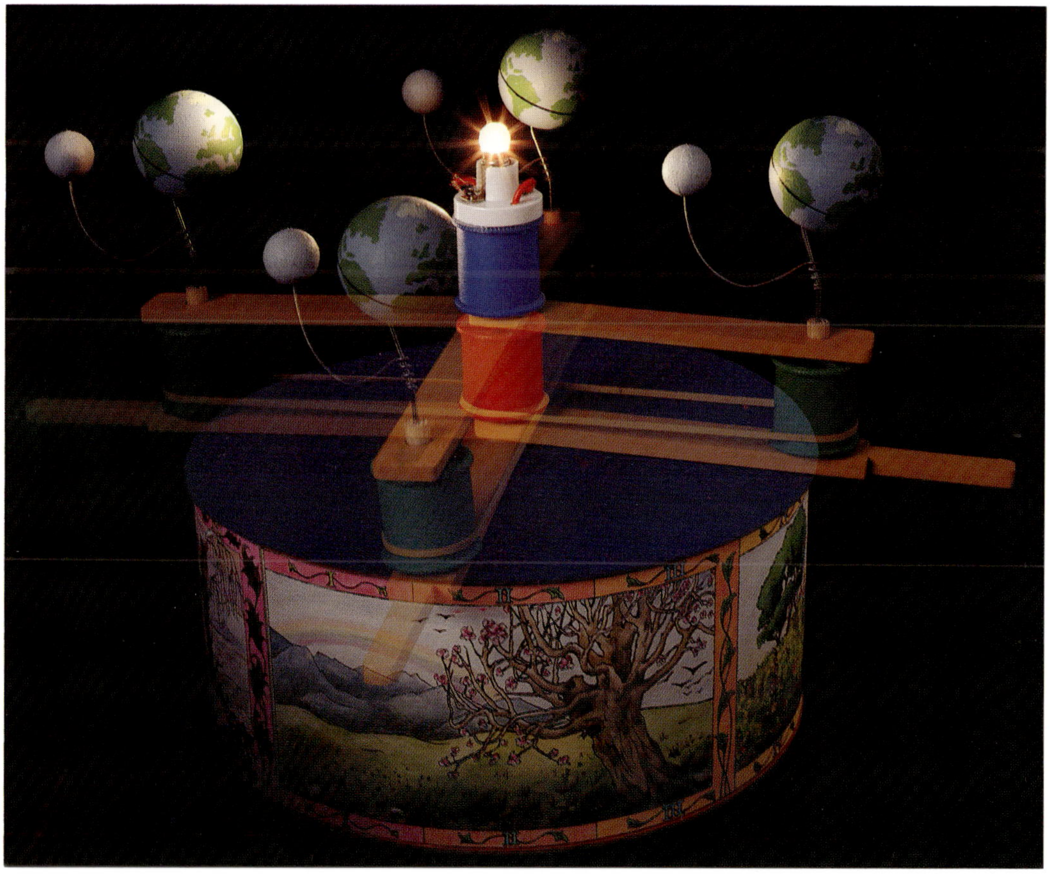

Ein Jahr im Weltraum
Wenn ihr das Planetarium (S. 14) verwendet, seht ihr, wie sich die Jahreszeiten auf dem Globus ändern: links und rechts die Sommer- und Wintersonnenwenden, vorn und hinten die Tagundnachtgleiche in Herbst und Frühling.

Unser Mond

Auf seiner Reise durchs All ist unser kleiner Planet nie allein – der Mond ist sein ständiger Begleiter. Auch andere Planeten haben Monde, aber unserer ist sehr groß im Vergleich zur Erde. Der Zufall will es, daß er am Himmel genauso groß erscheint wie die Sonne. Aber er ist uns auch viel näher: etwa 385 000 km. Er hat kein eigenes Licht, aber reflektiert das Licht der Sonne so stark, daß er das mit Abstand hellste Objekt am Nachthimmel ist. Wie die Erde hat auch der Mond eine Tag- und eine Nachtseite. Da wir beide aus verschiedenen Winkeln sehen, scheint der Mond seine Form zu ändern. Man nennt das Phasen – vom Neumond über den Halbmond bis zur leuchtenden Scheibe des Vollmonds.

8 Morgensichel
Wenn der Zyklus zu Ende geht, sehen wir nur noch eine Sichel am Morgenhimmel.

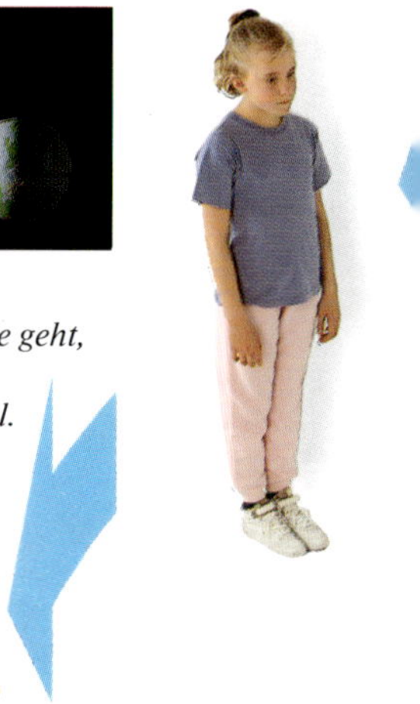

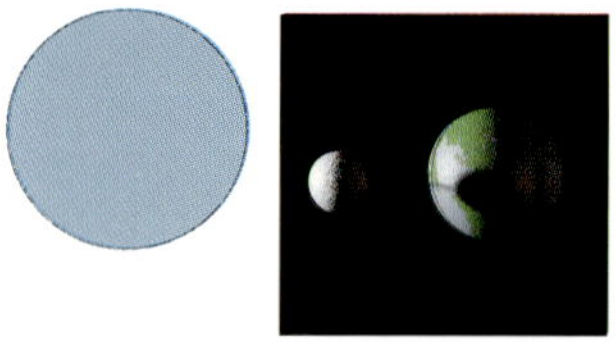

1 Neumond
In dieser Position sehen wir die Tagseite des Mondes nicht.

2 Abendsichel
Verläßt der Mond die Position zwischen Sonne und Erde, sehen wir ihn als schmale Sichel am Abendhimmel.

Der Mond und die Gezeiten

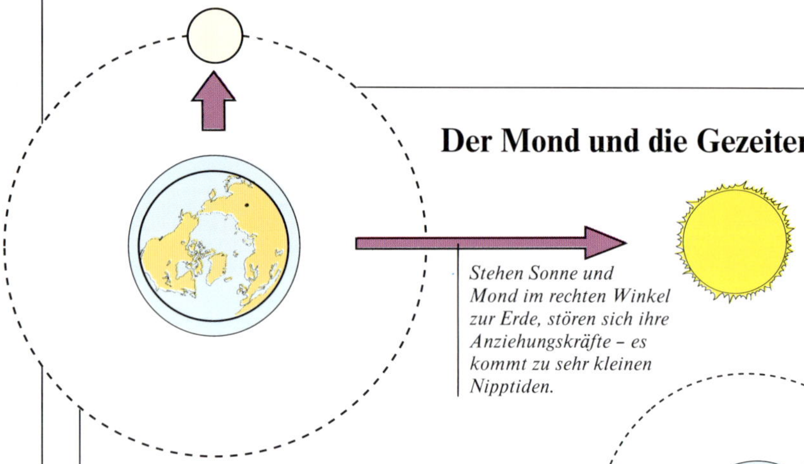

Stehen Sonne und Mond im rechten Winkel zur Erde, stören sich ihre Anziehungskräfte – es kommt zu sehr kleinen Nipptiden.

Alle 12 Stunden steigt das Meer auf den gegenüberliegenden Seiten der Erde ein wenig an und fällt dann wieder. Das nennt man eine Tide. Es gibt mehrere Ursachen für diese Gezeiten – unter anderem zieht die Masse des Mondes (seine Schwerkraft) das Meer an, so daß auf der dem Mond zugewandten Seite der Erde Flut ist.

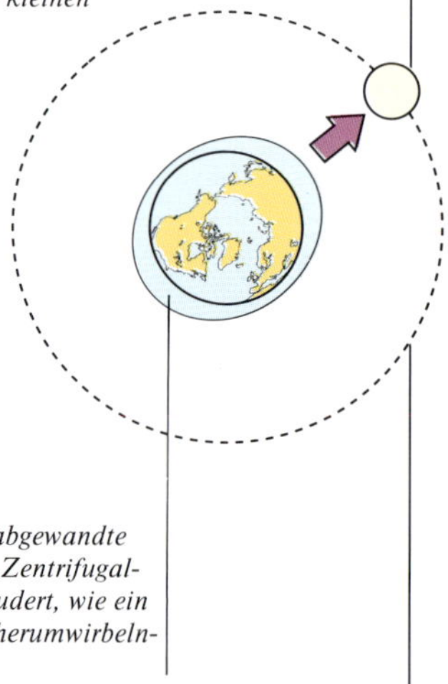

Das vom Mond abgewandte Meer wird durch Zentrifugalkraft weggeschleudert, wie ein an einer Schnur herumwirbelnder Ball.

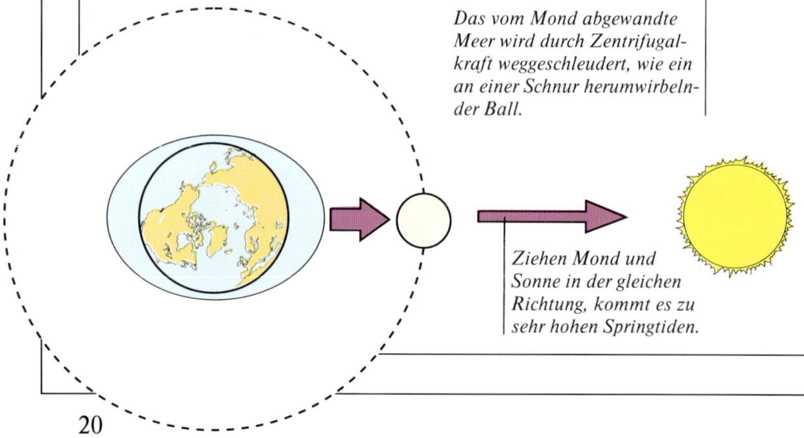

Ziehen Mond und Sonne in der gleichen Richtung, kommt es zu sehr hohen Springtiden.

EXPERIMENT

Die Mondumdrehung

Wie die Erde dreht sich auch der Mond ständig um seine Achse. Doch während die Erde dazu nur einen Tag benötigt, braucht der Mond dafür über 27 Tage – genauso lange wie für eine Erdumrundung. Daher sehen wir immer nur ein und dieselbe Seite des Mondes. Wie das funktioniert, zeigt euch dieses simple Experiment.

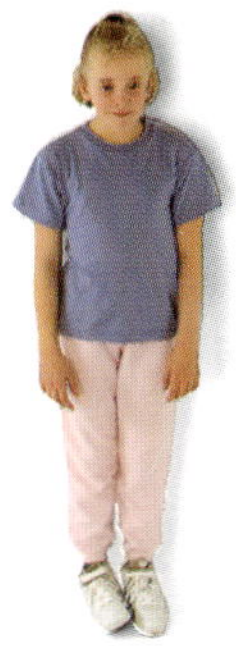

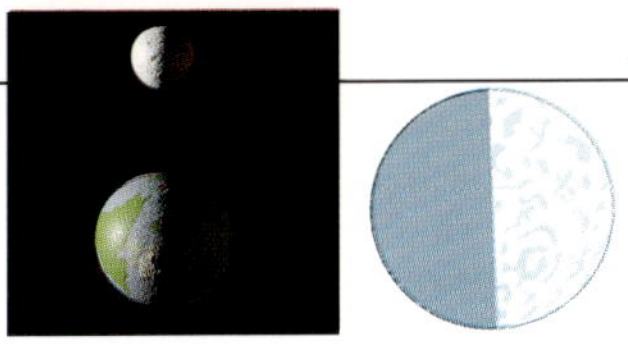

*7 **Halbmond (Letztes Viertel)***
Wie beim ersten Viertel sehen wir nun die Tagseite halb, aber die andere Hälfte.

Der Mondmonat

Während sich der Mond langsam um die Erde dreht, verändert sich für uns ständig der Anblick seiner Tag- und Nachtseite. Von einem Vollmond zum nächsten vergehen insgesamt 29 Tage, obwohl der Mond für seine Erdumrundung nur 27,3 Tage benötigt – aber die Erde bewegt sich ja ebenfalls weiter. Diesen 29-Tage-Zyklus nennt man einen Mondmonat.

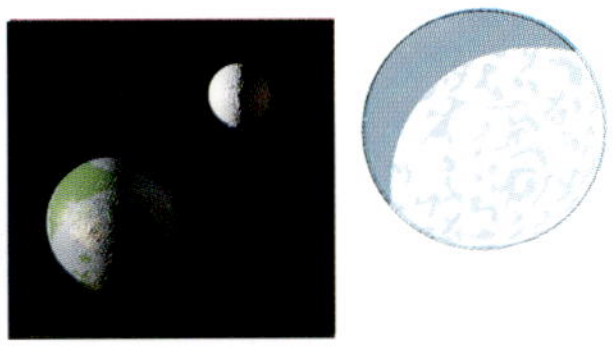

*6 **Abnehmender Mond***
Bewegt sich der Mond wieder auf die Sonne zu, entzieht sich uns allmählich die Tagseite.

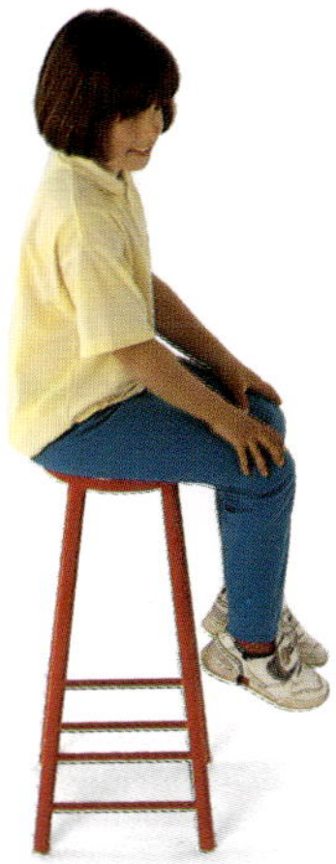

1 Setzt euch auf einen Hocker, und bittet eine Person, euch langsam zu umkreisen. Auch wenn sie euch ständig anschaut, dreht sie sich dabei doch einmal vollständig um die eigene Achse. Genauso verhält es sich beim Mond, der sich in 27,3 Tagen einmal um sich selbst und um die Erde dreht – und ihr dabei nur eine Seite zuwendet.

2 Macht die Gegenprobe: Bittet die Person, noch einmal um den Stuhl zu kreisen – aber diesmal seht ihr euch das von außen an. Ihr seht sie von vorn, von der Seite und von hinten – also hat sie sich beim Umrunden einmal um sich selbst gedreht, genau wie der Mond.

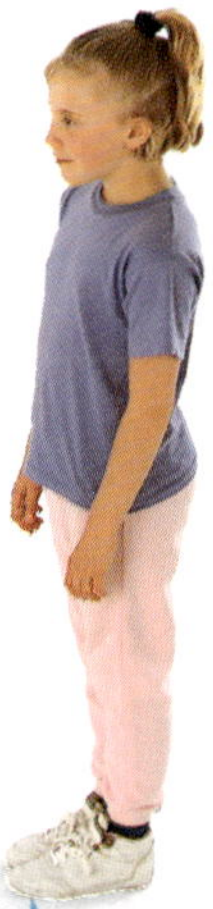

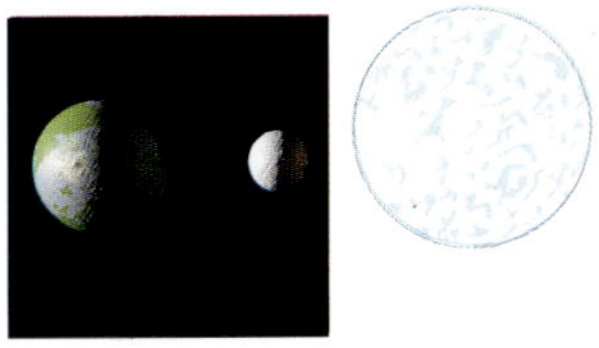

*5 **Vollmond (Zweites Viertel)***
Die Tagseite des Mondes ist als helle Scheibe am Nachthimmel sichtbar.

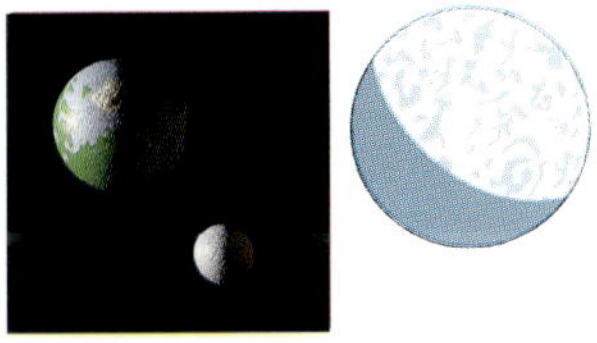

*4 **Zunehmender Mond***
Nimmt der Mond noch mehr zu, sehen wir auch mehr von seiner Tagseite.

Die Phasen des Mondes
In einem dunklen Zimmer erkennt man am Planetarium (S. 14/15) leicht, warum der Mond seine Gestalt ändert. Wenn ihr in Augenhöhe die den Mond darstellende Perle von der Rückseite der Erde aus betrachtet, sieht das genauso aus wie in Wirklichkeit. Sehen wir während der einzelnen Phasen immer mehr von der Tagseite, dann sagt man, der Mond nimmt zu (2 bis 4) – sehen wir immer weniger, nimmt er ab (6 bis 8).

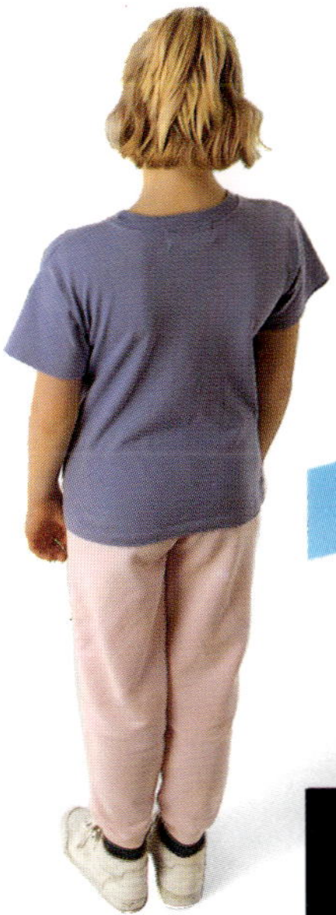

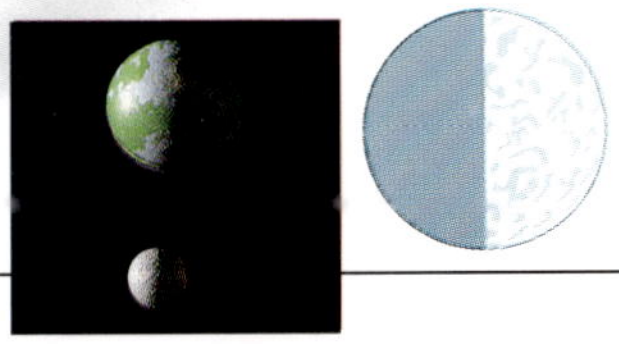

*3 **Halbmond (Erstes Viertel)***
Steht der Mond neben der Erde, sehen wir die Hälfte seiner Tagseite.

DIE GESTALT DER ERDE

Satellitenfotos von der Erde zeigen, daß sie beinahe eine vollkommene Kugel ist. Im Laufe der Jahrhunderte haben die Menschen die Erde mit zunehmender Genauigkeit vermessen und Karten von ihr angefertigt. Heute können wir jeden Ort auf der Erde mit einer Genauigkeit von wenigen Metern bestimmen und kennen den Erdumfang bis auf Bruchteile eines Kilometers genau. Aber je exakter wir messen können, um so deutlicher wird, daß unser Planet nicht so rund ist, wie man einst geglaubt hat.

Aus dem Weltraum sieht die Erde wie eine vollkommen runde Kugel aus. Aber sie ist am Äquator etwas stärker gewölbt, so daß hier wegen der höheren Schwerkraft Hochsprungrekorde schwerer sind.

Gerhardus Mercator gelang es, die gewölbte Erdoberfläche auf eine Karte zu projizieren, so daß Seefahrer gerade Kurse festlegen können.

Um 230 v. Chr. stellte Eratosthenes (um 270 – um 194 v. Chr.), Leiter der berühmten Bibliothek im ägyptischen Alexandria, eine bemerkenswerte Rechnung auf. Während die meisten Menschen noch immer glaubten, daß die Erde flach sei, errechnete er die Größe der Erde – und kam dabei erstaunlich nahe an moderne Messungen heran. Seine Methode war genial einfach: Er maß den Unterschied zwischen den Einfallswinkeln der Sonne an zwei verschiedenen Orten am Mittag eines Hochsommertages (S. 31). Danach schätzte er den Umfang der Erde auf rund 40 000 km, während man heute 40 024 km errechnet hat.

Leider geriet das Werk von Eratosthenes im Laufe der Jahrhunderte in Vergessenheit. Als der alexandrinische Gelehrte Ptolemäus (um 100 – nach 160) seine berühmte Einführung in die Geographie schrieb, schätzte er die Größe der Erde, indem er den Abstand zwischen zwei Sternen und dann ihre Höhe am Himmel maß. Er konnte sich dabei auf Posidonius (um 135 – um 51 v. Chr.) berufen, der den Erdumfang mit nur 28 970 km errechnet hatte. Danach haben die Gelehrten über 1300 Jahre lang die Größe der Erde unterschätzt. Als Christoph Kolumbus (1451 – 1506) westwärts über den Atlantik nach Indien segeln wollte, ging er von einer viel kürzeren Entfernung aus – nämlich von 4 500 km, gerechnet von den Kanarischen Inseln. Tatsächlich ist Indien aber viermal so weit entfernt, und darum glaubte Kolbumbus, er hätte es bereits erreicht, als er 1492 in der Neuen Welt landete.

Als Magellans Schiff »Victoria« dreißig Jahre später zum erstenmal die Welt umrundete, war klar, daß die Welt viel größer ist, als man bislang angenommen hatte. 1525 berechnete der Franzose Jean Fernel (1497 – 1558) die Größe der Erde neu. Er maß – wie Eratosthenes – den Unterschied des Einfallswinkels von Sternen und fand schließlich einen, bei dem der Einfallswinkel bei Messungen in der Nähe von Paris und nördlich davon bei Amiens genau einen Grad auseinander lag. Die Entfernung beider Meßpunkte war somit der Abstand von genau einem Breitengrad. Wenn man diese Entfernung kennt, muß man sie nur mit 360 multiplizieren und erhält den Erdumfang. Fernel errechnete die Entfernung zwischen den Meßpunkten, indem er die Umdrehung seiner Kutschenräder zählte und mit dem Radumfang multiplizierte. Als er diese Zahl mit 360 multiplizierte, kam er auf einen Erdumfang, der nur um 0,1 Prozent von modernen Berechnungen abweicht.

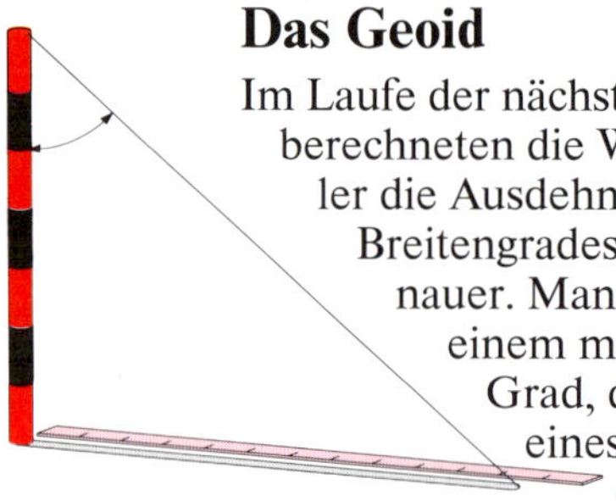

Um die Größe der Erde zu bestimmen, mißt man die Schatten von zwei Pfosten (S. 30).

Im 15. Jahrhundert zeichnete man Karten noch immer so, als wäre die Welt flach – 1 700 Jahre nach Eratosthenes.

Das Geoid

Im Laufe der nächsten 150 Jahre berechneten die Wissenschaftler die Ausdehnung eines Breitengrades immer genauer. Man sprach von einem meridionalen Grad, da entlang eines Meridians oder einer Längenlinie gemessen wurde.

In den siebziger Jahren des 17. Jahrhunderts hatten französische Vermessungsteams unter Leitung der Familie Cassini einen Breitengrad mit 110,46 km vermessen, und das kommt heutigen Messungen sehr nahe. Dann stellte der englische Wissenschaftler Isaac Newton (1642 – 1727) die verblüffende Behauptung auf, daß ein Abstand von einem Grad nahe dem Äquator kürzer sei als in der Nähe der Pole.

Newton wußte, daß sich die Erde am Äquator schneller dreht als an den Polen: Ein Punkt am Äquator lege schließlich täglich 40 000 km zurück, während sich die Pole nicht bewegen. Demzufolge müsse die Zentrifugalkraft auch am Äquator größer sein, so daß sich die Erde dort nach außen wölbe, während sie an den Polen flacher sei – also eher die Form einer Mandarine (eines abgeplatteten Rotationsellipsoids) habe als die einer absolut runden Kugel. Durch genaue Studien des Jupiters und des Saturns konnten ebenfalls leichte Abplattungen an den Polen nachgewiesen werden. Aber aufgrund ihrer Messungen behaupteten die Cassinis, daß ein Grad länger statt kürzer werde, je weiter nördlich man komme. Daraufhin entsandte Ludwig XV.

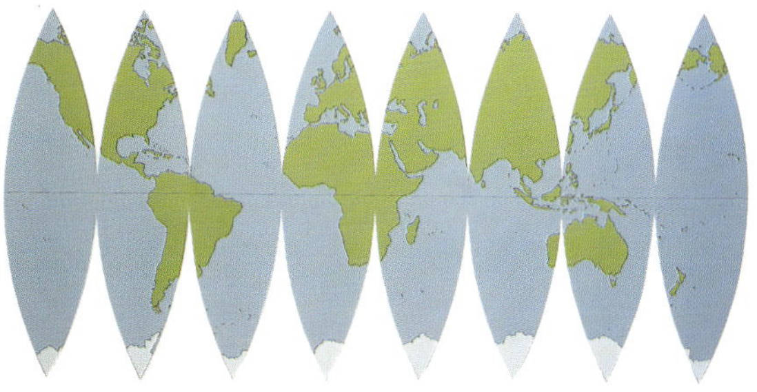

Um einen Globus zu bauen, teilt man die Erde entlang der Längslinien in Segmente oder »Zweiecke« *(S. 26/27).*

von Frankreich zwei Vermessungsteams: eines nach Peru in die Nähe des Äquators, eines nach Lappland, in die Arktis, um einen Bogengrad zu messen. 1743 war es soweit: In Lappland maß man 111,09 km, in Peru 109,92 km. Newton hatte also recht gehabt.
Satelliten schließlich ermöglichten unglaublich exakte Messungen. Danach ist die Erde um den Äquator 43 km umfangreicher als um die Pole gemessen. Außerdem wurde festgestellt, daß die Ausbuchtung südlich des Äquators um 8 Meter größer ist. Heute bezeichnet man die Form der Erde als Geoid, nicht mehr als Ellipsoid.

Ortsbestimmung

Als Eratosthenes die Größe der Erde berechnete, machte er eine weitere wichtige Entdeckung. Er erkannte nämlich, daß man jeden Ort auf der Erde mit einem einfachen Gitternetz von Längen- und Breitenlinien exakt bestimmen kann. Also teilte er die Erde in 360 Längengrade ein, wie die Stückchen einer Orange. Diese Längenlinien oder Meridiane verlaufen vom Nordpol zum Südpol und werden nach Graden östlich oder westlich eines Nullmeridians benannt. Dann teilte Eratosthenes die Erde in je 90 Scheiben beidseits des Äquators ein. Diese Breitenlinien verlaufen also parallel zum Äquator um die Erde und werden in Grade nördlich oder südlich des Äquators eingeteilt.

Raum und Zeit

In der Praxis war die Breite leichter zu berechnen als die Länge. Zur Zeit des Eratosthenes konnten die Menschen die geographische Breite tagsüber errechnen, indem sie die Länge eines von der Sonne geworfenen Schattens hinter einem Pfosten oder Gnomon maßen. Im ersten Jahrhundert nahm man derartige Messungen auch nachts vor, indem man mit Hilfe eines »Astrolabiums« den Winkel bestimmter Sterne über dem Horizont maß. Wie aber konnte man die Länge bestimmen? Die Griechen wußten immerhin, daß die Zeit dabei eine Schlüsselrolle spielte. Da die Sonne um die Erde von Ost nach West wandert, konnte man die Länge nach der Richtung der Sonne bestimmen – aber nur wenn man die exakte Zeit am Nullmeridian (im englischen

Jahrhundertelang konnte man die Länge nur bei einer Sonnenfinsternis berechnen, indem man die Zeitdifferenz zwischen zwei Orten maß.

Greenwich) kannte. Jahrhundertelang fand man die Länge nur heraus, indem man die Entfernung vom Nullmeridian am Boden maß – oder auf eine Sonnenfinsternis wartete. Auf Schiffen benutzte man die sogenannte Koppelnavigation: Man berechnete die zurückgelegte Entfernung anhand der Geschwindigkeit, wobei man in bestimmten Zeitabständen Logs an der Logleine über Bord warf. In Küstengewässern genügte das, aber für ausgedehnte Reisen über den Ozean im 16. Jahrhundert war das eine untaugliche Methode. Die exakte Breite konnten die Seeleute mit einem Astrolabium bestimmen, aber Wind und Wetter machten eine genaue Berechnung der Länge unmöglich.

1616 entdeckte der italienische Wissenschaftler Galilei (1564 – 1642), daß man die Zeit errechnen konnte, indem man die Monde des Jupiters durch ein Teleskop betrachtete. 150 Jahre lang berechnete man nach dieser Methode die Länge. Aber wie sollte man die Jupitermonde von einem schwankenden Schiff aus beobachten? Man erdachte sich alle möglichen bizarren Methoden zur Bestimmung der Länge aus, aber einigermaßen präzise Messungen machte erst eine genau gehende Uhr (ein Chronometer) möglich, die John Harrison (1693 – 1776) in den zwanziger Jahren des 18. Jahrhunderts erfand. Heutzutage ist die Bestimmung der Länge mit Hilfe von Navigationssatelliten leicht.

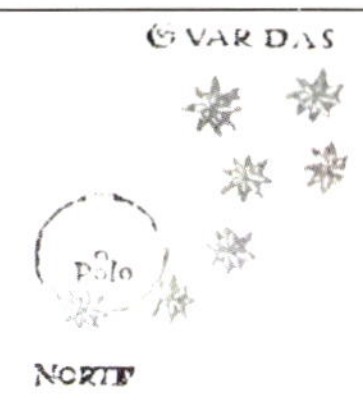

Durch Anvisieren der Sterne bestimmte man jahrtausendelang seine Position auf Erden. Bevor es Magnetkompasse gab, wußte man nur anhand des Polarsterns, wo Norden war. Aber aufgrund der Bewegung der Erdachse gibt es nicht immer einen Polarstern, wie etwa vor 1 000 Jahren – das hat wohl auch den Fortschritt der Seefahrt behindert.

Die Erde ist der fünftgrößte Planet im Sonnensystem – zwischen Venus (Umfang 37 000 km) und Neptun (155 000 km).

Eine Scheibe?

Der Augenschein verrät, warum die Menschen einst glaubten, die Erde sei eine Scheibe. Wenn man es euch nicht gesagt hätte, würdet ihr nie wissen, daß ihr auf einer Kugel herumspaziert. Denn vom Boden aus erscheint selbst der fernste Horizont gerade und eben. Aber hoch oben vom Himmel erkennen wir, daß der Horizont gekrümmt ist, und Bilder aus dem All beweisen eindeutig, daß die Erde rund ist.
Dabei gab es schon immer Hinweise, die einige kluge Köpfe davon überzeugten, daß die Welt eine Kugel sei – lange bevor kühne Weltumsegler im 15. und 16. Jahrhundert davon Zeugnis ablegten. Warum verschwanden beispielsweise Schiffe nach und nach, wenn sie über den Horizont hinausfuhren? Wieso verschwanden Sterne unter dem Horizont, wenn man gen Norden oder Süden reiste? Und warum warf die Erde auf den Mond einen runden Schatten, worauf der griechische Denker Aristoteles (384 – 322 v. Chr.) hinwies? Für all diese rätselhaften Phänomene ist die Kugelgestalt der Erde die beste Erklärung, wie man langsam begriff.

Die alte Welt

Diese Karte aus dem 15. Jahrhundert zeigt die Welt, wie man sie ein paar Jahre vor Kolumbus kannte. Die Kontinente Europa, Afrika und Asien sind zwar verzerrt dargestellt, aber klar erkennbar. Niemand wußte, was jenseits der Ränder der Karte lag. War es leerer Raum? Oder war die Erde rund?

Das Ende der Welt – bis Kolumbus 1492 Amerika entdeckte.

Im 15. Jahrhundert konnte die Kartographie dank der Reisen portugiesischer Seeleute die afrikanische Westküste im Detail zeichnen.

Erdschatten

Wenn die Erde direkt zwischen Sonne und Mond vorbeizieht, fällt ihr Schatten auf den Mond - es kommt zu einer Mondfinsternis. Wie schon Aristoteles bemerkte, ist dieser Schatten nicht oval (wie bei einer flachen Scheibe), sondern rund wie bei einer Kugel.

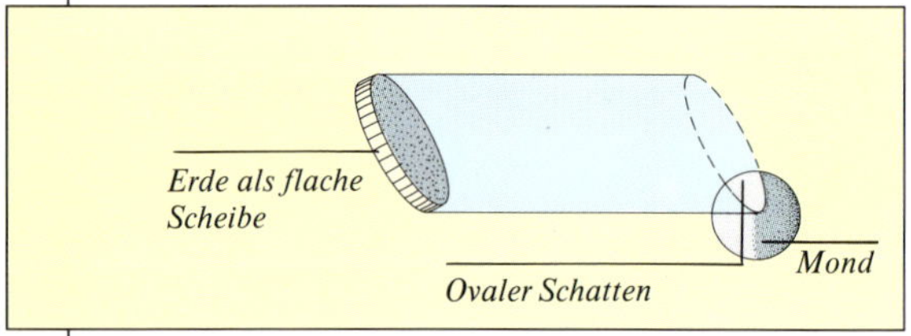

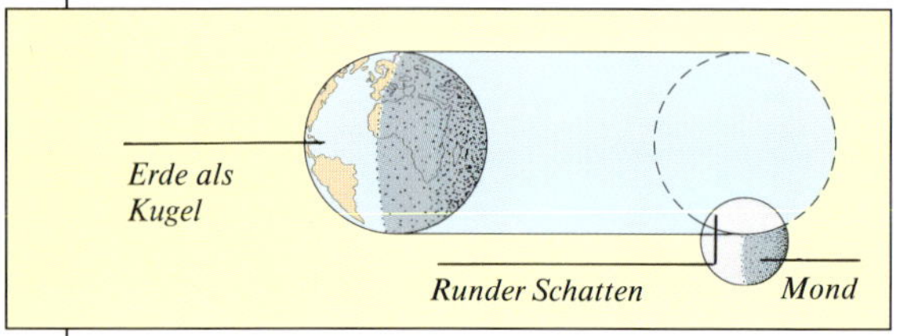

Finsternisse

Bis zu dreimal im Jahr gerät der Mond in den Erdschatten, so daß es zu einer Mondfinsternis kommt. Bis zu fünfmal im Jahr fällt der Mondschatten auf die Erde – es kommt zu einer Sonnenfinsternis. Mit eurem Planetarium (S. 14/15) könnt ihr eine Sonnenfinsternis erzeugen, indem ihr die Mondperle zwischen Sonne und Erde dreht (links). Wo der Mondschatten hinfällt, ist die Sonne auf der Erde vorübergehend verdunkelt. Infolge der Erdumdrehung bestreicht der Mondschatten einen Streifen Erde, auf dem dann jeweils totale Finsternis herrscht. Bei einer Mondfinsternis hingegen liegt der ganze Mond im Schatten, weil die Erde viel größer ist, aber die von der Erdatmosphäre abgelenkten Sonnenstrahlen tauchen ihn in dunkelrotes Licht.

Die östliche Begrenzung der bekannten Welt war das gewürzreiche Indien, das Kolumbus irrtümlicherweise auf seiner Fahrt nach Westen zu erreichen hoffte.

GROSSE ENTDECKER

Christoph Kolumbus

Wie viele andere Forscher und Denker seiner Zeit war auch Christoph Kolumbus (1451–1506) davon überzeugt, daß die Erde rund ist. Aber man war nicht sicher und viele glaubten weiterhin, daß man über den Rand fallen würde, wenn man zu weit segelte. Schon immer waren Europäer wegen des Gewürzreichtums nach Indien (Südostasien) gereist. Wenn aber die Erde rund wäre, meinte Kolumbus, käme man schneller dorthin, wenn man nach Westen fahren würde. Also stieß er mit ein paar kleinen Schiffen über den unbekannten Atlantischen Ozean gen Westen vor. Als er 1492 an fernen Gestaden landete, glaubte er, Indien erreicht zu haben. Doch die Welt war größer, als man bisher geglaubt hatte: Kolumbus hatte einen unbekannten Kontinent gefunden, den man später Amerika nannte – Indien lag weit jenseits davon. Erst 30 Jahre später umsegelte Magellan die Welt.

Der Globus

Da unsere Welt kugelrund ist, kann man sie am besten mit einem Globus darstellen. Ein guter Globus zeigt die Lage jedes Ortes an, die korrekte Größe und Form aller Kontinente sowie die kürzeste Route über riesige Entfernungen. All das hat der Globus flachen Karten voraus, die stets ein wenig verzerrt sind (siehe S. 29).
Allerdings ist es nicht leicht, einen Globus zu machen. Ihr könntet vielleicht einfach die Einzelheiten auf einen Ball aufmalen, aber das ist weder sehr praktisch noch verläßlich. Auf die meisten Globen sind die Oberflächendetails durch schildförmige Segmente aufgedruckt, die man sphärische Zweiecke nennt. Diese müssen überaus genau sein, und die Papierstreifen sollten sorgfältig auf dem Globus fixiert werden.

EXPERIMENT

Einen Globus basteln

Ein guter Globus ist schwer zu basteln. Am einfachsten ist es, wenn ihr Papierzweiecke um einen Fußball klebt. Das ist zwar nicht perfekt, aber professionelle Globen sind im Prinzip nicht anders.

IHR BRAUCHT
• Papier • Ball • Kleber • Klebeband • Brett • Stab • Nagel • Draht • 2 Beilagscheiben • Farben • Schere • Zange

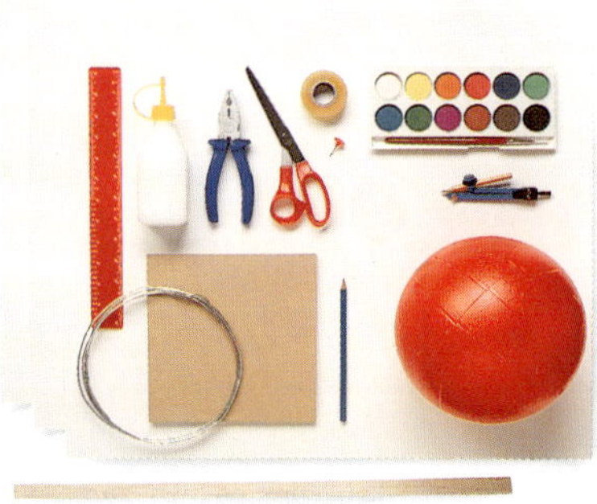

1 Um die nötige Länge des Papiers herauszufinden, klebt ihr es auf den Ball und rollt es bis zur Klebekante darum.

2 Ermittelt die Breite, indem ihr den Ball vom Ventil bis zu einem genau gegenüberliegenden Punkt rollt und beide Punkte markiert.

3 Zeichnet ein Rechteck aufs Papier, wobei ihr die Markierungen von Schritt 1 und 2 benutzt, und schneidet es aus.

4 Teilt das Papier in acht Abschnitte mit Hilfe eines Lineals ein, und zieht entsprechende Linien.

5 Um die Zweiecke zu zeichnen, halbiert ihr die imaginäre Linie zwischen B und C (siehe Zeichnung rechts oben).

6 Ermittelt den Radius der Zweiecke (siehe Zeichnung rechts unten). Stückelt das Papier links und rechts an, um die Äquatorlinie zu verlängern.

Wie man die Zweiecke zeichnet

Klebt an das ausgeschnittene Papierrechteck links und rechts weitere Papierstücke und verlängert darauf den Äquator. Dann bastelt ihr aus dem Balsastab einen überlangen Zirkelarm und fixiert den berechneten Radius mit Bleistift und Nagel. Diesen befestigt ihr in D und zeichnet die erste Kurve, dann die anderen Kurven, jeweils im Abstand einer Zweieckbreite. Nun dreht ihr den Zirkel um und zeichnet die Kurven in umgekehrter Richtung.

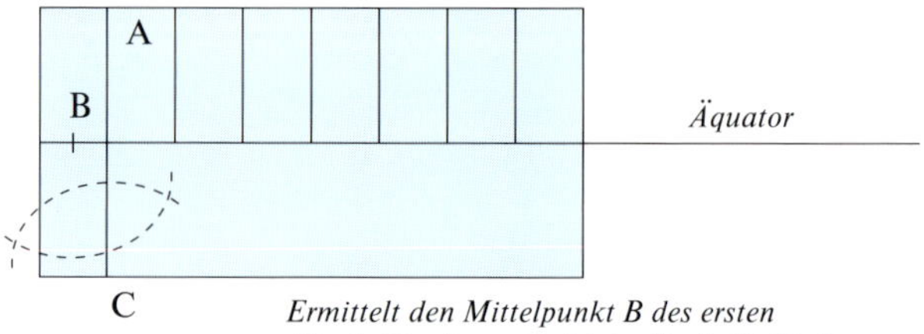

Ermittelt den Mittelpunkt B des ersten Abschnitts, dann eine Linie, die die Verbindung zwischen B und C halbiert, indem ihr Kreisabschnitte zeichnet und dabei den Zirkel erst in C, dann in B ansetzt.

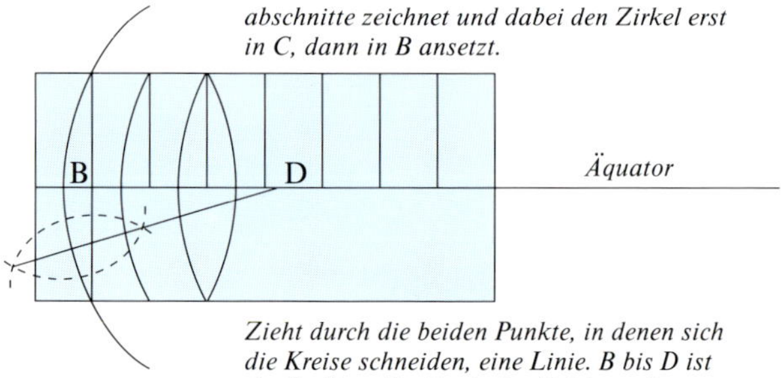

Zieht durch die beiden Punkte, in denen sich die Kreise schneiden, eine Linie. B bis D ist der Radius aller Zweiecke. Zeichnet die erste Kurve, indem ihr den Zirkel in D ansetzt.

7 Befestigt den Nagel des Zirkelstabs im Mittelpunkt jedes Kreises, und zeichnet die Zweiecke wie beschrieben.

8 Schneidet die Zweiecke aus, und zeichnet ein Gittermuster ein. Dann übertragt ihr die untere Zeichnung.

9 Für den Ständer biegt ihr den Draht zur Hälfte um den Ball und knickt die Enden wie auf der Zeichnung unten.

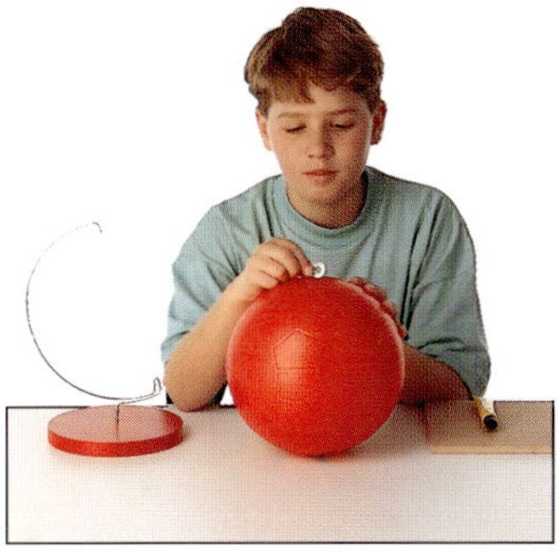

10 Befestigt den Draht auf dem Brett, und klebt die Beilagscheiben oben und unten auf den Ball.

11 Klebt ein Ende des Zweieckstreifens auf den Saum des Balls, rollt ihn um den Äquator und verbindet die Enden.

12 Biegt die Spitzen der Zweiecke zusammen, und verklebt sie so an den Polen, daß gegenüberliegende Punkte einander berühren.

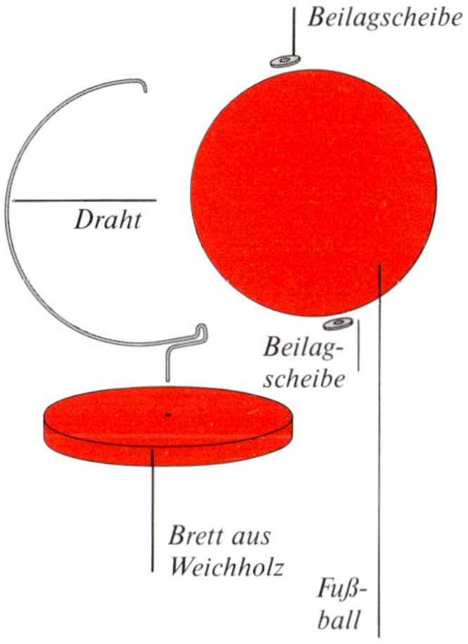

Die Erde ist rund
Wenn ihr aus flachen Papierzweiecken einen runden Globus bastelt, versteht ihr, wie schwer die Arbeit des Kartographen ist (S. 29).

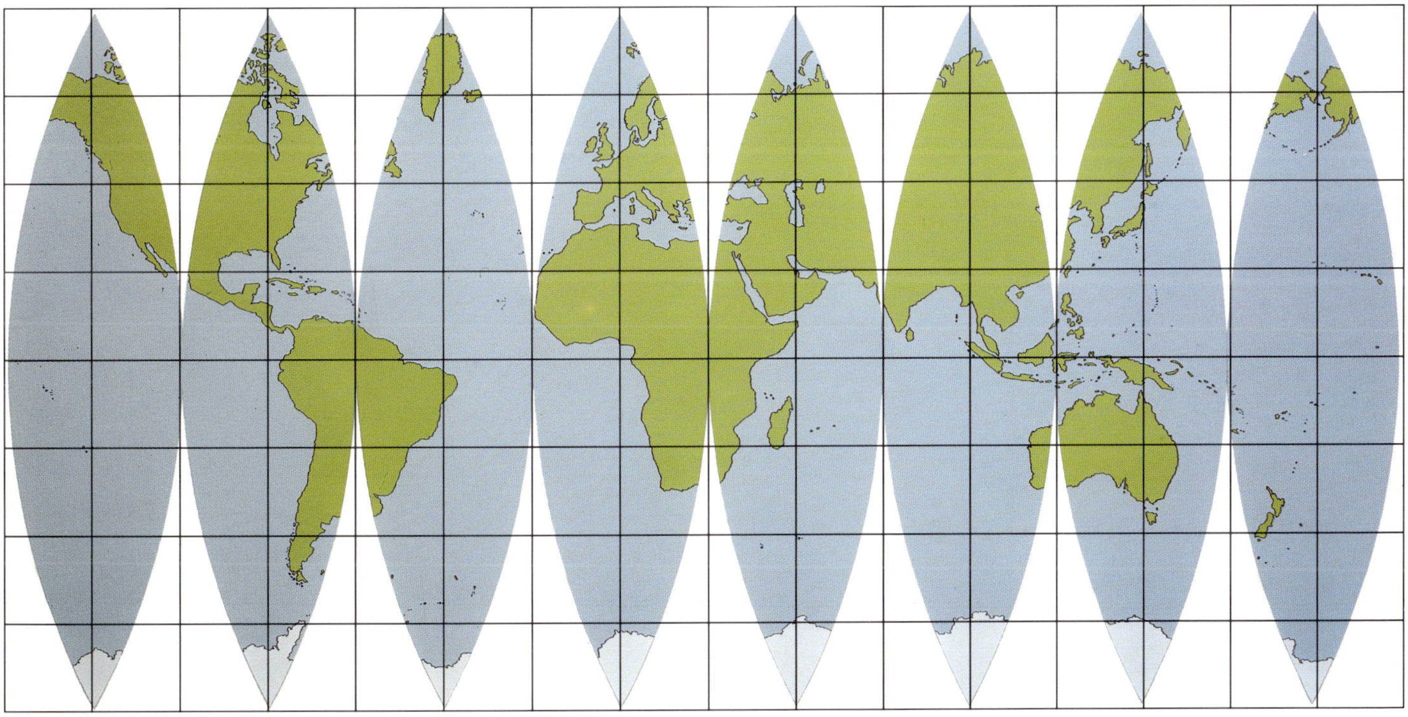

Die Details eintragen

Globen kann man aus unterschiedlich vielen Zweiecken herstellen, wobei wir uns der Einfachheit halber mit acht begnügen. Zum Einzeichnen der Kontinente und Meere zieht ihr ein Gitternetz entsprechend der Länge und Breite eurer Zweiecke. Zeichnet nun Quadrat für Quadrat die exakten Umrißlinien der Küsten auf die Zweiecke. Dann radiert ihr das Gitter aus und malt die Kontinente und Meere an.

Projektionen

Mit einem Globus kann man zwar die Welt am besten darstellen – aber Globen sind aufwendig und oft unpraktisch: Man kann sie kaum in die Tasche stecken! Und wie groß müßten sie erst sein, wenn sie alle geographischen Details, von Fußwegen bis zu Kontinenten, zeigen sollten. Daher brauchen wir flache Karten.

Im Grunde freilich kann man eine runde Welt nicht exakt auf einer flachen Karte abbilden – es kommt zu Verzerrungen und Ungenauigkeiten, besonders bei großen Gebieten. Inzwischen aber haben die Kartographen eine ganze Reihe von Methoden entwickelt, die Welt mit Hilfe sogenannter Kartenprojektionen darzustellen. Jede ist ein Kompromiß: Um einige Grundzüge genau darstellen zu können, muß man andere verzerren.

All diese Methoden arbeiten mit dem Gitternetz der Längen- und Breitengrade (S. 16), damit alles an seinen richtigen Ort kommt, also an der korrekten geographischen Breite und Länge erscheint.

GROSSE ENTDECKER

Gerhardus Mercator

Sobald die Menschen sicher waren, daß die Welt rund ist, machte die Navigation beachtliche Fortschritte. Dank neuer Kenntnisse über die Erde aufgrund von Forschungsreisen wurden die Karten immer besser, und man stellte die runde Welt mit Hilfe von Kartenprojektionen genauer dar. Doch die frühen Projektionen waren unpraktisch; nicht einmal einen geraden Kurs konnten die Seeleute festlegen. Dann erfand jedoch ein holländischer Kartograph namens Gerhardus Mercator (1512 – 1594) 1552 eine spezielle Form der zylindrischen Projektion (siehe rechts).

Auch wenn die Gebiete in Polnähe viel zu groß geraten, besitzt die Mercatorprojektion doch einen Vorteil: Seeleute können ihren Kurs nach dem Kompaß ausrichten, indem sie einfach eine gerade Linie auf die Karte zeichnen.

Pro und Contra

Jede Art der Kartenprojektion hat Vor- und Nachteile. Einige verzerren die Größen- und Entfernungsverhältnisse, um die Umrisse, etwa von Kontinenten, genauer darzustellen. Man spricht von konformen Karten. Karten, die die Größe gut darstellen, nennt man flächentreu, und die, die Entfernungen korrekt abbilden, abstandstreu.

Ein besonderes kartographisches Problem ist die Richtung, die für die Steuerung von Schiffen und Flugzeugen überaus wichtig ist. Eine Karte zeigt die Lage eines Ziels an, aber nicht den Kurs, also die Richtung auf dem Kompaß, mit dessen Hilfe man steuern muß. Da die Erdoberfläche gekrümmt ist, kann ein in Wirklichkeit gerader Kompaßkurs (eine Kurslinie) auf der Karte eine Kurve sein – gerade ist er nur bei der Mercatorprojektion.

EXPERIMENT

Kartenprojektionen

Bei diesem Experiment fällt Licht durch einen Halbglobus und projiziert die Linien als Schatten aufs Papier: Das sind die Längen- und Breitengrade. In Wirklichkeit werden die Projektionen mathematisch ausgeführt, heutzutage meist durch Computer. Aber im Prinzip funktionieren die drei Grundformen der Kartenprojektion – die ebene, zylindrische und kegelförmige – genauso wie hier demonstriert.

IHR BRAUCHT

• Plastikflasche • Taschenlampe • Pauspapier • Schere • Marker • Winkelmesser

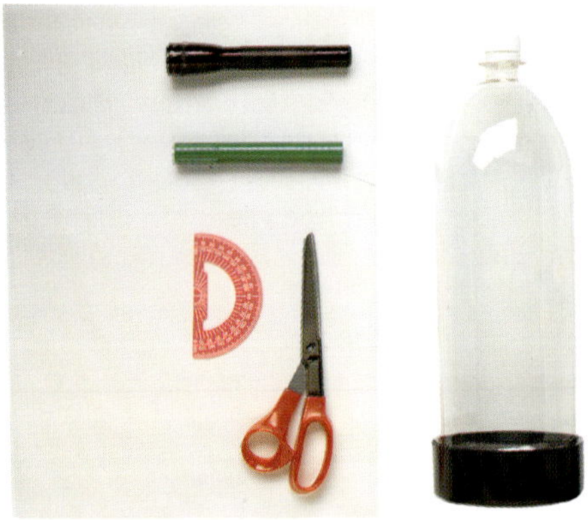

1 Schneidet das gewölbte Oberteil sowie den Hals einer Plastikflasche sauber ab. Das ist euer Halbglobus.

2 Zeichnet mit Hilfe runder Gegenstände Kreise in den Globus als Breitengrade sowie Radiallinien als Längengrade.

Ebene Projektion

Um zu sehen, wie diese Projektion auf eine Fläche funktioniert, legt ihr den Plastikglobus auf ein Stück Pauspapier im Dunkeln. Nun haltet ihr die Lampe in die Mitte des Globus. Ihr seht, wie die Schatten der Längenlinie alle von einem Punkt auf dem Globus ausstrahlen: Diese Projektion zeigt also die wahre Richtung von einem Punkt auf der Karte zum andern an.

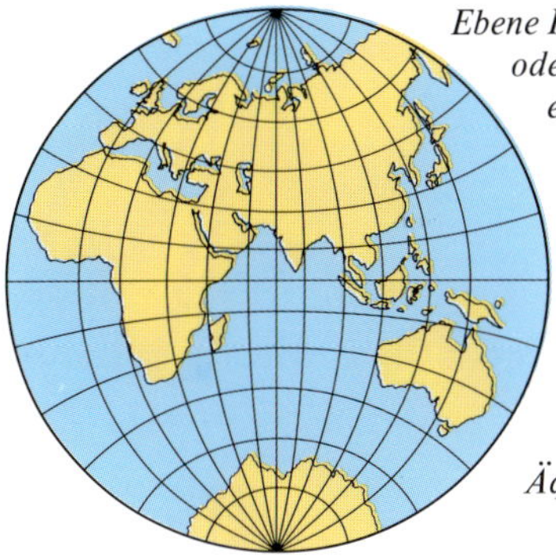

Ebene Ansicht
Ebene Projektionen (zuweilen auch Azimutal- oder Zenitprojektionen genannt) können nur eine Halbkugel der Erde abbilden. Sie sind gewöhnlich kreisförmig, können aber auch für rechteckige Karten beschnitten werden. Das Zentrum liegt direkt unter der Lichtquelle. Üblicherweise sind sie um den Nord- oder Südpol zentriert, aber das Zentrum oder »Azimut« kann überall sein. Hier liegt es direkt über dem Äquator.

Zylindrische Projektion

Bei dieser beliebten Methode wird der Globus auf einen Zylinder projiziert, der dann flach ausgerollt die Karte bildet. Rollt also ein Rohr aus Pauspapier um den Globus und haltet die Lampe wieder in die Mitte. Diesmal seht ihr, wie sich die Längenlinien begradigt haben.

Die Welt im Quadrat
Die zylindrische Projektion kann die ganze Welt auf einer einzigen Karte abbilden. Die Längen- und Breitengrade schneiden sich rechtwinklig wie auf dem Globus. Dabei aber geraten Polargebiete wie Grönland viel zu groß.

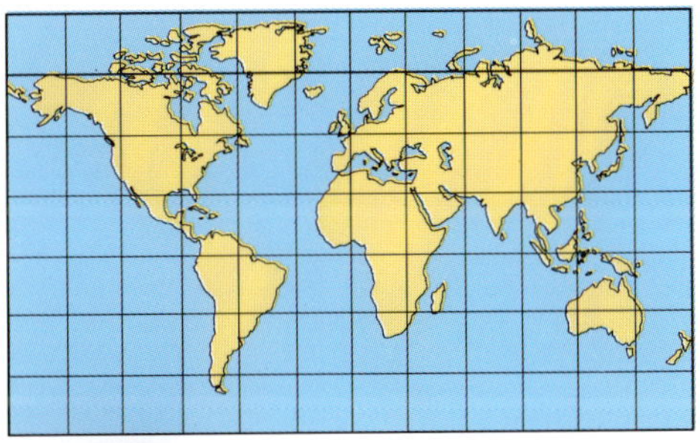

Kegelprojektion

Bei der Kegelprojektion wird der Globus auf einen Kegel projiziert, der aufgerollt eine flache Karte ergibt. Legt also einen Kegel aus Pauspapier auf den Globus und beleuchtet ihn in der Mitte. Diesmal strahlen die Längenlinien wie auf dem Globus aus.

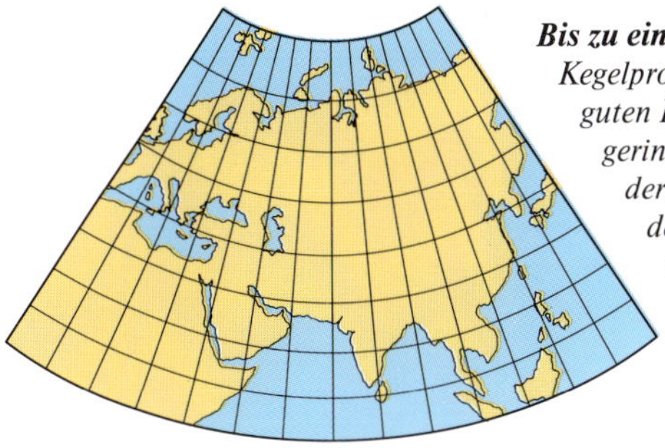

Bis zu einem gewissen Grad
Kegelprojektionen stellen einen guten Kompromiß dar, mit nur geringen Verzerrungen, besonders nahe der Linie, an der der Kegel auf dem Globus ruht, der sogenannten Standardparallele.

Wie groß ist die Erde?

Auf Bildern aus dem Weltall scheint die Erde wie eine vollkommene Kugel auszusehen. Aber das stimmt nicht ganz. Infolge der Kraft der Erdumdrehung beult sich die Welt am Äquator ein wenig aus und flacht sich an den Polen etwas ab. Man nennt das ein Rotationsellipsoid (S. 22). Es unterscheidet sich von einer richtigen Kugel nur wenig – aber Flug- und Seenavigation wie Landvermessung dürfen diesen Unterschied nicht ignorieren. Der Erddurchmesser beträgt am Äquator 12 758 km, die Strecke zwischen den Polen hingegen 12 714 km – die Differenz entspricht, relativ gesehen, etwa der Stärke des Papiers auf einem Globus. Diesen Unterschied mißt man heute mit Satelliten, während die Größe der Erde als solche viel einfacher zu messen ist, wie unser Experiment zeigt. Eratosthenes hat das bereits vor über 2 200 Jahren getan.

EXPERIMENT

Die Erde messen

Wenn ihr Freunde habt, die ein paar hundert Kilometer nördlich oder südlich von euch leben, könnt ihr die Größe der Erde selbst messen und so die Idee von Eratosthenes nachvollziehen. Ihr müßt nur genauso wie eure fernen Freunde die Länge der Schatten messen, die gleichgroße Pfosten mittags am selben Tag werfen. Aus dem geringen Unterschied könnt ihr die Größe der Erde berechnen – wenn ihr wißt, wie weit eure Freunde von euch entfernt wohnen.

IHR BRAUCHT

An beiden Standorten:
• Stock oder Besenstil • Maßband • Schnur • Modelliermasse als Gewicht für die Lotschnur • Kreide • große Klemme

Zwei Messungen
Eure Freunde müssen genauso wie ihr den Schatten des Stocks exakt um dieselbe Mittagszeit messen. Einer hält den Stock, der andere mißt den Schatten. Ob der Stock genau senkrecht steht, könnt ihr mit einem Lot überprüfen, also mit einem Gewicht, das von der Spitze des Stocks an einer Schnur herunterhängt – die Schnur muß parallel zum Stock sein.

Berechnungen

Um die Größe der Erde zu berechnen, geht ihr so vor:

1 Berechnet den Einfallswinkel der Sonne an jedem Ort (siehe Kasten unten rechts).

2 Errechnet durch Abziehen die Differenz zwischen beiden Winkeln.

3 Teilt 360 durch die Winkeldifferenz, und multipliziert dies mit der Entfernung zwischen beiden Orten - das ergibt den Umfang der Erde. Wohnen eure Freunde etwa 223 km von euch entfernt und die Winkeldifferenz betrüge 2 °, dann wäre die Rechnung so: (360 : 2) × 223 = 40 140

4 Ermittelt den Erddurchmesser, indem ihr euer Ergebnis durch 3,142 teilt.

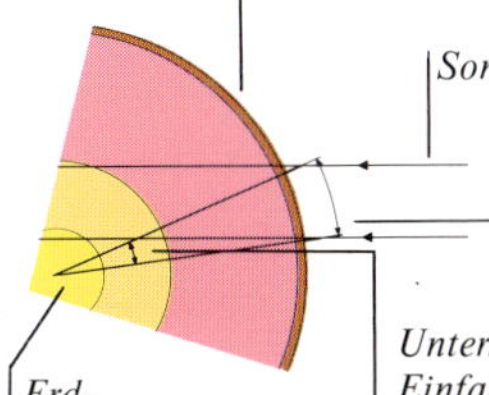

GROSSE ENTDECKER

Eratosthenes

Der griechische Astronom Eratosthenes (um 270 - um 194 v. Chr.) erfand eine genial einfache Methode zur Berechnung der Größe der Erde. Er leitete die berühmte Bibliothek von Alexandria in Ägypten und war in seinen Büchern auf ein seltsames Phänomen gestoßen. Mittags am Tag der Sommersonnenwende spiegelte sich die Sonne auf dem Wasser am Grund eines Brunnens in Syene. Die Sonne stand also genau senkrecht darüber. Eratosthenes wußte auch, daß ein Obelisk zur selben Zeit in Alexandria einen kurzen Schatten warf. Er maß den Winkel dieses Schattens (etwa 7 °) und errechnete, daß Alexandria etwa ein Fünfzigstel des Erdumfangs von Syene entfernt war (360 ° geteilt durch 7 °). Da Syene 800 km südlich von Alexandria lag, konnte Eratosthenes den Erdumfang auf 40000 km (50 × 800) schätzen. Nach modernen Messungen beträgt er durchschnittlich 40024 km.

Große Brüder
Auf dieser Zeichnung sind die Planeten des Sonnensystems nach ihrer Größe geordnet. Verglichen mit den vier größten Planeten (Jupiter, Saturn, Uranus, Neptun) ist die Erde eher klein. Doch im Vergleich zur Sonne ist selbst Jupiter winzig: Die Erde würde über eine Million Mal in die Sonne passen!

1 Pluto | *6 Neptun*
2 Merkur | *7 Uranus*
3 Mars | *8 Saturn*
4 Venus | *9 Jupiter*
5 Erde

Der Einfallswinkel der Sonne

Um diesen Winkel aus dem Schatten des Stocks zu errechnen, teilt ihr die Länge des Schattens durch die des Stocks. Das ergibt den Tangens des Winkels A. Den Winkel selbst findet ihr mit Hilfe eines Taschenrechners mit der Funktion tan oder einer Logarithmentafel.

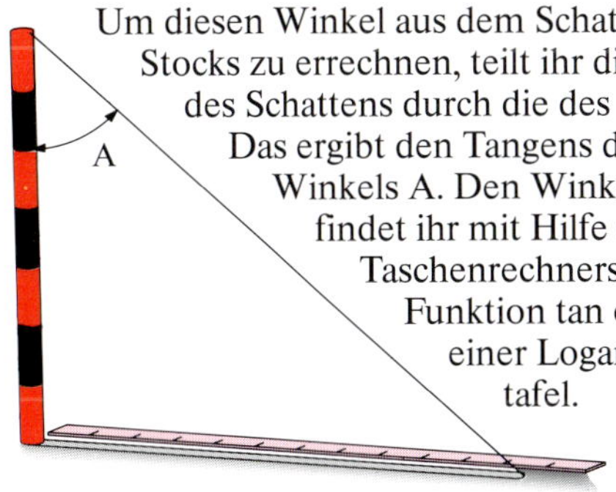

DER AUFBAU DER ERDE

Auf Sand gebaut
Nahezu drei Viertel der Erdkruste bestehen aus Silikaten wie Sand und Quarz (oben, in Kristallform). Neues Krustengestein wird aus Material gebildet, das durch die Hitze im Erdinnern geschmolzen und an die Oberfläche befördert worden ist (links).

Der Erdmittelpunkt ist ein glühender, fester Kern, der so heiß ist, daß er Gestein über ihm zum Schmelzen bringt. Ständig wird daher die Erde unter unseren Füßen von einer gigantischen Kraft in Bewegung gehalten, die den Boden erzittern läßt und Berge und Vulkane aufwirft. Sogar Kontinente können aufeinanderprallen oder auseinanderbrechen, während sie von den riesigen Förderbändern aus geschmolzenem Gestein transportiert werden, die unter der Erdkruste kreisen.

Im Erdinnern

Schon immer wollten die Menschen wissen, was sich im Innersten der Erde befindet. Für die alten Griechen lag hier der Hades, die mythische Unterwelt der Toten. Andere stellten sich dort phantastische Höhlen und verborgene Städte vor. Tatsächlich weiß man nichts Genaues darüber. Der tiefste Bergwerksschacht der Welt ist weniger als 4 km tief, und keine Bohrung ist bislang tiefer als 12 km vorgedrungen. Doch die Entfernung von der Oberfläche bis zum Erdmittelpunkt beträgt 6 370 km.
Allerdings kann man auf indirekte Weise herausfinden, was sich im Herzen unseres Planeten befindet, vor allem durch die von Erdbeben ausgelösten Schwingungen. Dabei hat man drei Hauptzonen des Erdinnern entdeckt: die Kruste, den Mantel und den Kern. Die dünne äußere Kruste bedeckt die Welt wie eine Haut und ist zuweilen kaum 10 km dick. Der Mantel darunter hat eine Stärke von etwa 3 000 km und besteht aus extrem heißem Gestein – oft ist es so flüssig wie Sirup. Der Kern, das metallische Erdzentrum, ist sogar noch heißer als der Mantel und vermutlich an der Außenseite flüssig und im Innern fest.

Wissen aus Wellen

Fast alles, was wir über das Erdinnere wissen, beruht auf Erdbebenschwingungen – sogenannten seismischen Wellen –, die man weltweit nachweisen kann. Je nachdem, wie lange sie brauchen, um verschiedene Orte zu erreichen, läßt sich ermitteln, ob diese Wellen direkt dorthin gelangt sind oder beim Passieren der Grenze zwischen zwei Schichten gebrochen wurden.

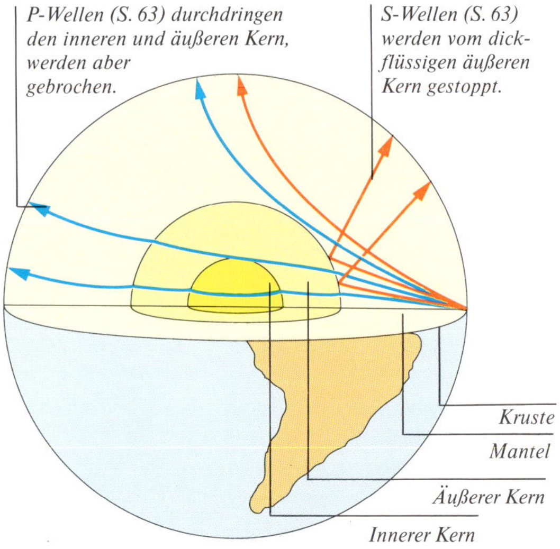

Von der Kruste zum Kern
Bei diesem Modell sind die Schichten des Erdinnern freigelegt: die Kruste, die drei Schichten des Mantels sowie der äußere und innere Kern. Man spricht von Kruste und Mantel oft wie von zwei verschiedenen Dingen, die von der »Moho« getrennt sind. Doch da die untere Kruste dem oberen Mantel sehr ähnelt, sprechen die Wissenschaftler lieber von der Lithosphäre. Sie liegt 100 km unter der Oberfläche und umfaßt die Kruste und ein Stück Mantel. Darunter befindet sich eine Schicht teilweise aufgeschmolzenen Materials: die Asthenosphäre, die etwa 200 km dick ist. Danach kommen der restliche Mantel (Mesosphäre), der geschmolzene äußere sowie der feste innere Kern.

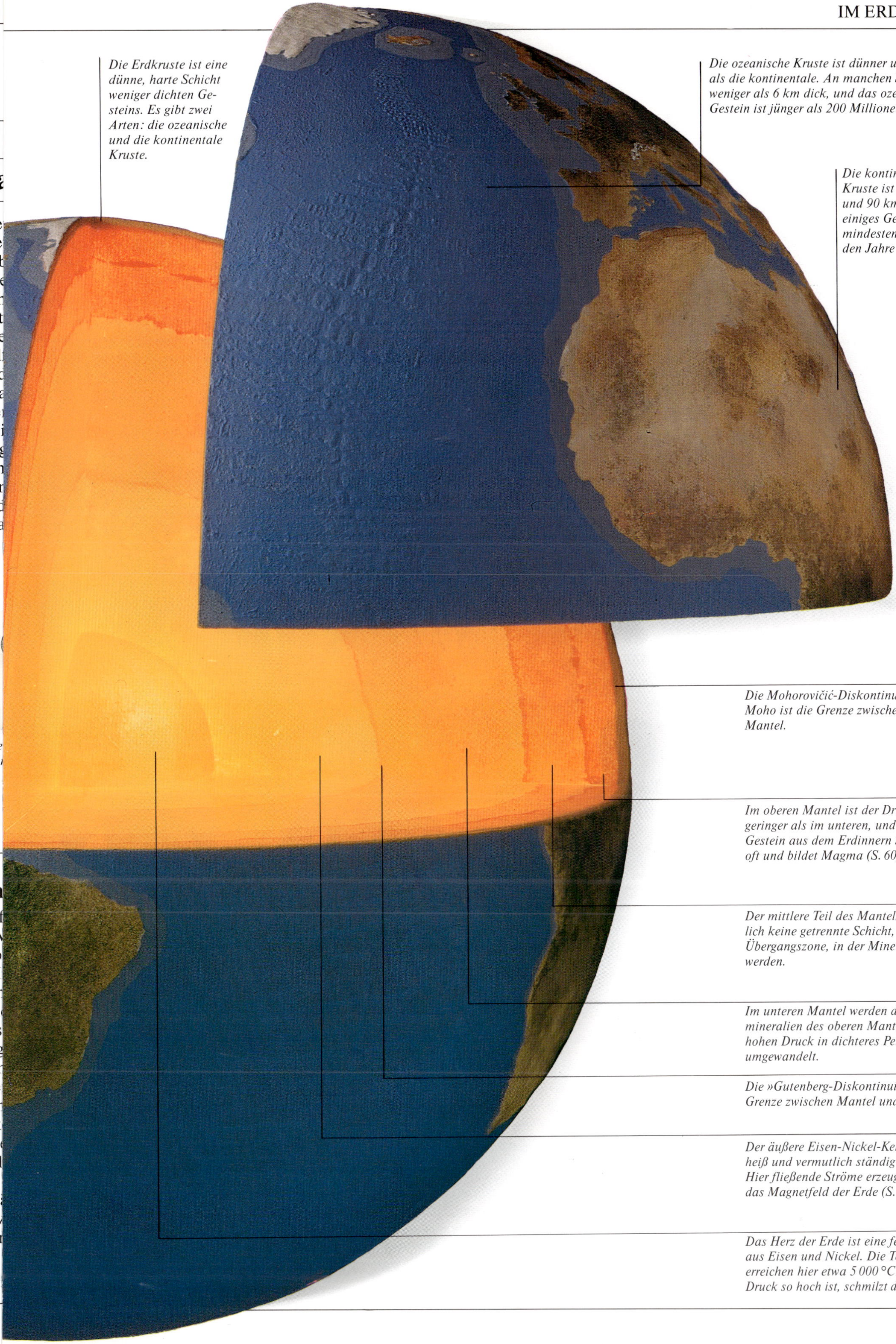

Die Erdkruste ist eine dünne, harte Schicht weniger dichten Gesteins. Es gibt zwei Arten: die ozeanische und die kontinentale Kruste.

Die ozeanische Kruste ist dünner und jünger als die kontinentale. An manchen Stellen ist sie weniger als 6 km dick, und das ozeanische Gestein ist jünger als 200 Millionen Jahre.

Die kontinentale Kruste ist zwischen 25 und 90 km dick, und einiges Gestein ist mindestens 3,8 Milliarden Jahre alt.

Die Mohorovičić-Diskontinuität oder Moho ist die Grenze zwischen Kruste und Mantel.

Im oberen Mantel ist der Druck viel geringer als im unteren, und heißes Gestein aus dem Erdinnern schmilzt hier oft und bildet Magma (S. 60).

Der mittlere Teil des Mantels ist eigentlich keine getrennte Schicht, sondern eine Übergangszone, in der Mineralien dichter werden.

Im unteren Mantel werden die Silikatmineralien des oberen Mantels durch hohen Druck in dichteres Perowskit umgewandelt.

Die »Gutenberg-Diskontinuität«, die Grenze zwischen Mantel und Kern.

Der äußere Eisen-Nickel-Kern ist sehr heiß und vermutlich ständig geschmolzen. Hier fließende Ströme erzeugen wohl das Magnetfeld der Erde (S. 39).

Das Herz der Erde ist eine feste Kugel aus Eisen und Nickel. Die Temperaturen erreichen hier etwa 5 000 °C; da aber der Druck so hoch ist, schmilzt der Kern nicht.

TEKTONISCHE PLATTEN

Man möchte es kaum glauben, daß sich das Land unter unseren Füßen jemals bewegt hat – und doch bewegt es sich auch heute. Die Geologen haben herausgefunden, daß die Erdoberfläche in über 20 tektonische Platten zerbrochen ist. Jahrmillionenlang sind die Kontinente auf diesen Platten um die Welt getrieben. Infolge der Kontinentalbewegung der Platten bebt die Erde und es brechen Vulkane aus, Gebirge entstehen und vergehen und ganze Kontinente bilden sich oder brechen auseinander.

Lange Inselbögen entstehen beim Zusammenstoß zweier tektonischer Platten. Die Inseln werden von den Vulkanen gebildet, die neben dem tiefen Meeresgraben ausbrechen, wenn eine Platte in den heißen Erdmantel abtauchen muß.

Die Rede, die der Meteorologe Alfred Wegener (1880–1930) auf einem Kongreß der amerikanischen Gesellschaft für Philosophie 1923 in Philadelphia hielt, kam nicht gerade gut an. »Hanebüchener Blödsinn!« schnaubte der Präsident der Gesellschaft. Aber auch sonst fanden seine Ideen keinen Beifall. »Haarsträubend!« spottete Professor Chamberlin von der Universität von Chicago. »Wegener ... verschließt sich allen Fakten und Argumenten«, erregte sich ein anderer Geologe.

Was die Zunft so in Rage brachte, war Wegeners Überzeugung, daß die Kontinente der Erde nicht an Ort und Stelle fixiert sind, sondern auf der Erdoberfläche herumgetrieben sind – und dies noch immer tun. Eine derartige Ansicht schien nicht nur bizarr zu sein, sondern widersprach auch rundweg allen gängigen geologischen Theorien. Und doch war die Idee gar nicht so neu.

Fossilien tropischer Pflanzen findet man zuweilen ganz woanders. Läßt sich das durch die Kontinentaldrift erklären?

Sobald die ersten Karten vom Atlantik im 16. Jahrhundert gezeichnet waren, bemerkte man, wie verblüffend die Küste von Südamerika der von Afrika entsprach. Im frühen 19. Jahrhundert dann entdeckte der deutsche Forscher Alexander von Humboldt (1769–1859) erstaunliche Ähnlichkeiten zwischen brasilianischem und kongolesischem Gestein. Und schließlich brachten Naturforscher von ihren Reisen merkwürdige Funde mit: gleiche Arten von Schildkröten, Schlangen und Echsen aus Südamerika und Afrika, Fossilien des ausgestorbenen Glossopteris-Farns aus Indien und Australien sowie Versteinerungen des Mesosaurus aus Brasilien und Südafrika.

Landbrücken

Um diese seltsamen Übereinstimmungen zu erklären, behaupteten einige Naturforscher, die Kontinente seien einst durch Landbrücken verbunden gewesen, die längst im Meer untergegangen seien. Damals glaubten die meisten Geologen, daß sich die Welt abkühle und zusammenziehe, und sie nahmen an, daß diese Landbrücken zusammengebrochen seien, als der Planet zu schrumpfen begonnen hatte.

Zwar gab es viele Widersprüche in der Theorie von der schrumpfenden Erde und den Landbrücken, aber als Wegener seine Version in den zwanziger Jahren bekannt machte, galt jene Theorie noch als unumstößlich. Wegener behauptete, daß alle Kontinente einst in einer ungeheuren Landmasse verbunden gewesen seien, die er »Pangaea« nannte. Diese sei vor 300 Millionen Jahren auseinandergebrochen und seither seien ihre Bruchstücke (unsere heutigen Kontinente) herumgetrieben. Indem er Afrika und Südamerika miteinander verband, stieß er an zahlreichen Orten auf Übereinstimmungen bei den Gesteinsarten. Aber Wegeners Ideen wurden noch lange nach seinem tragischen Tod in Grönland als absurd abgetan.

Tektonische Platten gleiten auf Materie, die sich wie Puddingpulver verhält (S. 48).

Meeresgräben

Erst als Geologen in den fünfziger Jahren den Meeresboden zu erforschen begannen, gewann Wegeners Theorie weitere Anerkennung. Zuerst entdeckte der amerikanische Geophysiker Maurice Ewing (1906–1974), daß der Meeresboden aus sehr jungem vulkanischem Gestein besteht. Dann beauftragte Ewing zwei junge Kollegen, Bruce Heezen und Marie Tharp, eine Karte vom Meeresboden anzufertigen. Zu ihrer Überraschung fanden sie einen tiefen Canyon entlang der Kammregion des Mittelatlantischen Rückens, der den Atlantik in

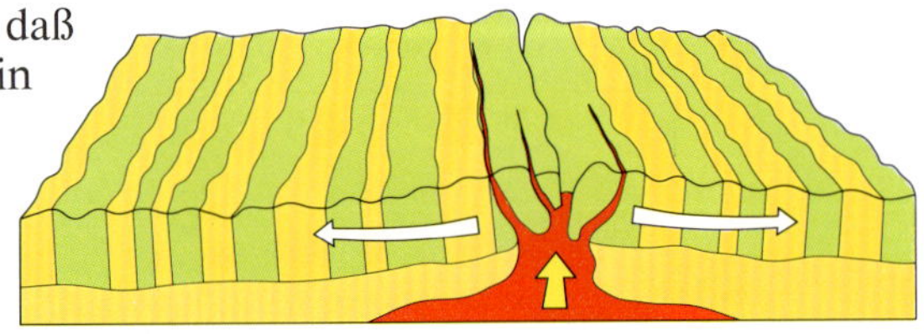

Beiderseits des mittelatlantischen Rückens ergibt die Magnetisierung des Gesteins ein Streifenmuster jeweils umgekehrter Magnetisierungsrichtung (S. 47). Dies belegt die Theorie des Sea Floor Spreading.

zwei Becken teilt. Und als sie jüngere Erdbeben bis zu ihrem Ursprung zurückverfolgten, gelangten sie stets bis zu dieser tiefen Spalte.
Innerhalb von ein paar Jahren wurde klar, daß es diesen Rükken nicht nur im Atlantik gibt, sondern daß er Teil eines 60 000 km langen unterseeischen Gebirgszugs ist, der sich durch alle Ozeane der Welt windet wie die Naht auf einem Ball. Und überall entlang dieses Rückens

Wenn man einen Styroporklotz mit Sand belädt, sinkt er im Wasser ab – wie vielleicht auch Kontinente bei der Gebirgsbildung in den Erdmantel absinken.

befindet sich die gleiche Kammspalte.

Wachsende Meere

Dann stellte der amerikanische Geologe Harry Hess (1906–1969) eine aufsehenerregende Behauptung auf: Die Meeresböden seien nicht stationär, sondern breiteten sich vom mittelozeanischen Rücken aus – während heiße Materie aus dem Erdmantel durch die Kammspalte emporquillt, spreizt es die beiden Hälften des Meeres auseinander (auch im Deutschen mit dem Fachausdruck »Sea-Floor-Spreading« bezeichnet). Dadurch wird freilich die Erdkruste nicht größer, denn sobald sich neue ozeanische Kruste entlang des Rückens bildet, sinkt alte Kruste am Rand in den Mantel ab. Diesen Prozeß nennt man »Subduktion«. Die Kontinente sind nur Passagiere auf dem stets in Bewegung befindlichen Fließband. Zuerst waren viele Wissenschaftler skeptisch. Dann machten Frederick Vine (* 1939) und Drummond Matthews (* 1931) Zebrastreifen von normalem und inversem Magnetismus im Gestein auf beiden Seiten des Rückens aus. Diese Streifen zeigten an, daß es innerhalb früherer Zeiträume Umpolungen des Magnetfelds der Erde gegeben hatte – wie bei den Jahresringen eines Baumes zeichnete sich darin das Sea-Floor-Spreading ab (S. 47). Ein paar Jahre später holten Wissenschaftler an Bord des Forschungsschiffes »Glomar Challenger« eine Reihe von Gesteinsproben entlang einer sich vom Rükken entfernenden Linie – und sie stellten fest, daß das Gestein auf beiden Seiten des Rükkens umso älter war, je weiter der Fundort entfernt lag.

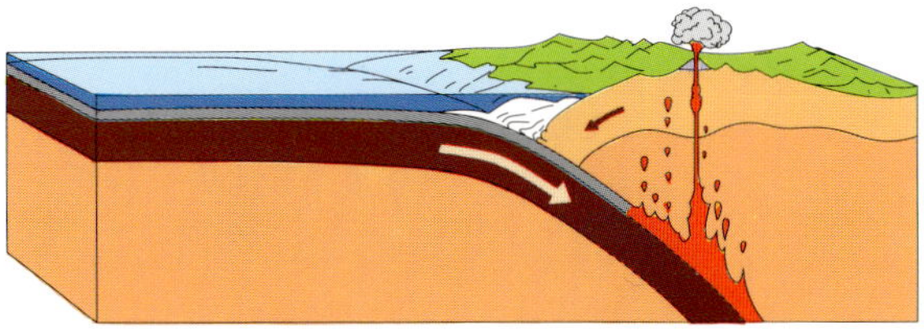

Sobald an den Meeresrücken neue Kruste entsteht, wird ältere Kruste an den Rändern zerstört, wo eine Platte unter eine andere in den Erdmantel gedrückt wird – man nennt das Subduktion.

Letzter Beweis

Es gab also keinen Zweifel mehr daran, daß sich der Meeresboden spreizte. Zur selben Zeit bestätigten Geologen, daß Gesteinsschichten in Brasilien mit denen in Afrika exakt übereinstimmten, und in der Antarktis fand man ein Fossil des Lystrosaurus, eines Reptils, das in Afrika, Indien und China vor 200 Millionen Jahren gelebt hatte. Nun war man überzeugt, daß die Kontinente einst miteinander verbunden waren, wie es Wegener schon 50 Jahre zuvor behauptet hatte.

Die heutigen Kontinente kann man wie bei einem Puzzle (S. 45) zu einem Superkontinent zusammenfügen – den es für die Geologen einst auch gegeben hat.

Während der siebziger und achtziger Jahre machte diese Theorie der »Plattentektonik« rapide Fortschritte. Geologen stellten fest, daß die starre Außenschale der Erde, die sogenannte »Lithosphäre« (S. 185), aus neun großen und einem Dutzend kleineren Platten besteht, auf denen die Kontinente sitzen. Außer den großen Meeresplatten – Pazifik, Nazca und Cocos – sind alle nach den Kontinenten benannt, die in sie eingebettet sind (S. 186).
Tektonische Platten erneuern sich ständig entlang der mittelozeanischen Rücken und werden durch Subduktion zerstört. Aber man weiß nicht genau, was die Drift der Platten bewirkt – vielleicht die Konvektion im Erdmantel (S. 40) oder es ist einfach so, daß die Platten von den Meeresrükken abfallen.

Hohe Gebirgszüge sind möglicherweise dort aufgeworfen worden, wo zwei tektonische Platten zusammenstießen und dabei Gesteinsschichten falteten sowie Vulkane ausbrechen ließen.

Auswirkungen

Schon bald wurde klar, daß man mit der Plattentektonik viel mehr erklären konnte als nur die Übereinstimmungen von Gesteinen und Fossilien. Zu Erdbeben kommt es, wo Platten aneinander entlang scheuern. Vulkane brechen aus, wo Platten auseinanderbrechen oder in den Mantel abtauchen. Gebirgszüge werden aufgeworfen, wo Platten miteinander kollidieren. Vielleicht beruhen sogar frühere Veränderungen im Weltklima auf der Drift von Kontinenten in wärmere oder kältere Gegenden.

Treibende Kontinente

Habt ihr schon einmal auf einer Weltkarte bemerkt, wie ähnlich die afrikanische Westküste der Ostküste von Südamerika ist? Wenn ihr sie ausschneidet und zusammenfügt, passen diese Küsten wie zwei Puzzleteile zusammen - vor allem wenn ihr entlang der Kontinentalschelfe schneidet (das sind die Bereiche flachen Wassers direkt vor der Küste). Aber nicht nur die Küsten passen zusammen, sondern auch Felsen, Landschaften und sogar Fossilien. Aufgrund der zahlreichen Übereinstimmungen sind die Wissenschaftler heute überzeugt, daß die beiden Kontinente einst zusammengehört haben - ja, daß sogar alle heutigen Kontinente früher einmal zu einem riesigen Kontinent verbunden waren, der sogenannten Pangaea. Vor etwa 200 Millionen Jahren zerbrach sie, und seither sind die verschiedenen Teile - unsere heutigen Kontinente - immer mehr auseinandergetrieben. So schätzt man, daß Europa und Nordamerika sich jährlich um 7 cm voneinander wegbewegen.

Bewegte Welt

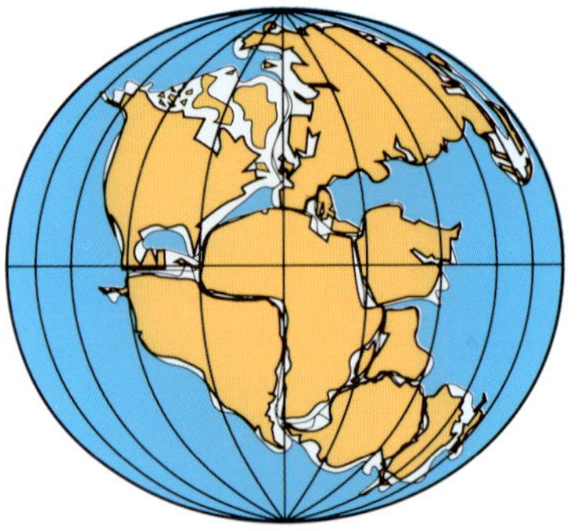

Pangaea
Vor 250 Millionen Jahren bildeten die Kontinente eine riesige Landmasse (Pangaea) in einem einzigen Ozean (Panthalassa).

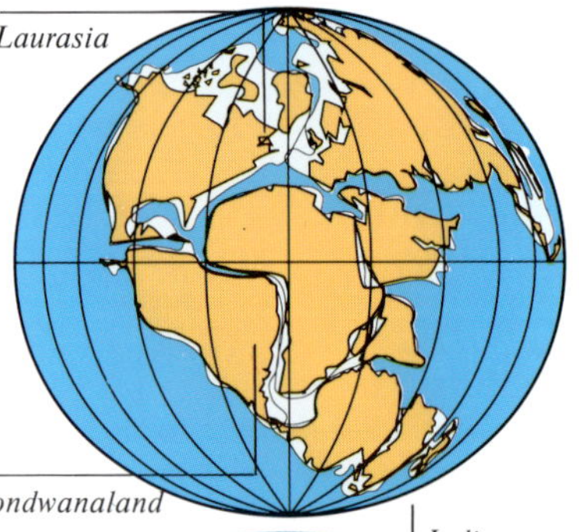

Riß in der Mitte
Vor 200 Millionen Jahren spaltete ein langer Meeresarm Pangaea fast in zwei Teile: in Gondwanaland im Süden und Laurasia im Norden.

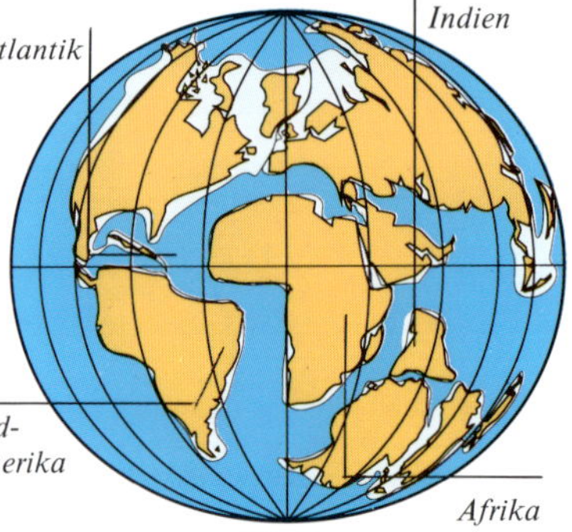

Der große Bruch
Vor 135 Millionen Jahren teilte sich Gondwanaland in Afrika und Südamerika. Dabei entstand der Atlantik, während Indien abbrach und sich nördlich nach Asien bewegte.

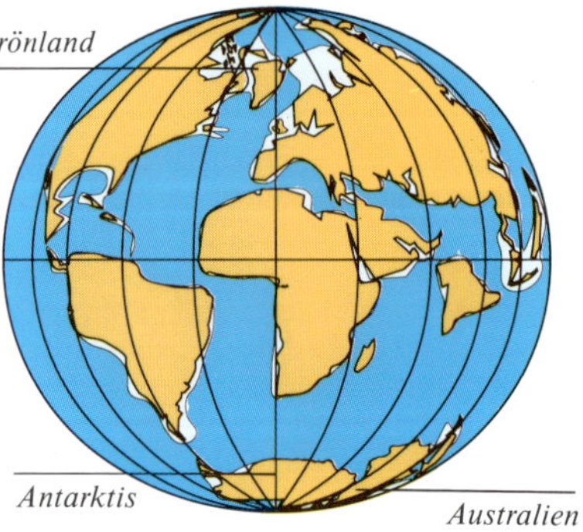

Verlorene Kontinente
Vor 40 Millionen Jahren trennten sich Australien und die Antarktis. Etwas später verlor Nordamerika den Kontakt zu Nordeuropa, und Grönland wurde eine Insel.

GROSSE ENTDECKER

Alfred Wegener

Schon um 1620 bemerkte der englische Denker Francis Bacon, wie ähnlich sich die Küsten von Südamerika und Afrika sind. Aber erst im 20. Jahrhundert akzeptierten die Wissenschaftler schließlich die Vorstellung, daß Kontinente auf der Erde herumtreiben. Diese Idee kam als erstem dem deutschen Meteorologen Alfred Wegener (1880 - 1930). Er zeigte, daß Gesteinsbänder auf Kontinenten zueinanderpaßten, die durch Meere getrennt waren. Auf der arktischen Insel Spitzbergen fand er Spuren uralter tropischer Farne, und das erklärte er damit, daß Spitzbergen sich einst aus den Tropen in diese Region bewegt habe. Wegener hatte keine Ahnung, warum sich die Kontinente bewegten, und zunächst wurden seine Ideen vor allem von amerikanischen Geologen abgelehnt. Schließlich entdeckte man aber, daß magnetisches Gestein unterschiedlichen Alters verschieden ausgerichtet war, nicht nur zum magnetischen Nordpol hin: Offenbar also hatten sich die Kontinente selbst gedreht.

Landverschiebungen

Bemerkenswerterweise erklärt die Theorie der Kontinentaldrift auch viele andere Dinge, nicht nur das Zusammenpassen der Küsten von Südamerika und Afrika - etwa warum Fossilien des Glossopteris-Farns auf jedem Kontinent und Versteinerungen des Lystrosaurus in Südafrika wie in der Antarktis gefunden werden. So kann man auch erklären, warum früher auf den Kontinenten ein auffallend anderes Klima geherrscht hat: in Nordeuropa etwa ein tropisches Klima - einfach weil es einst in den Tropen lag!

EXPERIMENT

Kontinentalpuzzle

Macht einmal dieses Puzzle, um zu sehen, wie gut die Kontinente zusammenpassen. Die Formen entsprechen den Kontinentalschelfen - nicht den Küsten -, weil dort die Kontinente auseinanderbrachen. Am besten paust ihr die Umrisse der Kontinente von einer Karte ab, die sie in geeigneter Weise wiedergibt, etwa die Mercatorprojektion (S. 28) oder die hier gezeigte. Beachtet, wie eng Afrika Südamerika umschließt und die Große Australische Bucht die Antarktis. Aber Kontinente haben sich nicht nur getrennt, sondern auch gefunden: Indien entfernte sich von Afrika und stieß mit Asien zusammen, wobei der Himalaja entstand.

IHR BRAUCHT

• Brett • Karton • Pauspapier • Bleistift • Lineal • Schere

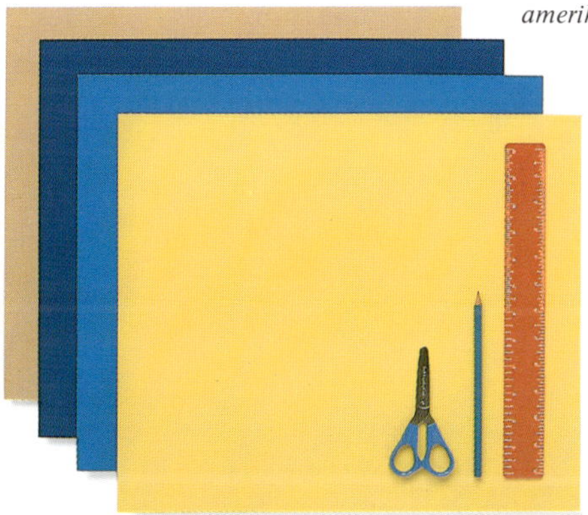

1 Zeichnet ein kleines Gitternetz aufs Pauspapier, und klebt es über das Bild mit dem fertigen Puzzle (S. 7 oder oben). Paust die Kontinente und Schelfe ab.

2 Zeichnet ein viel größeres Gitternetz, und übertragt in die einzelnen Quadrate die Umrisse der Kontinente. Dann paust ihr sie auf farbigen Karton durch.

3 Mit einer guten Schere schneidet ihr die Umrisse der Kontinente und dann die Schelfe aus dem Karton. Vorsicht - nicht umknicken!

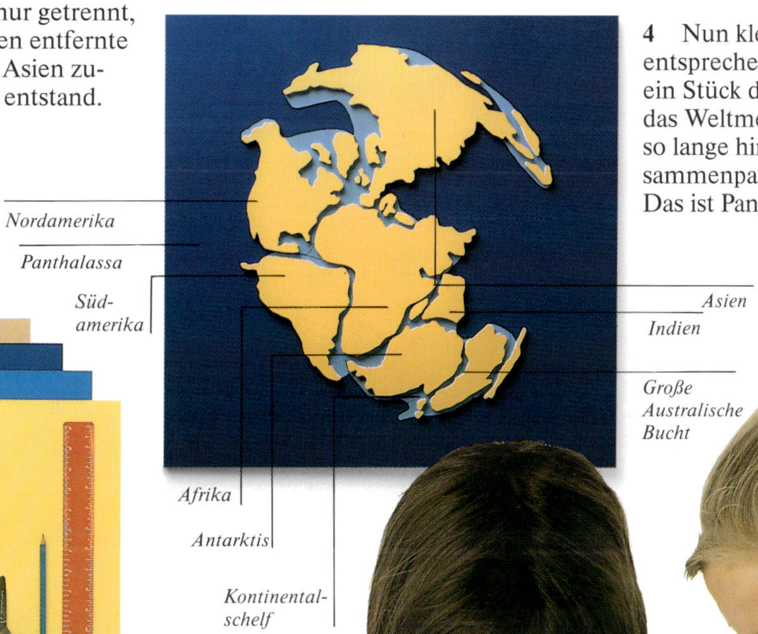

4 Nun klebt ihr die Kontinente auf die entsprechenden Schelfe und legt sie auf ein Stück dunkelblauen Karton - er stellt das Weltmeer Panthalassa dar. Bewegt sie so lange hin und her, bis sie so gut zusammenpassen wie auf dem Bild links. Das ist Pangaea.

Wachsende Ozeane

Nicht nur die Kontinente, auch die Ozeane sind in Bewegung. Die ozeanische Kruste besteht aus Gestein, das viel jünger ist als das der Kontinente. Heute weiß man, daß es in den Meeren Gebirgsrücken gibt, an denen ständig neues Gestein entsteht. Diese mittelozeanischen Rücken befinden sich dort, wo aufsteigende Wärmeströme im Erdmantel (S. 40) von unten auf die Ozeankruste treffen. Die Ströme sind so stark, daß sie den Meeresboden aufplatzen lassen und geschmolzenes Gestein aus dem Mantel herausdringt. Dabei wird der Rücken immer breiter, und oft dehnen sich dadurch die Ränder des Meeres noch weiter aus.

Der Meeresboden
Es ist zu beachten, daß in diesem Modell, das auf Unterwasserforschungen basiert, das Meer viel schmäler ist als in Wirklichkeit.

Den flach abfallenden Bereich am Rand der Meere nennt man Kontinentalschelf.

An den Schelf schließt sich der sehr steil abfallende Kontinentalhang an.

Unterwassercanyons im Kontinentalhang entstehen durch Flüsse, die ins Meer fließen.

Die riesige »abyssale Region« (Tiefsee-Ebene), mit einer dünnen Schlammschicht aus den Überresten von Meereslebewesen bedeckt.

Unterwasservulkane und Guyots (abgestumpfte Tiefseeberge), teils über 1000 m hoch, verteilen sich über die Tiefsee-Ebene.

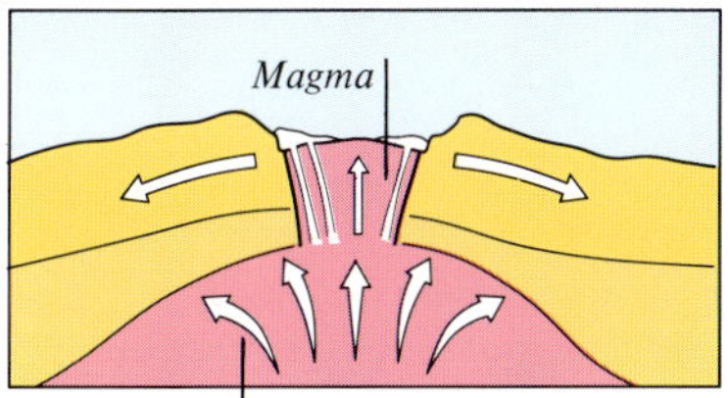

Ein Rücken entsteht
Wenn Konvektionsströme im Mantel zum Meeresboden aufsteigen, bricht geschmolzenes Gestein nach oben durch den Rücken, und Magma quillt aus den Rissen.

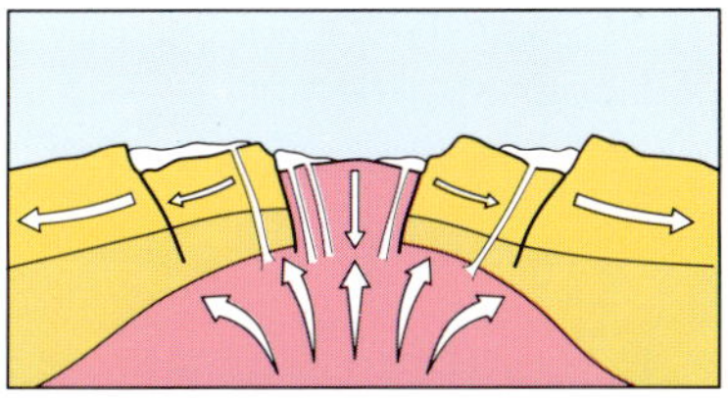

Der Rücken wird breiter
Wenn der Meeresboden beiseite gestoßen wird, sinkt Materie teilweise in den Mantel zurück. An der Oberfläche erstarrtes Magma wird durch neu aufsteigende Materie zur Seite gedrängt.

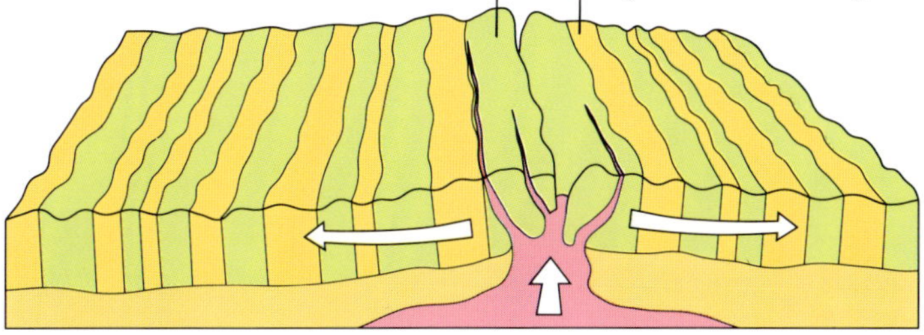

Strichkode

Wenn geschmolzenes Gestein aus dem Rücken dringt, richten sich die magnetisierbaren Anteile im Gestein beim Erstarren nach dem Magnetfeld der Erde aus. Da sich das Feld ab und zu umpolt, setzt sich neues Material in entsprechend ausgerichteten Bändern ab – ein »Strichkode«, der die Geschichte des Sea-Floor-Spreading enthält.

Die ozeanische Kruste besteht aus erstarrtem Gestein, das aus dem mittelozeanischen Rücken in Form von runden Brocken (»Kissenlava«) dringt.

Unter der Kissenlava befinden sich Schichten vulkanischen Gesteins, das erstarrt ist, bevor es als Lava ausdringen konnte.

Unter diesen Gesteinsschichten befindet sich eine weitere Schicht, die sich aus absetzenden Kristallen gebildet hat.

Geschmolzenes Gestein oder Magma aus dem Mantel sammelt sich in einer Magmakammer, bevor es durch den mittelozeanischen Rücken nach oben dringt.

Ein Meeresgraben entsteht, wenn die sich ausbreitende Meereskruste auf eine Kontinentalplatte (S. 48) trifft und abtaucht.

Bewegliche Platten

So unglaublich es klingt: Die Erdoberfläche ist fast nirgendwo unbeweglich. Vielmehr besteht sie aus rund 20 tektonischen Platten, die in alle möglichen Richtungen gleiten und sich gegenseitig anstoßen. Sieben von diesen Platten, etwa die riesige Pazifikplatte und die Eurasische Platte, sind so groß, daß sie ganze Meere oder Kontinente umfassen. Die übrigen sind viel kleiner (S. 186).
In den sogenannten Divergenzzonen streben die Platten auseinander – oft wegen der Ausdehnung des Meeresbodens (S. 46). In Konvergenzzonen hingegen stoßen die Platten zusammen, werfen die Kruste auf oder drängen eine Platte in den Mantel hinab. An wenigen Stellen gleiten Platten einfach aneinander vorbei.

Wie bewegen sich Platten?

Man weiß nicht genau, was die Platten um die Erde bewegt. Man vermutet, daß die Konvektion im Erdmantel (S. 40) die Ursache dafür ist und die Konvektion sich in Zellen bewegt, wobei deren Größe wiederum unbekannt ist. Manche Geowissenschaftler meinen, daß sie den gesamten Erdmantel umfassen, andere beschränken sie auf die Asthenosphäre. Es kann auch sein, daß die Konvektionszellen übereinanderliegen.
Andere glauben, daß die Antriebskraft nicht die Konvektion ist, sondern allein auf das Gewicht der Meeresplatten zurückzuführen ist. Mittelozeanische Rücken (S. 46) sind 2 – 3 km höher als die Meeresränder, so daß die Platten möglicherweise einfach hangabwärts gleiten. Oder die Platten verhalten sich so: Heißes neues Gestein, das sich an den mittelozeanischen Rücken bildet, kühlt ab, während es zu den Rändern hin gestoßen wird. Dabei wird es schwerer und sinkt in die Asthenosphäre ab (S. 36). Durch sein Gewicht wird die übrige Platte mitgerissen – so wie ein Tuch von selbst vom Tisch rutscht, wenn es genügend weit über den Rand hängt.

Plastisches Gestein

Erdbebenwellen zeigen, daß der Erdmantel aus festem Gestein besteht (S. 40). Wie aber können dann tektonische Platten in ihn so leicht wie in Schlamm hinabgleiten? Antwort: Weil Gestein sowohl flüssig wie starr sein kann. Wenn ein sachter Druck ausgeübt wird (wie bei der langsamen Bewegung solcher Platten), verhält sich der Mantel so flüssig wie Schlamm. Bei einem plötzlichen Anstoß jedoch verhält er sich wie ein Festkörper. Wenn ihr das nicht glaubt, dann mischt doch mal einen Teelöffel Puddingpulver mit einem Teelöffel Wasser. Zieht ihr den Löffel sachte durch die Paste, bleibt sie flüssig – drückt ihr heftig dagegen, wird sie fest.

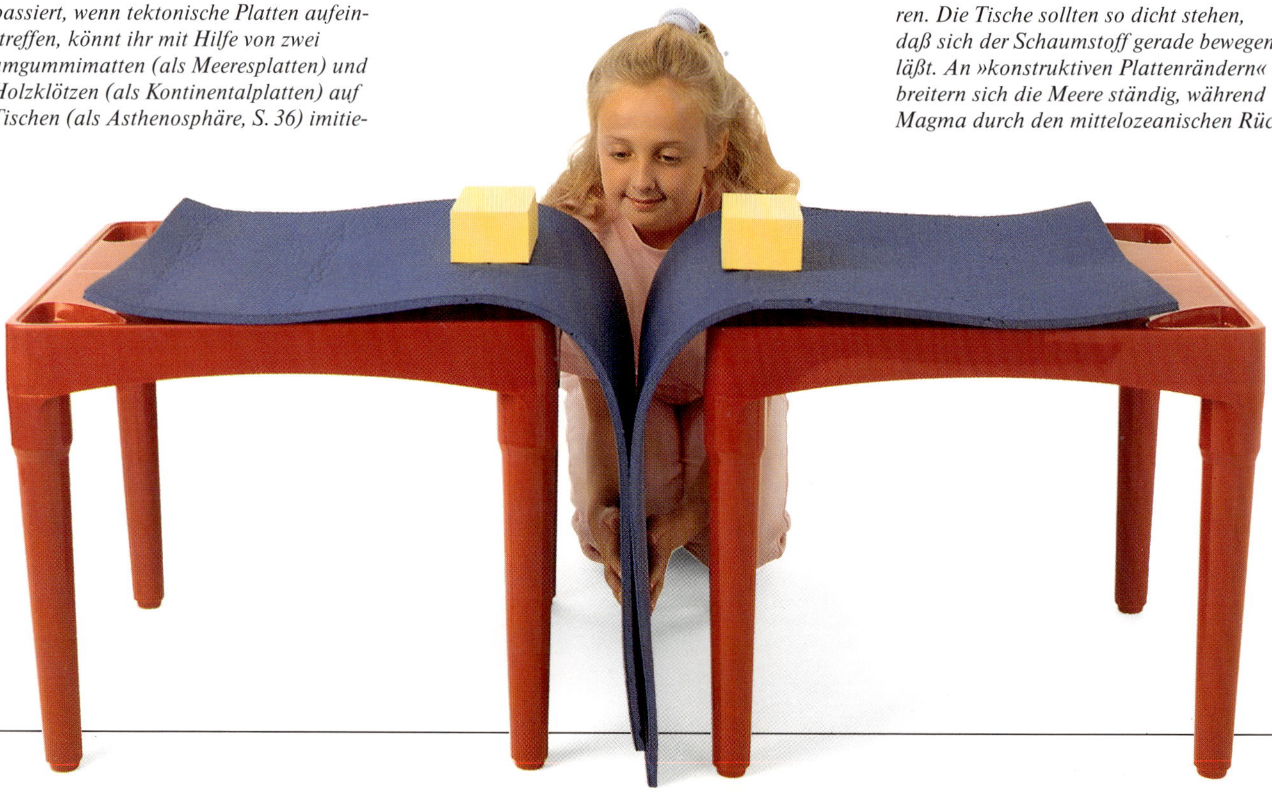

Bewegte Kontinente
Was passiert, wenn tektonische Platten aufeinandertreffen, könnt ihr mit Hilfe von zwei Schaumgummimatten (als Meeresplatten) und zwei Holzklötzen (als Kontinentalplatten) auf zwei Tischen (als Asthenosphäre, S. 36) imitieren. Die Tische sollten so dicht stehen, daß sich der Schaumstoff gerade bewegen läßt. An »konstruktiven Plattenrändern« verbreitern sich die Meere ständig, während Magma durch den mittelozeanischen Rücken

Subduktionszonen

An manchen Stellen, besonders an den Rändern der Meere, können Platten mit solcher Gewalt kollidieren, daß eine über die andere gleitet und sie unter die Oberfläche drückt. Diesen Vorgang nennt man Subduktion. Tiefe Meeresgräben tun sich auf, wo die abtauchende Platte in die Asthenosphäre eindringt. Dabei beginnt diese Platte zu schmelzen. Durch den zertrümmerten Rand der überlappenden Platte steigen oft »Plumes« von geschmolzenem Gestein auf und können sogar große Vulkane bilden, wie den Cotopaxi in den Anden. Wenn die Platte absackt, kann die Erschütterung Erdbeben entlang den »Benioff-Zonen« hervorrufen, benannt nach dem Seismologen Hugo Benioff, der als erster bestimmte Erdbeben auf Subduktion zurückführte. Zur Subduktion kommt es normalerweise, wo eine dünne Meeresplatte unter eine dicke Kontinentalplatte oder unter eine andere Meeresplatte gerät – ja zuweilen tauchen sogar Kontinente ab.

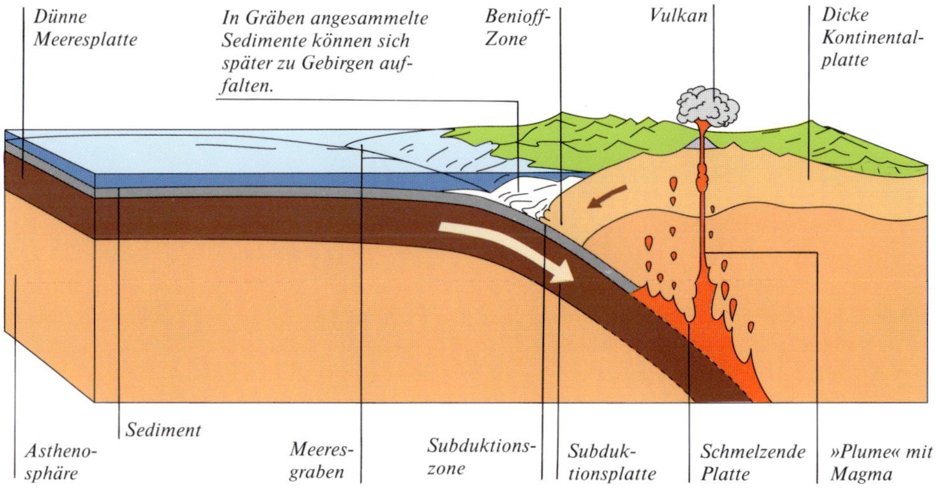

Schwammiges Gestein

Wie können große Mengen geschmolzenen Gesteins an die Oberfläche gelangen, um neue Kruste an den Meeresrändern zu bilden, wenn der Erdmantel aus festem Gestein besteht? Antwort: Das Mantelgestein hat lauter winzige Löcher, durch die das geschmolzene Gestein fließt – so wie Öl aus einem Schwamm fließt, wenn man ihn zusammendrückt.

aufsteigt und neue Kruste bildet. Dazu müßt ihr die beiden Gummimatten in der Lücke zwischen den Tischen nach oben drücken. Während sich die neue Kruste bildet, bewegen sich die Kontinente auseinander. An »destruktiven Plattenrändern« dagegen, kann eine Meeresplatte unter eine Kontinentalplatte oder eine andere Meeresplatte gleiten. Wenn eine Meeresplatte zerstört wird, können Kontinente kollidieren – wie die beiden Klötze, wenn ihr die Gummimatten nach unten zieht.

Im Innern eines Kontinents

Während ihr dieses Buch lest, sitzt ihr auf einer riesigen Steinplatte, die 35 – 40 km dick ist und auf dem Erdmantel gleitet. Diese Platte – die Kontinentalkruste – ist viel dicker und älter als die Meereskruste. Und in den Jahrmillionen, in denen die Kontinente herumgeschoben, verbogen, zerbrochen, erweitert und abgetragen wurden, ist ihr Aufbau anders und komplizierter geworden. Die Geologen wissen über die Beschaffenheit der Materie in der oberen Hälfte der Platte noch gut Bescheid – bis zur sogenannten »Conrad-Diskontinuität«. Was darunter liegt, können sie nur vermuten. An der Oberfläche scheinen die Kontinente im Prinzip flache Platten aus altem kristallinem Gestein zu sein, das in »Schilden« offen zutage tritt oder in Plattformen verhüllt und mit Sedimenten bedeckt ist. An den Rändern türmen sich Gebirgszüge auf, wenn das Gestein von den gewaltigen Kräften aufgefaltet wird, die die Kontinente bewegen. Doch neuere Forschungen enthüllen ein noch komplexeres Bild.

Schnitt durch einen Kontinent
Im Grunde weiß man nicht genau, was sich im Innern eines Kontinents befindet. Dieses Modell von Südamerika baut sich aus dem auf, was nach Meinung der meisten Geologen unter unseren Füßen liegt.

In Teilen des Gebirgsgürtels bilden sich in der Kruste riesige Komplexe von Erstarrungsgestein, sogenannte Batholithe (S. 60).

Die »Moho« (S. 37) bezeichnet die Grenze zwischen Kruste und Mantel.

Die Kontinentalkruste ist unter Gebirgszügen am dicksten.

Wo die alten kristallinen Grundgesteine an die Oberfläche treten, bilden sie riesige Hochebenen oder Plateaus, sogenannte Schilde, wie den Kanadischen Schild.

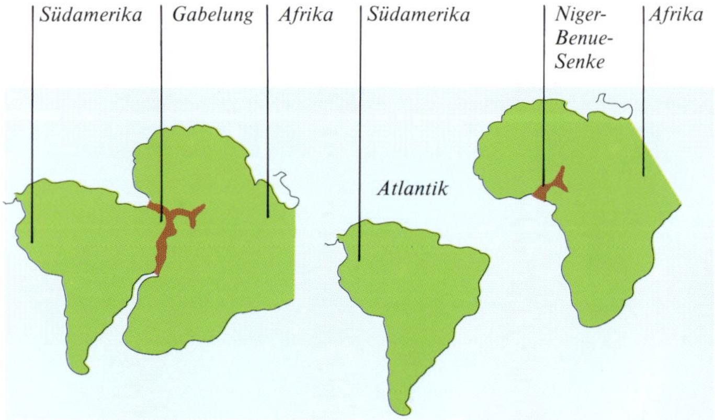

Kontinente im Wandel

Geologen sind heute in der Lage, die Geschichte der Gesteine auf einem Kontinent so zu lesen wie die Jahresringe eines Baums. Demnach scheinen Kontinente einen Kern aus sehr altem Gestein zu haben, der sogenannte »Mikrokontinente« bildet, auf denen sich jüngere Gesteine zu verschiedenen Zeiten abgelagert haben. Kontinente sind allerdings nicht starr, sondern können sich bewegen, mit anderen verschmelzen oder sich teilen. Zuweilen bricht geschmolzenes Gestein aus dem Erdmantel durch die Kontinentalkruste und teilt sie an einer Gabelung (rechts). So entstanden Afrika und Südamerika (links).

Grundgestein

Alle Kontinente bestehen zu über 80 Prozent aus sehr altem, kristallinem Grundgestein. Diese Gesteine mögen über 3,8 Milliarden Jahre alt sein, aber sie waren im Laufe der Zeit derartigen Verschiebungen und »Metamorphosen« ausgesetzt, daß sie nur sehr schwer exakt zu datieren sind. Früher nahm man an, daß das oben so abgeflachte Grundgestein sich seit Hunderten von Millionen Jahren nicht verändert habe. Aber heute wissen wir, daß es Falten und Magmaeinschlüsse enthält, die sogar noch komplizierter sind als in den Gebirgsketten.

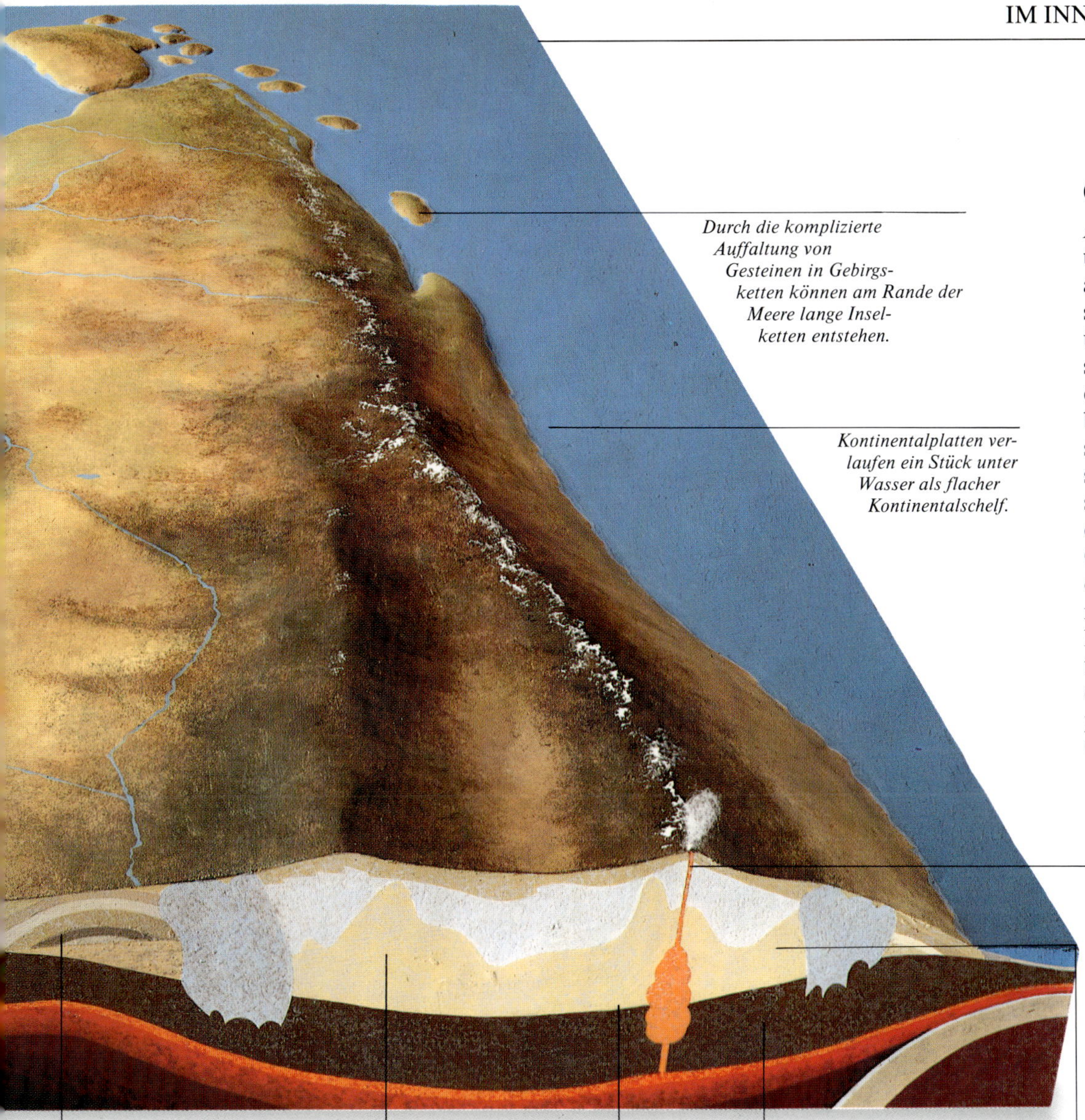

Durch die komplizierte Auffaltung von Gesteinen in Gebirgsketten können am Rande der Meere lange Inselketten entstehen.

Kontinentalplatten verlaufen ein Stück unter Wasser als flacher Kontinentalschelf.

Infolge der ständigen Bewegung der Gesteine in den Gebirgsketten können »Plumes« mit geschmolzenem Gestein aus dem Mantel emporschießen und Vulkane bilden.

Unter vielen Ebenen auf der Erde befinden sich stabile Plattformen aus riesigen Sedimentschichten, die seit ihrer Ablagerung in flachen Meeren, die einst die Kontinente überfluteten, nicht mehr aufgewühlt wurden.

Die Kruste besteht vor allem aus altem kristallinem Grundgestein, in der oberen Hälfte zumeist aus granitartigem Gestein, Schiefer und Gneis (S. 83).

Die »Conrad-Diskontinuität« markiert die Unterseite der oberen Schicht der Kontinentalkruste.

Die untere Hälfte des Grundgesteins ist ein Rätsel: Zuweilen scheint sie aus Basalt zu bestehen, wie die Meereskruste – dann wieder aus einem besonderen Gestein, dem Amphibolit.

Viele Kontinentalplatten werden von »orogenen Gürteln« begrenzt oder durchzogen. Hier haben verschiedene tektonische Platten (S. 48) das Gestein gefaltet und verworfen, wobei riesige neue Gebirgszüge wie die Alpen und der Himalaja entstanden sind.

Gabelung

Wenn sich ein »Plume« aus heißem Gestein unter der dicken Kontinentalkruste aufwölbt, kann es sie sprengen. Gewöhnlich erfolgt die Teilung nach drei Seiten, und aus den vom Zentrum der Wölbung ausgehenden Rissen bilden sich große »Rift«-Täler, wie das Ostafrikanische Grabensysten. Wenn sich der Bruch ausbreitet, wird das Tal größer und kann teilweise vom Meereswasser überflutet werden.

Die Erdkruste wölbt sich auf und teilt sich nach drei Seiten.

Wenn sich der Bruch ausbreitet, bilden sich Täler.

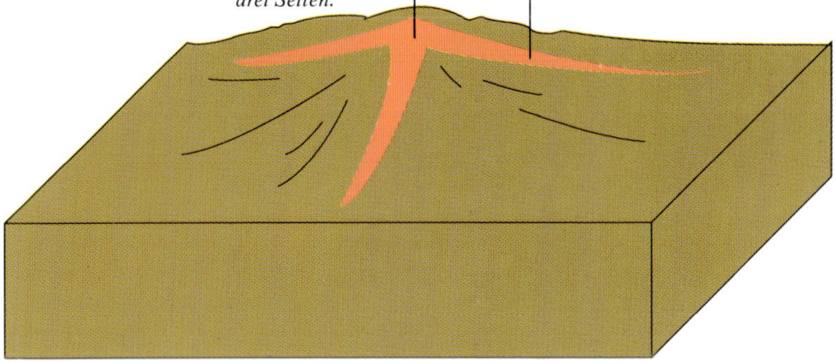

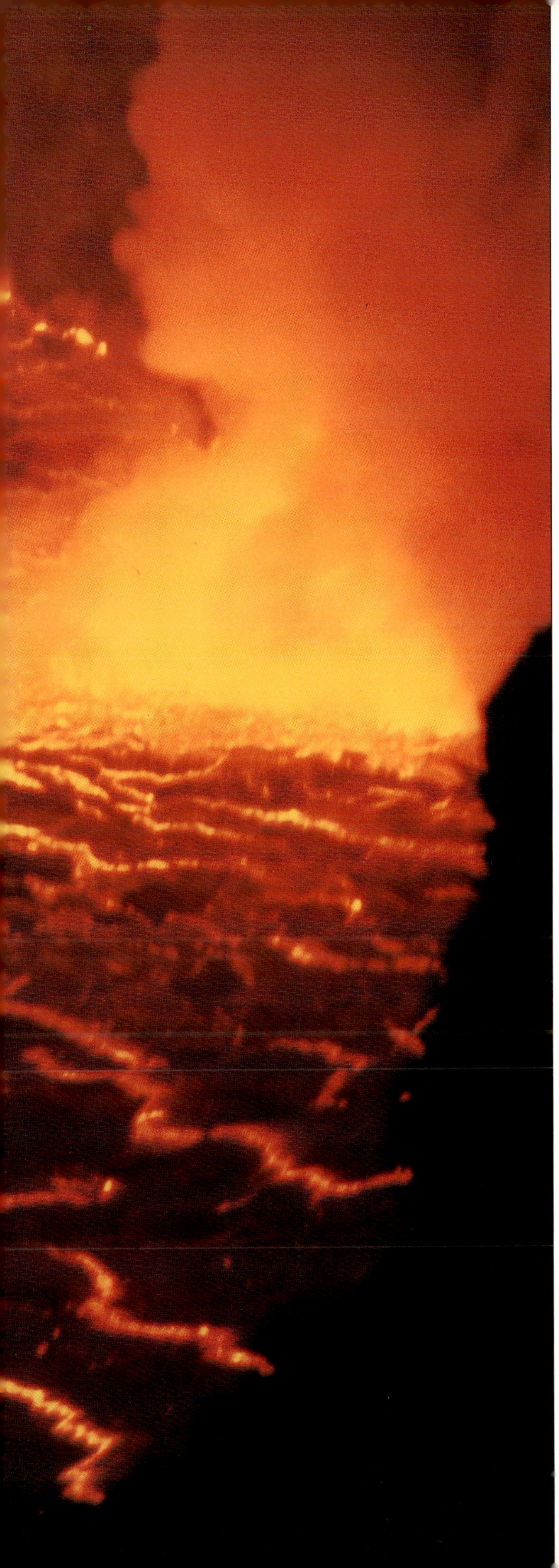

GEWALTIGE KRÄFTE

Aschewolken und Feuerflüsse
Wenn ein Vulkan ausbricht, geht ein Ascheregen über das Land nieder. Im Jahre 79 wurden im römischen Pompeji nach dem Ausbruch des Vesuv 2000 Menschen lebendig begraben (oben). Wer in der Nähe eines aktiven Vulkans lebt, wird ständig von Flüssen aus geschmolzenem Gestein bedroht, das aus dem feurigen Innern der Erde quillt (links).

Die meisten Prozesse, die unseren Planeten gestalten, laufen so langsam und behutsam ab, daß wir sie kaum wahrnehmen. Und dann wieder demonstriert die Erde ihre wahre Kraft ganz plötzlich und schreckenerregend – bei gewaltigen Erdbeben, die selbst die stärksten Gebäude zum Einsturz bringen, oder bei Vulkanausbrüchen, die in gigantischen Explosionen verheerende Bäche geschmolzenen Gesteins, glutheißen Schlackeregen und riesige Gas- und Aschewolken ausstoßen.

VULKANTÄTIGKEIT

Auch wenn wir die Erdoberfläche für fest und stabil halten, wird sie doch ständig erschüttert, während sich die Platten, aus denen Kontinente und Meeresböden bestehen, aneinander reiben - es kommt zu Erdbeben. Und hin und wieder bricht die Kruste auf und läßt bei einem Vulkanausbruch heißes Magma und Gase aus dem Erdinnern an die Oberfläche treten. Manche Beben und Ausbrüche sind kaum wahrzunehmen, bei anderen werden gewaltige Kräfte freigesetzt, die Gebirge und Inseln bilden - oder zerstören - können.

In einem Geysir kommt Wasser unterirdisch mit heißem Gestein in Berührung. Wenn es den Siedepunkt erreicht, bildet sich Dampf, der das Wasser hoch über den Boden schießen läßt.

Bis in dieses Jahrhundert hinein konnten sich die Menschen nicht vorstellen, wie es zu Vulkanausbrüchen oder Erdbeben kommt, und so rankten sich viele alte Mythen um diese erschreckenden und oft gefährlichen Phänomene. In Europa etwa glaubten die Römer, der Gott des Feuers rufe Vulkanausbrüche hervor. Nach der römischen Mythologie lebte der Gott Vulkan unter dem Ätna, einem großen Vulkan auf Sizilien, wo er für den Göttervater Jupiter Donnerkeile schmiedete.
Auf der anderen Seite der Welt erklärten die Japaner Erdbeben auf ihre Weise. In japanischen Märchen werden sie durch einen riesigen Seewolf, einen Fisch namens Namazu, verursacht, der in der Erde haust und Erdbeben auslöst, indem er seinen riesigen Körper schüttelt.
Die alten Griechen suchten dagegen eine wissenschaftliche Erklärung für Erdbeben. Der Philosoph Aristoteles dachte, daß sie durch Winde verursacht würden, die Feuer in der Erde entfachten. Mit unterirdischen Feuern meinte man auch, die Tätigkeit von Vulkanen erklären zu können - jahrhundertelang glaubten die Menschen, Vulkane seien gigantische Leuchtfeuer tief im Erdinnern.

Seismoskope wurden schon im alten China erfunden. Sie zeigten auch die Richtung an, in der ein Erdbeben stattfand.

Die tektonische Verbindung

Seit Anbeginn der Geschichte haben die Menschen Vulkanausbrüche und Erdbeben immer wieder an den gleichen Stellen erlebt - oft in der Nähe des Meeres. Vulkane waren bereits auf vielen frühen Weltkarten verzeichnet, aber erst im vergangenen Jahrhundert legte der irische Ingenieur Robert Mallet (1810 - 1881) eine ausführliche Karte an, auf der das Vorkommen der Erdbeben lokalisiert war. Mallet erklärte, sie würden nicht zufällig irgendwo auf der ganzen Welt passieren, sondern sich auf recht schmale Zonen konzentrieren - die gleichen Zonen, in denen sich die meisten Vulkane befanden.
Es ist noch gar nicht so lange her, daß das Rätsel gelöst wurde, warum dies so ist, und zwar mit Hilfe der Theorie der Plattentektonik. Wenn man die Karte der Erdkrustenplatten auf S. 186 ansieht und sie mit der Karte auf S. 62 vergleicht, erkennt man den Zusammenhang. Vulkanausbrüche und Erdbeben finden überwiegend entlang der Grenzen der tektonischen Platten statt und werden durch die Art und Weise verursacht, wie sich Platten aneinander reiben, voneinander entfernen oder kollidieren.

Ausbrüche

Es gibt etwa 500 aktive Vulkane auf der Erde, und die stärksten Ausbrüche finden dort statt, wo Platten kollidieren.

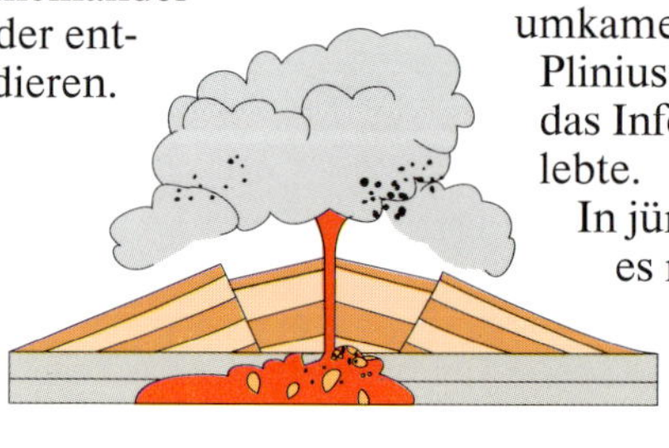

Bei den größten Vulkanausbrüchen kann der Krater zusammenbrechen und eine kreisförmige Caldera (Kessel) bilden, die sich oft mit Wasser füllt.

Hier bauen sich gewaltige Energiemengen in ziemlich kleinen Gebieten der Erdkruste auf - genug, um Gestein zu schmelzen, das an die Oberfläche als feuriges, flüssiges Magma gelangt. Sie ergießt sich über den Boden als Lava oder explodiert in Staubwolken und Lava»bomben«.
Ein Ausbruch dieser Art zerstörte im Jahre 79 die römische Stadt Pompeji völlig und begrub sie unter einer dicken Ascheschicht. Dieses Ereignis wurde in allen Einzelheiten von einem 17jährigen Augenzeugen beschrieben: von Plinius dem Jüngeren (um 61 - um 113). Plinius' Adoptivonkel, ein berühmter Naturforscher, war einer von den 2000 Menschen, die umkamen, während Plinius der Jüngere das Inferno überlebte.
In jüngster Zeit hat es mehrere große Ausbrüche gegeben. 1980 verwüstete der Mount Saint Helens im

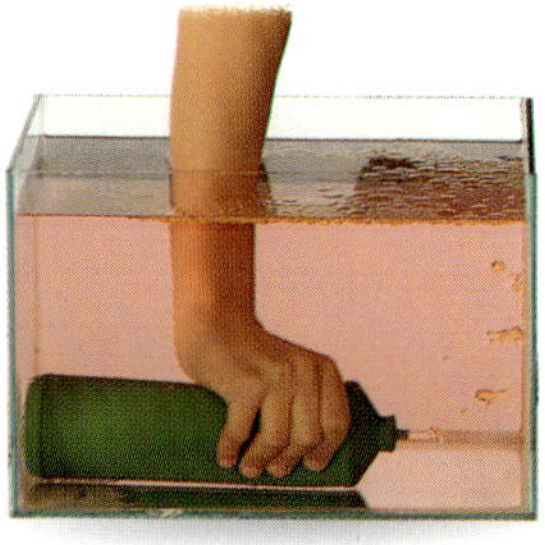

Magma steigt durch die Erdkruste auf, weil es weniger dicht ist als die übrige Materie (S. 61).

Bei einem Erdbeben pflanzen sich P-Wellen durch den Boden fort. Dabei entsteht ein Bewegungsimpuls – erst vorwärts, dann rückwärts oder umgekehrt (S. 63).

Nordwesten der USA über 600 Quadratkilometer Waldland. 1991 erwachte der Pinatubo auf den Philippinen nach 600 Jahren wieder und explodierte in einem gigantischen Ausbruch. Vulkane brechen auch dort aus, wo sich die Krustenplatten trennen, allerdings viel sanfter. Dabei quillt das Magma durch Schächte nach oben, und manchmal drängt es auch nach außen und bildet einen breiten Kegel. Weil sich die Platten gewöhnlich im Meer trennen, tritt Magma zuweilen unter Wasser aus. In den letzten Jahren hat man mit ferngesteuerten Kameras beobachtet, wie sich das rotglühende flüssige Gestein nur Sekunden nach dem Auftauchen auf dem Meeresboden wieder abkühlt und verfestigt. Aber nicht alle Vulkane kommen in der Nähe von Plattenrändern vor. Es gibt auch ein paar »Mantel-Plumes«, wo Magma an ständigen »Hot-Spots« unter der Erdkruste aufsteigt, weit weg von den Plattenrändern. Während sich die Kruste über den Mantel, also auch über den Hot Spot bewegt, bricht dieser von Zeit zu Zeit aus und erzeugt so jedesmal einen neuen Vulkan und schließlich eine ganze Kette von Vulkanen. Auf diese Weise sind die Hawaii-Inseln im Pazifik entstanden.

Magma explodiert, weil es gelöste Gase enthält. Fällt der Druck, treten die Gase aus (S. 57).

Wo solche »Mantel-Plumes« unter Kontinenten vorkommen, wird das Magma im allgemeinen von der dicken Kruste eingeschlossen. Gelegentlich aber bricht es durch und bildet riesige Plateaus aus sogenanntem Plateaubasalt. Das spektakulärste Beispiel ist wohl das vorderindische Dekhan.

Platten und Beben

Wenn die Erdkrustenplatten kollidieren, gleiten sie nicht glatt aneinander vorbei, sondern bewegen sich ruckartig. Bei einem schwachen Erdbeben rühren sich die Platten kaum um Haaresbreite. Aber ein großes Erdbeben kann die Landschaft gewaltig verändern. 1835 berichtete der große Naturforscher Charles Darwin (1809–1892), wie sich nach einem Erdbeben in Südamerika der Strand hob und Muscheln und andere Seetiere hoch in die Luft hievte. Bei einem Beben in Alaska wurden 1899 ganze Küstenabschnitte etwa 14 m gehoben. Auch Felsblöcke werden dabei seitlich verschoben und hinterlassen eine charakteristische Scharte oder Verwerfung. Einige Städte, wie San Francisco und Tokio, sind besonders gefährdet, weil sie sich in der Nähe von Kollisionslinien zweier Platten befinden. Was die Menschen in diesen Städten so bedroht, ist nicht so sehr die Bewegung des Bodens an sich, sondern einstürzende Gebäude und Feuersbrünste. 1906 wurde San Francisco durch ein schweres Erdbeben erschüttert und dann zerstört, als die, meist aus Holz bestehenden, Häuser Feuer fingen. Das gleiche Schicksal ereilte Tokio 1923, als ein Erdbeben zur Mittagszeit ausbrach und in der ganzen Stadt die Häuser durch umstürzende Feuerstellen in Brand gerieten. Heute gibt es in beiden Städten strenge Vorschriften: Häuser müssen feuersicher gebaut werden und einer heftigen Erschütterung standhalten können.

Vorhersagen

Die alten Chinesen haben als erste Erdbeben mit Geräten registriert. Das waren die Vorläufer der modernen Seismographen und Seismometer, die Schwingungen aufzeichnen und Erdbeben mit großer Präzision erfassen. Mit Hilfe derartiger komplizierter Instrumente können die Vulkanologen und die Seismologen (Bebenforscher) manchmal vor einer bevorstehenden Gefahr warnen. Man hat auch Geräte entwickelt, mit denen man die Größe und die Wirkung von Erdbeben messen kann. 1935 führte Charles F. Richter (1900–1985) eine Skala zur Messung der während eines Erdbebens freigesetzten Energie ein. Danach hat jedes Erdbeben nur eine Größe, und jeder Wert auf dieser Skala ist 10mal größer als der vorhergehende. Die zwölfteilige Mercalli-Skala wiederum mißt die Wirkung eines Erdbebens und beschreibt die unterschiedlichen Grade der Verwüstung (S. 62).

Durch Schichten von Asche und Lava erhält ein Stratovulkan seine typische Kegelform (S. 59).

Vergleicht die Fließgeschwindigkeiten verschiedener Flüssigkeiten: So können verschiedene Lavaarten unterschiedliche Landschaftsformen schaffen (S. 59).

Vulkanausbrüche

Kaum ein Anblick ist so furchterregend wie der eines ausbrechenden Vulkans, der in einer gewaltigen Explosion Gas, Asche und Lava (geschmolzenes Gestein) auswirft. Aus vielen Vulkanen aber quillt die Lava nur sacht heraus – zu plötzlichen Ausbrüchen kommt es erst, wenn die aufsteigende Magma (heißes Gestein) unterirdisch eingeschlossen ist. Langsam sammeln sich Gase im Gestein, bis der Druck die Magma an die Oberfläche zwingt. Jährlich gibt es rund 25 größere Ausbrüche an Land und weit mehr unter Wasser. Einige Vulkane sind sehr aktiv und brechen jedes Jahr aus, andere sind untätig und können erlöschen.

Im Innern eines Vulkans

Tief unter einem Vulkan ist eine Kammer aus Magma. Unter Druck entweicht dieses durch enge Schlote und bricht an der Oberfläche aus.

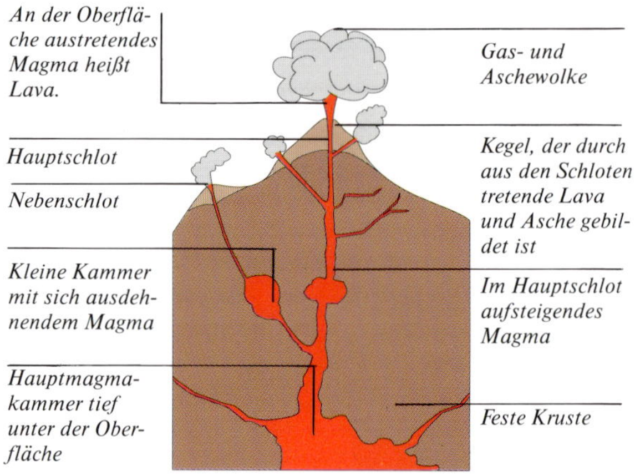

EXPERIMENT

Einen Vulkan backen

Bei diesem Experiment sollte ein Erwachsener dabeisein.

Mit Marmeladetörtchen könnt ihr einen Vulkanausbruch imitieren. Der Deckel des Törtchens ist die Erdkruste, die Marmelade das Magma. Ein kleines Loch im Deckel ist wie ein schwacher Punkt in der Kruste. Wenn sich die Törtchen erhitzen, drängt die Luft im Innern die Marmelade nach oben. Die »Vulkane« brechen aus, und die Lava fließt heraus.

IHR BRAUCHT
- Mürbteig
- Marmelade
- Nudelholz
- Backform
- Topflappen
- Messer und Löffel
- Ausstechformen

1 Rollt etwas Mürbteig aus, und stecht Scheiben für die Törtchenböden und -deckel aus.

2 Legt Teigscheiben in die Törtchenbackform, und gebt einen Teelöffel Marmelade darauf.

3 Legt die Deckel auf die Törtchen, und drückt die Ränder fest an. Macht in die Mitte ein Loch.

Marmelade bricht aus den Törtchen aus wie Magma aus einem Vulkan.

4 Wenn die Törtchen fertig sind, ist das Marmeladen»magma« ausgebrochen. Jetzt könnt ihr eure Vulkane essen!

EXPERIMENT

Gasexplosion

Bei diesem Experiment sollte ein Erwachsener dabeisein.

Sprudelgetränke enthalten ein Gas – Kohlendioxid –, das unsichtbar ist, solange die Flasche verschlossen ist. Infolge des Drucks in der Flasche ist das Gas gelöst, so daß sich keine Blasen bilden. Nicht anders ist es beim Magma in der Erdkruste: Kohlendioxid und andere Gase bleiben wegen des hohen Drucks im geschmolzenen Gestein gelöst. Mit einer Plastikflasche voller Sprudel könnt ihr demonstrieren, was passiert, wenn Magma aufsteigt und der Druck fällt.

IHR BRAUCHT
- Plastikflasche (keine Glasflasche!) mit Sprudel
- Lebensmittelfarbe

Gas und Magma

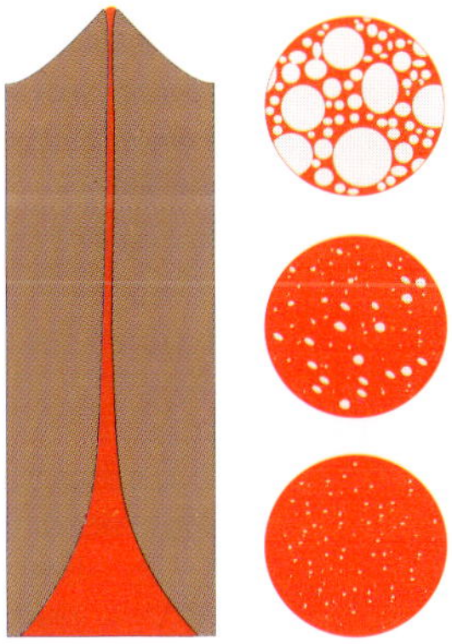

Die Menge des im Magma gelösten Gases hängt vor allem vom Druck ab. Wenn Magma zur Oberfläche aufsteigt, fällt der Druck, so daß es weniger Gas halten kann. Das freigesetzte Gas bildet Blasen, die zunächst klein sind, wenn der Druck noch groß ist. Wenn er aber weiter fällt, dehnen sich die Blasen aus, bis das Magma aufschäumt und unter heftigen Explosionen ausfließt.

1 Wenn ihr den Deckel ein wenig aufschraubt, um den Druck zu verringern, steigen Blasen auf. Schließt den Deckel, und sie verschwinden.

2 Entfernt neuerlich den Deckel, und gebt etwas Lebensmittelfarbe ins Getränk. Damit könnt ihr die Blasen leichter sehen.

3 Schraubt den Deckel fest, und schüttelt die Flasche leicht. Dadurch wird eine Menge Gas frei.

4 Schraubt den Deckel ein wenig auf, und haltet die Flasche von eurem Gesicht weg. Das sprudelnde »Magma« bricht aus der Flasche aus, wenn der Druck plötzlich fällt.

Tiefengestein

Ausbrechende Vulkane sind ein aufregender Anblick, aber sie stellen nur einen kleinen Teil der vulkanischen Tätigkeit der Erde dar. Ein Großteil des geschmolzenen Gesteins (Magma) aus dem Erdmantel tritt nie an die Oberfläche, besonders wenn es unter den Kontinenten aufsteigt. Vielmehr kühlt es langsam ab und verhärtet unterirdisch, wobei sich verschiedene Arten von magmatischen Intrusionen bilden: fast senkrechte Gesteinswände, sogenannte Dikes, die aus Magma entstehen, das in Krustenklüfte gepreßt wurde; horizontale Schichten, Lagergänge, die entstehen, wenn Magma existierende Risse entlangsickert, sowie riesige Kuppeln, Batholithe, aus zähem Magma, das bis unter die Oberfläche hinaufgequollen ist. Oft kann man unterirdisch entstandene Tiefengesteine auch an der Oberfläche sehen, nämlich wenn das darüberlagernde Gestein abgetragen ist und das härtere Tiefengestein freigibt.

Heißes Gestein aus der Tiefe

Vulkantätigkeit findet gewöhnlich entlang der Ränder tektonischer Platten (S. 48) statt oder dort, wo einzelne »Plumes« von heißem Gestein bis unter die Oberfläche reichen. Wo Platten auseinanderstreben, steigt Magma zur Oberfläche auf und bildet neue Krusten. Wenn Platten kollidieren, wird eine unter die andere geschoben und schmilzt zu Magma, das dann oft durch die benachbarte Platte aufsteigt und an der Oberfläche eine Vulkankette bildet (S. 67).

Vulkanische Inselarchipele bilden sich etwa dort, wo eine Meeresbodenplatte unter eine andere Platte abgetaucht ist.

Durch Verwerfung (S. 70) unterbrochene Rücken

Vulkan in einem Grabental

Schwarm paralleler Dikes, die durch Sedimentgestein schneiden

Aufsteigendes Magma

Rücken spreizen sich, wo Magma auf dem Meeresboden neue Kruste bildet.

Meeresgraben in der Subduktionszone von Meeres- und Kontinentalplatte

Tiefengestein unter einem Gebirge

Aufsteigendes Magma

Aufsteigendes Magma, das Ganggestein bildet

Wie Dikes entstehen

Dikes verlaufen gewöhnlich quer durch bestehende Gesteinsformationen. Manchmal bilden viele Dikes einen »Gangzug«.

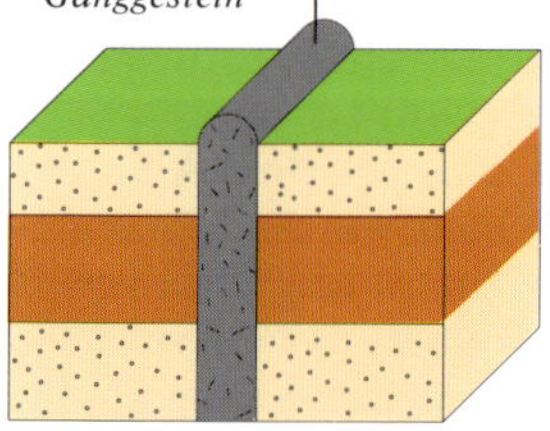

Hervorstehendes Ganggestein

Hartes Ganggestein *Wenn Ganggestein härter als das umgebende Gestein ist, steht es infolge der Erosion hervor.*

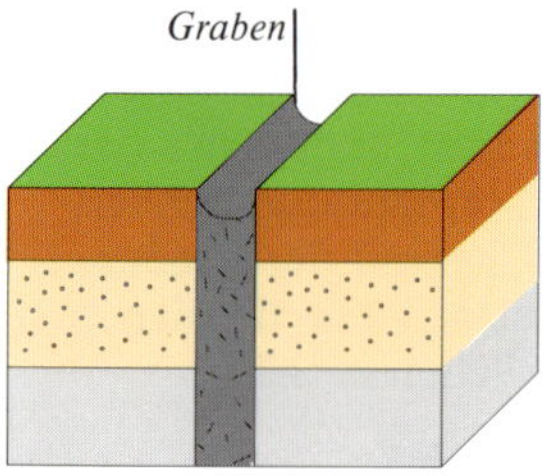

Graben

Weiches Ganggestein *Wo Ganggestein weicher als das Umgebungsgestein ist, wird es abgetragen und bildet einen Graben.*

EXPERIMENT

Magma im Fluß

Magma steigt an die Oberfläche, weil es weniger dicht als das umgebende Gestein ist und sich kaum mit ihm vermischt. Diesen Vorgang kann man auch mit Öl und Wasser demonstrieren. Das Öl bildet Blasen, die an die Oberfläche steigen, wo sie sich zu einer »magmatischen Intrusion« verbinden können. Jede Blase stellt ein Pluton dar, eine Riesenkugel aus Tiefengestein. Auch Plutone verbinden sich zu noch größeren Gesteinsmassen.

IHR BRAUCHT

- Salatöl • Lebensmittelfarbe • Trichter • Spülmittelflasche • Behälter oder tiefe Schale

Yellowstone-Geysir
Wenn Grundwasser über heißem Gestein kocht und der Dampf in die Luft schießt, bilden sich Geysire.

Tiefengestein

Wenn geschmolzenes Gestein aus dem Mantel aufsteigt, kann es sich zwischen vorhandene Gesteinsschichten quetschen oder quer durchbrechen und Tiefengestein bilden. Bei einer konkordanten Intrusion bildet sich ein Lagergang, der sich der Form des Umgebungsgesteins anpaßt. Ganggestein ist diskordant, weil es jenes schneidet. Wenn Magma durch Risse im Gestein strömt, entstehen Lakkolithe.

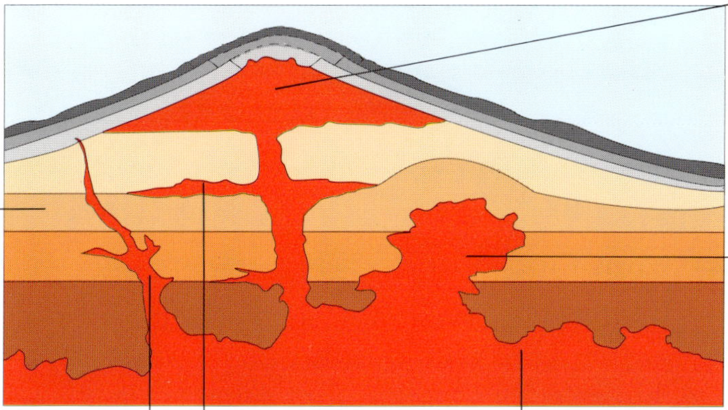

1 Füllt mit Hilfe des Trichters etwas Öl in die Flasche und schraubt die Spritzkappe wieder auf.

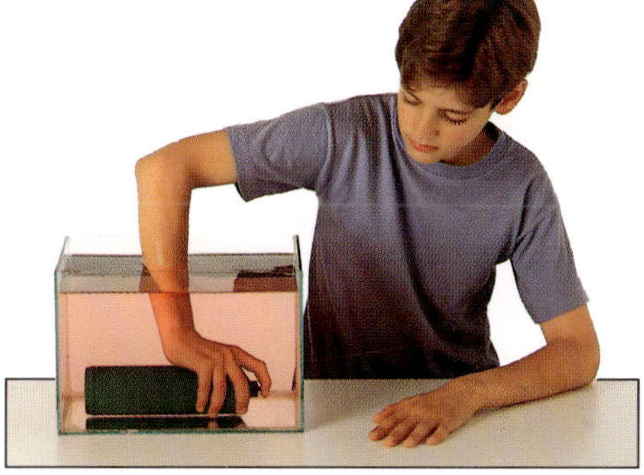

2 Füllt den Behälter mit gefärbtem Wasser. Haltet die Spritzkappe zu und versenkt die Flasche im Wasser.

3 Nehmt den Finger weg und drückt die Flasche ein wenig. Das »Magma« wird an die Oberfläche steigen.

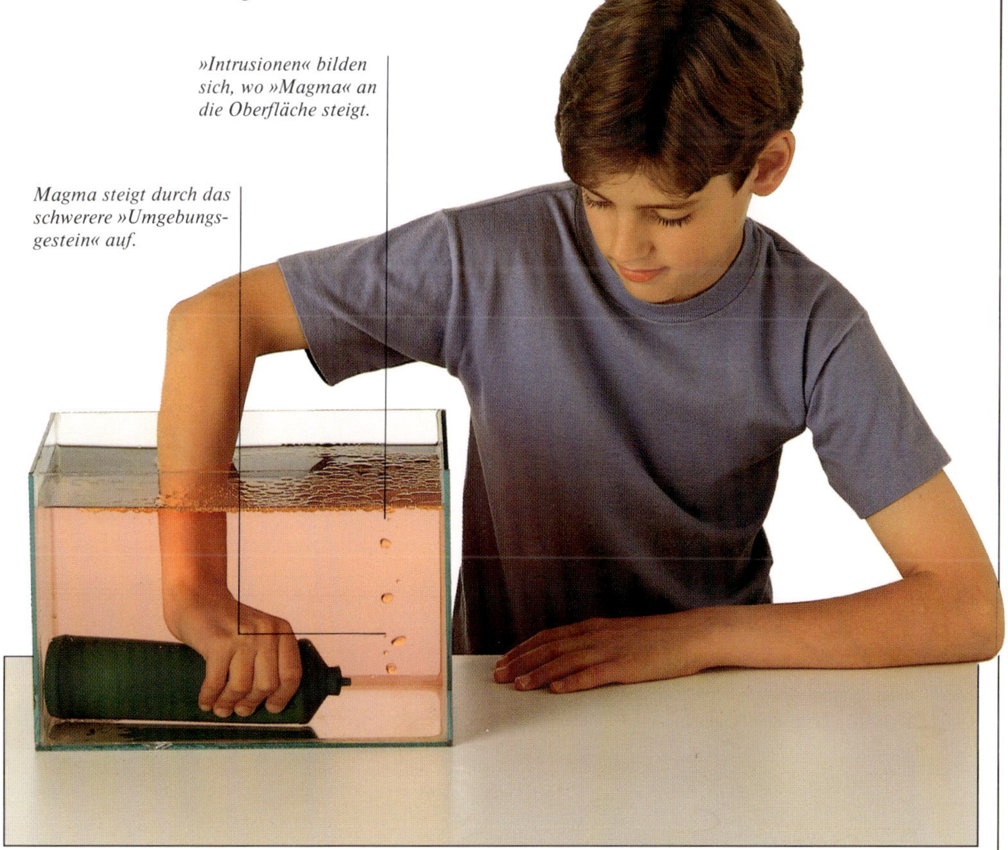

Erdbeben

Wo die tektonischen Platten der Erde kollidieren, prallen Gesteinsmassen mit großer Energie aufeinander. An manchen Stellen gleiten die Platten allmählich übereinander, an anderen sitzen sie fest. Über Jahre, ja Jahrzehnte stauen sich diese Kräfte – um dann ganz plötzlich freigesetzt zu werden. Es gibt dann einen Versatz, und die freiwerdende Energie wird in Form von Erdbebenwellen ausgestrahlt. Wenn diese die Oberfläche erreichen, werden sie als Erdbeben wahrgenommen.

Es gibt zwei Arten von Wellen. Raumwellen, zu denen die P- und S-Wellen gehören, pflanzen sich direkt im Gestein fort, Oberflächenwellen nur auf der Oberfläche, wie Wellen im Wasser (S. 144).

Erdbeben und Vulkane

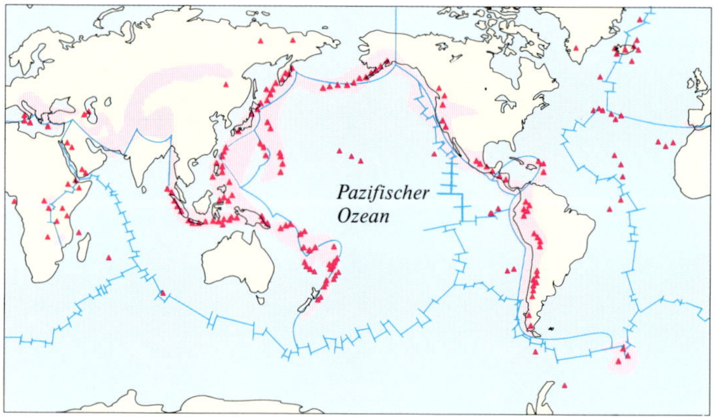

▲ *Vulkane* *Erdbebenzone*

Am ehesten könnt ihr ein Erdbeben erleben oder einen aktiven Vulkan sehen, wenn ihr nahe einer Subduktionszone lebt, wo eine Platte unter eine andere gerät. Auf dieser Karte erkennt ihr, daß Erdbebenzonen und Vulkane dicht an den Grenzen der Erdplatten liegen (blaue Linien). Im »Feuerring«, der fast den ganzen Pazifik umgibt, finden mehr Beben und Ausbrüche statt als sonstwo auf der Erde.

Erdbeben messen

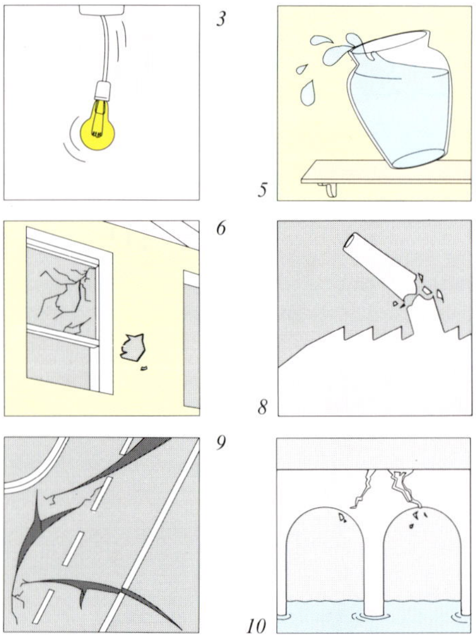

Die Stärke oder Magnitude von Erdbeben mißt man nach der Richter-Skala, ihre Wirkungen nach der Mercalli-Skala. Hier zeigen wir sechs Punkte aus der 12-teiligen Mercalli-Skala. Von Stärke 3, die im Haus als leichte Schwingung wahrgenommen wird, über Stärke 8, bei der es zu Beschädigungen an Schwachstellen kommt, bis zu Stärke 10, bei der erhebliche Schäden auftreten.

EXPERIMENT

Seismische Wellen

Am größten ist die Energie der Wellen eines Erdbebens beim sogenannten Herd, dem unterirdischen Punkt also, an dem der Versatz der Platten stattfindet. Der Herd kann bis zu 700 km tief sein. An der Oberfläche direkt über dem Herd liegt das Epizentrum. Hier treten meist (aber nicht immer) die größten Schäden auf. Die Kraft der Wellen läßt mit zunehmender Entfernung vom Epizentrum nach. Die Wirkung von seismischen Wellen könnt ihr auch bei diesem Experiment demonstrieren.

Wie sich eine Welle fortpflanzt
Verstreut ein wenig Sand auf einem Tisch, und schlagt dann mit einem Gummihammer gegen den Tisch. Die Schockwelle läßt den Sand in die Luft springen. Schiebt den Sand weiter weg vom Aufschlagpunkt, und schlagt dann erneut gegen den Tisch.

Eine vom Hammer ausgehende Schockwelle läßt den Sand hüpfen.

GROSSE ENTDECKUNGEN

Das Seismoskop

Ein Seismoskop ist ein Gerät, das Erdbeben registriert. Eines der ältesten hat der chinesische Gelehrte Chang Heng im 2. Jahrhundert gebaut. Es bestand aus einem schweren Pendel, das mit mehreren Drachenköpfen verbunden war, die eine Metallkugel enthielten. Ein Erdbeben setzte das Pendel in Bewegung, dadurch wurde das Maul eines Drachens geöffnet, aus dem eine Kugel in einen Metallfrosch darunter fiel. So konnte man feststellen, in welcher Richtung das Erdbeben stattgefunden hatte.

EXPERIMENT

Transversalwellen

Menschen, die Erdbeben erlebt haben, berichten zuweilen, daß der Boden sich wie Wasser gekräuselt habe. Das wird durch Oberflächenwellen bewirkt, eine Form von S-Wellen. Ihr Name geht auf den zweiten (sekundären) Wellenimpuls zurück, der nach einem Erdbeben auftritt. Anders als P-Wellen (siehe unten) können sie nur durch festes Gestein dringen.

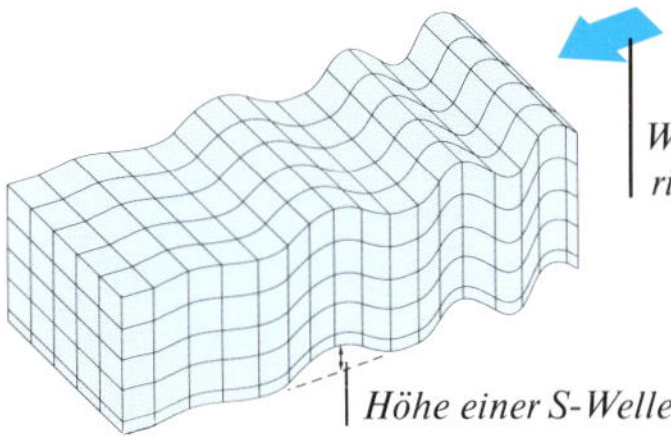

S-Wellen machen
Die Wirkung von S-Wellen könnt ihr mit einem Springseil sichtbar machen. Das Seil hebt sich und fällt, wenn eine Welle darin entlangläuft – wie der Boden bei einem Erdbeben.

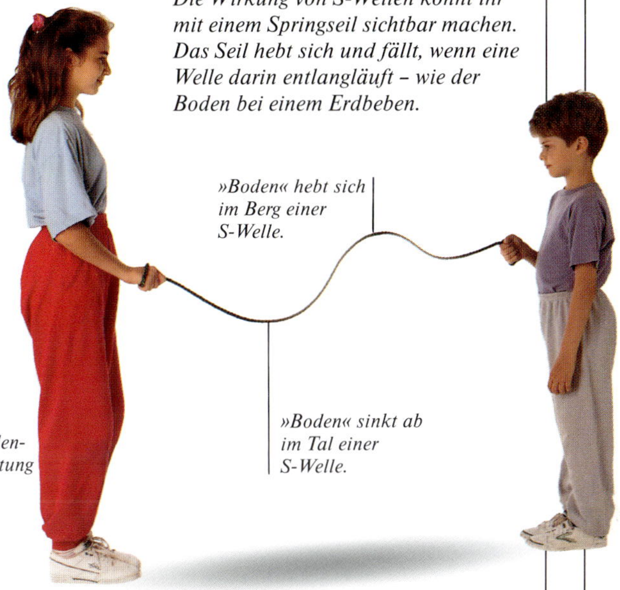

EXPERIMENT

Longitudinalwellen

Eine Erdbebenstation registriert als erstes Anzeichen für ein Beben einen heftigen Ausschlag von Primär- oder P-Wellen. Diese Wellen pflanzen sich genauso fort wie Schallwellen, wobei der Stoff, den sie passieren, abwechselnd zusammengedrückt und gedehnt wird. Und wie Schall können sie sich durch flüssige wie feste Stoffe bewegen, in flüssigen allerdings meist langsamer als in Gestein. P-Wellen können den geschmolzenen Erdkern direkt passieren, so daß man sie auf der anderen Seite der Erde wahrnehmen kann. Mit einer Spielzeugbahn kann man die Übertragung von P-Wellen gut demonstrieren. Wenn ihr daran rasch schiebt und zieht, läuft eine Wellenbewegung durch die Waggons hin und her.

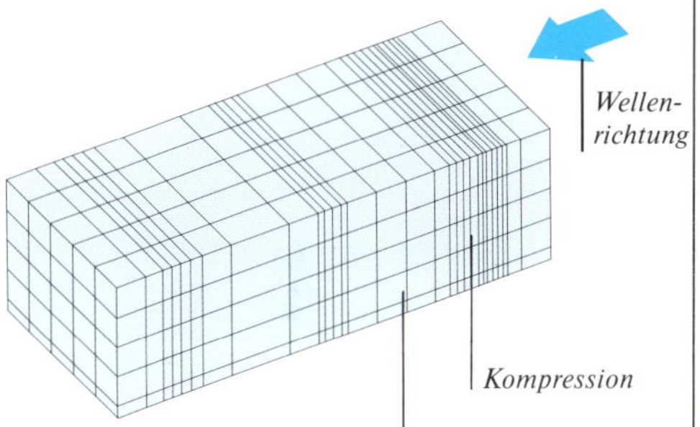

GEBIRGSBILDUNG

Einige der höchsten Berge der Welt sind einzeln stehende Vulkane, wie der Kilimandscharo in Afrika und der Fudschijama in Japan, die durch aufeinanderfolgende Ausbrüche immer höher wurden. Doch sonst befinden sich die meisten Berge in großen Gebirgszügen, die sich über Hunderte oder gar Tausende von Kilometern erstrecken, wie der Himalaja in Asien oder die südamerikanischen Anden. Sie sind durch die gewaltige Kraft der bewegten Erdkruste aufgeworfen worden – und viele Gebirge wachsen noch immer.

Die titanische Kraft aneinander reibender tektonischer Platten kann zu gewaltigen Brüchen im Gestein führen – wie hier in der kalifornischen San-Andreas-Spalte.

Die Geowissenschaftler sind sich heute ziemlich sicher, daß die meisten hohen Gebirgszüge der Erde durch das Auffalten dicker Gesteinsschichten zwischen den Rändern von zwei kollidierenden tektonischen Platten (S. 48) entstanden sind. Aber die gewaltigen Kräfte, die dazu benötigt werden, sind fast unvorstellbar, und erst seit kurzem kann man daher den Prozeß der Gebirgsbildung erklären. Im 17. Jahrhundert, als Wissenschaftler wie Isaac Newton (1642 - 1727) die Grundlagen der modernen Wissenschaft schufen, behauptete der englische Geistliche Thomas Burnet (1635 - 1715), Gebirge seien die Reste der Erdkruste, die die Sintflut hinterlassen habe. Er glaubte, daß die Erde einst eine glatte Schale besessen habe, aus der sich die Wasserfluten ergossen, als Gott sie zerbrach, um die Sintflut zu erzeugen.
Noch hundert Jahre später vertraten viele Menschen weiterhin die Ansicht, daß nur eine derartige Katastrophe die Kraft gehabt haben könnte, Gebirge zu erschaffen. Doch einige Geologen meinten, daß Gebirge sehr viel langsamer entstanden seien. Der Schotte James Hutton (1726 - 1797) etwa erklärte, die Erde werde von sanfteren Kräften umgestaltet, die gleichmäßig über Jahrmillionen in unablässiger Folge wirkten: Gestein werde von Wasser und Wetter abgetragen, das erodierte Material sammle sich als Sediment, dieses verfestige sich zu Gestein – das wiederum werde gehoben, wenn sich das heiße Erdinnere ausdehne, und falte sich schließlich zu Gebirgen auf.

Berggipfel wie hier in den Alpen wurden in den letzten 40 Millionen Jahren aufgeworfen.

Schrumpft die Erde?

Zwar entwickelte sich die Geologie weiter, aber noch immer verstand man nicht viel von der Gebirgsbildung. Mitte des 19. Jahrhunderts waren sich die Geologen einig, daß die Gebirge aus gefalteten Gesteinsschichten bestanden – angesichts der zerknitterten, verzogenen und zerbrochenen Gesteine von Gebirgszügen wie dem Himalaja war das unabweisbar. Außerdem wußte man, daß Gebirge in ausgesprochen orogenen (gebirgsbildenden) Phasen entstanden, in denen Gesteine gehoben und gefaltet wurden, während es zwischen diesen Phasen Perioden der Untätigkeit gab. Keine Einigkeit jedoch bestand darüber, wie denn nun Gebirge entstehen. Noch immer hing man an der Katastrophentheorie sowie an der Vorstellung, daß die Erde schrumpfte. Diese Theorie stammte von James Dwight Dana (1813 - 1895), Professor für Geologie an der Yale University. Er behauptete, die Erde sei einst eine rotglühende Kugel aus halbgeschmolzenem Gestein gewesen. Die Gebirge hätten sich gebildet, als die Erde beim Abkühlen schrumpfte – so wie die Schale eines Apfels beim Austrocknen verschrumpelt. Das klang doch sehr einleuchtend.
Aber warum schrumpfte dann auch die Erde nicht überall gleichmäßig, sondern bekam nur ein paar lange Gebirgsketten? Und warum findet die Gebirgsbildung in ausgesprochen orogenen Phasen statt und

Gesteine können durch tektonische Prozesse vielfältig zerbrochen werden – von einfachen Blattverschiebungen (unten links) bis zu riesigen Gräben (ganz rechts), die beim Auseinanderdriften von Kontinenten entstehen. Näheres dazu auf S. 70.

nicht ständig? 1859 hatte der amerikanische Geologe James Hall (1811 - 1898) eine andere Idee. Er erklärte, die Gebirgsbildung habe mit der ständigen Ansammlung von Sedimenten begonnen. Dabei habe die Erdkruste allmählich unter ihrem Gewicht nachgegeben, und es entstanden riesige Tröge, sogenannte Geosynkline. Nach etwa 100 Millionen Jahren schließlich

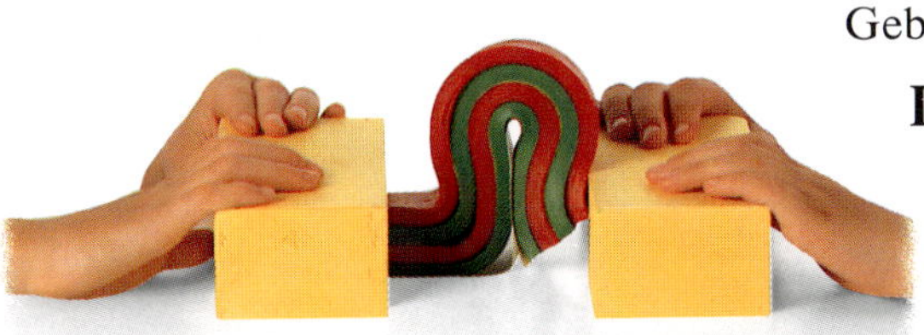

So läßt sich die Gebirgsbildung durch Aufwerfen von Gesteinsschichten beim Zusammenstoß zweier Kontinente einfach demonstrieren (S. 67).

sei die Kruste so verzogen gewesen, daß sich die Ränder der Tröge aufeinander zubewegten, die Sedimente zerknautschten und sie als Züge gefalteter Gebirge nach oben drückten. Da sich Sedimente meist auf dem Meeresboden ansammeln, würden derartige Gebilde - so Hall - entlang den Rändern der Kontinente vorkommen - und genau da befinden sich tatsächlich Gebirgszüge.

Gebirgswurzeln

Doch Landvermesser stellten diese Theorie in Frage. Sie ermittelten nämlich die Senkrechte mit einem Lot, einer Schnur mit einem Gewicht daran. Da dieses auf die Schwerkraft reagiert, erwartete man, daß es von der großen Masse leicht gegen die Gebirgszüge hingezogen werde - aber offenbar schien es selbst durch die größten Gebirge kaum beeinflußt zu werden. Der britische Geophysiker George Airy (1801 - 1892) fand die Lösung dieses Rätsels. Gebirge, erklärte er, seien aus Gestein, das weniger dicht sei als das des darunterliegenden Erdmantels. Er glaubte, Gebirge hätten tiefe Wurzeln, und darum würde das Senkblei genauso vom dichten Mantelgestein unter den Ebenen angezogen wie von den Gebirgen.

Isostasie

Airy behauptete auch, die Gebirge trieben auf dem Erdmantel wie Eisberge im Meer. Während sie allmählich von Wasser und Wetter abgetragen würden, tauchten sie langsam auf - wie ein Boot, das entladen wird. Der amerikanische Geologe Clarence Dutton (1841 - 1912) entwickelte diese Theorie weiter und erklärte, die Erdkruste befinde sich in einem hydrostatischen Gleichgewicht, der sogenannten »Isostasie«: Leichteres Gestein steige auf und bilde Kontinente, während dichteres Gestein absinke und den Meeresboden bilde. Diese Theorie war heftig umstritten - aber wenn sie stimmte, dann konnten Kontinente nicht absinken, wie die Theorie der schrumpfenden Erde behauptete.

Kollidierende Kontinente

Dann legte der amerikanische Geologe Frank Taylor (1860 - 1939) dar, daß die Erdkruste nicht durch versinkende, sondern durch kollidierende Kontinente in Gebirge gefaltet würde. Diese Idee geriet bald in Vergessenheit, aber ein paar Jahre später war der deutsche Meteorologe Alfred Wegener (1880 - 1930) vom Vorhandensein einer »Kontinentaldrift« (S. 42) überzeugt. Diese Vorstellung war aber so ungewöhnlich, daß Wegener kaum Anhänger fand.

Erst 50 Jahre später war man bereit, die Ideen Wegeners anzuerkennen. Heute glauben die Geologen, daß Gebirgszüge wie die Alpen und der Himalaja durch die Kollision zweier Kontinente aufgeworfen wurden, während Gebirge wie die Anden und die Rocky Mountains dort entstanden sind, wo eine Meeresunter eine Kontinentalplatte geriet, Vulkane tätig wurden und Gesteinsschichten sich falteten.

Offenbar sind die meisten Gebirge in kurzen Phasen von etwa 50 bis 100 Millionen Jahren entstanden - und zwar innerhalb der letzten 250 Millionen Jahre, als Reste des Superkontinents Pangaea (S. 44) zusammenstießen. Aber die Gebirgsbildung hat während der gesamten Erdgeschichte stattgefunden, seit sich die Platten hin und her bewegten, und vielleicht sind die Kontinente voll von Überresten alter Gebirgszüge.

Die Faltung dicker Gesteinsschichten beweist, welche gewaltigen Kräfte bei der Gebirgsbildung am Werk waren.

Ein Querschnitt durch ein Gebirge zeigt, wie die Gesteine beim Zusammenstoß der Kontinente zerknittert, verdreht und zerbrochen wurden.

Faltengebirge

Der Anblick zum Himmel ragender eisbedeckter Berggipfel ist schon sehr beeindruckend. Aber wie kamen sie hierher? Schon früh erkannten die Geologen, daß Gebirge entstehen, wenn Gesteinsschichten von gewaltigen Kräften gefaltet und aufgeworfen werden. Was aber faltet das Gestein? Dahinter kam man erst, als man die Bewegung tektonischer Platten (S. 42) auf der Erde verstand. Gebirge entstehen demnach, wo eine Platte mit einer anderen zusammenstößt. Die Anden etwa wurden aufgeworfen, wo die Pazifikplatte mit Südamerika kollidierte, und der Himalaja, wo Indien gegen Asien stieß.

Gekipptes Gestein
Besonders an Küstenlinien finden sich Beweise für die Faltung. Solche Felsschichten waren ursprünglich waagrecht, aber durch die Kraft kollidierender Kontinente und Ozeane wurden sie umgestürzt und verdreht.

EXPERIMENT

Auffalten

Die meisten Gesteine bilden ursprünglich flache Schichten (lat. strata). Einige sind Sedimentgesteine, bestehen also aus Sand und Schlamm, der sich am Meeresboden absetzt. Andere sind vulkanisch, wie die riesigen Basaltplateaus in Kontinentalschilden (S. 50). Aber alle sind zunächst flach. Berge entstehen, wo die Erdkruste instabil ist und die Schichten zwischen den sich verschiebenden Platten gestürzt, verknittert, gequetscht, gebrochen und gehoben werden. Das Falten von Gesteinsschichten könnt ihr mit ein paar Schaumgummimatten oder ein paar alten Zeitschriften nachahmen. Die Geologen nennen diese einfache Faltung Antikline. Mit einer Reihe von Faltungen könnt ihr aber genauso leicht eine Mulde oder Synkline bilden.

1 Faßt die Enden der Schaumgummimatten mit beiden Händen, die ihr langsam einander nähert.

2 Der Schaumgummi wölbt sich dabei nach oben. Solche Falten können so dünn – oder Hunderte von Kilometern dick sein.

GROSSE ENTDECKER

Grove Karl Gilbert

Erst gegen Ende des 19. Jahrhunderts begannen die Geologen die Bedeutung der Faltung für die Gebirgsbildung zu erkennen. Einer der ersten war der Amerikaner Grove Karl Gilbert (1843 - 1918) der für den Prozeß der Gebirgsbildung den Begriff Orogenese prägte. Gebirgszüge nannte man bald orogene Ketten, weil nur die gewaltige Hebung und Faltung von Gesteinsschichten eine derartige Reihe von Gipfeln wie in diesen Gebieten schaffen konnte. Experimente mit so einfachen Modellen wie unserem (rechts) bestätigten das. Aber noch wußte niemand, welche Kraft die Gesteine faltete.

EXPERIMENT

Berge aufwerfen

Mit etwas Plastillin und zwei Holzklötzen könnt ihr die Faltung von Gesteinsschichten beim Zusammenstoß von Kontinentalplatten nachahmen. Wir zeigen hier nur eine einfache Falte, aber mit längeren Plastillinstreifen könnt ihr so komplexe Faltungen wie die unten abgebildete Bergkette erzeugen.

IHR BRAUCHT
- Plastillin
- 2 Holzklötze

1 Legt drei oder vier Plastillinstreifen als »Gesteinsschichten« aufeinander. Die Klötze an den Enden sind die Kontinentalplatten. Bittet jemanden, euch zu helfen.

2 Wenn ihr beide zugleich drückt, nähern sich die beiden »Kontinente« einander. Je stärker ihr drückt, desto mehr werden die Plastillinschichten gefaltet.

Zerklüftete Gipfel

Felsgesteine sind durch die Kollision tektonischer Platten oft so verdreht und zerbrochen, daß die höchsten Berge dem Angriff von Frost und Eis ausgesetzt sind – daher die zerklüfteten Gipfel und Rücken in den Alpen und im Himalaja.

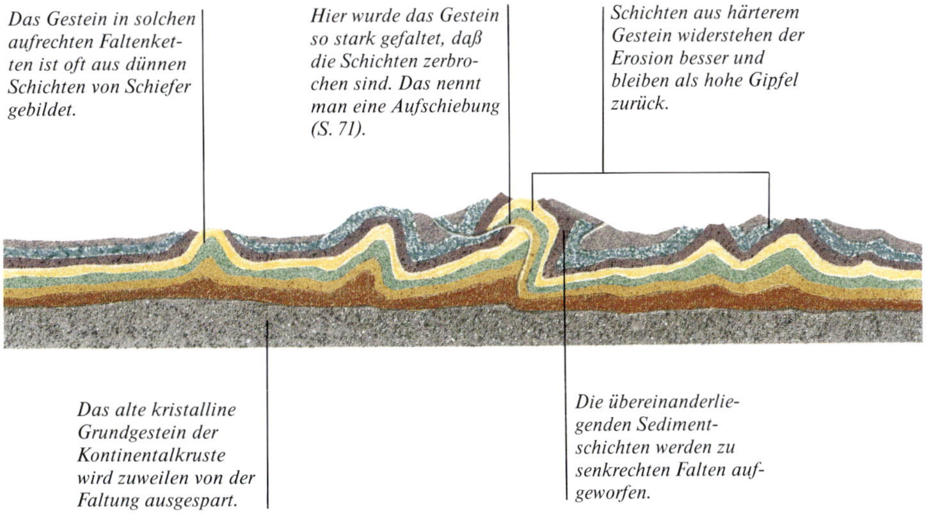

Gebirgsketten

Beim Zusammenstoß zweier Kontinente kann etwas Spektakuläres passieren. Als Europa mit dem Nordrand der Afrikanischen Platte (Norditalien) kollidierte, wurden die Alpen aufgeworfen – und sie wachsen noch immer, denn in den letzten 40 Millionen Jahren ist Afrika 400 km näher an Europa herangerückt. An manchen Stellen scheinen dabei nur die oberen Sedimentschichten zerknittert zu sein, ohne Auswirkung auf das kristalline Grundgestein (S. 50) – als ob man ein Tischtuch in Falten über einen Tisch schiebt. Das geschah im alpinen Jura, den wir hier im Querschnitt zeigen. Zuweilen aber kann die Kraft so groß sein, daß auch der Tisch – das Grundgestein – gefaltet wird. Wo Grundgestein und darüber lagernde Sedimente zugleich zu komplexen Gebilden gefaltet werden, spricht man von »Überschiebungsdecken«. Man findet sie etwa unter dem Mont Blanc.

Hügel und Täler

Wenn Gesteinsschichten durch die Kollision von Kontinentalplatten gefaltet und verformt werden, behalten sie selten diese neue Form lange bei. Ja sogar während noch das Gestein gefaltet wird, sind bereits Regen, Schnee, Eis und fließendes Wasser eifrig am Werk – sie tragen manche Teile der Landschaft ab und bilden andere neu. Diese Erosionskräfte nützen jede Schwäche im Gestein, weiten bei der Faltung entstandene Brüche oder schneiden rasch in weicheres Gestein, um Täler zu bilden und Rücken aus härterem Gestein zu hinterlassen. Es entstehen so aus gefalteten Gesteinsschichten charakteristische und komplexe Landschaften.

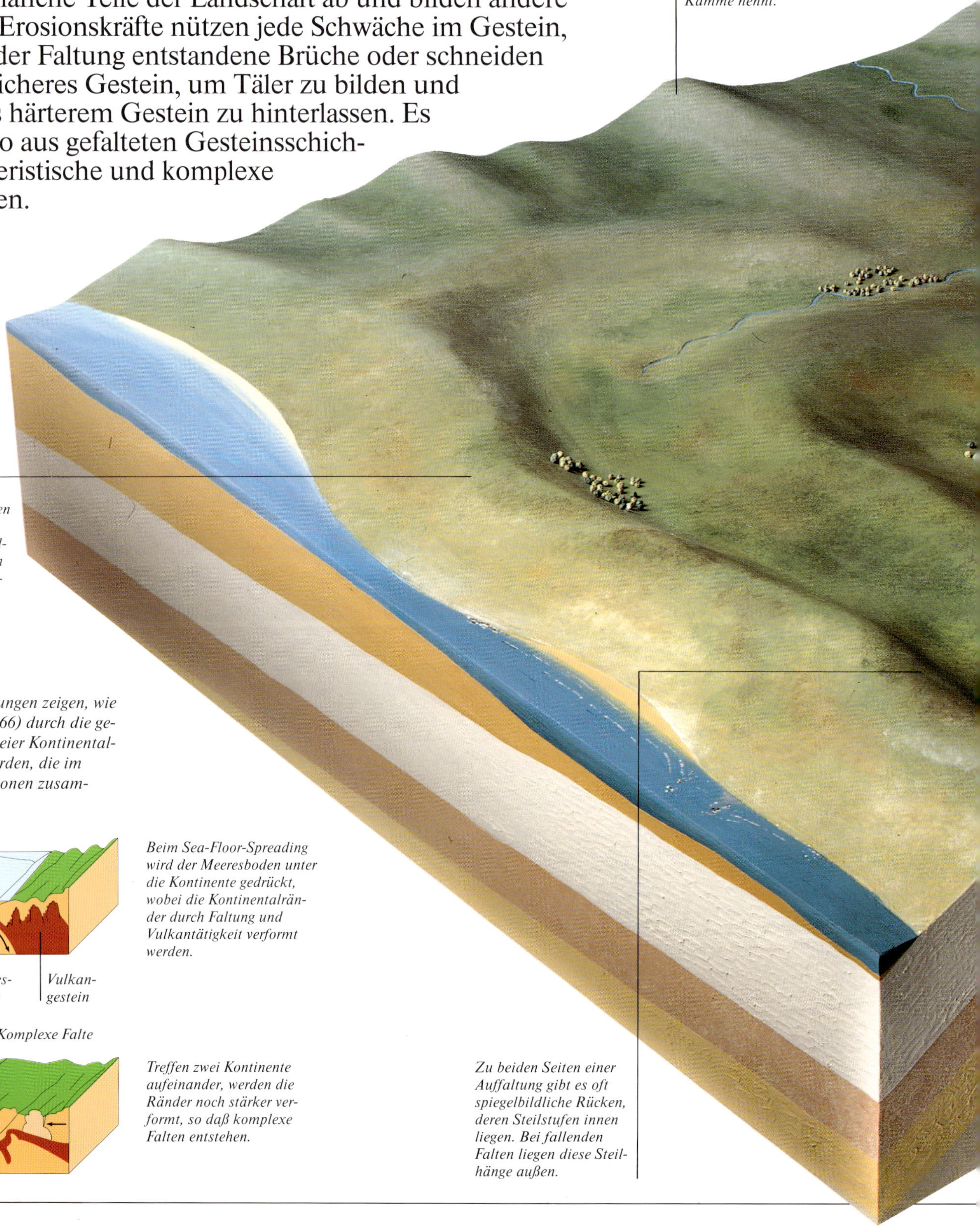

Wo die Gesteinsschichten sehr steil abfallen, bilden Bänder von hartem Gestein steile Rücken, die man Kämme nennt.

Auf einer Seite der harten Gesteinsrücken ist eine sanfte Landterrasse oder ein Fallhang, der dem Fallen (der Neigung des Gesteins) folgt (S. 86).

Zu beiden Seiten einer Auffaltung gibt es oft spiegelbildliche Rücken, deren Steilstufen innen liegen. Bei fallenden Falten liegen diese Steilhänge außen.

Gebirgsbildung
Die beiden Zeichnungen zeigen, wie orogene Ketten (S. 66) durch die gefalteten Ränder zweier Kontinentalplatten gebildet werden, die im Lauf von Jahrmillionen zusammenrücken.

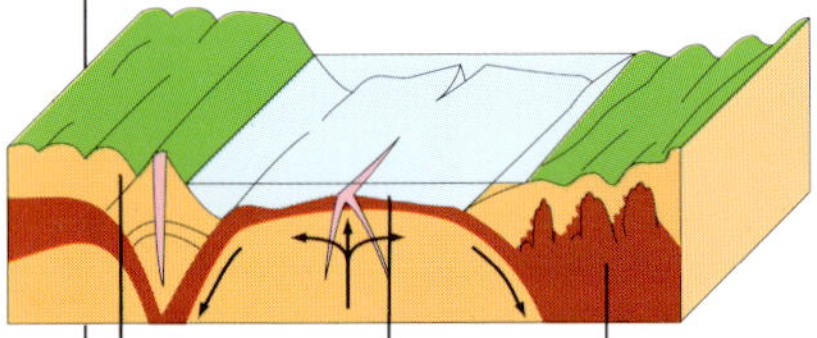

Beim Sea-Floor-Spreading wird der Meeresboden unter die Kontinente gedrückt, wobei die Kontinentalränder durch Faltung und Vulkantätigkeit verformt werden.

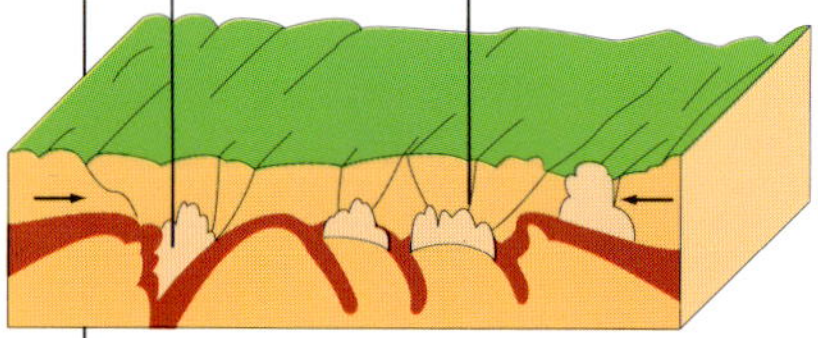

Treffen zwei Kontinente aufeinander, werden die Ränder noch stärker verformt, so daß komplexe Falten entstehen.

Landschaftsgürtel
Wo Sedimentgesteine sanft gefaltet werden, entsteht durch die ständige Erosion jedes Gesteinsbands ein Landschaftsgürtel, dessen lange Rükken und Täler der Ausrichtung der Falten folgen. Bei diesem Modell ist die Hauptfalte kein Bogen, sondern ein langer Dom, in dem Gestein vom Zentrum wegtaucht. An jedem Ende bilden Steilstufen und Sohlentäler eine Schleife – ein Beweis, daß das Gestein auf den gegenüberliegenden Seiten der Falte einst zu einer durchgehenden Schicht gehörte.

Querschnitt
Geologische Querschnitte machen oft sichtbar, wie sehr die Oberflächenlandschaft die Gesteinsanordnung darunter widerspiegelt. Härteres, widerstandsfähigeres Gestein bildet Rücken und Steilhänge, während unter Tälern und sanften Hängen weicheres Gestein liegt.

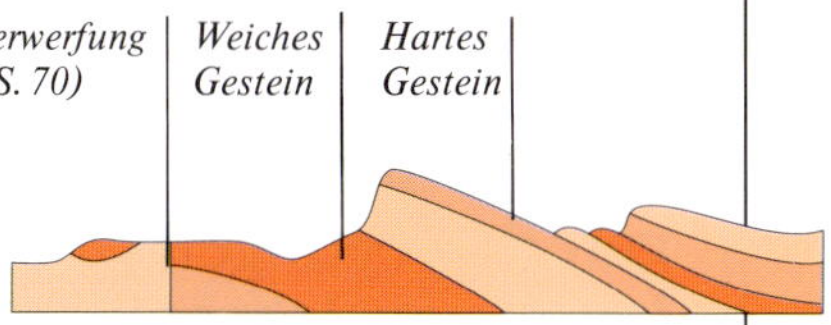

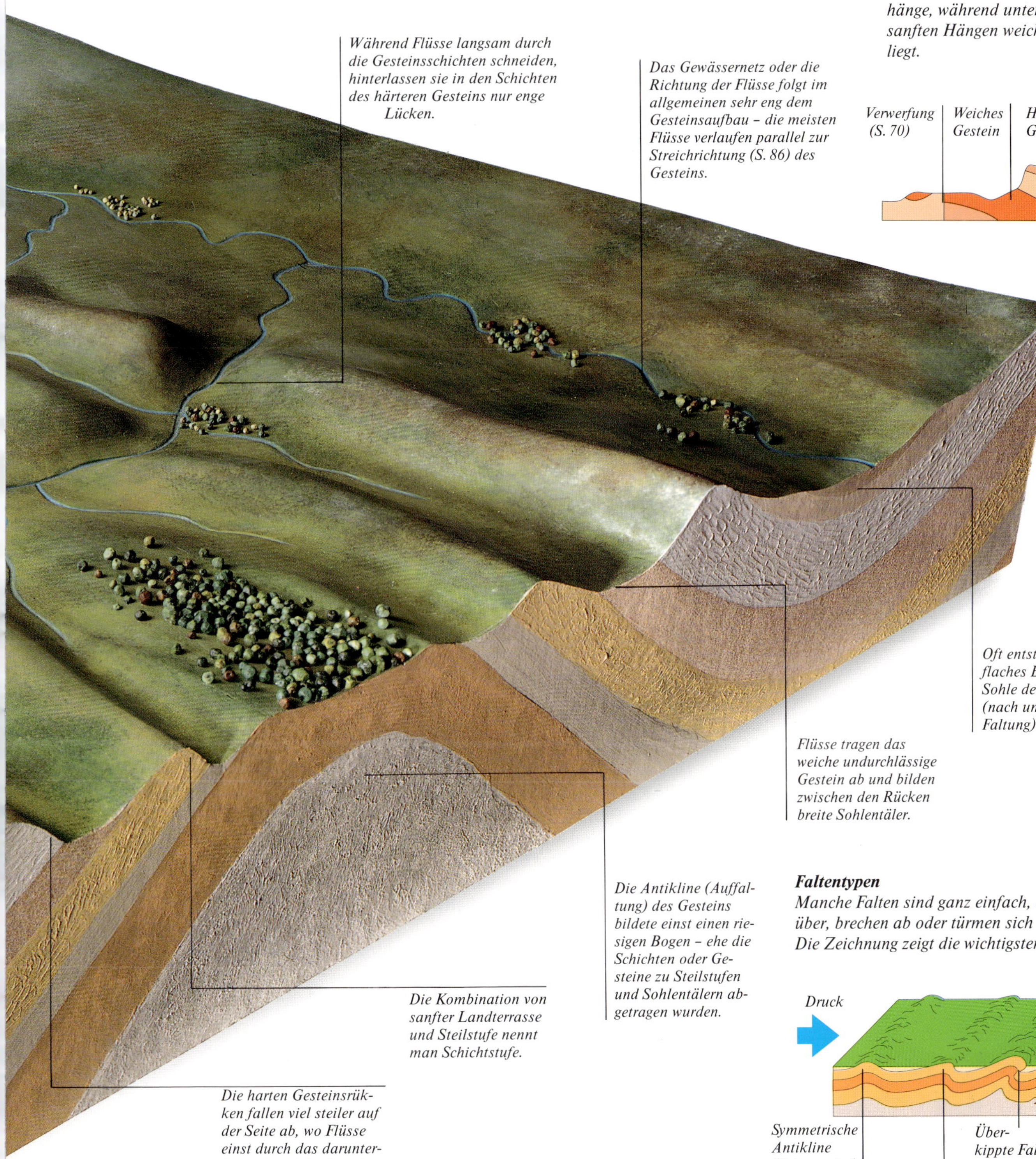

Faltentypen
Manche Falten sind ganz einfach, andere kippen über, brechen ab oder türmen sich übereinander. Die Zeichnung zeigt die wichtigsten Faltentypen.

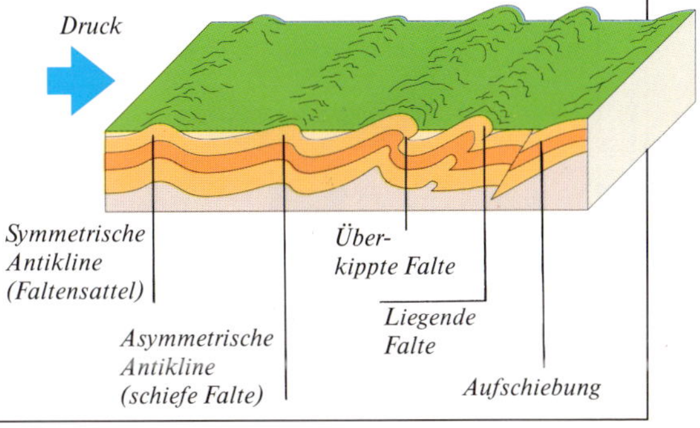

GESTEIN UND BODEN

Ewiges Gestein
Von Gesteinen können Geologen eine Menge über die Vergangenheit der Erde erfahren – ob sie sich nun einen Granitbrocken ansehen, der aus einst geschmolzenem Gestein kristallisiert ist (oben), oder Sedimentschichten, die sich während Millionen von Jahren abgelagert haben (links).

Gestein und Boden sind das Rohmaterial der Landschaft. Jedes Tal, jeder Hügel und jeder Berg besteht aus Gesteinen und Böden, und ihre Beschaffenheit bestimmt die Gestaltung der Landschaft. Aber in jedem Gestein steckt auch ein Stück Erdgeschichte, denn die typischen Eigenschaften eines Gesteins hängen davon ab, wie und wo es gebildet wurde – geschmiedet in der Gluthitze des Erdinnern, umgewandelt durch vulkanische Tätigkeit oder durch die Wucht der Kontinente oder abgelagert in sacht sich absetzenden Schichten auf dem Meeresboden.

GESTEIN

Es gibt alles mögliche Gestein, das sich nach Form, Beschaffenheit und Farbe unterscheidet. Aber es entstand alles auf nur drei verschiedene Arten. Einiges hat sich abgekühlt aus Magma, das aus dem Erdinnern an die Oberfläche in Vulkanen ausbricht oder in das darüberliegende Gestein eindringt. Anderes entsteht aus Sedimenten, die sich aus dem Wasser absetzen und dann zusammengedrückt und verfestigt werden, bis sie fest sind. Und schließlich entsteht Gestein aus anderem Gestein durch die ungeheure Hitze geschmolzenen Magmas oder die riesigen Kräfte, die Gebirge bilden.

Im 17. Jahrhundert glaubten viele europäische Gelehrte, daß zerbrochene Gesteinsgebilde wie diese durch die Sintflut entstanden seien.

Heute wissen wir, daß viele Gesteine sehr alt sind, und können uns kaum vorstellen, daß die Menschen das nicht immer geglaubt haben. Doch 1650 schloß der irische Erzbischof James Ussher (1581 – 1656) aus dem Studium der Bibel, die Welt habe am Sonntag, dem 23. Oktober 4004 v. Chr. zu existieren begonnen – und sich seitdem kaum verändert, außer während der Sintflut, die er auf das Jahr 2349 v. Chr. datierte.

Die meisten Menschen glaubten damals in Europa, die Welt, wie sie heute ist, sei während der Schöpfung entstanden, nämlich vor ein paar tausend Jahren. Für die alten Griechen dagegen waren fossile Muscheln in Gebirgen ein Beweis dafür, daß sich das Meeresniveau geändert hatte, und der persische Gelehrte Avicenna (um 980 – 1037) beschrieb in seinem »Buch der Mineralien«, wie Flüsse Täler erodieren und das Meer Sedimente ablagert. Derartige Ideen kamen den Europäern erst im 17. Jahrhundert. Damals begannen Gelehrte in Frage zu stellen, daß die Erde so beschaffen ist, wie es die Kirche bestimmte. Sie sahen doch, daß viele Gesteine aus Sedimenten gebildet waren, da sie voller Fossilien von Meereslebewesen waren. Wie aber konnten sich Sedimente derart aufgetürmt haben, wenn die Erde so jung sein sollte? Und wie konnten Gebirgszüge so rasch aufgestiegen und Täler abgetragen sein – allein durch die sanfte Kraft des Wassers?

Tief in Sedimenten verborgene Fossilien zeigten an, daß die Erde viel älter sein könnte, als man im 17. Jahrhundert annahm.

Katastrophen

Es schien nur eine Erklärung zu geben: Die Erde war nicht durch den gerade ablaufenden langsamen Prozeß gebildet worden, sondern durch eine Reihe großer Katastrophen: Vulkanausbrüche, Erdbeben und Fluten. Natürlich dachte man dabei in erster Linie an die Sintflut, und in den meisten Theorien über die Erde im 17. Jahrhundert wurde so die Beschaffenheit des Gesteins und der Landschaft erklärt. Noch im 19. Jahrhundert nannte man die Frühgeschichte der Erde vorsintflutlich (antediluvianisch). Auch der dänische Geologe Niels Stensen (1638 – 1686) bezog sich bei seinen Theorien auf die Sintflut, aber immerhin erkannte er, daß alle Gesteine ursprünglich horizontal abgelagert worden waren, auch wenn sie seither geneigt, schräggestellt und gedreht wurden. Er bemerkte auch, daß die einzelnen Sedimentschichten übereinander lagerten, so daß die ältesten Schichten stets ganz unten und die jüngsten oben lagen, was er das Prinzip der Überlagerung nannte. Für die meisten »Kosmogonen« (die den Ursprung des Universums untersuchen) waren Katastrophen der Grund für die schnelle Gestaltung der Erde. Wenn aber die Welt viel älter wäre, dann hätten doch sanftere Kräfte genug Zeit gehabt, das Land zu formen.

Viele Gesteine sind aus kompakten Sedimenten, wie Geologen bald entdeckten (S. 85).

Diese Idee kam dem französischen Naturforscher Graf de Buffon (1707 – 1788), als er den Abkühlungsvorgang bei zwei Dutzend weißglühender Metallkugeln maß. Danach schätzte er, daß die Erde mindestens 75 000 Jahre gebraucht haben mußte, um sich von einer ursprünglich weißglühenden Kugel bis zu ihrem derzeitigen Zustand abzukühlen. Aber schon bald bemaß sich für die Kosmogonen das Alter der Erde nicht nach Jahrtausenden, sondern nach Jahrmillionen. In diesem Fall war die Erdoberfläche vielleicht in dem immer noch ablaufenden langsamen Prozeß entstanden, ohne den Einfluß von Katastrophen. Diese Theorie

Viele Sedimentgesteine bilden sich beim Verdunsten von Salzwasser (S. 84). Die Neptunisten glaubten im 18. Jahrhundert fälschlicherweise, derartige Gesteine seien in der mittleren Erdgeschichte entstanden.

rie wurde »Aktualismus« genannt, und der Streit zwischen den Anhängern beider Theorien tobte noch bis ins 19. Jahrhundert hinein – ja er hält noch heute an.

Heiße Debatte

Erbitterte Gegner im 18. Jahrhundert waren auch die »Neptunisten« und die »Plutonisten« oder »Vulkanisten«. Der deutsche Geologe Abraham Werner (1750 – 1817) vertrat als Begründer des Neptunismus die Ansicht, daß alle Gesteinsarten wäßriger Herkunft seien. Nichtfossile Gesteine wie Granit und Quarzit müßten Urgestein sein, das vor Beginn des Lebens abgelagert worden war. Diese Theorie schien die Reihenfolge der Gesteinsschichten in der Landschaft einleuchtend zu erklären. Dagegen behaupteten die Plutonisten, daß die Gesteine durch Prozesse entstanden seien, die die Hitze im Erdinnern in Gang gesetzt habe. Außerdem hielten sie viele

Durch Wellen im Sand bei seichtem Wasser erzeugte Furchen sind noch Hunderttausende von Jahren später im Sedimentgestein erhalten (S. 86).

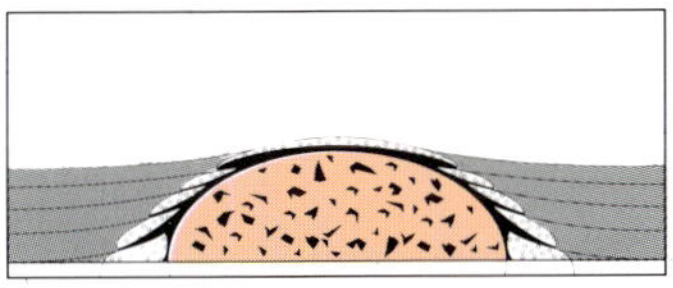

»Halos« von verändertem Gestein um Granitdome verweisen auf den magmatischen Ursprung des Granits.

Gesteine für vulkanisch – und tatsächlich glauben die Geologen heute, daß 90 Prozent der Erdkruste aus Erstarrungsgestein besteht (S. 80). Der schottische Geologe James Hutton (1726 – 1797), vehementer Vertreter des Plutonismus, gilt oft als Vater der modernen Geologie. Sein Verdienst ist es, daß er die Theorien von Plutonismus und Aktualismus miteinander verknüpfte, indem er die Erdgeschichte als endlos wiederholte Zyklen von Erosion, Sedimentation und Hebung ansah. Gesteine werden im Laufe vieler Jahrtausende langsam abgetragen, vor allem durch fließendes Wasser. Das abgetragene Material gelangt in die Meere und setzt sich als Sedimentgestein ab. Dann werden die Sedimente durch die Hitze aus dem Erdinnern gehoben und verdreht. Gestein wie Granit, erklärte Hutton, wäre kein altes Urgestein, sondern vergleichsweise junges Gestein, das durch Abkühlung von geschmolzenem Material aus dem Erdinnern entstanden sei, als es von unten gegen die Sedimente gedrückt habe.

Gesteinskunde

Als die Geologen vermehrt Feldstudien unternahmen und Gesteine genauer untersuchten, schienen sich Huttons Ideen zu bewahrheiten. Er selbst wies auf Diskontinuitäten hin, auf Sprünge in der Abfolge der Gesteinsschichten – ein klares Zeichen, daß die Sedimentation ständig innehielt und wieder einsetzte – sowie auf Granitgänge. Das waren Finger aus Erstarrungsgestein, das in die darüberliegenden Sedimente erst lange nach deren Bildung eingedrungen sein konnte. Nach Huttons Tod setzte sein Freund John Playfair (1748 – 1819) sein Werk fort. Er verwies auf die riesigen geologischen Zeiträume, aber viele Wissenschaftler ließen sich davon nicht überzeugen.

Zur gleichen Zeit untersuchte der englische Ingenieur William Smith (1769 – 1839) Gesteinsschichten, als er Vermessungen für neue Kanäle vornahm. Er sah, daß jede Gesteinsschicht in einer Sequenz bestimmte Fossilien enthielt, die auch in anderen Gesteinen wieder auftauchten. Daraus schloß er, daß zwei Gesteinsschichten, die die gleichen Fossilien enthielten, auch gleich alt sein müßten – selbst wenn die eine Sandstein und die andere Tonstein war. Auf diese Weise konnte er jedes Gestein einfach durch einen Blick auf die darin enthaltenen Fossilien datieren. 1815 hatte er die erste richtige geologische Karte angelegt, und bald wurden auf der ganzen Welt ähnliche Erhebungen vorgenommen.

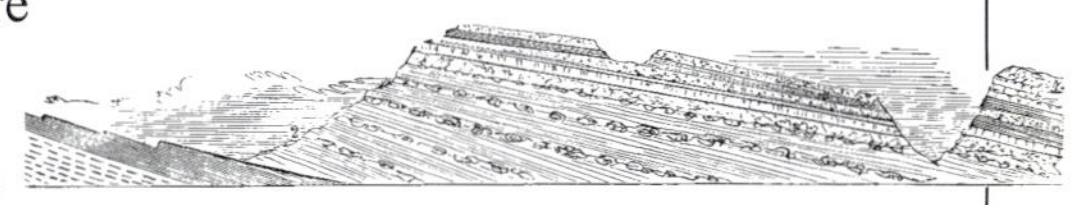

Sobald die Geologen im 19. Jahrhundert Gesteine nach Fossilien datieren konnten und wußten, wie Sedimentgesteinsschichten abgelagert und gehoben wurden, konnten sie vollständige Querschnitte durch Gesteinsschichten erstellen.

Dank dieser Studien konnte der britische Geologe Charles Lyell (1797 – 1875) sein Werk »Grundbegriffe der Geologie« schreiben, in welchem er die gesamte geologische Geschichte der Erde darstellte. Er betonte wie Hutton, daß die Erde während ungeheurer Zeiträume durch noch heute wirkende langsame Kräfte allmählich gestaltet wurde. Sein Buch wurde mehr als ein Jahrhundert lang das Standardwerk der Geologen, und viele seiner Ansichten sind noch heute gültig. Erst mit der in neuerer Zeit entwickelten Theorie der Plattentektonik (S. 42) wurden seine Ideen in Frage gestellt.

An Fossilien können Geologen leicht das Alter von Gesteinen bestimmen (S. 88).

Gestein und Mineralien (1)

Wenn ihr euch irgendein Stück Gestein genau anschaut, seht ihr, daß es selten so glatt wie Plastik oder Metall ist, sondern wie Würfelzucker aus Körnchen oder Kristallen besteht. Diese teils winzigen, teils großen Kristalle nennt man Mineralien. Daraus bestehen alle Gesteine auf der Erde. Ein Mineral ist einfach ein chemischer Stoff, der sich auf natürliche Weise in der Erde bildet. Es gibt mehrere tausend Arten, aber nur rund 30 kommen häufig vor. Manche Gesteine enthalten nur ein Mineral, andere sechs oder mehr - das hängt mit der Struktur des Gesteins zusammen. Mit Hilfe der folgenden Experimente könnt ihr einige der häufiger vorkommenden Mineralien bestimmen.

Mineralienproben

Alle Gesteine bestehen aus Mineralien. Wenn ihr eine Sammlung wie diese anlegt, könnt ihr sie mit den folgenden Tests bestimmen.

EXPERIMENT

Farbe und Glanz

Schon vom äußeren Anblick lassen sich Hinweise zur Gesteinsbildung finden. Die Farbe kann freilich irreführend sein, weil ein Mineral verschiedenfarbig vorkommen kann. Aufschlußreicher ist der Glanz - also wie das Mineral Licht reflektiert. Ist er metallisch, glasig (wie zerbrochenes Glas) oder stumpf? Scheint Licht durch das Gestein, oder ist es völlig opak (undurchsichtig)?

1 Die Mineralstruktur erkennt man am besten durch ein Vergrößerungsglas. Macht davon eine Zeichnung.

Unter der Lupe
Die Mineralien in einem Gestein sind verschiedenfarbig, aber auch unterschieden in Größe und Beschaffenheit.

Gestein wie Glas

Einige Mineralien sind fast so durchsichtig wie Glas. Andere sind durchscheinend und lassen nur ein mattes Licht durch. Wenn ihr durch Kalkspat schaut, seht ihr alles doppelt - hier grüne Modelliermasse.

Durchscheinender Achat

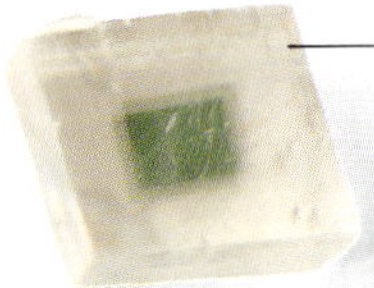

Kalkspat zeigt alles doppelt

Quarzit

Form

Mineralische Kristalle kommen in unglaublich vielen Formen vor, die alle regelmäßige Grundformen haben. Hier Kristalle aus Kuben (Würfeln) und (sechsseitigen) Hexagonen.

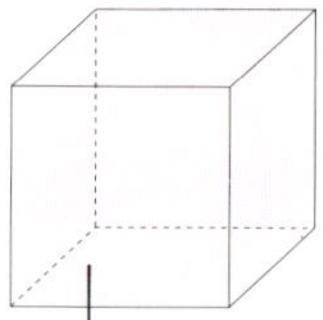

Einfacher Kubus

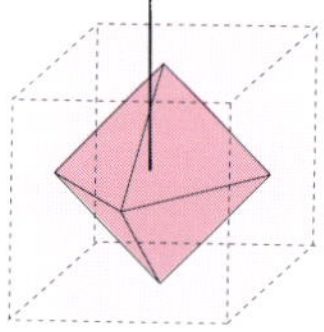

Kubischer Kristall

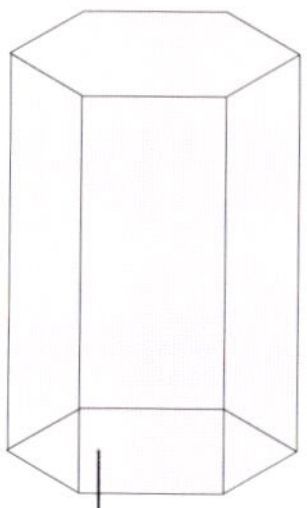

Hexagon

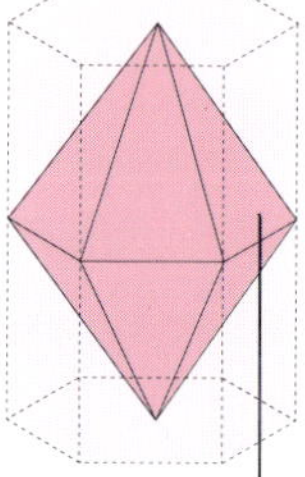

Hexagonaler Kristall

EXPERIMENT

Strichprobe

Ein »Strich« ist die Farbe eines zu Pulver zermahlenen Minerals. Während die Farbe eines Minerals wechseln kann, bleibt sein Strich gewöhnlich gleich. Am einfachsten bekommt man Striche, wenn man das Mineral auf der Rückseite einer Kachel abreibt. Ist das Mineral härter als die Kachel und hinterläßt es keinen Strich, müßt ihr vorsichtig mit einem Messer daran kratzen. Betrachtet die Farbe des Kratzers.

Streicht mit dem Mineral über die Rückseite einer Kachel, und schaut euch die Farbe des Kratzers an.

Roter Strich
Das eisenhaltige Mineral Hämatit hinterläßt einen leuchtend roten Strich.

EXPERIMENT

Härtetest

Auch nach seiner Härte kann man ein Mineral bestimmen. 1812 hat der deutsche Mineraloge Friedrich Mohs eine Härteskala aufgestellt, die von Talk (1) bis Diamant (10) reicht. Ein Mineral kann danach jedes Mineral ritzen, das auf der Skala unter ihm steht. Versucht das einmal mit den äquivalenten Gegenständen bei einem Mineral, um seinen Platz auf der Härteskala zu bestimmen.

Standardmineral laut Mohs	***Äquivalent***
1 Talk	*(kein herkömmliches Äquivalent)*
2 Gips	*Fingernagel*
3 Kalkspat	*Bronzemünze*
4 Flußspat	*Eisennagel*
5 Apatit	*Glas*
6 Feldspat	*Taschenmesserklinge*
7 Quarz	*Stahlfeile*
8 Topas	*Sandpapier*
9 Korund	*(kein herkömmliches Äquivalent)*
10 Diamant	*(kein herkömmliches Äquivalent)*

IHR BRAUCHT

- Bronzemünze • Eisennagel
- Glasbecher • Taschenmesser • Stahlfeile • Sandpapier

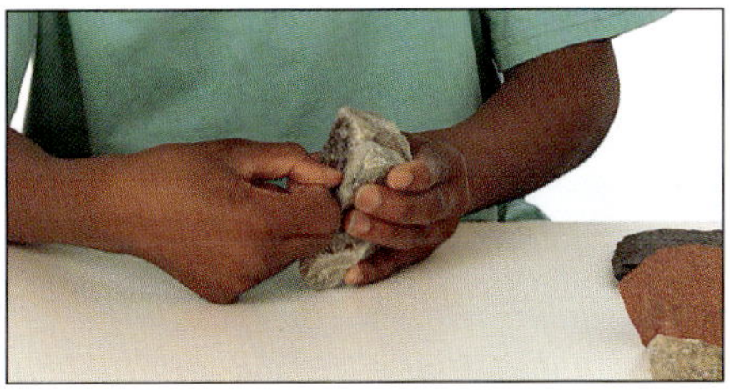

1 Um die Härte eines Minerals zu bestimmen, kratzt ihr es mit jedem Testgegenstand – ritzt er es oder nicht? Beginnt mit eurem Fingernagel, und probiert dann die härteren Dinge.

2 Hinterläßt euer Fingernagel keinen Kratzer, probiert es mit der Münze. Ritzt auch die nicht, wißt ihr, daß das Mineral die Härte 4 oder mehr auf der Skala hat.

3 Geht mit dem Messer beim Kratzen von Gestein vorsichtig um. Wenn erst mit ihm ein Kratzer erscheint, hat das Mineral die Härte 6. Testet nun auch andere Mineralien.

Spaltbarkeit

Viele Mineralien brechen in einer bestimmten Richtung leichter auseinander als sonst, manche brechen in mehreren Richtungen. Das nennt man Spaltbarkeit. Mineralien haben verschiedene Spaltungsmuster. Ihr könnt ein Mineral auch nach der Art bestimmen, in der es bricht.

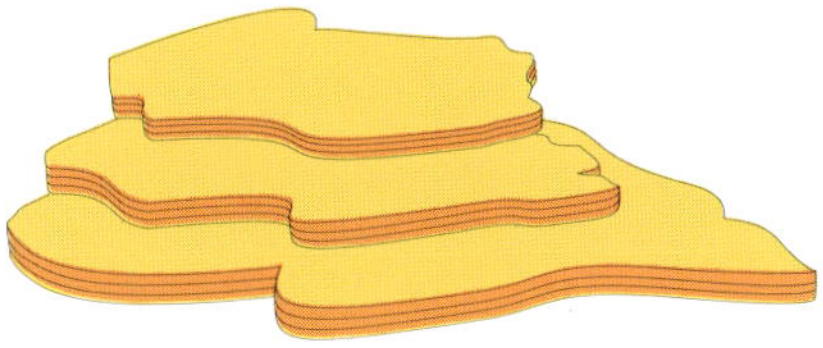

Schuppige Spaltung
Mineralien wie Glimmer, Graphit und Gips brechen nur in einer Ebene in dünne Schichten.

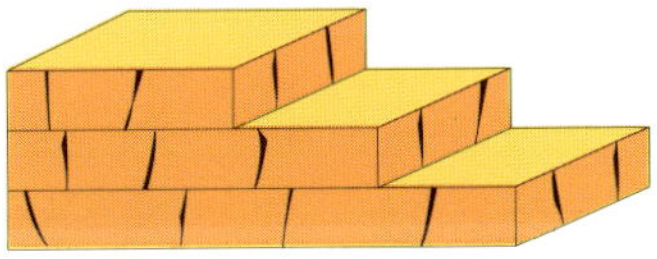

Bruch in zwei Ebenen
Mineralien wie Orthoklas (Feldspat) weisen zwei Spaltrichtungen auf.

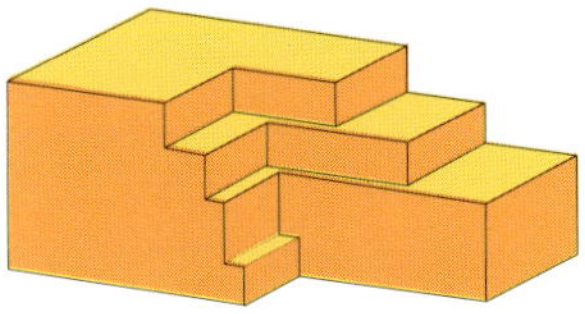

Würfelbruch
Mineralien wie Bleiglanz und Steinsalz spalten sich in würfelige Blöcke in drei rechtwinklig zueinander stehenden Ebenen.

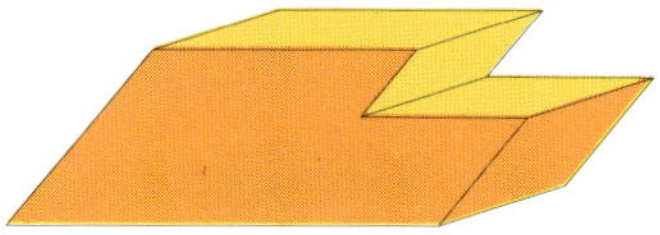

Rhomboeder
Kalkspat bricht in drei Ebenen, jedoch nicht rechtwinklig. Das nennt man einen Rhomboeder.

Gestein und Mineralien (2)

Wie alle Stoffe bestehen auch Mineralien aus ein paar chemischen Grundsubstanzen, sogenannten Elementen. Die Geologen teilen die Elemente ein in Hauptelemente, die sich in großen Mengen in der Erdkruste finden, und die vielen sonstigen Elemente. Die Erdkruste besteht zu über 75 Prozent aus nur zwei Hauptelementen: Silizium und Sauerstoff, die sich zu der häufigsten Mineralgruppe verbinden: den Silikaten. Gewöhnlich teilt man daher die Mineralien in Silikate und Nichtsilikate ein. Wie alle Mineralien im Granit, bestehen auch 98 Prozent aller Gesteine der Erdkruste aus Silikaten.

GROSSE ENTDECKER

James Hutton

Der schottische Geologe James Hutton (1726 - 1797) ist der Begründer der modernen Geologie. Seinerzeit glaubten die meisten Menschen noch, daß die Erde nur 6 000 Jahre alt sei - wie man es der Bibel entnahm. Hutton aber erklärte, sie sei viel älter; die langsamen Prozesse auf der Erdoberfläche reichten daher aus, die Landschaft zu gestalten. Er wies darauf hin, daß Kontinente durch Flüsse abgetragen und ins Meer gespülte Sedimente neue Sedimentgesteine bilden würden. Und er erkannte auch, wie die Hitze der Erde diese Gesteine hob und verschob und daraus neue Berge schuf.

EXPERIMENT

Säuretest

Bei diesem Experiment sollte ein Erwachsener dabeisein.

Eine wichtige Mineraliengruppe, die sogenannten Karbonate, enthält Kohlenstoff und Sauerstoff. Die meisten Karbonate sind ziemlich weich und sehen weißlich aus, wie der am häufigsten vorkommende Kalkspat (Kalziumkarbonat), aus dem Kalkstein und Marmor bestehen. Alle Karbonate lösen sich in Säure, manche freilich nur in sehr starken Säuren. In der Säure zischen und blubbern die Karbonate: Das Zischen kommt vom Kohlendioxid, das beim Lösen freigesetzt wird. Sulfide, wie Bleiglanz, lösen sich auch in Säure, aber sie riechen so stark nach faulen Eiern, daß man sie nicht mit Karbonaten verwechseln kann. Geologen benützen für Säuretests verdünnte Salzsäure, aber es genügt, wenn ihr mit starkem Essig (Essigessenz) die weicheren Kalziumkarbonate, wie Kreide, testet. Denkt daran, daß selbst verdünnte Säuren gefährlich sein können!

IHR BRAUCHT
- Tropfpipette
- Essig • Lupe
- Teller

1 Gebt ein paar Tropfen Essig auf eure Probe. Ist sie ein weiches Karbonat, wie Kreide, wird es sofort zischen.

2 Da Essig eine sehr schwache Säure ist, könnt ihr vielleicht nur mit einer Lupe Veränderungen auf dem Gestein feststellen.

Stärkere Säure

Bittet einen Erwachsenen, den Test mit verdünnter Salzsäure auszuführen.

Bei verdünnter Salzsäure zischt Kalkstein heftig

Schutzhandschuh

Die verdünnte Säure mit einer Pipette auftragen

Auch Schalenfossile zischen beim Test mit verdünnter Salzsäure

EXPERIMENT

Dichte

Metalle sind gewöhnlich viel dichter (schwerer) als Nichtmetalle, so daß sich metallische und nichtmetallische Mineralien oft deutlich unterscheiden. Aber wie kann man die Dichte eines ziemlich unregelmäßigen Gesteinsbrockens messen? Hier zwei Methoden zur Messung des spezifischen Gewichts (SG), der Dichte im Verhältnis zu Wasser.

1 Hängt das Gestein mit der Schnur an die Federwaage und notiert das Gewicht. Das ist Gewicht 1.

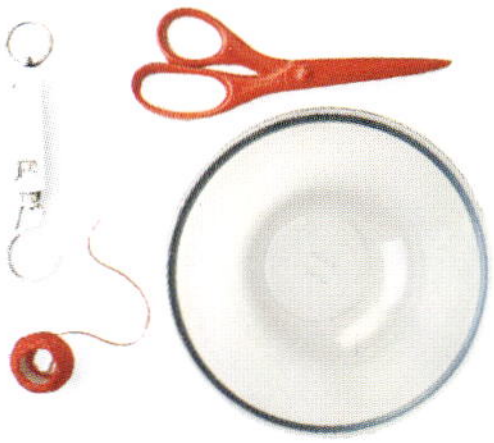

IHR BRAUCHT
- Federwaage
- Schnur
- Schere
- Schüssel mit Wasser
- Notizblock

2 Taucht das Gestein ins Wasser und wiegt es erneut. Das ist Gewicht 2, das ihr von Gewicht 1 abzieht. Teilt Gewicht 1 durch das Ergebnis, dann habt ihr das SG des Gesteins. Vergleicht nun das SG verschiedener Gesteine.

Das Gestein sollte dicht über dem Boden der Schüssel hängen.

Meßkanne

Befestigt einen Schlauch im Loch einer abgeschnittenen Plastikflasche, füllt Wasser ein, gebt das gewogene Gestein hinein, wiegt das ausgelaufene Wasser und teilt durch das Gewicht des Steins: das SG!

Formen von Mineralien

Ein Mineral wächst gewöhnlich dadurch, daß sich außen immer mehr Schichten anlagern. Dann sieht es oft formlos oder massiv aus. Wie sich diese Schichten anlagern, hängt von den Umständen der Formgebung ab. Kann ein Mineral frei wachsen – etwa in einem Gesteinsgang oder einem Hohlraum –, dann kann ein sehr klar geformter Kristall entstehen. Minerale wie Opal und Malachit aber bilden spezielle nichtkristalline (amorphe) Formen.

PHYSIKALISCHE EIGENSCHAFTEN DER MINERALE

MINERAL	FARBE	GLANZ	STRICH	SG	HÄRTE	BESONDERHEITEN
Bleiglanz	bleigrau	metallisch	grauschwarz	7,5	2,5 – 3	fauliger Geruch bei Säuretest
Feldspat	weißrosa	glasig	weißrosa	2,7	6	gute Spaltbarkeit
Flußspat	verschieden	glasig	weiß	3,1	4	kubische Kristalle
Gips	weißgelb	perlmutt	weiß	2,3	1,5 – 2	pulvrig
Glimmer	schwärzlich	glasig	weiß	3	2,5	schuppig
Hämatit	graurot	stumpf	rotbraun	5,2	6	verschiedene Formen
Hornblende	dunkelgrün	glasig	grünlich	3,2	5 – 6	rhombische Spaltung
Kalkspat	farblos	glasig	weiß	2,7	3	zischt in Säure
Magnetit	schwarz	metallisch	schwarz	5,2	6	magnetisch
Malachit	grünlich	glasig	hellgrün	4	3,5 – 4	Schmuckstein
Olivin	olivgrün	glasig	weißgrau	3,8	6,5 – 7	auch als Edelstein
Pyrit	messinggelb	metallisch	grünschwarz	5	6 – 6,5	sieht wie Gold aus
Quarz	glasiggrau	glasig	weiß	2,7	7	sieht wie Glas aus
Steinsalz	farblos	glasig	weiß	2,2	2	salziger Geschmack
Zinkblende	dunkelbraun	harzig	gelbbraun	4	3,5 – 4	glänzend

Magmatisches Gestein

Geschmolzenes Magma ist fürchterlich heiß, wenn es aus Vulkanen als Lava ausbricht oder sich in Oberflächengestein als »Intrusion« hineindrängt. Aber bald kühlt es sich ab, und schon tauchen die ersten Kristalle auf, dann immer mehr, bis alles Magma eine feste Masse harten, kristallinen Gesteins wird, das man Magmagestein nennt.
All die verschiedenen Typen von Magmagestein unterscheiden sich ein wenig in ihrer Kristallstruktur und ihrer mineralischen Zusammensetzung, je nachdem, wie und wo sie sich abgekühlt haben. Gewöhnlich erkennt man Magmagestein an seiner harten, gesprenkelten, kristallinen Beschaffenheit – nur in Gesteinen wie Basalt sind die Kristalle so fein, daß man sie kaum sieht.

Gestein sammeln

IHR BRAUCHT

• kleinen Hammer • Schutzbrille • Filzschreiber • luftgepolsterte Verpackung für Proben • Kompaß zur Bestimmung von Fallen und Streichen (S. 86) • Notizblock und Bleistifte für Skizzen • topographische Karte • Rucksack

Gesteinsammeln macht Spaß, vorausgesetzt, ihr trefft ein paar Sicherheitsvorkehrungen und gefährdet die Umwelt nicht. Sammelt nur lose Steine – das Hämmern an einer Felswand kann Steinschlag auslösen. Befolgt örtliche Sicherheitsvorschriften und haltet euch von gefährlichen Plätzen, wie alten Steinbrüchen, fern. Tragt beim Zerschlagen von Gestein eine Schutzbrille. Numeriert jede Probe, zeichnet sie und notiert den Fundort.

EXPERIMENT

Schaukasten

Wenn ihr eine Gesteinssammlung anlegen wollt, solltet ihr die Steine nicht einfach in eine Schublade tun. Führt über jede Probe Buch und tragt die Nummern sowie Namen, Fundort und -zeit des Gesteins ein. Es gibt spezielle Sammelkästen zu kaufen, aber ihr könnt euch leicht selber einen aus einem flachen Karton basteln, mit Trennwänden, damit sich die Gesteinsproben nicht gegenseitig berühren.

IHR BRAUCHT

• Schuhkarton • Pappe • Zellophan
• Klebeband • Schere • Lineal • Bleistift

1 Meßt die Schachtel aus, und schneidet Trennwände aus der Pappe – mit Falzen wie unten links gezeigt. Klebt sie auf den Boden und an die Seiten der Schachtel.

2 Schneidet in den Deckel eine große Öffnung. Schneidet ein Stück Zellophan dafür zurecht, spannt es über den Rahmen und klebt es fest.

3 Schreibt für jedes Gestein Etiketten mit den gleichen Informationen wie in eurem Sammelbuch. Klebt sie in die einzelnen Abteile des Kastens.

Wie ihr eure Sammlung anlegt
Ihr könnt eure Proben nach Arten ordnen – oder nach den jeweiligen Fundorten, falls ihr das Gestein nicht bestimmen könnt.

EXPERIMENT

Gestein aufbrechen

Das sollte von Erwachsenen und nicht von Kindern vorgeführt werden.

Wenn ihr die Körner und Mineralien in Granit und anderem grobkörnigen Magmagestein untersuchen wollt, könnt ihr es nicht einfach mit einem Hammer zerschlagen, weil es viel zu hart ist. Bittet einen Erwachsenen, das Gestein durch schnelles Erhitzen und Abkühlen zu schwächen und dann zu zerschlagen.

IHR BRAUCHT

• Schutzhandschuhe • Grillzange • Kasserolle mit kaltem Wasser • dickes Tuch • Brett • Hammer • Gasbrenner • Pinzette • Lupe

Struktur und Herkunft

Je länger Magmagestein zum Abkühlen braucht, desto größer können die Kristalle oder Körner sein. Es gibt drei Haupttypen: feinkörniges Gestein wie Basalt, gebildet aus Lava, die von Vulkanen an die Oberfläche ausgeworfen wurde und rasch abkühlte; mittelkörnige Gesteine wie Dolerit, die in kleinen Intrusionen entstehen; grobkörniges Gestein wie Gabbro, das langsam in riesigen Intrusionen in der Tiefe abkühlt.

Flüssige Lava kühlt zu Strick-(»Pahoehoe«) oder Spritzlava (»Aa«) ab.

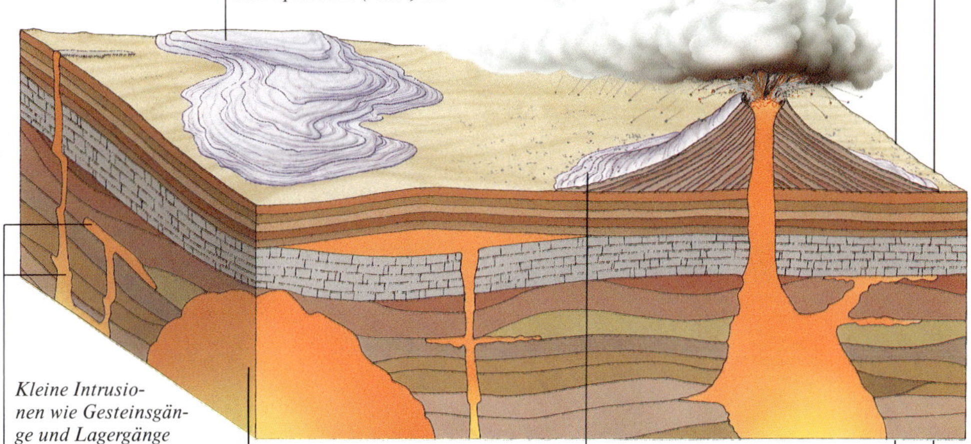

Kleine Intrusionen wie Gesteinsgänge und Lagergänge (S. 60) kühlen rasch ab und bilden mittelkörnige Gesteine wie Dolerit.

Langsam abkühlende Batholithe (S. 60) ergeben grobkörnigen Granit und Gabbro.

Vulkanlava kühlt oft rasch ab und wird dann feinkörniges Gestein wie Basalt und Rhyolith.

1 Man hält die Zange mit dem Gestein mit Handschuhen über die Gasflamme. Kinder sollten Abstand halten.

2 Ist das Gestein sehr heiß, gibt man es ins kalte Wasser. Man wiederholt das Erhitzen und Abkühlen.

3 Das Gestein in das dicke Tuch wickeln, aufs Brett legen und mit dem Hammer fest darauf schlagen.

4 Die Fragmente auf eine saubere Fläche schütten. Mit Hilfe der Lupe die verschiedenen Kornarten trennen.

Drei Mineralien
Aus dem zerbrochenen Granit kann man drei Gruppen von Mineralien aussortieren.

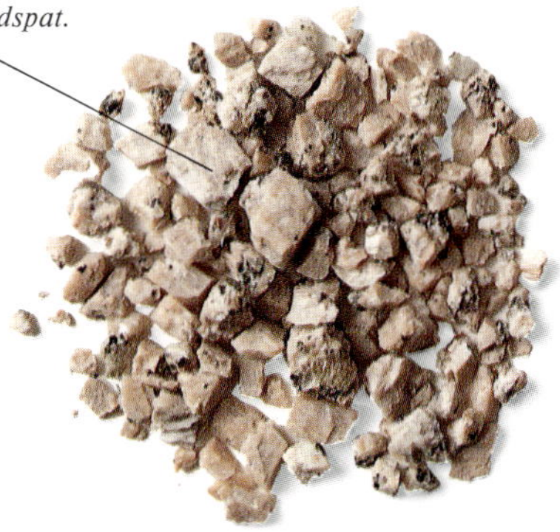

Die großen rosa- oder perlmuttfarbenen Körner sind Feldspat.

Die kleinen schwarzglänzenden Flocken sind Glimmer.

Die mittelgroßen, glasig grauen Körner sind Quarz.

Verwandeltes Gestein

Wird Gestein von der sengenden Hitze eines Vulkans erfaßt oder von den gebirgsbildenden Kräften (S. 66) zerdrückt, dann wird es völlig umgewandelt zu einem neuen Gestein, das man »metamorph« nennt. Magmagestein, Sedimentgestein und sogar metamorphes Gestein kann auf diese Weise zu neuem Gestein verschmolzen und gepreßt werden. Auf der Tafel rechts erfahrt ihr mehr darüber.
Wir zeigen euch hier, wie ihr Schritt für Schritt vorgehen müßt, um ein Gestein genau zu bestimmen.

Bestimmung

Mit Hilfe einer Reihe einfacher Verfahren, die wir bereits auf den Seiten 76 – 79 beschrieben haben, könnt ihr viele verschiedene Gesteinsarten bestimmen.

1 Ist es Kalkstein?
Wenn das Gestein beim Säuretest (S. 78) zischt, ist es wahrscheinlich eine Kalksteinart. GEHT ZU SCHRITT 2. *Es könnte aber auch Marmor sein – prüft das mit der Tafel rechts. Zischt es auch bei stärkerer Säure nicht, mit der es ein Erwachsener getestet hat (S. 78),* GEHT ZU SCHRITT 3.

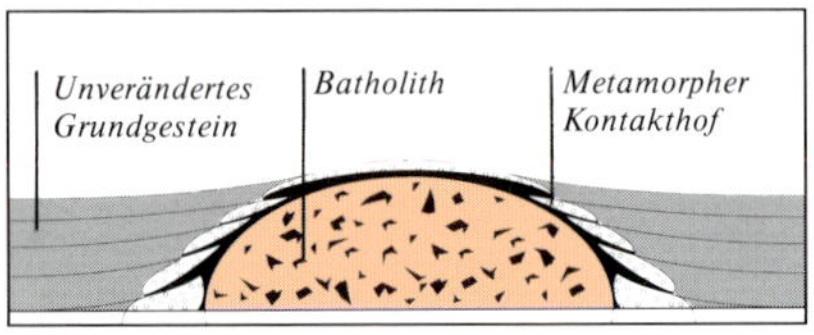

Wärmehalo
Durch die Wärme aus geschmolzenem Gestein entsteht ein Halo oder Kontakthof aus metamorphem Gestein um einen Batholithen (S. 60).

2 Welche Art von Kalkstein?
Läßt es sich zu einem weißen Pulver zerkrümeln, ist es Kreide. Hat es feine Körner, ist es Oolith. Ist es hart und gesprenkelt, ist es Muschelkalk.

4 Welche Art von klastischem Sediment?
Gesteine, in die große Steine eingebettet sind, nennt man klastisches Sedimentgestein (Psephit, S. 84). Sind diese Steine rund, spricht man von Konglomerat, sind sie eckig, nennt man das Brekzie oder Trümmergestein.

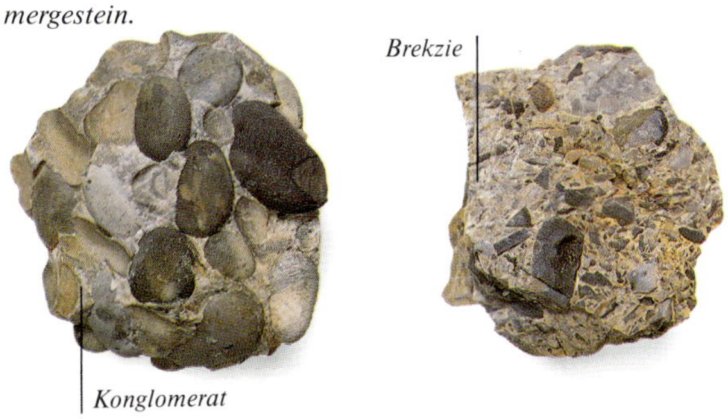

3 Die Körner untersuchen
Betrachtet nun die Körner des Gesteins. Sind es Steinchen, so groß wie euer Fingernagel, GEHT ZU SCHRITT 4. *Sind die Körner so grob wie Rohrzucker,* GEHT ZU SCHRITT 6. *Könnt ihr sie nur unter einer Lupe erkennen, dann* GEHT ZU SCHRITT 5.

*5 **Weiches Gestein testen***
Könnt ihr das Gestein mit einem Nagel oder einer Münze ritzen, kann es ein Sediment sein (S. 85). Kohle ist schwarz; feine Bänder deuten auf Schiefer hin; oder es ist Tonstein oder Tonschiefer. Läßt es sich nicht ritzen, GEHT ZU SCHRITT 8.

*6 **Hartes Gestein testen***
Lassen sich mit einem Messer Körner abkratzen, GEHT ZU SCHRITT 7. *Sonst ist es Quarz – wenn es weißlich ist; ist es gestreift, dann Gneis oder kristalliner Schiefer. Wenn nicht, dann kann es Gabbro, Granit oder Dolerit sein (*SCHRITT 9*).*

*7 **Was ist das spezifische Gewicht?***
Meßt das SG wie auf Seite 79 beschrieben. Ist es größer als 3, ist es vermutlich Eisenstein, andernfalls ein Sandstein.

*8 **Welche Art von hartem Gestein?***
Feinkörniges Magmagestein und metamorphes Gestein (siehe unten) sind schwer aufzubrechen (S. 81) und zu bestimmen. Ein sehr dunkles Gestein kann Basalt oder Hornfels sein. Dieser ist oft fast schwarz; Rhyolith und Andesit sind ein wenig leichter.

*9 **Grobkörnige Gesteine***
Grobkörnige Magmagesteine sind schwer auseinanderzuhalten. Granit ist leichter als Gabbro. Dolerit ist etwas feinkörniger. Pegmatit enthält stets sehr große Kristalle.

Metamorphe Gesteine

Metamorphose macht das Gestein hart und kristallin. Dabei gibt es zwei verschiedene Arten: Kontakt- und Regionalmetamorphose. Von Kontaktmetamorphose spricht man, wenn Gesteine durch die Hitze vulkanischer Intrusion umgebildet werden, wie beim Kontakthof um einen Batholithen. Die Umwandlung hängt von der Größe der Intrusion und von der Entfernung zum heißen Magma ab. Sandstein wird in harten, engkörnigen Metaquarzit umgewandelt; aus reinem Kalkstein wird leuchtendweißer Marmor; und aus Tonstein und Tonschiefer entsteht nahe der Intrusion dunkler Hornfels, weiter weg gefleckte Gesteine.
Bei der Regionalmetamorphose wird Gestein unter Gebirgszügen zerquetscht, die sich zwischen kollidierenden Kontinentalplatten gebildet haben. Durch den gewaltigen Druck entsteht eine ausgeprägte »blättrige« Struktur. Aus Sandstein wird dabei Metaquarzit, aus Kalksteinmarmor. Tonstein und Tonschiefer werden am Rand des Gebirges zu Schiefer, weiter innen zu kristallinem Schiefer, und zu Gneis tief unter dem Gebirgsstock, wo der Druck und die Temperatur gewaltig sind.

Knolliger grauer Marmor

Quarzit

Schiefer

Gneis

Gefleckter Hornfels

Glimmerschiefer

Eklogit

Migmatit

Gestein aus dem Wasser

Die Erdkruste besteht großenteils aus Magmagestein (S. 80), aber drei Viertel davon liegen unter dünnen Schichten aus Schutt, der sich auf dem Boden von Meeren, Seen und Flüssen ablagert. Über Jahrmillionen hinweg ist er zusammengepreßt worden und bildet »Sedimentgestein«. Einige Sedimente, wie Kalkstein, bestehen hauptsächlich aus Pflanzen- und Tierüberresten oder aus Stoffen, die aus dem Wasser absinken. Aber die meisten Sedimente, wie Sandstein, sind »klastisch« – also Trümmergestein, das vom Wasser, Wind oder Eis abgetragen und über die Flüsse ins Meer gespült wurde.

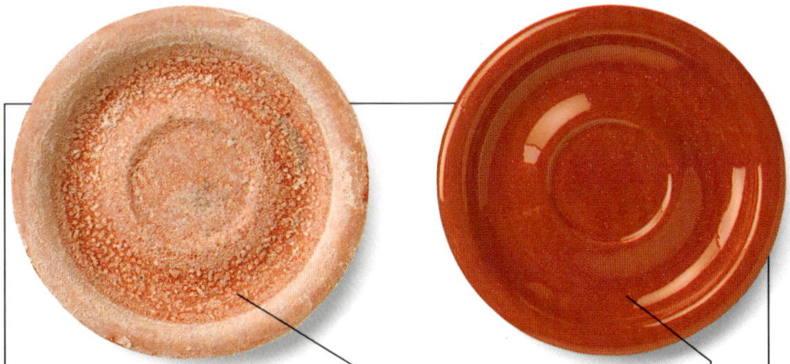

Salzablagerung einer verdunsteten Salzlösung

Keine Ablagerung, wenn destilliertes Wasser verdunstet

Salzgestein

Löst eine größere Menge Tafelsalz in Wasser auf, schüttet es auf einen Teller und stellt es an einen warmen Ort – das Wasser wird schnell verdunsten und eine Salzkruste auf dem Teller zurücklassen. (Versucht das auch mit destilliertem Wasser und vergleicht die Ergebnisse.) Auf die gleiche Weise müssen einst salzige Seen und Meere bei sehr trokkenem Klima verdunstet sein und riesige Salzlager hinterlassen haben, wie Steinsalz, Anhydrit und Gips, die heute industriell gefördert werden.

EXPERIMENT

Abgetragene Körner

Bewegtes Wasser ist wie ein natürliches Sieb: Es sortiert Gesteinsfragmente nach der Größe, indem es kleinere Körner weiter und schneller trägt (S. 124). Daher sind die Körner in vielen klastischen Sedimentgesteinen alle fast gleich groß. Diese Gesteine kann man nach der Korngröße in drei Gruppen einteilen: grobkörnige »Psephite« wie Konglomerate und Brekzien, mittelkörnige »Psammite« wie Sandstein und feinkörnige »Pelite« wie Tonschiefer und Tonstein.
In einigen Gesteinen wie Grauwacke gibt es eine Mischung von verschiedenen Körnungen, wobei das Gestein Schichten aufweist, die von oben nach unten nach der Korngröße abgestuft sind. Man nennt das eine gradierte Schichtung: Die Körner setzen sich mit leicht unterschiedlicher Geschwindigkeit aus dem Wasser ab, wie dieses einfache Experiment zeigt.

IHR BRAUCHT
- Plastikflasche • Trichter • Schaufel
- Proben von Schlamm, Sand, Geröll und Kies • Krug

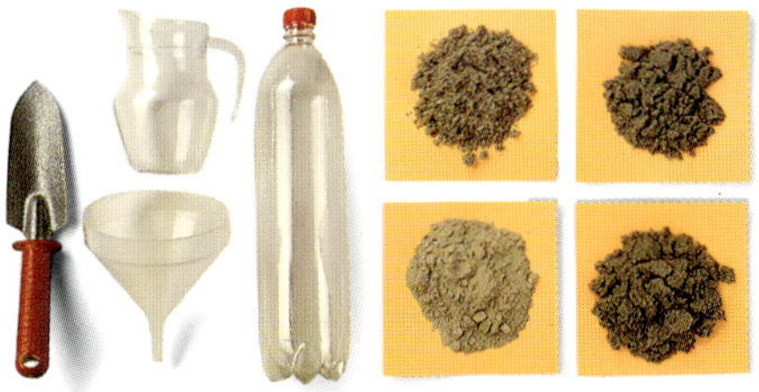

1 Gebt ein bißchen von jeder Probe in die Flasche, und füllt sie mit Wasser.

2 Schraubt den Deckel fest zu, und schüttelt die Flasche kräftig. Laßt sie nun für ein paar Tage stehen.

Feine Körner steigen nach oben.

Mittelgroße Körner setzen sich in der Mitte ab.

Grobe Körner sinken auf den Boden.

Gradierte Schichtung
Schwerere Körner sinken schneller, so daß die großen Körner unten liegen. Da dieser Vorgang immer wieder stattfindet, enthalten Grauwacken (Turbidite) viele feine Schichten auf größeren Körnern, wie unten gezeigt. Solche gradierten Schichten werden oft von Trübeströmen (S. 86) abgelagert.

Feine Körner lagern sich oben auf jeder gradierten Schicht ab.

Große Körner sinken nach unten.

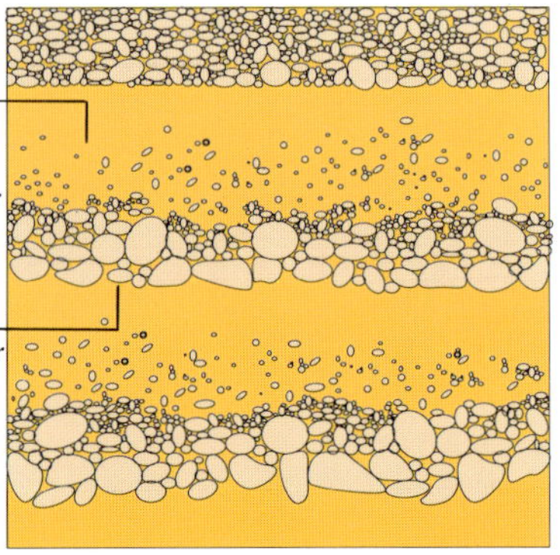

EXPERIMENT

Sedimentgesteine ansetzen

Wird loses Sediment in festes Gestein umgewandelt, nennt man diesen Vorgang »Diagenese«; er dauert Jahrmillionen. Ihr aber könnt Schichten von Sedimentgestein aus Sand, Lebensmittelfarbe und Spachtelmasse in ein paar Tagen ansetzen. Die Spachtelmasse zementiert die Sandkörnchen zusammen – wie Mineralien wie Kalzit es in richtigem Gestein auch machen. Ihr könnt sogar eine »fossile« Muschel zwischen die Schichten geben.

IHR BRAUCHT

- Sand • Löffel
- Lebensmittelfarben • Spachtelmasse
- Plastikflasche
- Muscheln
- Schere
- Schüssel
- Vaseline

1 Vermischt die Farben mit feuchtem Sand und Spachtelmasse. Gebt alles schichtweise in die Flasche, mit den eingefetteten Muscheln.

2 Laßt euer »Gestein« ein paar Tage aushärten. Schneidet nun die Flasche vorsichtig weg.

Euer geschichtetes »Sedimentgestein«

3 Ihr könnt die Schichten auch aufbrechen und die »fossilen« Muscheln samt ihrem Abdruck freilegen.

Schichttorte

Da sich Sedimente während einer Zeitperiode unterschiedlich ausbilden, sind Sedimentgesteine stets deutlich nach verschiedenen Gesteinen geschichtet. Man kann das oft bei Kliffprofilen beobachten.

Sedimentgesteine

Die am häufigsten vorkommenden klastischen Gesteine sind Konglomerat, Sandstein, Siltstein und Tonschiefer. Konglomerat ist eine feste Masse aus runden Kieseln, vermutlich von Stränden so geformt. Sandstein besteht aus Körnchen von Quarzsand, die durch Siliziumdioxid oder Kalzit zusammengehalten werden. Siltstein besteht aus noch feineren Körnchen, Tonschiefer ist ein glattes Gestein aus spröden Schuppen von zusammengepreßtem Ton.

Die häufigsten organischen und chemischen Sedimentgesteine sind Kalksteine, die viele Kalziumverbindungen enthalten. Dazu gehören die Muschelkalke (aus Bruchstücken von Meermuschelschalen) und Kreide (aus den Skeletten winziger Seelebewesen, »Kokkolithen«). Kohle besteht aus den zusammengedrückten Überresten von Sumpfwäldern, die Nordamerika, Asien und Europa vor 300 Millionen Jahren bedeckten.

Konglomerat

Gipssandrose

Brekzie

Sandstein

Ton

Kohle

Muschelkalk

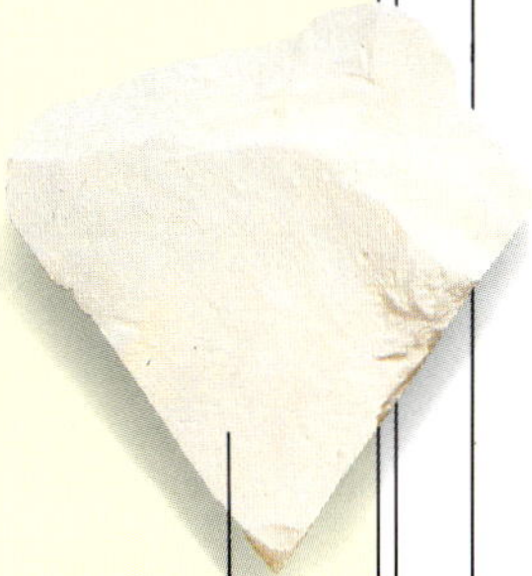

Kreide

Schichten und Klüfte

Habt ihr schon mal bemerkt, daß die Gesteine bei vielen Kliffprofilen lange waagrechte Risse aufweisen, so daß es aussieht, als ob das Gestein wie ein Päckchen Spielkarten aufgetürmt sei? Diese Risse nennt man Schichtflächen; sie sind typisch für Sedimentgesteine und haben sich vor langer Zeit gebildet, als das Sediment Schicht für Schicht auf den Meeresboden fiel. Die Schichtflächen zeigen an, wo sich der Boden befand, als sich die Umweltbedingungen ein wenig änderten. Liegt die Oberfläche der Schicht frei, könnt ihr sogar Rippelmarken und fossile Muscheln sehen, wie sie einst auf dem Meeresboden lagen.

Schichtflächen sind normalerweise flach oder in einem Winkel geneigt – je nachdem, wie sehr das Gestein aufgefaltet wurde (S. 66). Oft verlaufen aber andere Risse rechtwinklig zur Schichtfläche, besonders in Kalkstein. Man nennt sie Klüfte. Sie entstanden, als das Gestein langsam schrumpfte, als es nach der Hebung vom Meeresboden austrocknete.

Trübestrom

Gradierte Schichtungen (S. 84) entstehen, wenn ein Sedimentgemisch auf den Meeresboden fällt – oft infolge von Trübeströmen. Das sind Unterwasserlawinen von Schutt, der von den Kontinentalhängen (S. 46) und Deltafronten hinunterfällt.

Unterwasserlawine
Für einen Trübestrom schüttet ihr gefärbtes Wasser, Sand und Scheuerpulver durch einen Trichter auf einen Unterwasserhang.

EXPERIMENT

Rippelmarken

In Sedimentgesteinen ist festgehalten, wie sich das Meer vor Jahrmillionen bewegt hat. Winzige »Laminationen« oder Schichtflächen in Gestein wie Tonschiefer sind Spuren uralter Gezeiten, kleine Rippelmarken der Abdruck von Wellen, die vor langer Zeit Untiefen überspült haben. Solche Marken könnt ihr selbst erzeugen.

IHR BRAUCHT

- Aquarium oder großen rechteckigen Behälter • sauberen Sand • Wasser

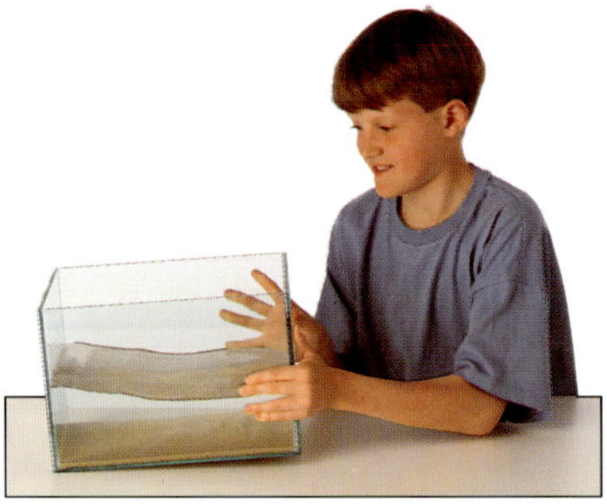

1 Füllt den Behälter etwa 10 cm hoch mit Wasser. Verteilt eine 1 cm dicke Schicht Sand gleichmäßig auf dem Boden des Behälters. Erzeugt durch behutsames Heben und Senken eine Welle.

2 Laßt die Welle sanft hin und her gehen. Allmählich bilden sich Rippeln im Sand. Sobald sich das Wasser gelegt hat, sollte das Rippelmuster ganz deutlich sein.

Fallen und Streichen

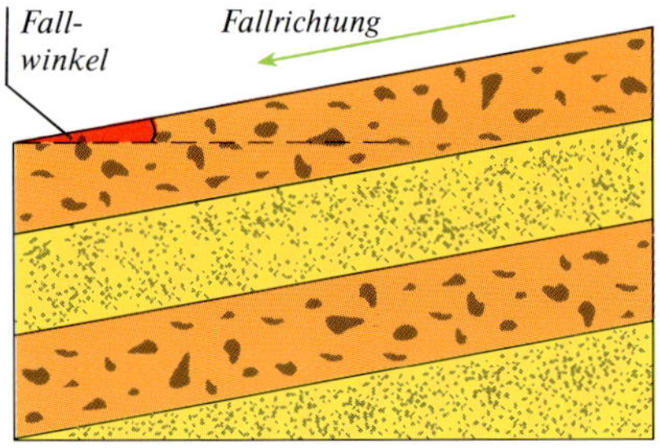

In gefaltetem Gestein sind die Schichtungsflächen in einem Winkel geneigt, dem »Fallen«. 90° zum Fallen nennt man das »Streichen«.

Hubbeliger Boden
Solche parallelen Rippeln bilden sich dort, wo Wellen über Untiefen laufen, etwa am Strand oder in einem Fluß. In Wellen bewegt sich Wasser kreisförmig (S. 142), und die Rippeln bilden sich da, wo die Kreisbewegung der Welle den Boden berührt und den Sand ein wenig vor sich herschiebt.

EXPERIMENT

Kreuzschichtung

Nicht alle Sedimente werden flach auf dem Meeresboden abgelagert, und darum sind auch nicht alle Schichtungsstrukturen flach. Wo eine starke Wasser- oder Windströmung Sedimente in einer Richtung in Bewegung hält, werden sie in abgeböschten Schichten abgelagert, da der Strom immer wieder neues Material über die Böschungskante schiebt. Oft können sich ganze Reihen von Rippeln oder Sanddünen so vorwärtsbewegen, so daß ein Zickzackmuster von kurvigen Böschungsmarken entsteht, das man Schrägschichtung oder Kreuzschichtung nennt (weil sie die Hauptschichten kreuzen). Das könnt ihr bei diesem Experiment im kleinen Maßstab nachahmen.

IHR BRAUCHT

- Plastikrinne
- Becher • Sand
- Erde

1 Haltet die Rinne an einem Ende hoch, das andere Ende sollte – draußen – kurz über dem Boden (drinnen in einer Schale) sein. Gebt ein wenig Sand hinein und spült ihn die Böschung mit Wasser hinunter.

2 Sobald aller Sand hinuntergespült ist, streut eine Handvoll Erde in die Rinne. Spült langsam mit Wasser hinunter. Wiederholt abwechselnd mit Sand und mit Erde.

Böschungsschichten
Von oben sind die abwechselnden Erde- und Sandschichten gut zu erkennen. Könntet ihr senkrecht durch diese Sedimente schneiden und das Material wegkratzen, würdet ihr die Neigung der Schichten erkennen.

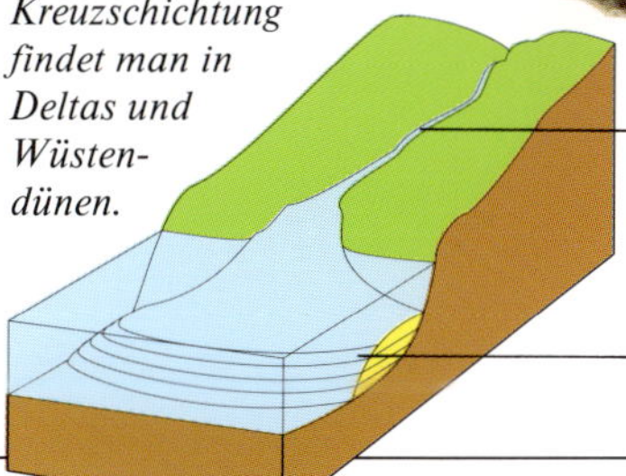

Deltaschichtung
Die auffälligste Kreuzschichtung findet man in Deltas und Wüstendünen.

Fossilien

Vor über 3,5 Milliarden Jahren gab es bereits Leben auf der Erde. Wir wissen das, weil man versteinerte Bakterien in Gestein gefunden hat, das vor so langer Zeit entstanden ist. Solche Überreste nennt man Fossilien; man findet sie in vielen Arten von Sedimentgestein. Jedes Lebewesen kann versteinern – vorausgesetzt, sein Körper wird rasch unter Schlamm oder Sand begraben, bevor er verwest oder zerfällt. Am ehesten ist das im Meer möglich, und daher kommen Fossilien von Muscheln und anderen Meereslebewesen viel häufiger vor als von Landbewohnern. In Seen und Sümpfen allerdings bewahren Sedimente oft auch die versteinerten Reste von Pflanzen und sogar Dinosauriern.

GROSSE ENTDECKER

Georges de Cuvier

Was Fossilien sind, wußte man bereits zur Zeit von Leonardo da Vinci (1452 – 1519). Aber erst der französische Naturforscher Georges de Cuvier (1769 – 1832) entwickelte aus dem Studium der Fossilien die Wissenschaft der »Paläontologie«. Cuvier war ein Fachmann auf dem Gebiet der Tieranatomie und lehrte am Pariser Museum für Naturgeschichte, damals dem bedeutendsten wissenschaftlichen Institut der Welt. Aus den wenigen Knochen der Fossilien rekonstruierte er das Aussehen des betreffenden Tieres. So konnte er Wirbeltiere (Reptilien und Säugetiere) klassifizieren – selbst wenn diese Arten vor Millionen von Jahren ausgestorben waren.

EXPERIMENT

Fossilienabguß

Viele Fossilien bewahren nur den Abdruck des Lebewesens, wie eine Gußform. Um zu sehen, wie das Lebewesen selbst ausgesehen hat, könnt ihr ein Gipsmodell anfertigen, indem ihr das Fossil als Gußform benutzt.

IHR BRAUCHT
- Fossil • Gips
- Löffel
- Mischschale
- Vaseline
- Pinsel

1 Reinigt das Fossil sorgfältig und bestreicht es gründlich mit Vaseline, damit der Gips nicht klebenbleibt.

2 Rührt ein wenig Gips an und tragt ihn mit dem Löffel auf das Fossil auf, wobei ihr alle Ritzen ausfüllt.

3 Laßt den Gips ein paar Stunden härten und hebt ihn dann sorgfältig ab, um den Abguß freizulegen.

4 Lackiert oder bemalt euren Abguß dekorativ. Macht nach Möglichkeit von beiden Hälften des Fossils einen Abguß.

Abguß des Fossilabdrucks stellt die ursprüngliche Körperform wieder her.

Abguß des Körpers stellt neuen Abdruck dar.

Fossilien bestimmen

Fossilien vermitteln uns ein wunderbares Bild von der Geschichte des Lebens auf der Erde – freilich ein sehr verschwommenes Bild. Denn nur wenige Arten, die je gelebt haben, sind als Fossilien erhalten. Und im allgemeinen sind das meist kleine, hartschalige Wirbellose (Lebewesen ohne Wirbelsäule wie die Krabben), die auf dem Boden seichter Meere leben. Fossilien von Weichtieren (wie Insekten und Würmer) und Landlebewesen (wie Säugetiere) sind sehr selten.
Vor allem aber sind gewöhnlich leider nur die harten Teile des Lebewesens erhalten: Schale und Knochen. Wir haben also keine Vorstellung davon, welche Farbe es hatte, ob es ein Fell besaß und wie groß etwa seine Nase war.
Auch Fußabdrücke und häufig benutzte Wege sind im Gestein erhalten geblieben. Aber sie sind nicht minder irreführend. Beim Studium der Fußabdrücke von Dinosauriern stellten Paläontologen verblüfft fest, daß es viel mehr Saurier als deren Beutetiere gegeben haben mußte – bis man dahinterkam, daß sich jagende Dinosaurier viel mehr bewegten und darum auch mehr Abdrücke hinterließen. Immerhin erfahren wir eine Menge über die Geschichte der Erde aus Fossilien, weil man nach ihnen am besten das Alter von Gesteinen datieren kann.
Fast alle Fossilien, die man selbst finden kann, stammen von kleinen Schalenlebewesen, ausgefüllt mit dem sie umgebenden Sediment des Meeresbodens, vor allem Kalkstein und Tonschiefer. Hier einige Hauptgruppen.

Ammonitenschale
Ammoniten sind heute ausgestorben, aber in der Jura- und Kreidezeit (S. 92) bevölkerten sie die warmen Meere. Wie Tintenfische und Kraken hatten sie Tentakeln und gehörten zu den sogenannten Cephalopoden.

Graptolith
Von diesen vor 300 Millionen Jahren ausgestorbenen Lebewesen kennt man nur die sägezahnartigen Abdrücke auf alten Ton- und Schieferplatten. Sie lebten in becherförmigen Gebilden und hingen vermutlich an Fäden von treibendem Seetang.

Schnecken
Wie die meisten Schnecken oder Gastropoden, hat auch diese Wellhornschnecke eine spiralig gedrehte Schale. Schnecken gibt es seit 500 Millionen Jahren, aber als Fossilien kommen sie nur in Gestein vor, das nicht älter als 65 Millionen Jahre ist.

Turitella
Es gibt viele verschiedene Arten von Gastropoden, (heute unter anderem Garten- und Nacktschnecken), deren Gehäuse oft komplett erhalten sind. Dieses gehört zur Spezies Turitella.

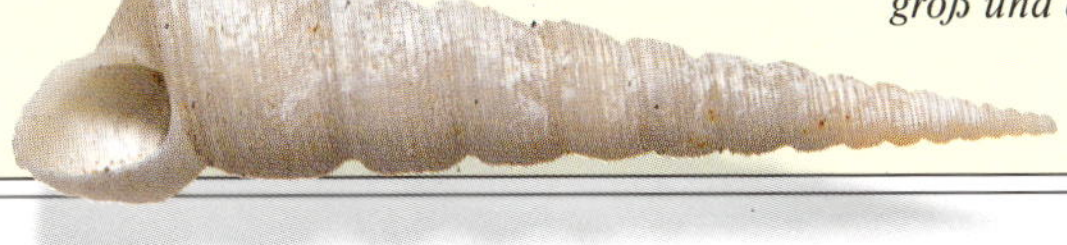

Seeigel
Wegen ihrer runden knubbeligen Schale sind Seeigel sehr auffällige Fossilien. Ihr Skelett besteht aus miteinander verzahnten Platten, die zum Teil Stacheln tragen. Geologen können mit ihnen Kalkablagerungen datieren.

Tabulate Korallen
Diese urzeitlichen Korallen haben querverlaufende Skelettplatten. Sie lassen sich bis in die Ordoviziumzeit (S. 92) zurückverfolgen und sind vor über 200 Millionen Jahren ausgestorben.

Zweischaler
Herz- und Miesmuscheln haben gewöhnlich ein Paar identischer Schalen, aber bei der Austernart Gryphaea (oben) ist die eine sehr groß und die andere ganz klein.

Wertvolles Gestein

Unser Leben wäre ganz anders, wenn uns die Gesteine der Erdkruste nicht mit Mineralien versorgten. Ziegelsteine zum Bauen, Metalle für Maschinen, Öl zum Verbrennen, Edelsteine für Schmuck – all dies und viele andere Materialien stammen aus Gesteinen. Jedes Mineral ist unter besonderen Umständen entstanden. Einige Erze (mineralische Verbindungen) kristallisieren sich in Magma. Edelsteine wachsen oft in Gastaschen des Magmagesteins. Kohle ist ein Sediment aus der Karbonzeit. Wir wissen heute genau, wo wir nach diesen Stoffen Ausschau halten müssen.

EXPERIMENT

Kristalle züchten

Kristalle könnt ihr selbst aus Alaun (in Apotheken erhältlich) oder Zucker züchten. Löst zunächst so lange Alaun in warmem Wasser auf, bis dieses nichts mehr aufnimmt. Gießt etwas von der Lösung auf eine Untertasse und laßt das Wasser verdunsten. Bald tauchen kleine Kristalle auf, die ihr mit der Pinzette aufnehmt.

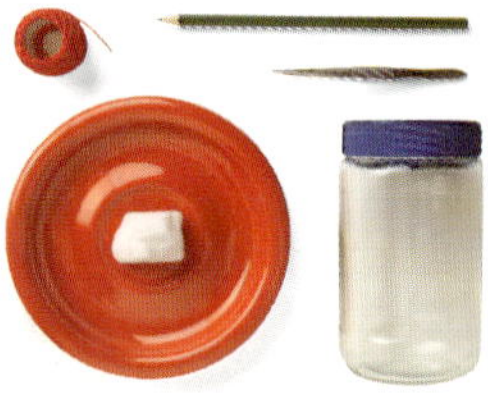

IHR BRAUCHT

- Alaunpulver
- Wasser • Bleistift • Deckelglas
- Untertasse
- Pinzette

1 Hängt einen der Kristalle am Faden in eine Alaunlösung im Glas.

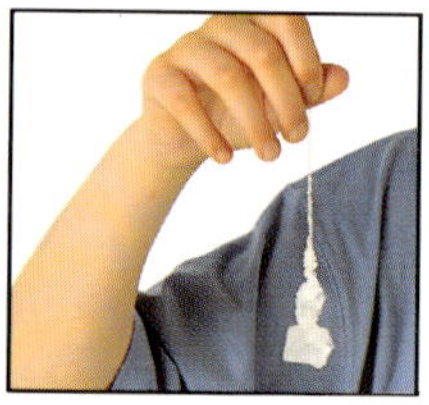

2 Laßt es eine Woche stehen – dann wird der Kristall gewachsen sein.

Wertvolle Mineralien

Während man viele Edelsteine in Geoden (Gastaschen in abgekühltem Magmagestein) findet, kommen viele Metalle, vor allem Blei, Zink, Kupfer und Eisen, konzentriert in Gesteinsgängen vor. Das sind Risse im Gestein, durch die einst heiße, wäßrige Flüssigkeiten liefen. Als sie sich abkühlten, kristallisierten die Mineralien aus und bildeten feste Gesteinsgänge. Metalle kommen gewöhnlich in Form von Erzen (also gemischt mit anderen Elementen) vor und müssen noch weiterverarbeitet werden.

Smaragd
Kommt in Gängen mit Kalzit und Pyrit vor.

Hämatit
Das wichtigste Eisenerz

Diamant
Das härteste aller Mineralien

Gold
Reines Gold findet man oft auf Quarz.

Kupferkies
Dieses Kupfererz kommt in Gängen vor.

EXPERIMENT

Poliermaschine

Bei diesem Experiment sollte ein Erwachsener mithelfen.

Edelsteine sind selten und teuer, doch gewöhnliche Kiesel vom Strand sind auch sehr hübsch, wenn man sie poliert. Am besten lassen sich Quarze – Achat, Amethyst und Rosenquarz – polieren, weil sie sehr hart sind; aber auch viele andere Steine sind geeignet. Man poliert sie in einer sich drehenden Trommel, zusammen mit einer Paste aus grobkörnigem Sand und Wasser, die die scharfen Kanten abträgt. Gute Bastler können sich selbst eine Poliermaschine bauen.

IHR BRAUCHT

- Werkzeuge • Isolierband • Kleber
- Balsaholz wie abgebildet • 6 Batterien (1,5 Volt) • Elektromotor • Schalter
- Elektrokabel und Isolierband • Kaffeeglas • 4 Spielzeugräder mit dünnen Achsen • 2 Räder mit Rillen, passend für Motorwelle und Antriebsachse
- 3 Feststellringe für Achsen • Einzelteile wie abgebildet • Schleifpaste

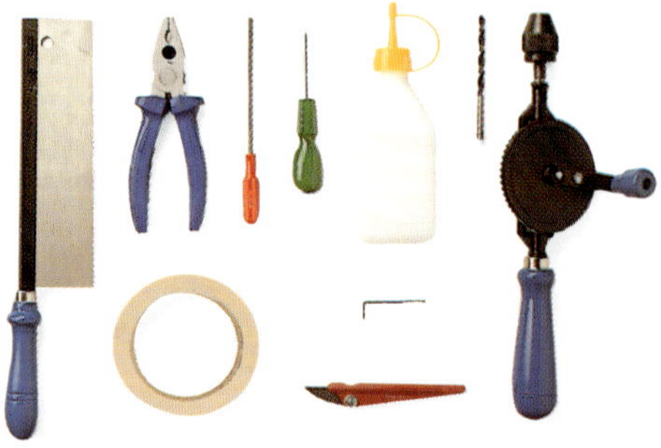

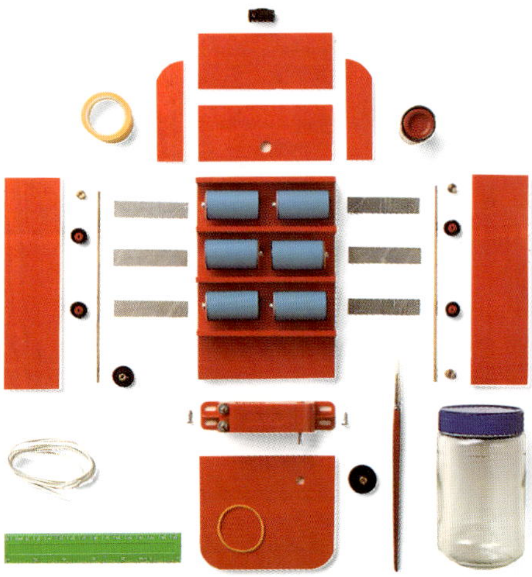

1 Klebt die Balsaholzteile für den Kasten zusammen, wie es in der Zeichnung unten dargestellt ist. Setzt die Trennwände für die Batterien ein. Biegt die Metallstreifen zu U-förmigen Kontakten für die Batterien.

2 Klebt die Kontakte an beide Enden der Batteriefächer. Befestigt den Schalter am Kasten. Bohrt ein Loch für den Motor in die Seitenwand. Setzt den Motor ins letzte Fach und sichert ihn mit Schrauben.

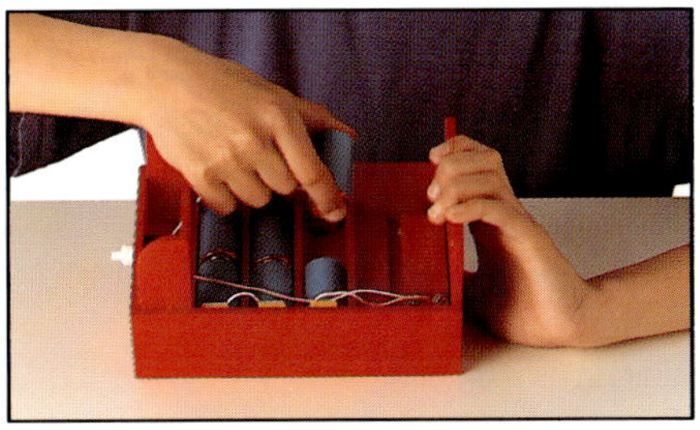

3 Verbindet die Kontakte und den Schalter mit Kabeln (auf der Zeichnung unten schwarz). Schließt den Motor an und legt die Batterien in die Fächer (siehe Zeichnung).

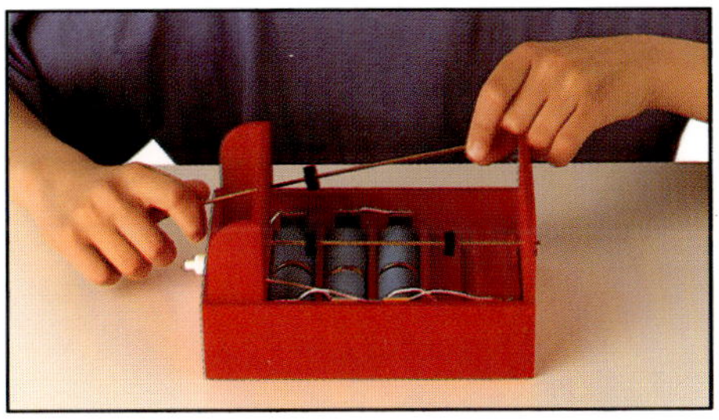

4 Steckt die Achsen durch vorgebohrte Löcher in den Seitenwänden und auf jede Achse zwei Räder. Klebt die Räder auf der Antriebsachse fest, die mit dem Motor verbunden ist. Schiebt ein Rad außen aufs Ende der Antriebsachse.

5 Sichert das Rad mit einem Feststellring und steckt ein weiteres Rad auf die Motorwelle. Spannt ein Gummiband über die Rillen beider Räder. Es sollte nicht zu stramm sitzen.

6 Wickelt Isolierband um die Büchse, füllt sie mit Schleifpaste, Kieseln und Wasser und legt sie auf die Achsen.

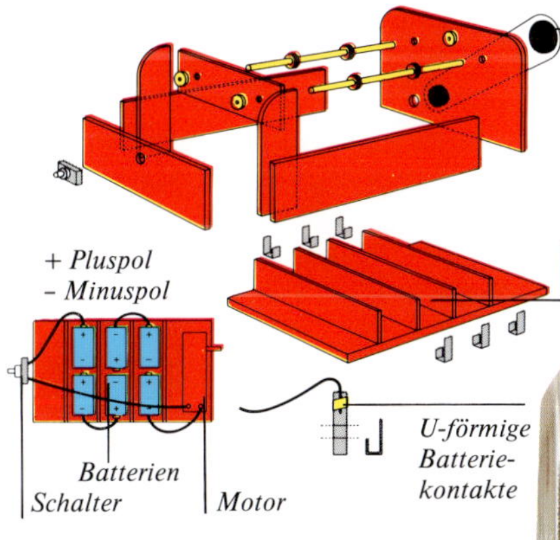

Probiert verschieden große Räder auf der Antriebsachse und der Motorwelle aus, bis sich die Büchse gleichmäßig dreht.

Schleifpaste gibt es in Mineralienhandlungen, es geht auch mit Ventilschleifpaste. Nehmt zuerst die grobe, dann die feine und für den letzten Schliff Ceroxidpulver.

Kullernde Kiesel
Kantige Kiesel kullern in einer Paste aus Schleifmittel und Wasser herum, bis sie glänzen und glatt sind.

Langsam gemahlen
Es dauert mehrere Tage, bis die Kiesel so schön poliert sind. Ihr müßt abwechselnd grobes, mittleres und sehr feines Schleifmittel verwenden, um ein schönes Ergebnis zu erzielen.

Am Isolierband finden die Antriebsräder Halt und drehen die Büchse.

Die geologische Uhr

Das Gestein der Erdkruste könnte uns die Geschichte der Welt erzählen – wenn wir sie nur verstehen würden. Wir wissen so wenig über das Gestein, das älter als 590 Millionen Jahre alt ist, daß die Geologen alles, was vor diesem Datum liegt, als präkambrisch bezeichnen – und immerhin ist die Welt 4,6 Milliarden Jahre alt. Doch Schichten jüngeren Sedimentgesteins können oft wie die Seiten eines Buches gelesen werden. Da sie übereinander abgelagert sind, muß das untere Gestein älter sein – allerdings kann die Reihenfolge gekippt, verdreht, umgekehrt oder unterbrochen worden sein. Mit Hilfe von Fossilien im Gestein, der Lage von Magmagestein, anhand von Rippelmarken und anderen Zeichen läßt sich ein klareres Bild gewinnen.

GROSSE ENTDECKER

Charles Lyell

Bis Anfang des 19. Jahrhunderts glaubten die meisten Wissenschaftler, daß die Erde relativ jung sei und daß Gesteine und Landschaften durch eine Reihe gewaltiger Katastrophen geformt wurden. Als erster vermutete der schottische Geologe James Hutton (S. 78), daß die Erde sehr alt sein könne und durch Vorgänge, die noch heute stattfinden, geformt wurde. Aber erst der britische Geologe Charles Lyell (1797 - 1875) verschaffte dieser Theorie des Aktualismus weitgehende Anerkennung. Lyell war Anwalt von Beruf, aber von Gesteinen so fasziniert, daß er viele geologische Expeditionen unternahm. Sein ab 1830 erschienenes Werk »Grundbegriffe der Geologie« war voller revolutionärer Ansichten über die Erde und machte den Weg frei für Darwins Evolutionstheorie. Außerdem war es der erste klare und genaue Abriß der Grundlagen der Geologie, und vieles davon ist heute noch gültig.

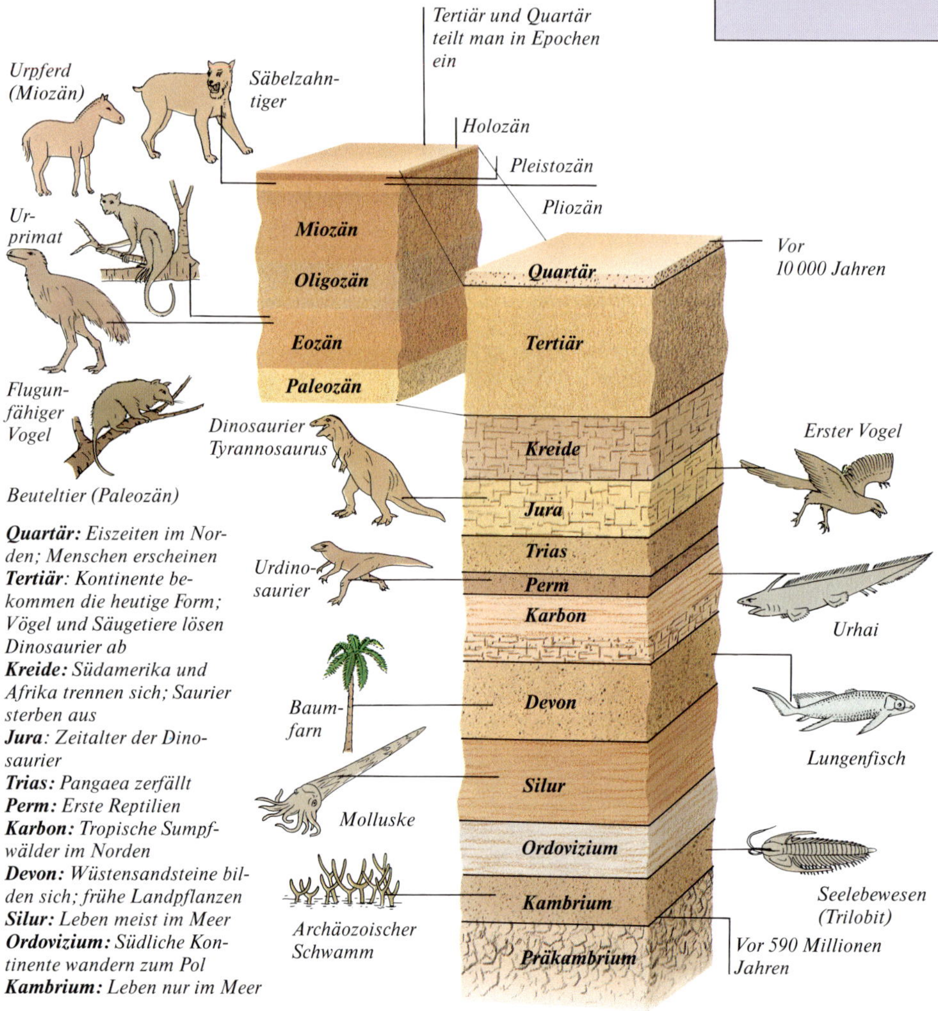

Quartär: *Eiszeiten im Norden; Menschen erscheinen*
Tertiär: *Kontinente bekommen die heutige Form; Vögel und Säugetiere lösen Dinosaurier ab*
Kreide: *Südamerika und Afrika trennen sich; Saurier sterben aus*
Jura: *Zeitalter der Dinosaurier*
Trias: *Pangaea zerfällt*
Perm: *Erste Reptilien*
Karbon: *Tropische Sumpfwälder im Norden*
Devon: *Wüstensandsteine bilden sich; frühe Landpflanzen*
Silur: *Leben meist im Meer*
Ordovizium: *Südliche Kontinente wandern zum Pol*
Kambrium: *Leben nur im Meer*

Die Formationsfolge

Geologen beziehen sich oft auf die »Formationsfolge«, wenn sie über die Geschichte von Gesteinen sprechen. Sie basiert auf der Annahme, daß ein Profil durch alle Schichten die gesamte Abfolge enthüllen würde, wobei das älteste Gestein unten und das jüngste oben läge – vorausgesetzt, daß die Sedimente sich absolut ungestört ablagern konnten. Jede Schicht stellt dann einen geologischen Zeitabschnitt dar: lange Ären (wie das Mesozoikum), die in kurze Perioden (wie die Trias) zerfallen. Natürlich gibt es nirgendwo auf der Erde tatsächlich eine derartige Abfolge, aber sie ist ein nützliches Hilfsmittel.

Was wir über das relative Alter von Gesteinen wissen, stammt zumeist aus Fossilienstudien. Demnach ist ein Gestein älter oder jünger als ein anderes, je nachdem, welche Fossilien es enthält. Aber von Fossilien kann man das Alter nicht nach Jahren ableiten. Darüber geben den Geologen radioaktive Elemente, wie Uran, im Gestein Aufschluß: Indem man mißt, wie weit diese Elemente zerfallen sind, kann man das Alter des Gesteins berechnen.

EXPERIMENT

Eine geologische Uhr basteln

Anhand der Datierung radioaktiver Elemente in Meteoriten und im Gestein vom Mond (der genauso alt wie die Erde ist) weiß man, daß die Erde 4,6 Milliarden Jahre alt ist. Das Leben könnte vor mindestens 3,8 Milliarden Jahren begonnen haben, aber erst vor 200 Millionen Jahren haben Dinosaurier die Erde bevölkert. Und erst vor weniger als 4 Millionen Jahren erschienen unsere ersten primitiven Vorfahren. Bastelt euch doch einmal eine einfache geologische Uhr, die anzeigt, wie weit auseinander diese Ereignisse in der Erdgeschichte liegen: Wäre die Erde um 12 Uhr entstanden und es wäre jetzt Mitternacht, dann wäre der erste Mensch erst vor knapp einer halben Sekunde aufgetaucht.

IHR BRAUCHT

• Farbigen Karton • Lineal • Winkelmesser • Zirkel • Schere • Filzschreiber • Bleistift • Verschlußklammer

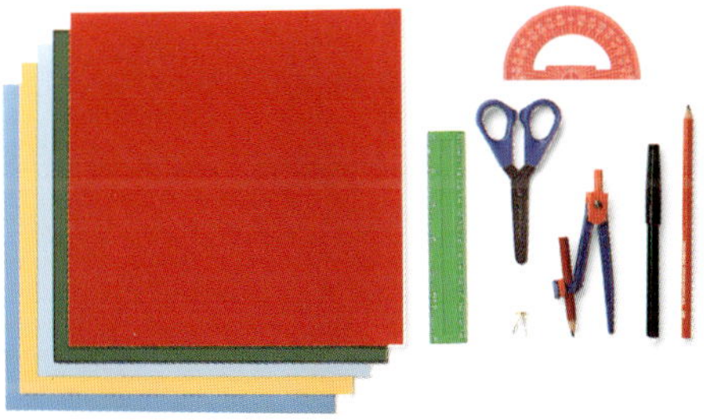

2 Klebt die Segmente sorgfältig auf eine Kartonscheibe – beginnend bei 12 Uhr und dann im Gegenuhrzeigersinn. Dann markiert ihr wie unten die Details.

3 Zeichnet den Pfeil auf Karton und schneidet ihn aus. Befestigt ihn im Mittelpunkt der Uhr mit der Klammer – fertig ist die Uhr.

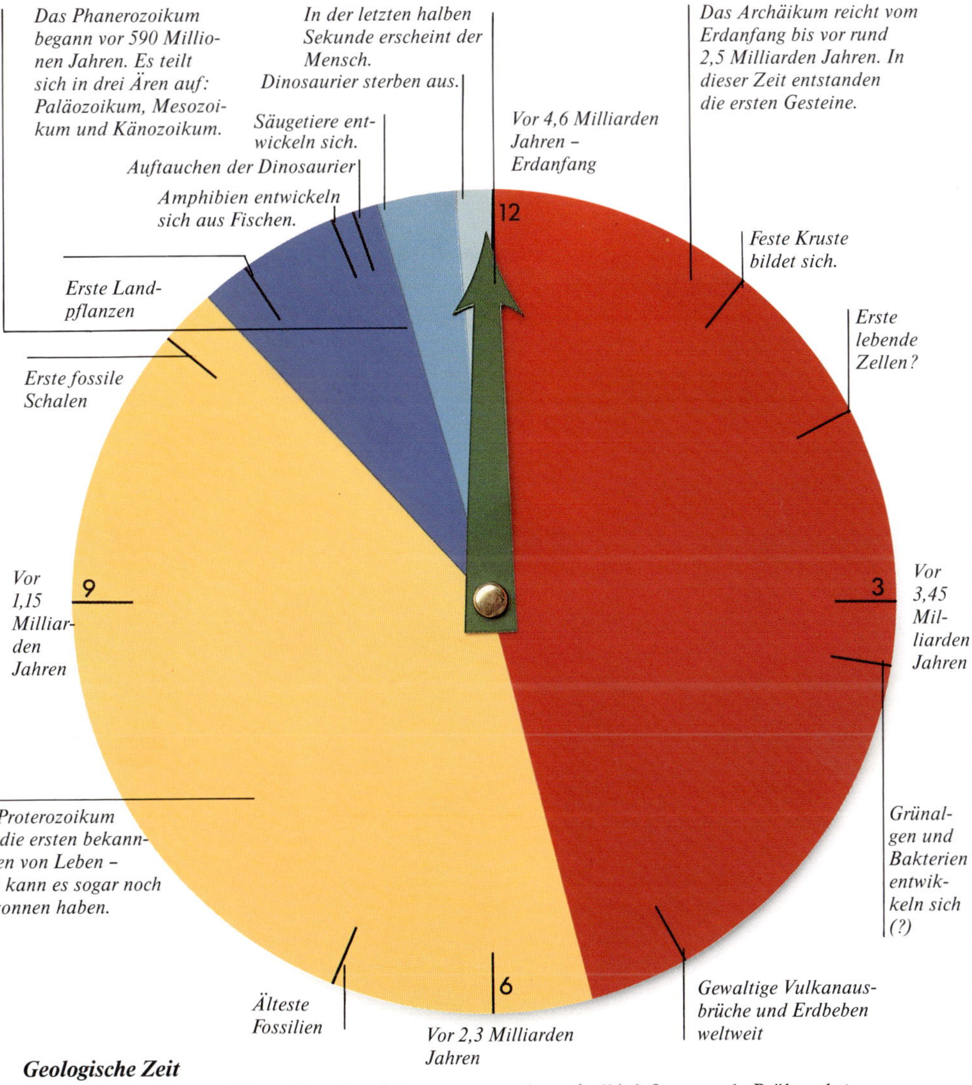

1 Zeichnet einen großen Kreis auf jeden farbigen Karton. Meßt den Winkel jedes farbigen Sektors auf der Uhr (rechts) und schneidet jeden Sektor aus.

Geologische Zeit

Wie die Zeit auf einer Uhr in Stunden, Minuten und Sekunden eingeteilt ist, so ist auch die Erdgeschichte in geologische Zeiteinheiten aufgeteilt: Äonen (die längste), Ären, Perioden, Epochen, Zeitalter und Chrons (die kürzeste). Auf unserer Uhr stellt jeder farbige Keil ein Äon dar. Das Archäikum (rot) und das Proterozoikum (gelb) faßt man als Präkambrium zusammen. Das Phanerozoikum (blau) umfaßt die letzten 590 Millionen Jahre und teilt sich auf in drei Ären (verschiedene Blautöne): Paläozoikum, Mesozoikum und Känozoikum. Diese sind wiederum in Perioden unterteilt, wie die Formationsfolge gegenüber zeigt.

Die geologische Karte

Wenn ihr wissen wollt, aus welchem Gestein eine Hügelkette besteht, müßt ihr euch eine geologische Karte anschauen. Manche Karten zeigen nur loses Oberflächenmaterial wie Torf und Sedimente von Gletschern. Das nennt man eine »Karte der Glazialablagerungen«. Aber die meisten geologischen Karten zeigen das darunterliegende feste Gestein – in Felswänden ist es freigelegt, oder wenn man tief genug graben würde, fände man es auch zu Füßen. Auf diesen Karten sind auch Verwerfungen, das Fallen und das Streichen von Falten sowie andere Gesteinsstrukturen zu sehen.
Die meisten geologischen Karten beruhen auf genauen Vermessungen des Gebiets. Die Vermesser untersuchen die Aufschlüsse von bloßem Gestein, Felswänden, Steinbrüchen und Einschnitten und legen zuweilen Bohrlöcher an. Sie studieren aber auch die Landschaft. Da manche Gesteine der Erosion mehr widerstehen, können Geologen herausfinden, wo nach der Form und Lage von Hügeln bestimmte Gesteine vorkommen.

EXPERIMENT

Einen Neigungsmesser basteln

Mit diesem Gerät messen Geologen den Neigungswinkel (das Fallen) einer Gesteinslage. Bastelt euch doch einen Neigungsmesser aus Karton und meßt damit irgendeinen Hang oder auch das Fallen von Gesteinslagen.

IHR BRAUCHT
• Karton • Verschlußklammer • Zirkel • Schreiber • Schere • Winkelmesser • Lineal

1 Zeichnet auf Karton zwei Halbkreise – einen fast so groß wie der Karton, den anderen etwas kleiner. Schneidet diesen halben Ring aus.

2 Klebt den Ring auf Karton und markiert mit dem Winkelmesser darauf die Gradeinteilung: 0 ° in der Mitte, 90 ° an den Enden. Befestigt einen Kartonpfeil im Mittelpunkt des Rings.

3 Testet den Neigungsmesser an einer schiefen Ebene, deren Neigungswinkel ihr kennt. Der Pfeil sollte frei schwingen und den korrekten Winkel anzeigen.

EXPERIMENT

Gesteinsaufbau

Geologische Karten zeigen nur das Gestein an der Oberfläche. Damit man sich von der Geologie eines Gebiets ein vollständiges Bild machen kann, muß man die Karte lesen und den Aufbau des Gesteins unter der Oberfläche erschließen können. Geologen suchen nach Pfeilen, die die Neigung der Lagen, nach Linien, die Verwerfungen, und nach Niveaulinien, die die Form der Landschaft anzeigen. Dann zeichnen sie Querschnitte, die das Gestein enthüllen, das man sehen würde, wenn man ein Stück aus dem Land ausschneiden könnte. Hier könnt ihr »Gesteinslagen« basteln, die eine bessere Vorstellung davon vermitteln, wie die Oberflächengeologie mit dem darunterliegenden Gesteinsaufbau zusammenhängt.

IHR BRAUCHT
• durchsichtigen Behälter • Sand
• Farben • Karton • Neigungsmesser

1 Schneidet ein Stück Karton aus, das so breit wie der Behälter innen ist. Das ist eure Verwerfungsfläche (S. 70), an der alle Schichten abgerutscht sind.

2 Färbt den Sand mit Lebensmittelfarbe und schüttet ihn in eine *Ecke* des Behälters. Achtet darauf, daß der Hang stets gleich und glatt bleibt.

3 Legt darauf verschieden gefärbte Sandschichten an. Führt jede Schicht auf der anderen Seite weiter, aber etwas höher, um das Abgleiten anzuzeigen.

4 Setzt die Schichten fort bis zur Oberkante des Behälters. Achtet auf einen ebenen Abschluß der Oberfläche. Zeichnet die obenliegenden farbigen Bänder.

5 Die Neigung des Sandes, die ihr durch das Glas erkennt, kann nicht das Fallen (S. 86) sein, denn die Lagen sind in der Ecke geneigt. Meßt darum die Neigung an den Seiten *und* an den Enden des Behälters mit dem Neigungsmesser: Das Fallen liegt zwischen beiden.

Querschnitt *Hier erkennt man deutlich, wie die Lagen geneigt und auf beiden Seiten der Verwerfung versetzt sind.*

Frontalansicht *Auch rechtwinklig zur Seitenansicht ist die Abfolge der farbigen Sandschichten gleich geblieben.*

Draufsicht *Hier sieht man, wie geneigte Schichten auf der Oberfläche als parallele Gesteinsbänder erscheinen. Beachtet, wie die Bänder auf beiden Seiten der Verwerfungskarte versetzt sind.*

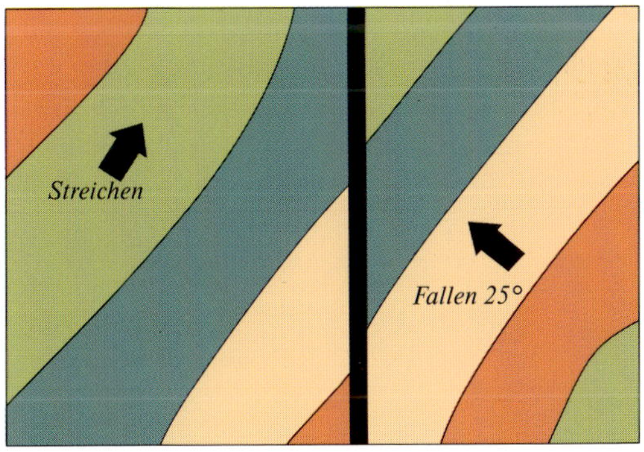

Einfache Karte *Mit der Skizze, die ihr von den oben sichtbaren Sandschichten gemacht habt, könnt ihr eine einfache geologische Karte des Aufbaus im Behälter anlegen. Die Karte hier zeigt die farbigen Lagen und ihr Streichen (90° zum Fallen), die Verwerfungslinie und vor allem Fallwinkel und -richtung. Könnt ihr die Anordnung der Sandschichten darunter rekonstruieren?*

BODEN

Boden ist die labile Schicht aus Lockermaterial, die größtenteils die Landflächen der Erde bedeckt und deren Tiefe zwischen ein paar Zentimetern und Hunderten von Metern schwankt. Ohne Boden gäbe es keine Pflanzen noch irgendwelche Nahrung, von der wir leben. Es handelt sich dabei meist um verwittertes Gestein, vermischt mit Wasser, Luft und verrottenden organischen Stoffen. Aber durch das reichhaltige Pflanzen- und Tierleben sowie die ständig ablaufenden komplexen physikalischen, chemischen und biologischen Prozesse ist der Boden ein dynamisches, lebendiges System.

Das Abholzen von Wäldern kann sich auf labile tropische Böden verheerend auswirken. Dadurch wird nicht nur der Boden äußerst anfällig für die Erosion, sondern auch der Prozeß des Auslaugens beschleunigt, bei dem wertvolle Nährstoffe aus der Bodenkrume gespült werden.

Wenn Gestein dem Wetter ausgesetzt ist, zerbröckelt es langsam und bildet einen dünnen Überzug aus Lockermaterial. Böden entwickeln sich erst, wenn das Lockermaterial von Pflanzen und Tieren bevölkert ist. Allmählich häufen sich organische Überreste an und vermischen sich mit dem zerbröckelnden Gestein.

Wie sich der Boden entwickelt, hängt vor allem von fünf Faktoren ab: dem darunterliegenden Gestein oder Sediment; den organischen Vorgängen; dem Klima; der Zeit; der Lage des Landes. In den vierziger Jahren hat man versucht, diese Faktoren in einer mathematischen Gleichung zusammenzufassen, um die Bodenbeschaffenheit vorherzusagen. Die meisten Pedologen (Bodenkundler) glauben allerdings heute, daß die Verhältnisse viel zu kompliziert sind, als daß man sie so leicht errechnen könnte.

Die ausgedehnten Wurzeln von Gras deuten darauf hin, daß die Böden unter Grasländern wie den alten Prärien im amerikanischen Mittelwesten einst reich an organischen Stoffen waren.

Muttergestein

Das Material, auf dem sich ein Boden entwickelt, nennt man »Muttermaterial«. Boden, der hauptsächlich aus den verwitterten Bruchstücken des darunterliegenden festen Gesteins besteht, heißt »Verwitterungsboden«. Boden aus Gesteinsbruchstücken, die von Bächen, Wellen, Winden oder Gletschern weiterbefördert wurden, nennt man »Absatzboden«. Dazu gehören alle Böden, die sich auf Gletscherablagerungen (S. 134), Schwemmland (S. 124) und Löß gebildet haben.

Einige Muttermaterialien enthalten Mineralien, die der Verwitterung widerstehen, wie Quarz in Sandstein. Derartige Böden entwickeln sich nicht nur langsam und enthalten grobe Körner, sondern sind meist auch dem Muttermaterial chemisch ähnlich. In den meisten Böden jedoch zerfallen die Mineralien aus dem Muttermaterial rasch. Daher haben langfristig organische Vorgänge und das Klima weit mehr Einfluß auf die Bodenbeschaffenheit als das Muttermaterial.

Bodenleben

Organische Vorgänge beeinflussen den Boden auf verschiedene Weise. Zunächst zerfallen Blätter, Rinde, Zweige, Wurzeln und andere Teile toter Pflanzen zu einer galertartigen Masse, die man Humus nennt und die für die Fruchtbarkeit und den Aufbau des Bodens ganz wichtig ist (S. 101). Pflanzen fördern auch das Einsickern von Wasser und halten mineralische Nährstoffe im Boden zurück, indem sie sie durch ihre Wurzeln aufsaugen. Außerdem ernähren sich Mikroorganismen wie Bakterien und Pilze von den organischen Stoffen und vom Humus, wodurch diese weiter zerfallen und in neue organische Verbindungen umgewandelt werden. Pedologen schätzen, daß es in einem Gramm Boden etwa eine Milliarde Bakterien gibt.

Organische Stoffe in Böden steigen nach oben, wenn man sie in Wasser schüttelt (S. 101).

Dann wird der Boden von zahlreichen größeren Lebewesen wie Regenwürmern, Ameisen, Termiten, buddelnden Nagetieren und so weiter umgewühlt, wobei sich organische Stoffe von den oberen Schichten mit den Mineralien darunter vermischen. Besonders wichtig sind Regenwürmer, weil sie Boden zu sich nehmen, durch ihr Verdauungssystem befördern und wieder ausscheiden und dabei den Boden nicht nur mischen, sondern seine Struktur und chemische Beschaffenheit verändern. Ende des 19. Jahrhunderts hat Charles Darwin (1809 – 1882) errechnet, daß englische Regenwürmer 6,5 Tonnen Bodenauswürfe pro Hektar erzeugen. Die Untersuchung einer Weide auf Neuseeland ergab, daß das Gewicht der Würmer im Boden gleichgroß war wie das Gewicht der darauf weidenden Schafe!

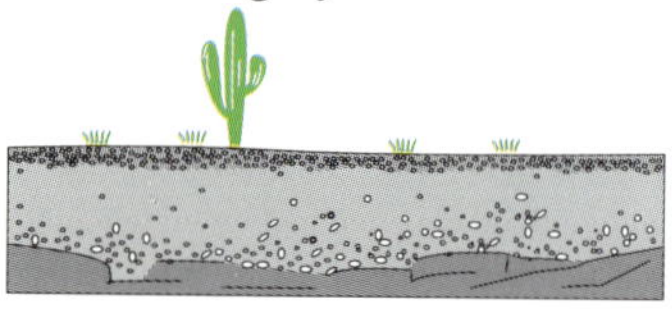

Harte Salzkrusten bilden sich oft auf Bodenflächen in Trockengebieten.

Klima und Neigung

Den wichtigsten Einfluß auf die Bodenbildung hat wohl das Klima. Es ist kein Zufall, daß viele Karten der Bodentypen der Erde mit den Klimazonenkarten fast völlig übereinstimmen. Hohe Temperaturen in den Tropen etwa schränken die Ansammlung von Humus ein, beschleunigen aber chemische Reaktionen so sehr, daß Gestein noch Hunderte von Metern unter der Oberfläche verwittern kann. Sehr niedrige Temperaturen wiederum hemmen pflanzliches und tierisches Leben. Regen hat natürlich einen großen Einfluß auf die Bodenfeuchtigkeit. Regnet es zu wenig, können Pflanzen nicht wachsen – regnet es zuviel, werden lebenswichtige Mineralien aus dem Boden gewaschen. Allerdings wirkt sich das Klima nur dann richtig aus, wenn der Boden Zeit gehabt hat, sich voll zu entwickeln. Vulkanlandschaften und Küstensanddünen etwa können so jung sein, daß Böden kaum Zeit hatten, sich zu entwickeln. Dagegen sind Böden auf den vielen riesigen alten Ebenen von Afrika oft schon so stark entwickelt, daß sich darin harte Krusten aus Ton, Kalk und Kieselerde gebildet haben. Daher müssen die Bauern diese Krusten durch tiefes Pflügen oder sogar durch Sprengen mit Dynamit aufbrechen, wenn sie ihre Felder bestellen wollen.

Ein guter Boden muß Luft genauso wie Feststoffe und Wasser enthalten (S. 98).

Die Lage des Landes beeinflußt die Böden meist örtlich begrenzt. Böden können sich etwa nur langsam auf steilen Hängen entwickeln, weil das Wasser so leicht abläuft und jeder sich bildende Boden weggespült wird. Auf ebenem Grund jedoch kann der Abfluß so eingeschränkt sein, daß der Boden unter Wasser steht. Oft ändern sich Böden bergab in genau der gleichen Abfolge, eine sogenannte »Kette«, wie man sie zum erstenmal in den dreißiger Jahren in Ostafrika beobachtet hat. Auf durchlässigem Gestein etwa kann sich ein Bleicherdeboden (S. 100) auf dem Hügelkamm befinden, Braunerden auf dem Hang und Torfschichten im Tal.

Bildung von Horizonten

Wenn sich ein Boden entwickelt, weist er allmählich eine unterschiedliche Beschaffenheit von oben nach unten auf, und oft entstehen so – vor allem in mittleren Breiten – verschiedene Schichten. Diese sogenannten »Horizonte« (S. 98) sind unterschiedlich dick. Ihre Entstehung hängt weitgehend von der Art und Weise ab, wie Wasser durch den Boden sickert und dabei Mineralien und organische Stoffe mitnimmt. In sehr feuchten Regionen kommt es in den etwas sauren Böden des Ödlandes zur »Lessivierung«. Dabei spült Wasser Tonkörner durch Wurzelkanäle, Wurmtunnel und Lücken im Boden und lagert sie im Unterboden ab. Dort überziehen sich die Bodenkrumen mit dünnen Kutanen (Häuten), so daß der Boden klebrig, feucht und schwer zu bearbeiten ist.

Wasser kann auch Mineralien lösen und sie durch den Boden wegspülen, ein Vorgang, den man Auslaugen nennt. Das gleiche kann auch mit organischen Stoffen geschehen, dann spricht man von Auswaschen. Dabei wird der Bodenkrume die Nahrung entzogen, so daß sie zuweilen sauer und unfruchtbar wird. Oft werden die gelösten Mineralien tiefer unten im Boden wieder ausgefällt. Ausgefälltes Eisen kann eine steinharte Schicht bilden, die man Eisenortstein nennt. Wasser kann aber auch gelöste Salze nach oben befördern, vor allem in Wüsten, wo Wasser schneller verdunstet als Regen fällt. Dann können die Salze an der Oberfläche zurückbleiben und eine harte Kruste bilden. In der Trockenzeit findet in vielen tropischen Gebieten der Erde ein ähnlicher Prozeß statt, bei dem zuweilen feste Krusten aus Kalzium, Eisen und Kieselerde entstehen.

Böden auf Hochlandheiden und Bergen sind meist sehr sauer und unfruchtbar – nur Schafe und Ziegten können darauf weiden.

Nicht nur versickerndes Wasser sorgt auf natürliche Weise für klar unterschiedene Bodenhorizonte, sondern auch biologische Aktivitäten wie die von Pflanzenwurzeln und grabenden Tieren. Schließlich tragen dazu auch der Frost und menschliche Tätigkeiten wie das Pflügen des Landes bei.

Bodenerosion

Seit der Erfindung des Ackerbaus hat dieser die Böden beeinflußt – im guten wie im schlechten. Die schlimmste Folge ist die Bodenerosion. Schon immer wurde Boden bis zu einem gewissen Ausmaß vom Land weggespült und -geblasen. Aber wenn Wälder gerodet und durch Ackerland ersetzt werden, kann sich das verheerend auf den Boden auswirken. Wälder nämlich schützen den Boden vor Regen und Wind, verringern den Wasserabfluß und halten den Boden mit den Wurzeln fest. Auf gerodetem Land kann Boden, der sich über Jahrtausende entwickelt hat, innerhalb von Monaten verschwinden. Besonders in tropischen und »semiariden« Steppengebieten ist die Erosion durch Entwaldung weit fortgeschritten.

Der Ackerbau hat die Bodenbeschaffenheit auf der ganzen Welt erheblich verändert. Kunstdünger hat das chemische Gleichgewicht gestört, das Pflügen hat den Aufbau durcheinandergebracht, und intensive Bewirtschaftung hat den organischen Gehalt verringert.

Stark saure Böden sind oft unfruchtbar, da Bodennährstoffe meist leicht löslich sind und leicht davongespült werden. Testet die Bodensäure mit Rotkohlwasser (S. 100): Je mehr es rosa wird, desto saurer der Boden.

Was ist Boden?

Die Kontinente der Erde sind mit lauter Abfall bedeckt, denn genau das ist Boden: ein Gemisch aus verfallendem Gestein, Pflanzen und Tieren. Eigentlich ist Boden ein komplexer Stoff, und es gibt eine Menge unterschiedlicher Arten, aber seine Grundbestandteile sind verfaulende organische Stoffe aus Pflanzen oder Tieren und Bruchstücke aus dem darunterliegenden Grundgestein.

Die winzigen Lücken zwischen diesen Materialien sind mit Luft und Wasser gefüllt – neben gewaltigen Mengen von Bakterien, Pilzen und kleinen Pflanzen. Diese wiederum verändern die Chemie des Bodens, beschleunigen den Verfallsprozeß und bieten dadurch größeren Pflanzen und zahlreichen grabenden Insekten, Würmern und größeren Lebewesen einen besseren Nährboden. Tatsächlich leben mehr Tiere im Boden als in allen anderen Milieus der Erde zusammen.

Die Grundstruktur des Bodens hängt von seinem Grundgestein ab, doch seine Beschaffenheit schwankt erheblich infolge solcher Faktoren wie der Gestalt der Landschaft, der darauf wachsenden Vegetation und vor allem dem Klima.

EXPERIMENT

Den Luftraum messen

Bodenkrumen sind von Wasser umhüllt, und dazwischen ist ein Luftraum. Die Luftmenge hängt von der Bodenstruktur ab – je gröber die Körner, desto mehr Luft. Feine Schlick- und Tonböden stehen leicht unter Wasser und sind daher schwer zu kultivieren. Leichter geht das bei groben Sand- und Schotterböden, aber sie trocknen auch eher aus. Der beste Boden ist Lehm, der Schlick und Sand enthält. Testet einmal verschiedene Bodenproben.

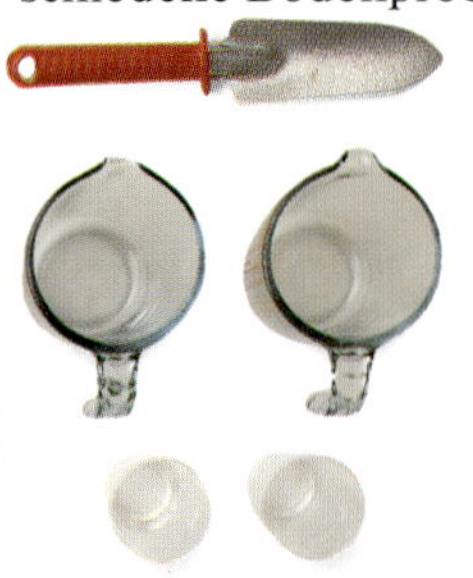

IHR BRAUCHT

• Becher • Schaufel • Meßbecher • Bodenproben • Wasser • Eimer

Bodenprofil

Wenn man durch den Boden bis zum Grundgestein einen Schnitt machen würde, ergäbe sich ein Bodenprofil. Dabei unterscheidet man zwischen fünf Schichten oder Horizonten, die man mit einem Buchstaben versieht – ganz oben mit O, über A, B, C und D nach unten. Hier ein typisches Profil.

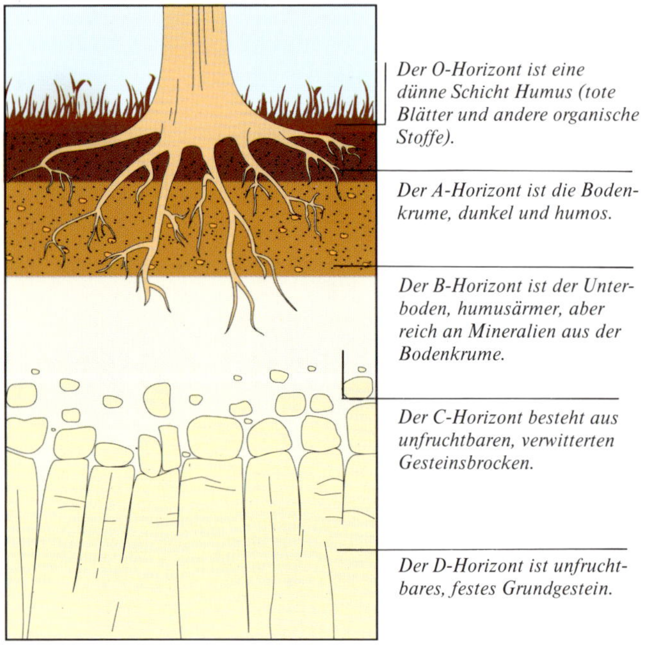

EXPERIMENT

Was ist im Boden?

Bestimmte Pflanzen gedeihen nur in bestimmten Bodenarten, und darum ist es für Bauern und Gärtner so wichtig, die Zusammensetzung ihres Bodens zu kennen. Berufsgärtner erkennen schon eine ganze Menge, wenn sie einfach eine Handvoll Boden aufheben. Eine Vorstellung von der Bodenbeschaffenheit bekommt man etwa, wenn man die Krumen zwischen den Fingern zerreibt.

Schotterböden sind voller kleiner Steine. Grobe Sandböden fühlen sich rauher an als feinere. Schlickböden sind kaum grob, Tonböden fühlen sich hart und glatt an, wenn sie trocken sind, bei Feuchtigkeit klebrig. Am besten untersucht ihr einmal eine Probe ganz genau.

1 Wiegt die Bodenprobe und breitet sie auf einem Tisch aus. Untersucht sie mit der Lupe. Nehmt lebende und tote Tiere sowie Pflanzen heraus und gebt sie in Gläser.

1 Schaufelt Boden aus einer Probe in einen Meßbecher. Schüttelt ihn sanft, bis die Oberfläche relativ eben ist. Lest das Maß ab.

2 Meßt eine identische Menge Wasser ab und gießt es *langsam* in den Becher mit dem Boden.

Den Luftraum berechnen
Hier wurden 200 ml Wasser zu 200 ml Boden gegeben, was eine Summe von 400 ml ergäbe. Der Wasserspiegel steht aber bei 340 ml, so daß 60 ml (400 – 340 ml) Luft sind.

Wasser und Erde zusammen ergeben weniger, als man erwarten würde, weil das Wasser zum Teil die Lufträume im Boden füllt.

Das Bodenniveau steigt leicht, wenn die Lufträume sich mit Wasser füllen.

3 Lest den neuen Wasserspiegel ab und berechnet den Luftraum wie oben rechts beschrieben. Wiederholt das mit unterschiedlich gekörnten Bodenproben.

IHR BRAUCHT
• Bodenproben • grobes Sieb • feines Sieb • Vorratsbehälter • Lupe • Waage • Schaufel • Meßbecher • Schüsseln • Pinzette • Pinsel

In jeder Bodenprobe befinden sich unterschiedliche Mengen von organischen, grob-, mittel- und feinkörnigen Stoffen, die ihr durch Sieben und Wiegen ermitteln könnt.

Grobkörnige Stoffe bleiben im Sieb hängen.

2 Schüttet den Boden durch das grobe Gartensieb. Dann wiegt ihr das im Sieb zurückgebliebene grobe Material: Steine und größere Teilchen.

Probe, aus der grobe Körner entfernt sind.

Mittelkörnige Stoffe bleiben im Sieb.

Die feinkörnigen Stoffe gehen durchs Sieb. Nun könnt ihr alle drei gesiebten Proben wiegen, um zu sehen, wie hoch ihr Anteil an der Probe jeweils ist.

3 Schüttet den feineren Boden durch das feine Sieb. Der zurückgehaltene Boden ist mittelkörnig, der durchgefallene fein. Wiegt beide.

Bodenarten

Wenn man ein Loch in den Boden unter einem tropischen Wald graben könnte und dann ein anderes in arktischen Boden, ergäbe sich, daß beide sehr verschieden sind. Zunächst einmal ist tropischer Boden viel tiefer als arktischer, außerdem unterscheiden sich beide in der chemischen Beschaffenheit und im Aufbau ihrer Horizonte (S. 98). Zwischen diesen beiden extremen Bodentypen gibt es zahlreiche Varianten.
Bodentypen hängen weithin vom Klima und der Vegetation ab. Wo es stark regnet, versickern Mineralien im Boden; diesen Vorgang nennt man Auslaugen. Feine Körner werden zuerst ausgespült, dann eingespült (tiefer abgelagert). In Wüsten dagegen befördert das Wasser im Boden Salze nach oben, so daß obere Horizonte salzig werden. Das Wasser kann sogar verdunsten und eine weiße Salzkruste zurücklassen.

Verschiedene Böden

Es gibt so viele Bodenarten auf der Welt, daß sich die Pedologen nicht einigen können, wie man sie am besten einteilt. Einige Bodenkundler legen Bodenprofile zugrunde, wie die hier gezeigten. Das amerikanische Landwirtschaftsministerium teilt Böden nach bestimmten Schlüsseleigenschaften und dem Vorkommen eines besonderen Horizonts ein. Am verbreitetsten aber ist das Zonensystem, das sich auf den Klimatypus stützt.

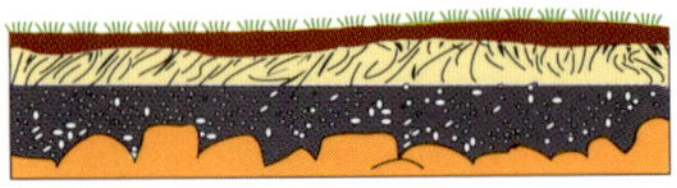

Podsol
Diese saure Bleicherde kommt in feuchtkühlen Wäldern vor.

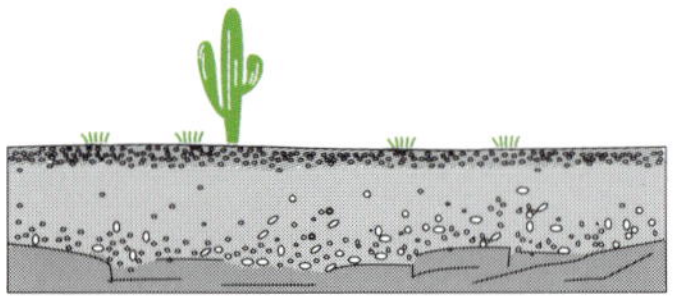

Wüstenboden
Wüstenboden hat kaum Humus. Er ist sehr trocken und salzig und kann oben eine weiße Salzkruste haben.

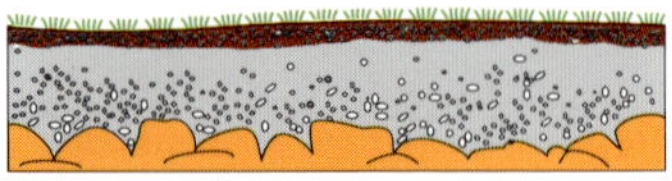

Schwarzerde
Der leichte Regen der US-Prairies und der russischen Steppen gibt diesem Boden eine schwarze, humusreiche Oberschicht.

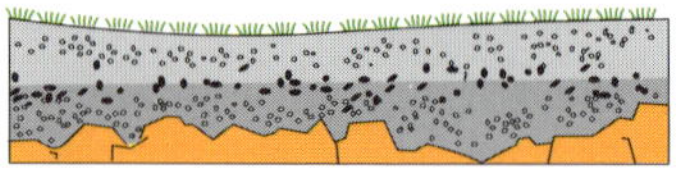

Gleyboden
ist ein schmutziggrauer oder blauer Boden auf lockeren Sedimenten, der oft unter Wasser steht.

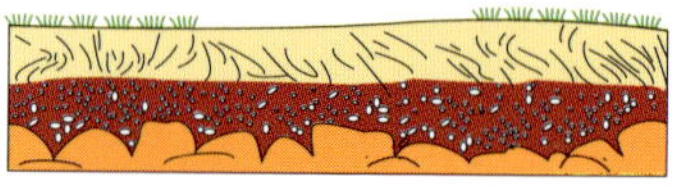

Lateritboden
Dieser tiefe Boden befindet sich oft unter tropischen Wäldern. Eisenoxide färben ihn tiefrot oder gelb.

EXPERIMENT

Säurehaltigkeit

Einige Böden sind saurer als andere. Sie sind entweder reich an organischen Stoffen: Der Verfall sowie die Atmung von Tieren erzeugen Kohlendioxidgas, das in Wasser gelöst eine Säure ergibt. Oder der Regen ist sauer (S. 106). Die Säurehaltigkeit des Bodens mißt man in pH-Werten: Je tiefer der Wert unter 7 (neutral) liegt, desto saurer ist der Boden. Hier ein einfaches Testverfahren.

IHR BRAUCHT

• Rotkohl • destilliertes Wasser • Messer und Schneidbrett • Kasserolle • Gläser • Sieb • Krug

1 Erhitzt 1 Liter destilliertes Wasser. Gebt einen halben gehackten Rotkohl hinzu und laßt alles 30 Minuten stehen. Siebt die Flüssigkeit in ein Glas ab.

2 Gebt zu verschiedenen Bodenproben in jedem Glas etwas Rotkohlwasser. Je röter es wird, desto saurer der Boden – je blauer, desto alkalischer.

EXPERIMENT

Organische Stoffe

Von der Menge des Humus (tote Blätter und verfaulende tierische Stoffe) hängt die Qualität des Bodens ab. Humus dient nicht nur den Mikroorganismen als Nahrung, die den Boden chemisch verändern, sondern bindet auch Mineralkörnchen in Krumen, wo sie den Pflanzen als Nahrung zur Verfügung stehen und dafür sorgen, daß der Boden gut entwässert wird, ohne auszutrocknen. In den dreißiger Jahren mußten Farmer in der amerikanischen Prärie die bittere Erfahrung machen, wie notwendig Humus ist. Jahrelang hatten sie Weizen angebaut, die Ernte geschnitten und das Stroh verbrannt – ohne neue organische Stoffe hinzuzufügen. Bald zerkrümelte der Boden und wurde zu Staub. In den folgenden trokkenen Jahren trug der Wind riesige Mengen Boden ab, so daß man das Gebiet »Dust Bowl« (Staubschüssel) nannte. Im folgenden Experiment werden die organischen Bestandteile verschiedener Böden ermittelt.

IHR BRAUCHT
- Bodenproben
- Deckelgläser
- Schaufel
- Meßbecher

1 Gebt in jedes Glas verschiedene, aber gleich hohe Bodenproben, dann die gleiche Menge Wasser.

2 Schließt jetzt die Deckel und schüttelt jedes Glas heftig etwa eine Minute lang.

3 Laßt alles einen Tag stehen. Vergleicht das aufschwimmende Material. Das sind die organischen Stoffe.

Mineralien und Pflanzen

Früher glaubten die Wissenschaftler, daß der Boden einfach die Pflanzen trage und eine Art Schwamm für das Wasser darstelle, das Pflanzen zum Wachsen brauchen. Heute wissen wir, daß der Boden auch winzige, aber notwendige Mengen von verschiedenen Mineralien liefert. Experimente im 19. Jahrhundert zeigten, wie wichtig Stickstoff, Phosphor, Magnesium, Kalium, Natrium und Kalzium sind – daher werden sie von Bauern dem Boden oft in Form von Mineraldünger beigegeben. Pflanzen nützen auch Spuren von Schwefel, Eisen, Mangan, Zink, Bor, Molybdän und Selen im Boden.

Landschaft im Wandel

Formenspiel der Elemente
Dieser Härtling (oben) war einst eine kompakte Granitmasse. Im Laufe von Jahrmillionen hat die Verwitterung den Granit zerbrochen und glatte, runde Felsblöcke geschaffen. Im Südwesten Chinas hat das Regenwasser einen riesigen Kalksteinblock aufgelöst – zurückgeblieben sind steil aufragende Gipfel und flache Talböden (links).

Die Landschaft, die uns umgibt, scheint eine unveränderliche Gestalt zu haben. Aber wenn wir wahrnehmen könnten, was mit jedem Teil von ihr geschehen ist, und zwar mit tausend- oder gar millionenfacher Beschleunigung, würde sie sich dauernd ändern. Die gesamte Erdoberfläche wird nämlich ständig umgestaltet – aber die Veränderungen vollziehen sich meist so langsam, daß wir sie kaum bemerken.

LANDSCHAFTSFORMEN

So fest und unbeweglich Berge, Hügel und Täler auch aussehen, werden sie doch langsam vom Wetter, von fließendem Wasser, Wellen, bewegtem Eis, Wind und verschiedenen anderen Erosionskräften abgetragen. Dieser Prozeß spielt sich normalerweise so langsam ab, daß man ihn nicht wahrnehmen kann. Aber im Laufe von Jahrmillionen sind Berge abgebröckelt, Hügel verschwunden, Täler zu riesigen Steppen ausgeweitet und so die Landschaftsformen ständig eingeebnet (denudiert) worden.

Zerbröckelnde und verwitterte Gesteine sind ein sicheres Zeichen dafür, daß die Landschaft langsam denudiert wird.

Vor vierhundert Jahren glaubten die meisten Menschen in Europa, die Erde würde verfallen – wie es schon immer seit der Sintflut geschehen sei. Für sie war die Welt ein verfaulender Leib, und die Berge waren nichts weiter als Pickel auf dem Antlitz einer einst makellos vollkommenen Welt. So war der Geograph William Bourne im 16. Jahrhundert kaum überrascht, als er sah, wie die »Flinkheit des fließenden Wassers die Ufer eines Flusses abnagt« – schließlich war das nur Teil des allgemeinen Niedergangs.

Nur wenige Gelehrte erkannten damals, daß Flüsse ihre Täler selbst ausschnitten und eine wichtige Rolle bei der Gestaltung der Landschaft spielten. Für die meisten waren Berge und Täler die Überreste gewaltiger Katastrophen in der Vergangenheit, besonders der Sintflut.

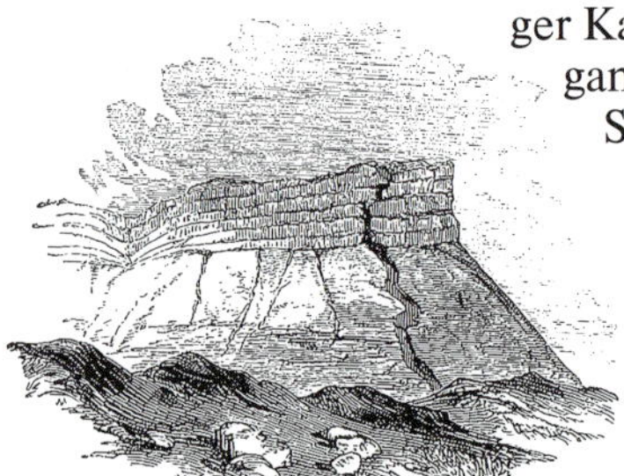

Der lange Geröllhang unterhalb der Felswand verweist darauf, wie dieser Berg abgetragen wurde. Aber bis heute ist nicht klar, ob Hänge abgetragen und so allmählich sanfter werden oder zurückweichen und gleich steil bleiben (S. 113).

Frühe Theorien

Der englische Gelehrte Robert Hooke (1635 – 1703) allerdings erklärte bemerkenswert scharfsinnig, daß Landschaften durch periodische Zyklen geformt und umgeformt würden. Jeder Zyklus beginne damit, daß die Landschaft von Flüssen und Wellen abgetragen werde. Das erodierte Material werde dann ins Meer gespült und als Sediment auf dem Meeresboden abgelagert. Diese Sedimente würden zementiert oder durch Hitze verschmolzen und bildeten neues Gestein. Schließlich würden die neuen Gesteine gehoben werden und eine neue Landschaft bilden, und damit begänne der Zyklus von vorn. Hooke glaubte, daß jeder Teil der Erde mehrere Zyklen hinter sich habe.

Damals interessierte man sich kaum für Hookes Theorien, und erst 130 Jahre später wurde das Phänomen der »Denudationszyklen« wiederaufgegriffen, nämlich von dem schottischen Geologen James Hutton (1726 – 1797). Zu dieser Zeit hatte sich die Wissenschaft der Geologie bereits beachtlich entwickelt (S. 78). Die meisten von Hookes Zeitgenossen hatten geglaubt, daß die Welt kaum 6 000 Jahre alt sei, wie es die Bibel anzudeuten schien. Das hieß, daß das allmähliche »Abnagen« von Flüssen und Wellen nicht lange genug gedauert haben konnte, um sich entsprechend auszuwirken. Daher behaupteten die meisten Geographen, das Land sei durch Katastrophen geformt worden. Als Hutton seine »Theorie der Erde« 1795 veröffentlichte, nahm man immerhin schon an, daß die Welt viel älter sei. Dann hätte auch die Denudation Zeit gehabt, sich auszuwirken.

Mit Hangmodellen kann man ihre Gestaltung demonstrieren (S. 112).

Langsame Erosion

Aber nun standen die Geographen vor einem Dilemma. Wenn die Welt wirklich Gottes Schöpfung war, wie viele glaubten, warum sollte Gott dann seine eigene vollkommene Schöpfung durch Denudation zerstören? Daher erklärten manche Gelehrte, die Denudation könne ja die Erde verfeinern, so wie der Bildhauer mit seinem Meißel den Stein gestalte. Andere behaupteten, das erodierte Material würde ständig durch die Atmosphäre wieder erneuert werden, indem es mit dem Wasser gen Himmel verdunste und mit dem Regen erneut zur Erde falle. Hutton löste dieses Dilemma durch seine Theorie der Denudationszyklen: Die Landschaft werde zwar ständig denudiert, aber alles Denudationsmaterial werde auf dem Meeresboden abgelagert, in Gestein umgewandelt und dann gehoben, um neue Landschaften zu bilden. Daher sei das kein Zerstörungsprozeß.

Nach Huttons Ansicht war die Erdoberfläche fast gänzlich

Die Denudation läuft unterschiedlich schnell ab, wie man an diesen alten Granithärtlingen sieht (S. 107).

durch die andauernde Denudation gestaltet worden, besonders durch fließendes Wasser. Bald stieß man auf Beweise für diese Theorie. Da waren etwa die Granitintrusionen, unterirdisch entstanden und nun durch Denudation in großem Ausmaß freigelegt. Da konnte man sehen, wieviel Material seit der Entstehung der ursprünglichen Gesteinsstruktur abgetragen worden war.
Zu Beginn des 19. Jahrhunderts begannen die Geologen diesen Prozeß vor Ort zu studieren. Sie lernten die verschiedenen Verwitterungsformen des Gesteins

Auf einfache Weise (S. 106) kann man die gewaltige Kraft gefrierenden Wassers demonstrieren – sie kann sogar festes Gestein sprengen.

zu unterscheiden, die Art und Weise, wie sich das verwitterte Material Hänge hinunterbewegte, die Wellen Klippen ausschnitten und vieles mehr. Aber noch diskutierte man heftig über die Rolle, die Flüsse bei der Entwicklung der Landschaft spielten.

Die Kraft der Flüsse

Zwar war man einig, daß Flüsse ihre Täler laufend erodieren und das auch künftig tun werden. Es fiel aber auch auf, daß die Flüsse in der Vergangenheit nur wenig bewirkt hatten – und dafür schien einiges zu sprechen. Wenn Flüsse nämlich ihre Täler erodiert hätten, warum waren dann so viele Flüsse viel kleiner als ihre Täler? Warum mündeten breite Täler oft in tiefe Schluchten? Wie entstanden Seen? Und da Flüsse wohl das meiste aus ihren breiten Betten erodierten – warum schnitten sie sich dann nicht senkrecht nach unten ein, wobei steile Schluchten entstehen würden und nicht breite Täler, wie meist vorzufinden? Keine leichten Fragen für die sogenannten »Fluvialisten«, die an die Kraft der Flüsse glaubten. Einige behaupteten, in der Vergangenheit hätte es Pluvialperioden (Regenzeiten) gegeben, in denen die Flüsse viel größer gewesen seien. Andere meinten, daß die Sintflut eine Rolle gespielt habe, und verwiesen auf die riesigen Sedimentschichten, die sie »Diluvium« nannten und die Nordeuropa und Nordamerika größtenteils zu bedecken schienen. Allerdings gibt es weder in mittleren Breiten noch in den Tropen ein Diluvium, und wo es wirklich vorkommt, scheint es sich zu sehr mit anderem Gestein vermischt zu haben, als daß es eine Hochwasserablagerung sein könnte.
Doch die Fluvialisten bekamen schließlich recht, wenn auch nicht mit der Theorie der Sintflut. Der Geologe Louis Agassiz (1807 – 1873) fand zunächst kaum Glauben, als er behauptete, daß Nordamerika und Nordeuropa einst unter einer riesigen Eisdecke lagen (S. 135). Aber dann mehrten sich die Beweise für diese Vereisungstheorie, und schon bald war klar, daß das »Diluvium« nicht durch Hochwasser, sondern durch Eis abgelagert worden war. Und wenn die Gletscher wirklich so

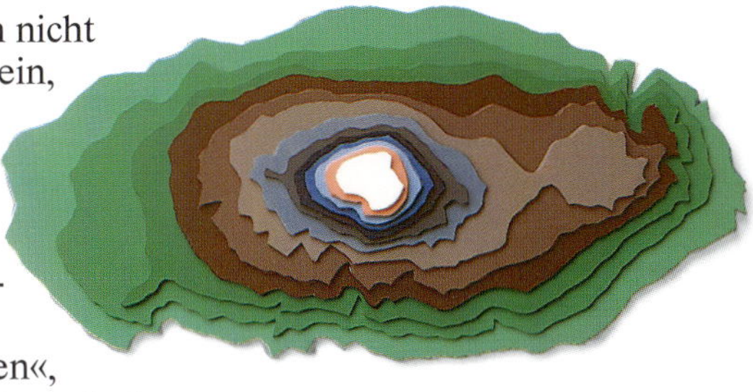

Die Form eines Hügels und Berges hängt davon ab, wie er von Wasser und Wetter angegriffen wurde, seit er aufgeworfen wurde (S. 113).

Vom Wetter zerbröckeltes Gestein rutscht bergab und wird von Bächen und Flüssen weggetragen (S. 111).

ausgedehnt waren, wie Agassiz behauptete, dann hatte das Eis auch so viele breite Täler angelegt und Seebecken ausgehöhlt.

Weitere Beweise

Die Fluvialisten bekamen noch mehr Wasser auf ihre Mühlen durch eingehende Untersuchungen der ersten Geomorphologen, die die Oberflächengestaltung der Landschaft erforschten. So zeigten Studien des Colorado River im Jahre 1875 durch John Wesley Powell (1834 – 1902) und der Henry Mountains in Utah im Jahre 1877 durch Grove Gilbert (1843 – 1918), wie Flüsse eine Landschaft umgestalten können.
Etwa zur selben Zeit verglich der Geologe James Croll (1821 – 1890) die Meereserosionen an der Küste im Golf von Mexiko mit der Menge des Schwemmmaterials des Mississippi – Ergebnis: Das Meer verändert die Landschaft nur einen Bruchteil so schnell wie der Fluß. Und Studien aus Südostengland konnten keine Brandungserosion nachweisen – die Hügel und Täler waren nur von Flüssen erzeugt worden.
Um 1900 zweifelten nur noch wenige Geomorphologen daran, daß fließendes Wasser eine wichtige Rolle bei der Gestaltung des Landes spielt. Nun ging es darum, diese Zusammenhänge genauer zu erforschen und darzustellen.

Wo Magmagestein (S. 60) freigelegt wurde, erkennt man deutlich, wie sehr die Landschaft durch allmähliche Denudation verändert werden kann.

Verwitterung

Man sagt zuweilen, etwas stünde felsenfest. Aber selbst Felsen sind nicht für immer unverrückbar. Wenn Gestein Sonne, Luft und Regen ausgesetzt ist, beginnt es sich allmählich zu verändern – man nennt das Verwitterung. Im Laufe von Jahrtausenden kann dadurch aus dem härtesten Granit weicher, klebriger Ton werden.
Zuweilen zerfällt Gestein durch chemische Reaktionen zwischen ihm und der Luft, oder weil Wasser darauf tröpfelt. Dann wieder bricht es infolge der Auswirkungen von Wärme und Kälte und anderen Umweltveränderungen zusammen. Wenn Wasser etwa in Rissen gefriert, kann es sich so gewaltig ausdehnen, daß es auch das härteste Gestein zertrümmert. Die meisten Gesteine verwittern sowohl infolge physikalischer als auch chemischer Prozesse, auch wenn eine von beiden Ursachen zuweilen dominieren kann. Die Verwitterung greift das Gestein normalerweise nur an der Oberfläche an, während Sickerwasser sich bis zu einer Tiefe von 185 Metern auswirken kann.

EXPERIMENT

Chemische Verwitterung

Ein Regentropfen besteht zunächst nur aus reinem Wasser. Aber während er durch die Atmosphäre fällt, lösen sich in ihm Stoffe aus der Luft, und er wird leicht sauer.
Wenn das Regenwasser dann über ein Gestein wie Kalkstein fließt, löst sein Säuregehalt langsam das Gestein auf. Auf diese Weise entstehen Höhlen (S. 120). Saurer Regen erodiert auch die alten Steine von Gebäuden und Denkmälern, besonders da, wo die Luft durch saure, von Menschen künstlich erzeugte Gase verschmutzt ist.
Ihr könnt den Säuregehalt des bei euch niedergehenden Regens testen, indem ihr ein wenig in ein Glas mit Rotkohlindikator gebt (siehe S. 100).

Säuretest
Durch Säure wird der Rotkohlindikator rot. Infolge der Umweltverschmutzung kann der natürliche Säuregehalt des Regens dramatisch ansteigen.

EXPERIMENT

Die Kraft des Eises

Wenn Wasser zu Eis gefriert, dehnt es sich mit gewaltiger Kraft aus. Bei diesem Experiment nützen wir diese Kraft nur, um ein kleines Gewicht zu heben, aber Wissenschaftler schätzen, daß gefrierendes Wasser zuweilen einen Druck von bis zu 2100 kg/cm² ausüben kann – soviel wie ein Elefant, der auf einer Briefmarke steht. Daher platzen schlecht isolierte Wasserrohre in kalten Wintern. Wenn Wasser in Gesteinsritzen gefriert, kann es das Gestein zersprengen. In Hochgebirgsregionen demonstrieren riesige Geröllhänge die zerstörerische Wirkung von Frost auf nacktes Gestein. In Hochgebirgen und in anderen kalten Gebieten der Welt ist das üblich – aber auch sonst kann sich Frost überall da auswirken, wo die Temperatur unter den Gefrierpunkt sinkt.

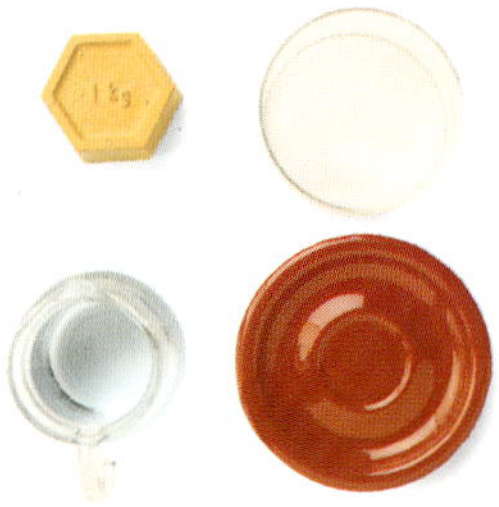

IHR BRAUCHT
- Gewicht von 1–4 kg
- dickes Becherglas
- Untertasse
- Wasser

1 Füllt das Becherglas mit Wasser und bedeckt es mit der Untertasse. Stellt das Gewicht darauf.

2 Stellt das Ganze für 24 Stunden ins Gefrierfach. Wenn das Wasser zu Eis wird, dehnt es sich aus und drückt das Gewicht nach oben.

Geröllhalden

Ausgefroren
Durch Frost zertrümmertes Gestein bildet eine Geröllhalde aus kantigen Gesteinstrümmern.

Bildung von Härtlingen

Härtlinge sind Brocken von nacktem Gestein. Man vermutet, daß sie durch Verwitterung tief unter der Erde in einer Zeit entstanden sind, als das Klima anders war. Dann wurde das verwitterte Gestein weggespült, und zurück blieben ein paar freistehende Brocken.

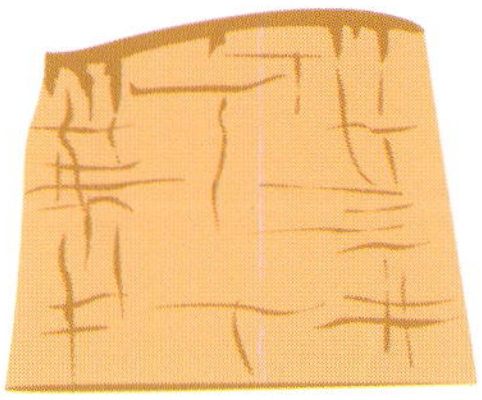

Unterirdisch
Wasser sickert durch Fugen nach unten und verwittert das Gestein chemisch oder durch Frost oder auf beide Arten.

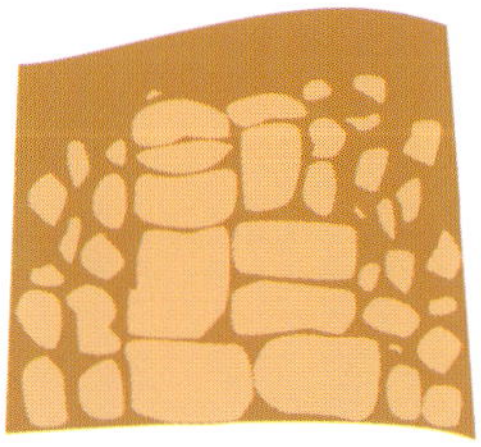

Schwachpunkte
Wo Fugen dicht beieinanderliegen, verläuft die Erosion schneller und greift die großen Kerne nicht an.

Felsskulptur
Das verwitterte Material wird weggespült, bis nur noch die relativ unberührten Kernsteine stehenbleiben.

EXPERIMENT

Aufbrechen

Im Hochgebirge fällt die Temperatur nachts oft unter den Gefrierpunkt, und tagsüber überschreitet sie ihn wieder. Mit Hilfe von etwas Modelliermasse und einem Gefrierfach könnt ihr feststellen, was dieser Zyklus von Gefrieren und Auftauen bewirken kann – und zwar schon nach ein- oder zweimaligem Wiederholen. Daher könnt ihr euch vorstellen, was passiert, wenn Gestein nicht nur ein- oder zweimal, sondern tausend- oder millionenmal gefriert und auftaut.

IHR BRAUCHT
- Modelliermasse
- Frischhaltefolie
- Wasser

1 Befeuchtet etwas Modelliermasse und formt zwei Kugeln. Wickelt beide in Folie und legt eine ins Gefrierfach.

2 Entfernt die Folie nach 24 Stunden und vergleicht die Proben. Wiederholt das, wenn keine Risse auftauchen.

Die Kugel aus dem Gefrierfach weist Risse auf.

Die nichtgefrorene Kugel bleibt ganz.

Verwitterung und Oberfläche

Ein Stück Gestein, das lauter Risse und Fugen aufweist, verwittert viel schneller als ein glattes und festes Stück, weil nicht nur die Fugen Schwachpunkte sind, sondern weil es auch eine größere Oberfläche hat.
Wie wichtig dieser Unterschied ist, könnt ihr durch ein einfaches Experiment mit Zucker feststellen. Wiegt ein Stück Würfelzucker und meßt eine gleichschwere Menge normalen Zucker ab. Gebt gleichviel lauwarmes Wasser in zwei Gläser und fügt die beiden Zuckersorten hinzu. Rührt alles gut um und wartet ab, was passiert: Der körnige Zucker löst sich fast sofort auf, weil jeder Zuckerkristall ringsum von Wasser umgeben ist. Der Würfelzucker hingegen braucht viel länger, weil seine gesamte Oberfläche viel kleiner ist. Langsam zerfällt er, ja vielleicht müßt ihr noch einmal umrühren, damit er sich völlig auflöst.
Das gilt auch für Gestein: Je mehr es zerbrochen ist, desto schneller verwittert es. Und sobald ein Gestein zu verwittern beginnt, beschleunigt sich der Prozeß, da das Gestein immer mehr zerfällt.

Wandernde Hänge

Nachdem Gestein durch die Verwitterung in einzelne Teile aufgebrochen ist, beginnt die Schwerkraft, die Teile nach unten zu ziehen. Das geht oft langsam vor sich, weil die Reibung zwischen den verwitterten Bruchstücken dem Zug der Schwerkraft entgegenwirkt. Ohne Reibung würden Geröllhalden nach unten poltern, Sanddünen zusammenbrechen und der Boden wegrutschen. Wie die Reibung Hänge zusammenhält und steil oder sanft macht, hängt zum Teil vom Material ab, aus dem die Hänge bestehen.

EXPERIMENT

Ruhewinkel

Lockermaterial – von großen Brocken bis zu feinen Sandkörnern – bildet bei einem bestimmten Winkel, dem sogenannten Ruhewinkel, stets Hänge, die je nach Material verschieden geneigt sind.

IHR BRAUCHT
• verschiedene Materialien: Linsen, Kies, Erde usw.
• dicken Karton
• Winkelmesser
• Krug • Schreiber • Notizblock

1 Füllt den Krug zur Hälfte mit einem Testmaterial. Schüttet es gegen ein Stück Karton, das absolut senkrecht steht.

2 Dabei bildet sich am Fuß des Kartons ein kleiner Hügel. Markiert den Winkel des Hangs rechts und links und entfernt das Lockermaterial.

3 Meßt den Hangwinkel mit dem Winkelmesser und notiert ihn. Wiederholt den Versuch mit anderen Materialien und aus verschiedenen Höhen.

EXPERIMENT

Rutschende Hänge

Reibung hält verwittertes Material zusammen, bis es sich über einen bestimmten Winkel hinaus aufgetürmt hat. Danach überwindet die Schwerkraft die Reibung, und das Material beginnt zu purzeln und zu rutschen. Ihr könnt diesen Abrißwinkel mit Lockermaterial in einem Becherglas messen. Wie der Ruhewinkel (links) ist er bei jedem Material anders.

IHR BRAUCHT
• lockeres Material • Becherglas und Frischhaltefolie
• Schreiber
• Winkelmesser

1 Füllt ein Becher- oder Deckelglas zur Hälfte mit dem Testmaterial. Verschließt es und kippt es um.

2 Rollt das Glas, bis der Inhalt zu rutschen beginnt. Markiert und meßt den Winkel.

Kies: *unregelmäßig und steil*

Pfefferkörner: *flach und verstreut*

Sand: *glatt und steil*

Erde: *der steilste Hang*

EXPERIMENT

Treibsand

Sand ist im Grunde Gestein, das zu sehr kleinen Körnern verwittert ist. Dazwischen befinden sich kleine Löcher, die man Poren nennt. Bei trockenem Sand sind sie mit Luft gefüllt, bei feuchtem mit Wasser. Davon wird auch das Verhalten der Sandkörner beeinflußt: Trockener Sand bildet Hänge und verhält sich in vieler Hinsicht wie eine feste Oberfläche. Sehr nasser Sand verhält sich eher wie eine Flüssigkeit. Der »Porendruck« des Wassers drückt die Körner auseinander, so daß sie bei viel geringerer Reibung umherschwimmen können. Hier seht ihr, was mit einem Gewicht geschieht, das auf Sand ruht, wenn der Porendruck größer wird. Vielleicht braucht ihr bei diesem Experiment einen Helfer.

IHR BRAUCHT

- dicken Karton • Plastikschlauch
- 2 Gummistöpsel oder Korken • 2 Plastikflaschen ohne Boden • Klebeband
- Klammer • 500 g-Gewicht • Sand
- Wasser

Auf einem Hang arbeiten
Auf den sanften Hängen in dieser fruchtbaren Landschaft ist fast alles Land kultiviert. Man muß geneigte Böden vorsichtig bearbeiten, um zu verhindern, daß der Boden abrutscht. An steilen Hängen halten oft Pflanzen und Baumwurzeln den Boden fest. Wenn die Pflanzen untergepflügt oder die Bäume gefällt werden, kann der Boden leicht von schweren Regenfällen weggespült werden. Wenn es nur steile Hänge gibt, werden diese oft in breiten Stufen mit Böschungsmauern terrassiert, damit der Boden nicht abrutscht.

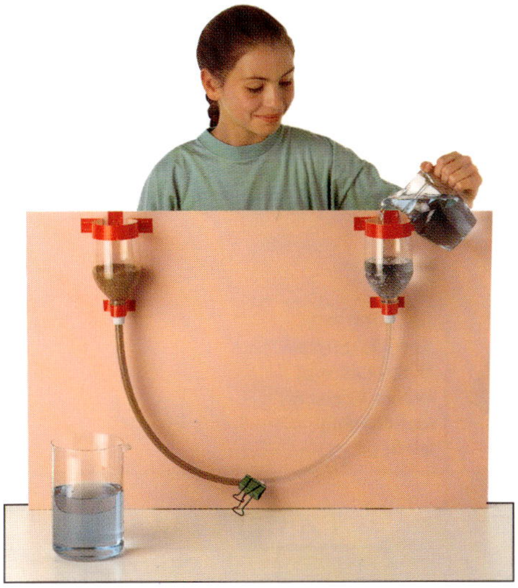

1 Klebt die Flaschen an den Karton und befestigt Schlauch und Klammer. Füllt eine Flasche zu einem Drittel mit Sand, die andere mit gleich viel Wasser.

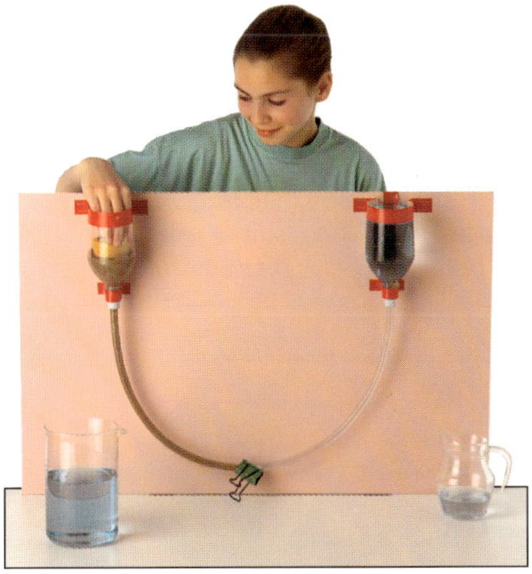

2 Legt das Gewicht in den Sandbehälter und füllt die andere Flasche bis zum Rand mit Wasser.

3 Wenn ihr die Klammer entfernt, steigt das Wasser im Sand nach oben. Durch den Wasserdruck quillt der Sand auf, und das Gewicht sinkt ein wenig.

Hangformen

Hügel sehen zwar fest und unerschütterlich aus, aber langfristig werden sie langsam durch Wetter, Massenbewegungen und fließendes Wasser abgetragen. Hangböschungen in Feuchtgebieten werden nahe des Kamms oft konvex (abgerundet), und zwar durch das Gekriech (S. 110) und durch Regen, der auf verwittertes Gestein niedergeht. Weiter unten werden sie durch Wasser, das über die Oberfläche spült, konkav (ausgehöhlt). Aber man weiß nicht genau, wie sich diese Formen über Jahrmillionen entwickeln - ob sie abgetragen werden oder zurückweichen.

GROSSE ENTDECKER

Das Prinzip der Überlagerung

Der dänische Naturforscher Niels Stensen (1638 - 1686) hat als einer der ersten erkannt, welche wichtige Rolle fließendes Wasser bei der Landschaftsgestaltung spielt. Er erkannte, daß Hügel durch Wasser abgetragen und Sedimente (Gesteinsfragmente) ins Meer gespült werden, wo sie sich ablagern und Gesteinsschichten bilden. Dabei sind die jüngsten Schichten stets ganz oben, die ältesten ganz unten, weil sie zuerst abgelagert wurden. Dies nennt man das »Überlagerungsprinzip«.

EXPERIMENT

Die Form von Hängen

Wie unterscheiden sich Hänge? Sind nach Norden geneigte Hänge anders als nach Süden geneigte? Das kann man auch mit einem Modell herausfinden, das verschiedene Hangneigungen aufweist. Hier zeigen wir zwei verschiedene Formen (unten und rechts). Auf Karten wird die Höhe oft durch Höhenlinien dargestellt, die Punkte gleicher Höhe miteinander verbinden. Sie sind voneinander nach einem vorgegebenen Höhenunterschied (etwa 10 Meter) getrennt: Je näher sie an einer Stelle zusammenliegen, desto steiler der Hang. Mit Hilfe dieser Information könnt ihr das maßstabgerechte Modell eines Hügels basteln.

IHR BRAUCHT

- topographische Karte mit Höhenlinien
- Bleistift • Papier • Millimeterpapier
- Pauspapier • Lineal • Schere • dicken Karton
- Kleber
- Farbe

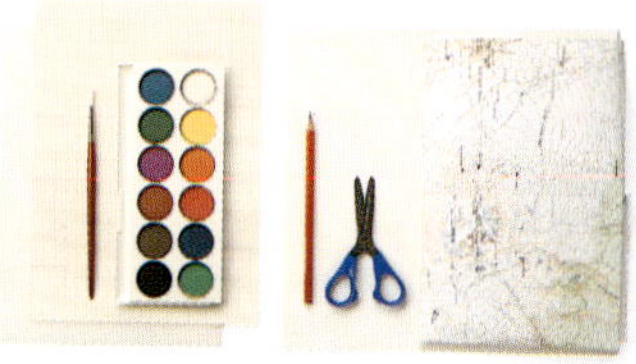

1 Legt ein Papier an einen Hügel auf der Karte vom Gipfel bis zum Fuß und markiert die Umrisse.

2 Legt das Papier an einer horizontalen Achse auf dem Millimeterpapier an und übertragt die Umrißmarkierungen.

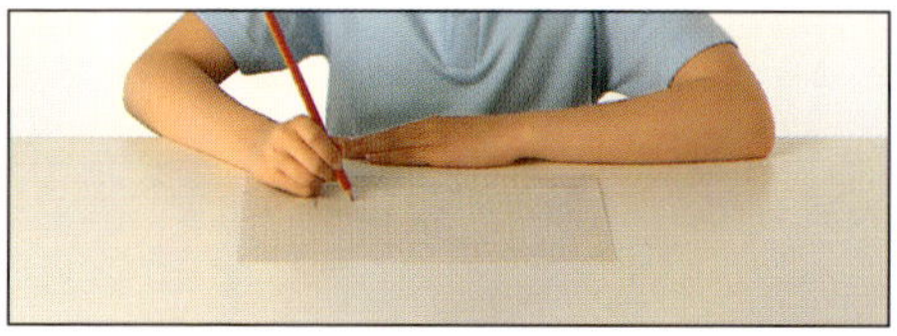

3 Teilt die vertikale Achse in gleiche Abschnitte; etwa 1 cm für 10 m, entsprechend eurer Karte.

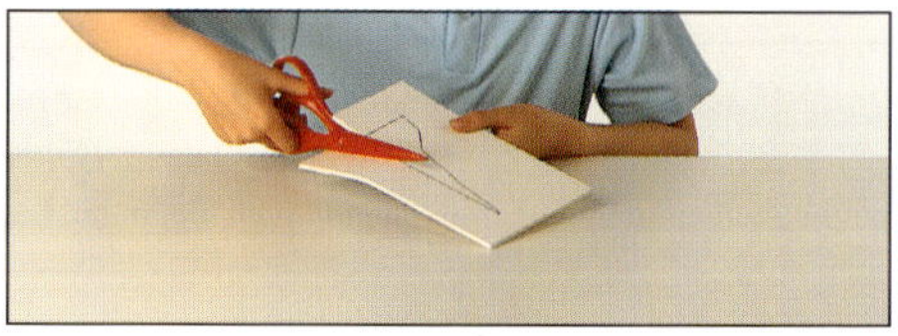

4 Übertragt die Punkte des Hangs und verbindet sie. Paust sie auf den Karton durch und schneidet das Gebilde aus.

5 Wiederholt die Schritte 1 bis 4 für verschiedene Profile rund um den Hügel. Bemalt sie und klebt sie zusammen.

EXPERIMENT

Hänge vergleichen

Hier könnt ihr euch ein Hügel- oder Landschaftsmodell aus Pappschichten basteln. Jede Schicht entspricht einer Höhenlinie. Übereinander gestapelt veranschaulichen sie die verschiedenen Neigungswinkel rund um den Hügel. Bastelt euch eine Reihe von Hügeln nach derselben Karte und vergleicht sie. Weisen ihre steilsten Hänge stets in die gleiche Richtung?

IHR BRAUCHT

- topographische Karte mit Höhenlinien
- Pauspapier • dicke Pappe • Bleistift
- Schere • Farbe

EXPERIMENT

Rutschige Hänge

Die Form eines Hangs oder sein Profil hängt oft davon ab, wie schnell Gestein verwittert und von der Massenbewegung weggetragen wird. Bei diesem Experiment könnt ihr beobachten, wie Wasser Material schneller bergab rutschen läßt und dabei den unteren Hang abflacht. Zunächst soll der Hang gerade sein und eine glatte Sandschicht aufweisen. Sobald der Sand feucht wird, rutscht er.

IHR BRAUCHT
- Durchsichtigen Behälter
- Sand • Modelliermasse
- Sprühflasche • Krug

1 Macht aus Modelliermasse und Sand einen Hang, den ihr besprüht, bis er rutscht.

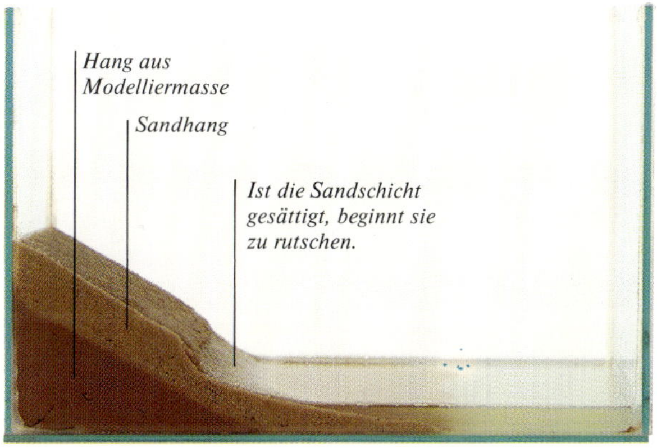

Langsamer Wandel

Da sich Hänge sehr langsam verändern, weiß man kaum, wie sie entstehen. Es gibt drei Hypothesen: »Niedergang« – Hänge werden sanfter, wenn der Kamm abgetragen wird; »paralleler Rückgang« – Hänge weichen zurück, bleiben aber gleich steil; »Verdrängung« – steile Abschnitte werden kürzer und flache länger, bis der ganze Hang flach ist.

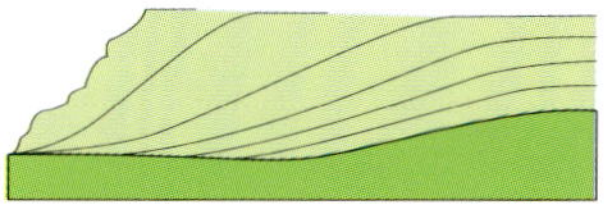

Niedergang
Gipfel flachen sich ab

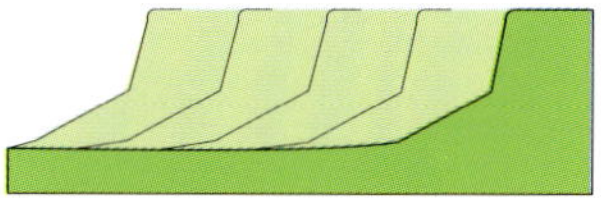

Rückgang *Der Hang weicht zurück, ohne Abtragung*

Hangelemente
Hänge in Feuchtregionen weisen meist drei Elemente auf: einen konvexen Kamm, wo Regenerosion (S. 119) und Kriechen vorherrschen; einen durch Massenbewegung geformten geraden Mittelabschnitt; einen durch Oberflächenabspülung gebildeten konkaven unteren Hang.

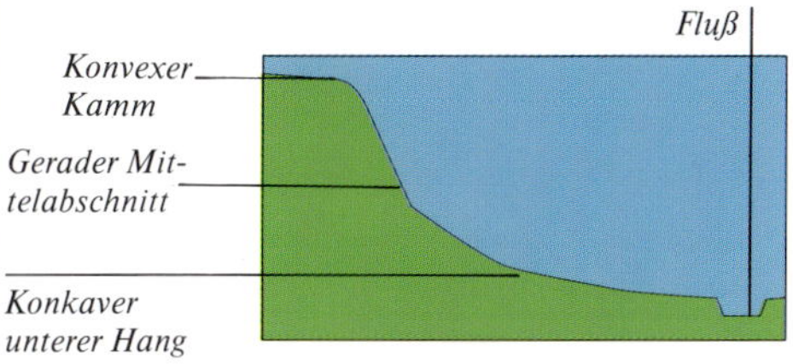

1 Paust die Höhenlinien eines Hügels von der Karte ab. Ist er sehr steil, könnt ihr zwei oder drei Linien überspringen.

2 Übertragt je eine Höhenlinie auf dicke Pappe und schneidet die einzelnen Gebilde aus.

3 Malt jede Schicht anders an und stapelt sie übereinander. Fertig ist euer Hügelmodell.

Das vertikale Profil hängt von der Stärke des Kartons ab.

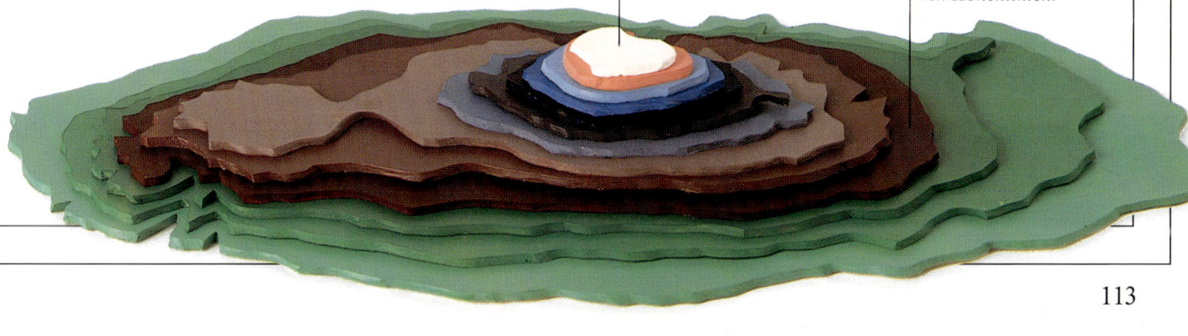

Bergmodell
Dieses stark vereinfachte Modell des Kilimandscharo, des höchsten Berges in Afrika, vermittelt eine gute Vorstellung von der Grundform eines Berges.

Landschaftsentwicklung

Ständig verändert sich die Landschaft um uns – sie baut sich auf und wird wieder abgetragen. Im späten 19. Jahrhundert versuchte man zu erklären, wie diese Veränderungen nach einem bestimmten Muster zusammenwirken, das man Erosionszyklus nannte. Zu Beginn dieses Zyklus erhebt sich eine große Landmasse hoch über Meereshöhe. Dann bilden sich Bäche auf den Hängen und schneiden tief ins Land hinein, wodurch steile Täler und scharfe Rücken entstehen. Im Laufe von Jahrmillionen wird das Land durch Erosion abgetragen, bis nur noch sanft geneigte Hügel und abgerundete Täler zurückbleiben. Heute aber wissen die Geologen, daß dieser Zyklus jederzeit durch weitere Hebungen (S. 66) gestört werden kann.

Eine alte Landschaft
Man erkennt sie an niedrigen Hügeln und einem weiten Flußtal.

Von der Jugend zur Reife
Nach der »Erosionszyklus-Theorie« entwickelt sich eine Landschaft in drei Hauptstufen: vom Jugendstadium über die Reife bis ins Alter – von der gewaltigen Hebung bis zur sanft gewellten Ebene. Verschiedene Teile einer Landschaft können sich allerdings in verschiedenen Stadien befinden, wie dieses Modell zeigt.

Flußtäler werden breiter, wenn das umgebende Land erodiert wird.

GROSSE ENTDECKER

William Morris Davis

Der Harvard-Professor William Morris Davis (1850 – 1934) hat als erster vom Phänomen eines »Zyklus der normalen Erosion« gesprochen. Er legte dar, daß die Landschaftsentwicklung mit einer plötzlichen Hebung des Landes begonnen habe. Im Laufe von Jahrmillionen würden dann fließendes Wasser, Verwitterung und Massenbewegung allmählich das Land abtragen, bis nur noch eine sanft gewellte Landschaft (»Fastebene«) zurückbliebe. Heute stellt man sich die Landschaftsentwicklung komplizierter vor, weil Hebungen selten plötzlich stattfinden und die Erosion schon während der Hebung einsetzen kann.

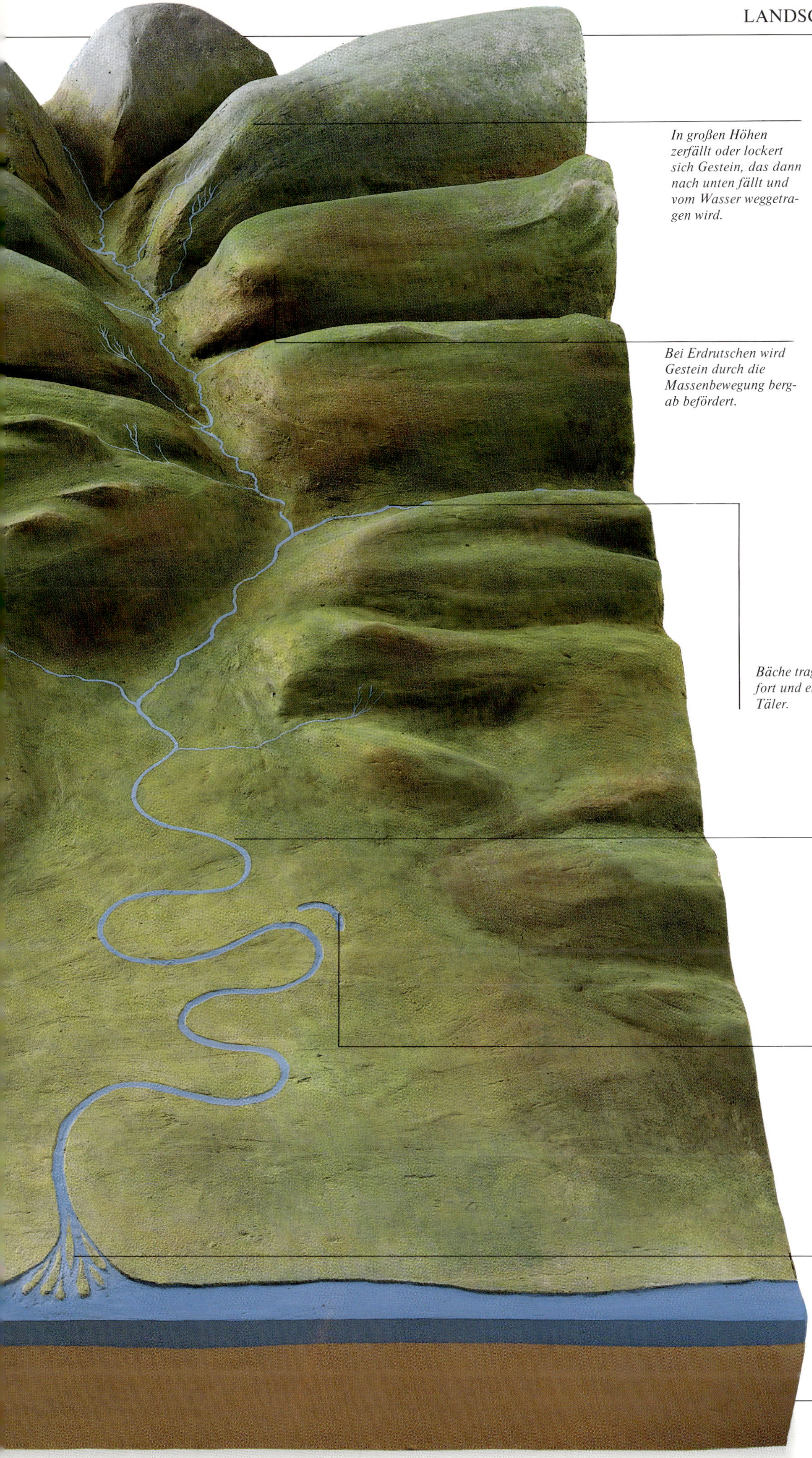

In großen Höhen zerfällt oder lockert sich Gestein, das dann nach unten fällt und vom Wasser weggetragen wird.

Bei Erdrutschen wird Gestein durch die Massenbewegung bergab befördert.

Bäche tragen Gestein fort und erodieren tiefe Täler.

Über flachem, weichem Grund bildet der Fluß Mäander (S. 117 und 128), die sich langsam flußabwärts bewegen.

Ein toter Flußarm bildet sich dort, wo der Flußlauf eine Mäanderschleife abschneidet (S. 128), deren Enden von Sedimentablagerungen aufgefüllt werden.

Ein Delta (S. 123) bildet sich dort, wo ein langsam fließender Fluß an der Mündung in einen See oder ins Meer Sediment ablagert.

Jugend
Flüsse erodieren Land in tiefe, von Bergen getrennte Täler.

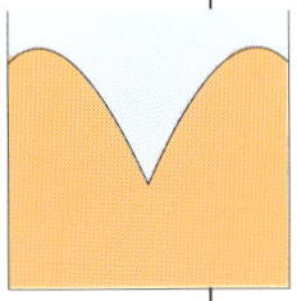

Reife
Durch Erosion werden Flußtäler verbreitert, und das Land wird niedriger.

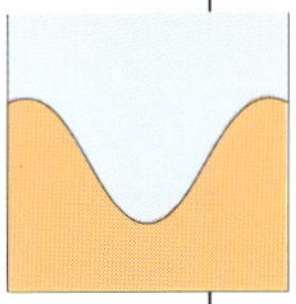

Alter
Die Landschaft liegt tief, Flußtäler sind breit und flach.

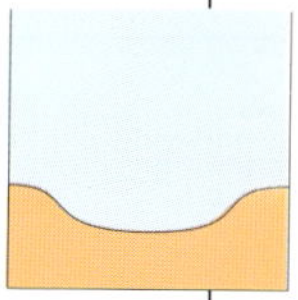

FLÜSSE UND BÄCHE

Ohne die gestaltende Kraft fließenden Wassers wären Landschaften so zerklüftet wie die Oberfläche des Mondes – und tatsächlich sehen Wüstenlandschaften fast wie der Mond aus. Flüsse und Bäche formen allmählich die Landschaft, machen sie weicher, tragen hier Material ab und lagern es dort an. Im Laufe von Jahrmillionen kann ein Fluß einen tiefen Canyon in festem Gestein anlegen oder eine riesige Ebene aus feinem Schlick ablagern, die Hunderte von Metern tief und viele Kilometer breit ist.

Jeder Strom windet sich hin und her, und wo Flüsse über breite Ebenen fließen, können sich kunstvolle hufeisenförmige Mäander bilden.

Für die alten Griechen waren Flüsse etwas Geheimnisvolles. Lebensnotwendig war das Wasser von Flüssen, die auch die Hauptverkehrswege darstellten. Und doch wußte man nicht, was Flüsse eigentlich am Fließen hielt. Griechische Gelehrte wie Thales von Milet (um 625 – um 547 v. Chr.) begriffen zwar recht gut den Wasserkreislauf – also daß Meerwasser verdunstet, zu Wolken kondensiert und als Regen wieder zur Erde fällt. Aber soweit sie das feststellen konnten, reichte das Regenwasser bei weitem nicht aus, einen mächtigen Fluß ständig fließen zu lassen. Nur die Ozeane konnten so viel Wasser liefern, also meinten sie, daß die Flüsse vom Meer durch unterirdische Quellen genährt wurden. Selbst im 17. Jahrhundert noch stellten sich die Menschen vor, daß sich unter ihren Füßen ein riesiges Wassernetz befinde, das aus unterseeischen Höhlen gespeist werde. 1674 wollte der französische Naturforscher Claude Perrault (1613 – 1688) herausfinden, ob der Regen nicht doch genügend Wasser liefere, um einen Fluß am Fließen zu halten. Er maß die Niederschlagsmenge über der Seine und ihren Nebenflüssen – und siehe da: Das Regenwasser reichte aus, die Seine sechsmal zu füllen. Aber wenn Perrault recht hatte – wie konnten Flüsse fließen, wenn es nicht regnete? Sechs Jahre später stellte der französische Physiker Edmé Mariotte (um 1620 – 1684) fest, daß bei Regen mehr Wasser aus Quellen sprudelte. Bei ergiebigen Niederschlägen lief das Regenwasser nicht nur direkt über dem Boden ab (oberirdischer Abfluß), sondern versickerte auch im Boden, ehe es wieder aus Quellen an der Oberfläche auftauchte (Grundwasser).

Im Laufe von Jahrmillionen werden die riesigen Blöcke, die Gebirgsbächen oft im Wege stehen, langsam abgetragen, bis sie so klein sind, daß sie weggespült werden.

Bewegtes Wasser bildet Rippeln im Sand, wie schon dieses Experiment im kleinen zeigt (S. 124).

Weil es einige Zeit dauert, bis das Wasser im Boden versickert, taucht es aus Quellen auch erst lange nach einem Regenguß auf – und Quellen fließen auch lange danach noch. Infolge dieser Verzögerung ermöglicht Grundwasser Flüssen das ganze Jahr über einen ständigen Basisabfluß, während der oberirdische Abfluß bei Regen für einen Spitzenabfluß sorgt. In feuchten Regionen beziehen Flüsse über ein Drittel ihres Wassers aus dem Grundwasser – der Mississippi in Amerika sogar über die Hälfte.
Aber warum, fragte man sich, versickert Wasser teils im Boden und fließt teils oberirdisch ab? In den dreißiger Jahren fand der amerikanische Ingenieur Robert E. Horton (1875 – 1945) heraus, daß Wasser nur dann oberirdisch abfließt, wenn die Niederschläge so ergiebig sind, daß der Boden das Wasser nicht schnell genug aufsaugen kann. Andere Hydrologen (Gewässerkundler) hingegen behaupten, daß es zum oberirdischen Abfluß nur dann kommt, wenn der Boden vor lauter Wasser überfließt (oberirdischer Sättigungsabfluß). Meist handelt es sich um eine Mischung beider Vorgänge.

Flußbetten

Horton untersuchte auch die Neigung des oberirdisch abfließenden Wassers, verzweigte Netze von Bächen zu bilden, die wiederum von winzigen Rinnsalen gespeist werden. Einen Bach ohne Zuflüsse nannte er einen Bach erster Ordnung, einen aus zwei Bächen erster Ordnung gebildeten Bach einen Bach zweiter Ordnung und so weiter. Als Horton Flüsse analysierte, kam er dahinter, daß sie ein sehr regelmäßiges Muster aufwiesen. In jedem Flußeinzugsgebiet werden Bäche mit jeder höheren Ordnung selte-

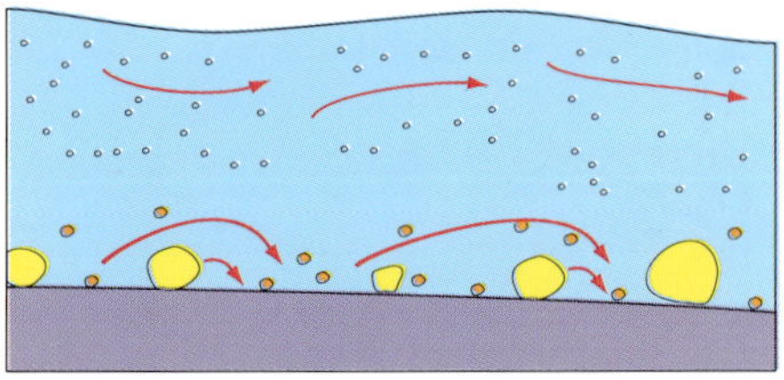

Flüsse befördern kleine Körper als Schwebstoffe – größere rollen und hüpfen im Bett weiter.

ner, länger und weniger abschüssig: Die Skala reicht also von den vielen kurzen und abschüssigen Bächen erster Ordnung bis zum einzigen, langen, sanft geneigten Strom höchster Ordnung.

Fließgeschwindigkeit

Eine Zeitlang hatten die Wissenschaftler für ein Phänomen keine Erklärung. Wenn man sich nämlich einen munter hüpfenden Gebirgsbach und einen sich dahinwindenden Flachlandfluß ansieht, könnte man meinen, daß Bäche über

An Bachmodellen kann man aufzeigen, wie Gewässer Material an manchen Stellen abtragen und an anderen ablagern (S. 122).

hohem, steilem Grund geschwind plätschern und weiter unten in flacherem Gelände dahinbummeln. So glaubten es jedenfalls vor 50 Jahren noch viele Wissenschaftler. Der steile Oberlauf sei ein Zeichen jugendlicher Energie – hier trage der Bach sein Bett energisch ab und halte das Gefälle steil. Der Unterlauf hingegen sei ein Zeichen von trägem Greisenalter – hier lagere der müde alte Strom sein Sediment ab. Aber der Schein kann trügen.

In den sechziger Jahren nämlich haben Durchflußmessungen gezeigt, daß Flüsse weiter abwärts oft schneller statt langsamer fließen – weil sie weniger durch die Reibung im Bett und an den Ufern gebremst werden. Im steilen Oberlauf hingegen ist die Reibung hoch, weil der Bach seicht ist und über ein rauhes Bett aus Geröll und Schotter stolpert. Strichweise kann es schnelle Strömungen geben, aber an manchen Stellen kann das Wasser fast stillstehen. Im Unterlauf ist die Reibung geringer und der Durchfluß gleichmäßiger, weil das Bett tiefer und von feinem Schlick gesäumt ist. Damit war die Vorstellung von jungen und alten Flüssen hinfällig, ebenso die Behauptung, Sedimente würden flußabwärts immer feiner, weil die groben Partikel zuerst abgelagert würden, wenn der Fluß langsamer wird. Vielmehr bleiben diese groben Partikel zurück, da feinere schneller und zahlreicher vorankommen. Neuere Forschungen haben gezeigt, daß ein Flußbett ständig durch die Art und Weise verändert wird, wie Wasser und Sediment mit dem Material von Bett und Ufern zusammenwirken. Wo ein Fluß über losen Schotter fließt, ist sein Bett breit und flach. Wo die Ufer aus klebrigem Schlick bestehen, sind Flüsse tiefer und schmäler.

Mäanderbildung

Dieses ständige Zusammenspiel scheint auch eine wichtige Rolle dabei zu spielen, daß ein Fluß an bestimmten Stellen, vor allem, wenn er sich dem Meer nähert, zur Bildung von Mäandern (Windungen) neigt.

Warum sich Mäander überhaupt bilden, bleibt trotz verschiedener Theorien ein Rätsel: Werden sie durch die Ablenkung des Wassers von Felsblöcken

Viele Flüsse, wie etwa der Hwangho in China, befördern riesige Frachten. So kann man sie messen (S. 125).

ausgelöst? Oder durch die Wirkung der Erdrotation?

Doch durch größere Brocken im Flußbett wird das Mäandern eher behindert als erleichtert. Am besten scheint es in glattem, feinem Schlick zu funktionieren. Die Form von Mäandern ist bemerkenswert gleichbleibend und vorhersagbar: Fast immer sind sie sieben- bis zehnmal so lang wie der Fluß breit ist, kommen alle fünf bis sieben Flußbreiten vor und sind im allgemeinen hufeisenförmig. Daher vermuten die meisten Wissenschaftler, daß die Mäanderbildung eine natürliche Eigenschaft aller Flußbetten ist. Sie wird durch ein flaches Gefälle und einen großen Durchfluß erleichtert, und daher ist man sicher, daß Mäander etwas mit der Art und Weise des Energieverbrauchs in einem Fluß zu tun haben.

Wie das funktioniert, scheint vom Zusammenspiel zwischen dem Wasser und den Sedimenten im Flußbett abzuhängen. Bezeichnenderweise sind die abwechselnd vorkommenden Tümpel und Stromschnellen (Tiefen und Untiefen), die sich sogar im Bett gerader Bäche bilden, fast immer fünf bis sieben Bachbettbreiten auseinander – genauso also wie die Mäanderwindungen. In den fünfziger Jahren haben Hydrologen Bachmodelle mit echten Bächen verglichen. Ergebnis: Der »Talweg«, die Verbindungslinie der tiefsten Punkte in einem Bachbett, windet sich selbst in gerade verlaufenden Betten alle fünf bis sieben Bettbreiten hin und her. Es gibt also offenbar einen natürlichen Übergang vom sich windenden Talweg im Bach zum mäandrierenden Strom (S. 128).

Wenn Flüsse nach ergiebigen schweren Regenfällen oder nach der Schneeschmelze im Frühling Hochwasser führen, können auch große Bäume und sogar Felsbrocken von den Fluten mitgerissen werden.

Gebirgsbäche scheinen sehr rasch zu fließen, wenn sie über Felsen plätschern – aber sogar unter Wasserfällen gibt es Stellen, an denen sich das Wasser kaum bewegt.

Wasser auf dem Land

Jahr für Jahr fallen Millionen Tonnen Wasser als Regen auf das Land. Zahllose Regentropfen hämmern auf die Bodenoberfläche und verschieben und formen sie langsam. Die Schwerkraft befördert das Wasser über den Erdboden in Bäche, Flüsse und schließlich wieder ins Meer.

Wenn Wasser den Boden erreicht, versinkt es teils darin und bildet Grundwasser (S. 120). Ein anderer Teil verdunstet gleich in die Luft oder wird von Pflanzen aufgenommen und dann durch die Blätter verdunstet. Der Rest läuft über die Oberfläche ab. Das beginnt als oberirdischer Abfluß: Wasser bewegt sich auf dem Boden, ohne einen bestimmten Weg zu nehmen. Aber so kommt es nicht weit, und schon bald bildet es kleine Rinnsale, dann Bäche und fließt wohlgeordnet bergab.

Entwässerungsnetze

Diese von Bächen gebildeten Netze sagen viel über das Land aus, über das sie fließen. Sucht doch einmal die hier dargestellten drei Netztypen auf einer Karte.

Verzweigtes Netz
Ein baumartiges Muster bildet sich über flachem Gestein – Zweige können in alle Richtungen wachsen.

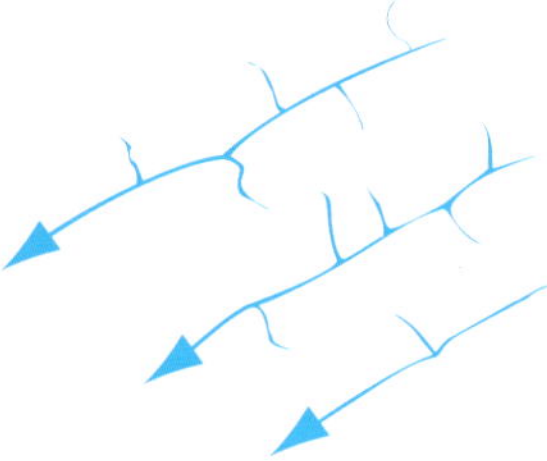

Parallelnetz
Solche Bäche entwickeln sich vor allem da, wo Gesteinsschichten in parallelen Bahnen erodieren.

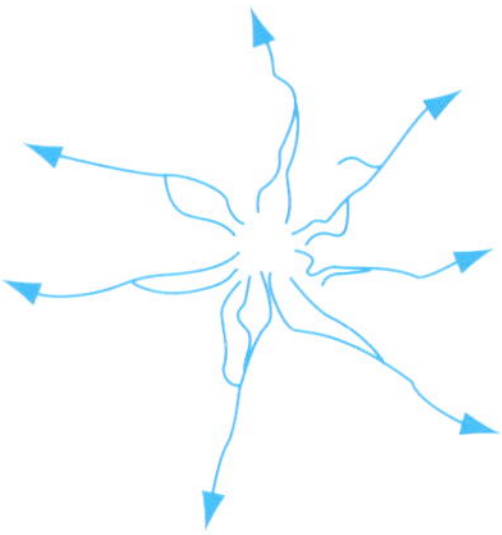

Radialnetz
Es bildet sich, wo Bäche von einem hohen Punkt wie einem Vulkankegel, nach außen und unten fließen.

Regenwasser, das auf Hänge fällt, läuft als oberirdischer Abfluß bergab.

Während heftiger Regenfälle läuft das Wasser Berghänge flächig hinunter.

Der Abfluß kann von einem Hang mit einer Rinne gesammelt und für die Messung in einen Behälter geleitet werden.

Den oberirdischen Abfluß messen
Diesen Abfluß kann man mit einer Rinne sammeln und messen, die in einen Hang eingegraben ist und zu einem Behälter führt. Das schwankt je nach Niederschlagsmenge und Bodentyp – auch vom Menschen verursachte Veränderungen können sich stark darauf auswirken. Bei einem bewachsenen Hügel ist der Abfluß gewöhnlich gering, weil die Vegetation das Wasser meist zurückhält, bis es verdunstet oder im Boden versickert. Wo die Vegetation aber beseitigt ist, kann nichts das Wasser zurückhalten. Dann nimmt der oberirdische Abfluß zu, und der Boden kann weggespült werden. Die Folge sind oft starke Erosionen und kahle Hänge.

EXPERIMENT

Erosion durch Regen

Bei kurzen, heftigen Regenfällen prallen die Regentropfen auf weichen Boden mit geringer oder keiner Vegetation so heftig auf, daß sie Erdkrumen lösen. Im folgenden Experiment könnt ihr diese Niederschlagserosion beobachten – aber auch, wie eine härtere Gesteinsschicht das Material darunter schützt.

IHR BRAUCHT
- Plastikschale
- Sand • Münzen

1 Legt in der Schale einen Sandhaufen an und legt ein paar Münzen darauf. Stellt die Schale ins Freie, wo sie dem Regen ausgesetzt ist.

Wo harte Gesteinsschichten (die Münzen) das weichere Gestein vor Niederschlagserosion schützen, bilden sich Säulen.

2 Der Regen wird den Sand allmählich abtragen. Unter den Münzen erodiert er langsamer, so daß hier Säulen in der Schale stehenbleiben.

EXPERIMENT

Einen Hang hinunterplätschern

Wenn man einen Ball auf ebenen Boden fallen läßt, springt er senkrecht zurück. Auf geneigtem Boden aber wird er allmählich abwärts hüpfen. Etwas Ähnliches geschieht mit Boden und Gestein, wenn Regen auf einen Berghang fällt. Der Boden oder das Gestein wird durch den Aufprall der Tropfen nach außen und abwärts geworfen und landet weiter unten. Dies geschieht nicht immer genau in Fallrichtung des Hanges (S. 94), sondern zuweilen in einem Winkel dazu – wie bei dem Miniaturhang in diesem Experiment.

IHR BRAUCHT
- Winkelmesser • Lineal • Schreiber
- Schere • Zirkel • Kleber • Löschpapier
- Sand • Schale

1 Zeichnet auf das Löschpapier Linien, die sich im Mittelpunkt schneiden, sowie konzentrische Kreise in gleichen Abständen. Schneidet den inneren Kreis aus.

2 Gebt den Sand in die Schale und glättet ihn. Stellt die Schale im Freien auf einen Hang und bedeckt sie mit dem Papier, das ihr an den Rändern festklebt.

3 Beobachtet, was in den nächsten paar Wochen mit dem Sand geschieht. Wird er durch Niederschlagserosion aus der Schale bergab gespült?

Wasser im Untergrund

Wenn es regnet, fließt das Wasser nicht immer in Bächen und Flüssen ab. Fällt es auf Gesteine wie Kreide oder Kalkstein, versickert eine Menge im Boden und wird Grundwasser: Wasser, das sehr langsam durch Poren (Lufträume) oder Klüfte im Gestein eindringt, zuweilen Hunderte von Metern unter der Oberfläche. Das Grundwasser sättigt das Muttergestein (S. 182) und bildet an manchen Stellen riesige natürliche Reservoirs von reinem Wasser. Die Oberkante dieser Sättigungszone nennt man Grundwasserspiegel, und im allgemeinen folgt er den Konturen des Landes. In tiefer gelegenen Regionen tritt das Grundwasser oft in Form von Quellen aus – hier fallen Grundwasserspiegel und Oberfläche wieder zusammen. Auch das Grundwasser hat erodierende Wirkung, nämlich auf unterirdische Gesteinsschichten. Da es Kohlendioxid enthält, wird Kalkstein allmählich aufgelöst. Das Wasser sickert durch Risse und weitet sie aus, bis schließlich große Höhlen entstehen.

Unterirdischer Wasserlauf
Diese Höhle hat sich in Kalkstein gebildet. An ihrer Decke hat das tropfende Wasser Stalaktiten geschaffen.

EXPERIMENT

Durchlässigkeitstest

Regen, der auf sandigen Boden fällt, versickert schnell. Auf einer Asphaltstraße aber bleibt er liegen, so daß man Böschungen und Abflußgräben anlegen muß, um Überschwemmungen zu verhindern. Sand enthält viele Lufträume, durch die das Wasser abfließen kann: Er ist durchlässig – Asphalt hingegen bildet eine fast wasserdichte Schicht und ist somit undurchlässig. Testet verschiedene Materialien auf ihre Durchlässigkeit: Sind die gröberen durchlässiger?

IHR BRAUCHT

• Testmaterialien: Sand, Kies, Linsen, Scheuerpulver usw. • Plastikflasche • Gaze • Krug • Meßbecher • Gummiband • Schere • Schreiber • Notizbuch • Uhr

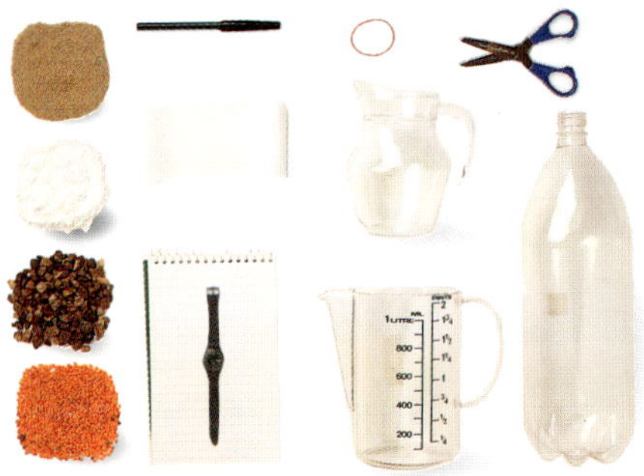

1 Schneidet das Oberteil der Flasche zu einem Trichter zurecht. Befestigt die Gaze mit dem Gummiband über der Öffnung.

2 Steckt den Trichter in den Meßbecher und füllt ihn mit einem der Testmaterialien. Markiert die Einfüllhöhe an der Flasche.

3 Füllt den Krug mit einer vorher abgemessenen Menge Wasser. Notiert euch die Startzeit und gießt das Wasser in den Trichter.

4 Notiert euch, wie lange das Wasser braucht, um in den Meßbecher zu fließen. Versucht das nun mit den anderen Materialien.

EXPERIMENT

Versickern

Selbst an Stellen, wo der Boden voller Poren ist, können Pfützen nach einem heftigen Regen zurückbleiben: Wasser braucht einige Zeit, um in den Boden einzudringen, sobald er gesättigt ist. Hier könnt ihr das bei verschiedenen Böden ausprobieren. Beachtet, wie Wasser gleichschnell versickert, sobald der Boden gesättigt ist - ganz gleich, wieviel ihr zugießt.

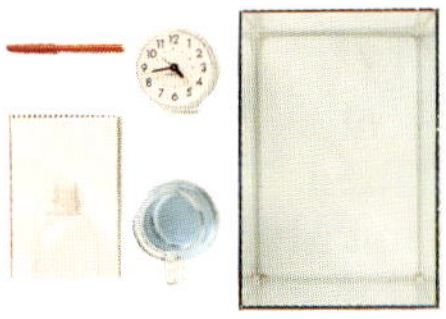

IHR BRAUCHT
- Schreiber
- Notizblock
- Trichter (Oberteil einer Plastikflasche)
- Krug • Uhr

1 Grabt den Trichter in den Boden ein, so daß er mit der Oberfläche abschließt. Notiert euch die Startzeit und gießt einen Krug Wasser hinein.

2 Notiert euch die Zeit, die das Wasser zum Versickern braucht. Versucht es mit mehr Wasser und testet dann andere Böden.

EXPERIMENT

Einen Stalaktiten machen

In Kalksteinhöhlen kann das ständige Tropfen mineralhaltigen Grundwassers über Jahrhunderte und Jahrtausende große Stalaktiten und Stalagmiten bilden. Mit einer Waschsodalösung könnt ihr einen kleinen Stalaktiten in knapp einer Woche züchten. Während die Lösung in eine Schale tropft, bleibt etwas Soda zurück und wächst nach unten als Stalaktit und aus der Schale nach oben als Stalagmit - genauso wie in einer echten Höhle.

IHR BRAUCHT
- Wolle • Büroklammern • Krug • Schale
- Löffel • 2 Gläser • Waschsoda

1 Füllt die Gläser mit sehr warmem Wasser. Gebt in jedes etwas Soda und rührt die Lösung um. Fügt weiteres Soda hinzu, bis es sich nicht mehr lösen kann.

2 Schneidet einen Wollfaden ab. Beschwert die Enden mit Büroklammern und taucht sie in die Gläser. Stellt die Schale in die Mitte und laßt alles für 2 bis 3 Tage stehen.

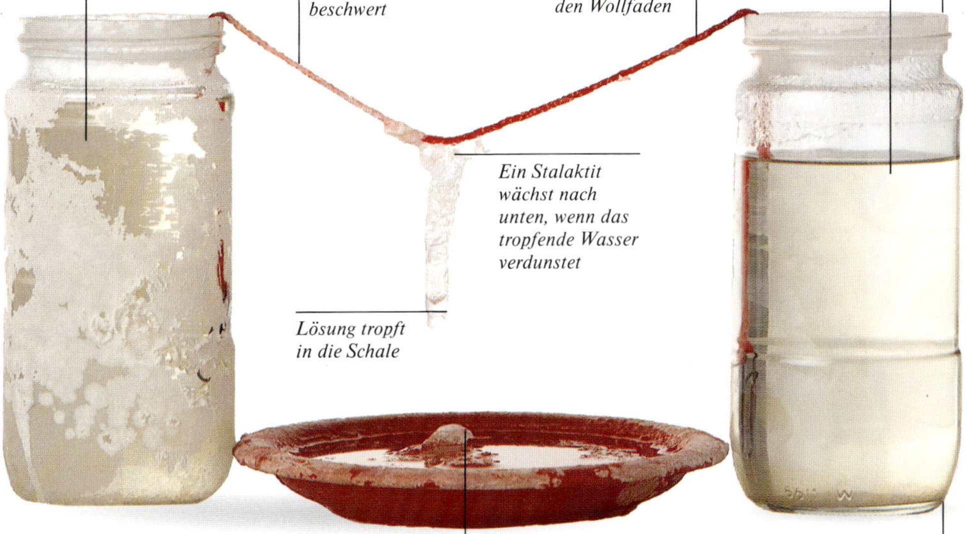

Die Last eines Flusses

Manche Flüsse sind so klar, daß man fast jede Einzelheit auf dem Flußbett erkennt. Bei anderen ist das Wasser vom mitgeführten Sand und Schlamm so trübe, daß man die Hand nicht mehr sieht, wenn man sie darin eintaucht. Der Hwangho in China enthält eine so dicke Brühe aus Schlick und Wasser, daß er im Volksmund Gelber Fluß heißt.

Das Material, das ein Fluß oder Strom mit sich führt, nennt man Fracht. Sie ist abhängig von der Geschwindigkeit des Wassers und von der Art des Landes, durch das der Fluß fließt. Das meiste Material wird in kurzen Überschwemmungszeiten befördert: Wenn Flüsse wie der Hwangho Hochwasser haben, bewegen sie Milliarden Tonnen von Sediment stromabwärts. Aber auch der kleinste, klarste Bach trägt eine Fracht.

Alluvium

nennt man die Ablagerungen aus feinem Sand und Schlamm, die den Boden eines breiten Flußtals bedecken. Oft fließt der Fluß innerhalb von Schlammbänken (auch Hochwasserdämme genannt), die er bei Überschwemmungen selbst aufwirft.

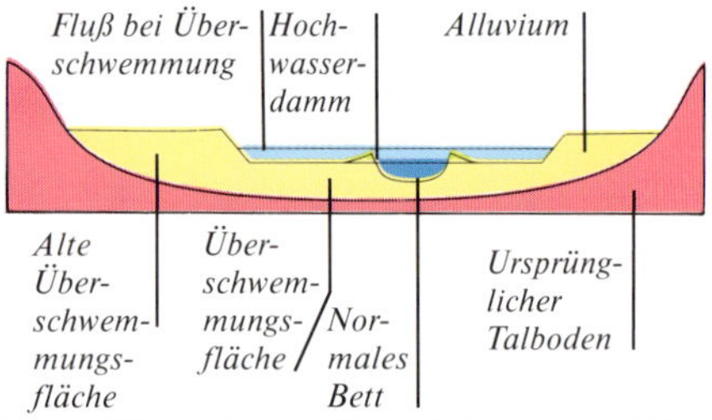

EXPERIMENT

Rippeln erzeugen

Nur ein ziemlich rasch fließender Bach kann Material aus seinem Bett aufnehmen. Sobald er schnell genug strömt, beginnt er sein Bett zu formen und regelmäßige Rippeln zu bilden, die bachaufwärts sanft und bachabwärts steil abfallen. Diese Rippeln könnt ihr selbst erzeugen: in einem kreisförmigen künstlichen Gerinne oder Bett, bei dem das Wasser in einer Schüssel ganz einfach durch Rühren ständig im Kreis herumgetrieben wird. Bei langsamem Rühren nimmt das Wasser keinen Sand auf, und das Bett bleibt glatt. Sobald ihr aber schneller rührt, beginnen sich Rippeln zu bilden – deutlich zu sehen zum Rand der Schüssel hin, wo die Strömung am schnellsten ist.

1 Füllt die Schüssel zur Hälfte mit Wasser. Füllt den Becher mit Sand und stellt ihn in die Mitte der Schüssel.

2 Streut eine dünne, glatte Schicht Sand in die Schüssel und setzt das Wasser sacht rührend kreisförmig in Bewegung.

IHR BRAUCHT

• runde Schüssel • mit Sand gefüllter Becher oder anderes rundes, schweres Objekt • Sand • Löffel • Wasser

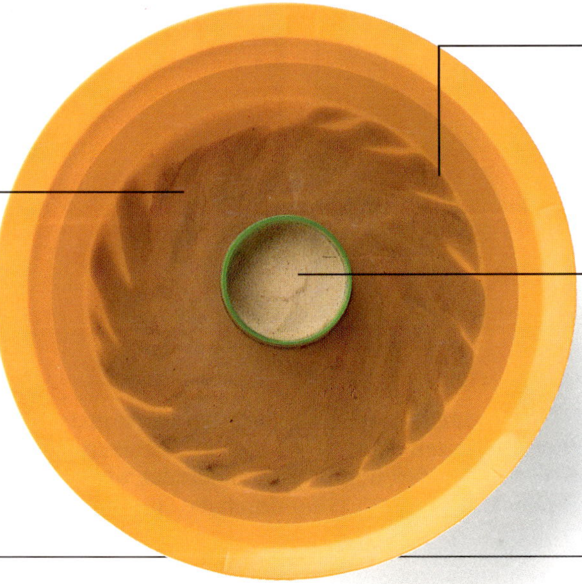

Die Fracht eines Flusses

kommt auf drei Arten voran. Einige Stoffe sind im Wasser gelöst (gelöste Fracht) oder hängen im Wasser (schwebende Fracht). Größere Objekte bewegen sich auf dem Bett (Bodenfracht) durch Rollen und Purzeln oder durch kleine Hopser (Saltation) voran.

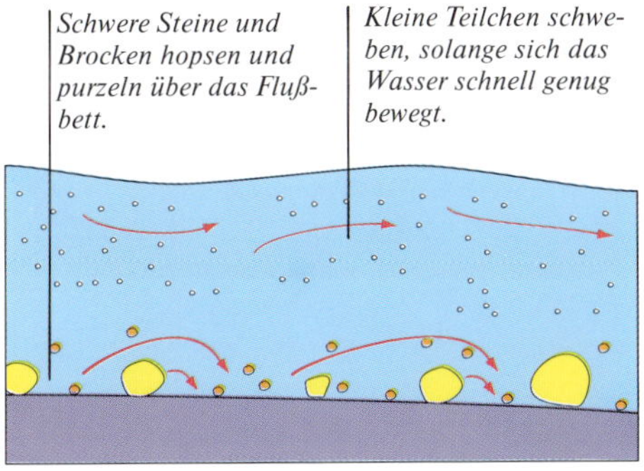

EXPERIMENT

Schwebende Fracht

Diese Fracht ist schwerer zu messen als die Bodenfracht. Einen groben Anhalt gibt ein Stück weißer Karton, den man unter die Oberfläche drückt: Je schneller er unsichtbar wird, desto schwerer die Fracht. Mit dieser einfachen Vorrichtung kann man sogar die Fracht messen. Sie besteht aus zwei Gläsern, in deren Öffnung ihr je ein Einflußröhrchen und ein nach oben gerichtetes Ausflußröhrchen mit Plastillin befestigt. Klebt die Gläser übereinander an einen Stab, den ihr mit den Röhrchen bachaufwärts in einen Bach stellt. Wasser fließt in die Gläser, wird langsamer und setzt seine Fracht ab, dann strömt es wieder aus. Wiegt den Inhalt nach sechs Stunden.

EXPERIMENT

Bodenproben aus einem Bach entnehmen

Bei diesem Experiment sollte ein Erwachsener mithelfen

Hier könnt ihr messen, wie sich die Fracht eines echten Baches im Verhältnis zur Fließgeschwindigkeit verändert. Sucht euch einen kleinen Bach aus, in dem ihr (oder ein Erwachsener) sicher waten könnt, und entnehmt Proben zu verschiedenen Jahreszeiten. Hier zeigen wir die Technik zum Messen der Bodenfracht, beim Experiment unten links messen wir die schwebende Fracht. Spannt Musselin über einen quadratischen Drahtrahmen, wiegt diesen und senkt ihn dann vorsichtig auf den Bachboden ab. Nach sechs Stunden holt ihr den Rahmen behutsam wieder heraus – haltet ihn dabei stets waagrecht! Laßt ihn trocknen und wiegt ihn erneut. Wenn ihr die erste Messung von der zweiten abzieht, bekommt ihr die Bodenfracht.

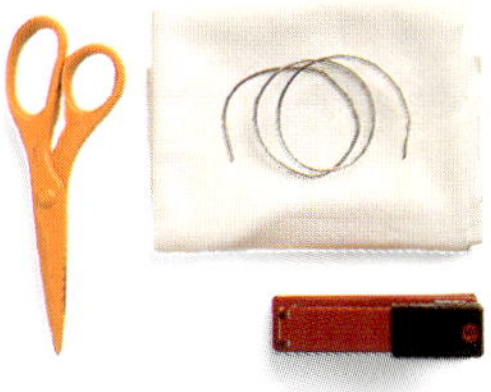

IHR BRAUCHT
- Musselin, etwa 25 x 25 cm
- Draht
- Schere
- Hefter

1 Biegt den Draht zu einem Quadrat und verdreht die Enden zu einem Griff. Legt den Draht auf den Musselin, faltet die Seiten über und heftet sie zusammen.

2 Das Netz sollte ein wenig durchhängen. Legt es nun flach aufs Bachbett und laßt es dort für sechs Stunden.

Bettentest
Dieser Probensammler auf dem Bachbett fängt schwereres Material ein, das auf dem Boden bewegt oder von schnelleren Strömungen darüber fallengelassen wird.

Am rauschenden Bach

Schaut euch einmal die Oberfläche eines Flusses genau an: Das Wasser fließt nicht überall gleich schnell. In der Mitte des Hauptbettes schießt es dahin. Aber in den Untiefen nahe am Rand steht die Strömung fast still, da sie durch die Reibung mit dem Ufer und dem Bett verlangsamt wird. So unglaublich es klingt, aber auch auf Wasser wirkt sich Reibung aus: Ein Bach benötigt 95 Prozent seiner Energie, um die Reibung zu überwinden. Daher fließt er hoch oben im Gebirge nicht schneller, wie man meinen könnte, sondern verbraucht im Gegenteil Energie, um über Felsen und Brocken zu springen. Erst weiter unten, wo er zwischen glatten Ufern aus Schlick und Schlamm fließt, beschleunigt sich der Fluß.

Wasser in Bewegung
Während dieser Bach über sein felsiges Bett strömt, bewegen sich verschiedene Bereiche unterschiedlich schnell. In der Mitte rauscht das Wasser dahin, an den Rändern aber kann es fast stillstehen.

EXPERIMENT

Uneben und glatt

Wenn man Wasser langsam über Glas fließen läßt, bildet es eine vollkommen ebene, glatte Schicht. Diese Bewegung nennt man laminare Strömung. In echten Bächen kommt sie aber nur dort vor, wo die Strömung sehr langsam ist: über dem Bett und an den Ufern. In den meisten Bächen ist die Strömung turbulent. Statt nur in eine Richtung zu fließen, bewegt sich das Wasser chaotisch und wirbelt in allen Richtungen herum. Dank dieser Strudel können Bäche Partikel aufheben oder sie aufs Bett drücken. Den Wechsel von laminarer zu turbulenter Strömung könnt ihr selbst erzeugen, indem ihr Wasser einfach auf ein Tablett gießt. Dieser sogenannte Wassersprung geschieht ganz plötzlich und kann deutlich verfolgt werden.

Springendes Wasser
Trifft das Wasser aufs Tablett, ist die Strömung erst glatt und laminar. Aber nach einer kurzen Strecke springt es hoch und strömt turbulent.

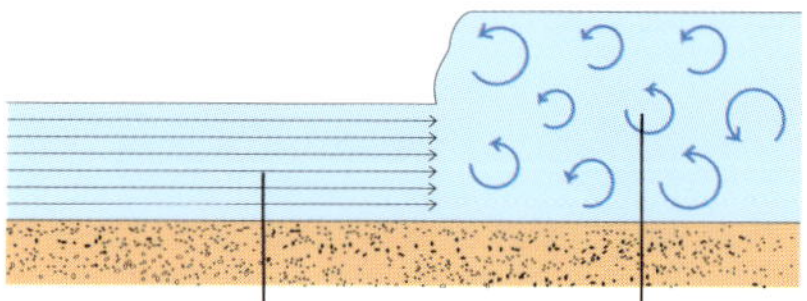

Glatte, laminare Strömung

Wirbelnde, turbulente Strömung

IHR BRAUCHT

• großes Tablett (oder benützt das Bad oder die Spüle) • Krug • Wasser

Haltet den Krug etwa 20 cm über das Tablett und gießt gleichmäßig.

Der Sprung von der laminaren zur turbulenten Strömung geschieht in einem Ring um das sich ausbreitende Wasser.

EXPERIMENT

Strömungsgeschwindigkeit

Wie schnell ein Bach fließt, kann man am einfachsten messen, wenn man die Zeit stoppt, in der ein treibendes Objekt eine bestimmte Strecke zurücklegt. Gut eignet sich dafür eine Orange, weil sie knapp unter der Oberfläche schwimmt und von der Strömung besser mitgenommen wird als ein Stock.

IHR BRAUCHT
- Uhr • Maßband
- Orange oder ähnliche Frucht

Durchschnittsgeschwindigkeit
Weil Wasser am schnellsten nahe der Oberfläche strömt, müßt ihr euer Ergebnis mit 0,8 multiplizieren, um die Durchschnittsgeschwindigkeit des Baches zu erhalten. Beispiel: 100 Meter in 20 Sekunden ergeben eine Strömungsgeschwindigkeit von 5 Metern pro Sekunde – das Durchschnittstempo beträgt also 4 Meter pro Sekunde.

Durchflußprofil

Dieses Profil zeigt, wie die Geschwindigkeit eines Flusses sich mit seiner Tiefe ändert. Je schneller das Wasser fließt, desto mehr verschiebt sich die Strömungslinie nach rechts: Am schnellsten ist die Strömung unter der Wasseroberfläche, am langsamsten über dem Bett, wo die Reibung bremst.

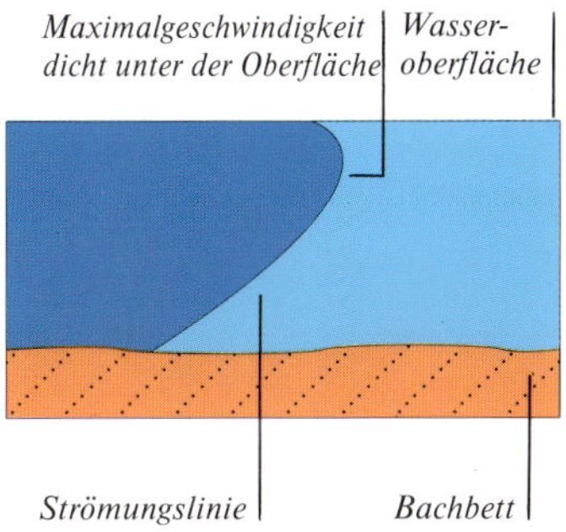

Unwetter in einer Strömungsschale

Wenn sich bei einem Unwetter Wassermassen ins Einzugsgebiet eines Flusses ergießen, kann das dramatische Folgen haben. Die Energie des Wassers konzentriert sich auf ein begrenztes Gebiet, und die Transportfähigkeit eines Flusses für große Objekte steigt zusammen mit seiner Transportkapazität (der Fracht, die er tragen kann) steil an. Nicht nur große Mengen Sand und Schlick, sondern auch riesige Brocken und Bäume können dabei mitgerissen werden. Derart plötzliche Überschwemmungen wirken sich verheerend aus. Im August 1952 kippte der kleine Fluß Lyn in der englischen Grafschaft Devon 100 000 Tonnen Geröll über dem Dörfchen Lynmouth aus und spülte Häuser, Brücken und Autos weg. Die Wirkung einer Überschwemmung könnt ihr auch in eurer Strömungsschale (S. 122) beobachten.

Sogar die größten Sandkörner werden vom Sturzbach mitgerissen.

Dreht das Wasser auf, um ein »Unwetter« in der Schale zu erzeugen.

Dieser Sturzbach befördert große Mengen feinen wie groben Sand von einem Ende der Schale zum andern.

Das Wasser höhlt ein tiefes Bett aus.

Das Bett schneidet eine breite Bahn durch alte Mäander und Uferbänke.

Die gewaltige Sandfracht wird in einem riesigen Schotterfächer oder Delta (S. 123) am Ende des Unterlaufs abgelagert.

Mäander

Wenn man eine schwere Kugel auf eine schiefe Bahn fallen läßt, rollt sie direkt nach unten. Fließendes Wasser hingegen windet sich vor und zurück wie eine Schlange. Diese natürliche Krümmung spielt eine wichtige Rolle bei der Formung von Flüssen. Je größer ein Fluß ist und je flacher sein Gefälle, desto eher wird er sich hin und her winden - und dies um so mehr, je näher er dem Meer kommt, bis er eine Reihe regelmäßiger hufeisenförmiger Windungen bildet, die man Mäander nennt: je größer und breiter der Fluß und je feiner das Material in seinem Bett und seinen Uferböschungen, desto größer der Mäander.
Es gibt verschiedene Theorien, warum sich Mäander entwickeln. Wichtig ist offenbar, wie sich das Wasser zwischen den Ufern dreht und wendet und wie der Fluß Sediment an manchen Stellen aufwirbelt und an anderen wieder fallen läßt.

Ständiges Hin und Her
Hier ein extrem mäandrierender Fluß: Einige Kurven sind so eng, daß sie sich schließlich einmal berühren können. Dann durchbricht das Wasser die Windungen und schneidet eine Flußschleife ganz ab – ein halbmondförmiges Altwasser entsteht.

Mäander erzeugen

Mit Hilfe der Strömungsschale (S. 122) könnt ihr feststellen, wie sich bei einem flacheren Gefälle und einer stärkeren Strömung Mäander bilden. Glättet den Sand und laßt das Wasser sechs Stunden etwas mehr als tröpfeln. Stellt die Schale deutlich flacher auf und verstärkt die Strömung noch etwas. Vermutlich entwickeln sich rasch deutlichere Windungen. Nachdem der Bach eine Zeitlang lief, beginnt sich sein Lauf immer stärker über den Sand zu winden, und Verzweigungen in der Hauptströmung entwickeln sich zu Windungen. Wenn das Wasser auf

Sand wird vom aufwärts gelegenen Ende der Schale weggetragen und bildet ein Bett.

Zunächst nimmt der Bach einen fast geraden Lauf.

Weiter abwärts beginnt das Wasser über das Land zu kurven.

Bachabwärts getragener Sand wird immer dort abgelagert, wo das Wasser langsam fließt.

Wie sich Mäander bilden

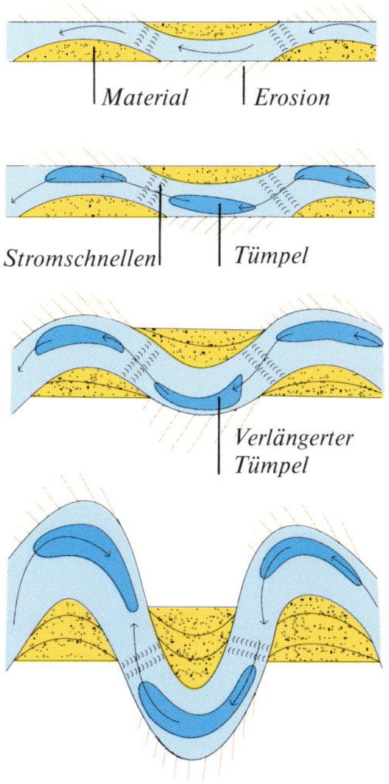

Erste Kurven
Durch abgelagertes Material wird das Wasser abgelenkt und bildet Kurven.

Tümpel und Stromschnellen
Tiefe Tümpel und flache Stromschnellen entstehen.

Windungen verstärken sich
Das Bett wird schief, wenn sich die Tümpel verlängern und in die Kurven verlagern.

Mäandrieren
Die Größe der Mäander hängt von den Abständen zwischen Tümpeln und Stromschnellen ab.

Spiralige Strömung

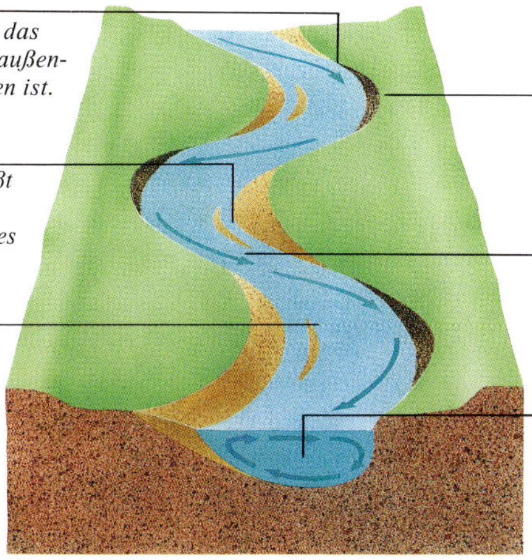

In den meisten Flüssen fließt das Wasser nicht nur abwärts, sondern auch quer. Weil es am schnellsten in der Bogenaußenseite strömt, staut es sich hier und wird dann zu den Untiefen auf der Innenseite gezogen, wo die Strömung durch Sandbänke verlangsamt wird. Dieser »Korkenzieherlauf« des Wassers durch den Mäander ist zwar wichtig, aber dadurch wird keineswegs, wie man früher glaubte, Material von der Außenseite abgespült und an der Bogeninnenseite abgelagert.

deren äußere Seite trifft, schneidet es den Sand ab und bildet Miniaturkliffs, während auf der Innenseite Sandbänke entstehen. Solange das Wasser fließt, ändert sich das Mäandermuster ständig; auch in Wirklichkeit, wo die Mäander über den Talboden wandern. Dadurch entsteht, zumal nach gelegentlichen Überschwemmungen, die das ganze Tal überfluten, eine flache Ebene aus abgelagertem Material, die man Überschwemmungsfläche nennt. Mäander bewegen sich stromabwärts, weil sich die Erosion auf die stromabwärts gelegene Seite der Windungen im Fluß konzentriert.

Teile des Bachlaufs werden abgeschnitten, wenn das Wasser durch neue Mäander fließt.

Wo sich Sand an der Innenseite der Windung auftürmt, bilden sich Sandbänke.

Wo das Wasser auf den Prallhang trifft, bildet sich ein scharfes Kliff.

Der Fluß bildet eine Vielzahl von sich verzweigenden Betten oder Rinnen.

EIS UND WIND

Genau wie Wasser können auch Eis und Luft eine Landschaft gründlich verändern, wenn sie sich bewegen. Eis bewegt sich in Form von Gletschern und Eisschichten, die sich unter ihrem eigenen Gewicht langsam bergab oder nach außen schieben. Heute ist nur noch ein Zehntel der Landmasse von Eis bedeckt, und auf der ganzen Welt schrumpfen langsam viele Gletscher. Aber nicht immer haben sie sich auf dem Rückzug befunden. Im Laufe der letzten 150 Jahre hat man herausgefunden, daß diese gewaltigen Eismassen einst große Teile der nördlichen Hemisphäre bedeckt haben.

Die Mittens im Monument Valley im US-Staat Utah sind Überreste eines Plateaus, das von Wasser und Wind erodiert worden ist.

Im Sommer 1836 brachen zwei Männer zu einer Expedition in die Hochtäler am westlichen Rand der Alpen auf: Johann von Charpentier (1786–1855), der sich speziell für Gletscher interessierte, und der Schweizer Naturforscher Louis Agassiz (1807–1873).

Dieser Expedition war ein freundschaftlicher Disput vorangegangen. Einige Geologen hatten bemerkt, wie sich Hochgebirgsgletscher ihren Weg durch Täler bahnen und Gestein von einem Ort zum andern befördern. Mit diesem Wissen betrachteten sie nun die viel tiefer gelegene Landschaft, wo es keine Gletscher gab. Zu ihrer Überraschung fanden sie hier die gleichen Talformen vor, ebenso die gleichen typischen Gesteinsformationen. Für Charpentier war der Fall klar: Zu irgendeiner Zeit hatte der größte Teil von Nordeuropa unter einer Eisschicht gelegen. Agassiz zweifelte daran. Inzwischen waren zwar schon mehrere wissenschaftliche Veröffentlichungen über eine frühere Eiszeit erschienen, aber er hielt ein solches Ereignis eher für unwahrscheinlich. Doch nach dieser Expedition änderte er seine Meinung gründlich und wurde einer der führenden Verfechter der Glazialtheorie.

Windgepeitschte Wüstenberge gehören zu den unwirtlichsten Landschaften auf der Erde.

Eisige Beweise

Seit den dreißiger Jahren des vorigen Jahrhunderts haben die Geologen viele Beweise für die Gültigkeit der Gletschertheorie gefunden. Heute zweifelt man kaum noch daran, daß vor 18 000 Jahren große Teile der Nordhalbkugel – auch das Land, wo sich heute New York oder Hamburg befinden – von einer dicken Eisschicht bedeckt waren. Eis hüllte auch die Alpen und die Spitze von Südamerika ein – sogar die höchsten Erhebungen von Australien und Afrika.

Aus Beobachtungen von Gletschern wissen wir, daß sich dieses Eis bewegt haben muß, zwar sehr langsam, aber mit unglaublicher Kraft. Und überall da, wo Eis sich einst verschoben hat, hinterließ es Spuren – indem es das darunterliegende Gestein erodierte sowie Steine und Felsbrocken mit sich nahm und später als Moränen ablagerte. Hier endete der Gletscher und zog sich dann wieder zurück.

Unter Druck schmilzt Eis zu einer Wasserschicht, auf der ein Gletscher gleiten kann *(S. 133)**.*

Eine gewisse Vorstellung von der Größe dieser alten Gletscherströme vermitteln uns die Größe der Steine, die sie transportierten, sowie die Entfernungen, die sie dabei zurücklegten. Einige dieser Brocken, sogenannte Findlinge oder erratische Blöcke, wiegen Hunderttausende von Tonnen und sind über einen Kilometer lang. An der Ostküste von Großbritannien etwa gibt es Felsen, die nicht aus dem darunterliegenden Gestein stammen, sondern aus Oslo in Norwegen. Das Eis muß sie also über eine Strecke von über 800 Kilometern transportiert haben.

Klimaänderungen

Die Verfechter der Gletschertheorie versuchten als erstes herauszufinden, wie weit sich einst das Eis erstreckt hatte. Dabei kam Seltsames zutage. Teile von Nordamerika und Nordeuropa waren mit Moränen bedeckt, die sich oft überlappten; außerdem fand man die Überreste eines Waldes eingeschlossen zwischen zwei Schichten von Gletscherablagerungen oder Grundmoränen. Die Gletscher waren also nicht einfach gekommen und wieder gegangen, sondern hatten sich während mindestens vier verschiedenen Eiszeiten vorgeschoben und zurückgezogen. In jeder Eiszeit hatte das Eis verschiedene Moränen zurückgelassen – so wie bei Ebbe Seetang am Strand zurückbleibt. Das aber konnte nur bedeuten,

Auf ihrem Rückzug hinterlassen Gletscher eine Landschaft aus U-förmigen Tälern und schüsselförmigen Karen.

daß sich das Klima der Erde abwechselnd erwärmt und wieder abgekühlt hatte. Diese wichtige Entdeckung stellte die von vielen Geologen gehegte Vorstellung in Frage, daß sich die Erde stets in einer bestimmten Richtung verändere und diese geologischen Veränderungen nie wieder rückgängig mache. Heute gehen wir davon aus, daß sich das Klima der Erde periodisch verändert. Wenn die durchschnittliche Oberflächen-

Infolge plastischer Verformung fließt Eis unter extremem Druck wie eine Flüssigkeit (S. 132).

temperatur fällt und es zu Vergletscherungen kommt, rückt das Eis vor – in den Zwischeneiszeiten, wenn die Temperatur wieder steigt, zieht es sich zurück. Während der Zeit seiner größten Ausdehnung hat das Eis wohl fast ein Drittel der Landmassen der Erde bedeckt. Unter dem riesigen Gewicht des Eises kann das Land sinken, aber da so viel Wasser als Eis gebunden wird, fällt die Meereshöhe um bis zu 150 Meter. In einer Zwischeneiszeit – wie in der, in welcher wir heute leben – zieht sich das Eis so weit zurück, daß es weniger als 10 Prozent der Landmasse bedeckt. Daher ist der größte Teil der Erdoberfläche eisfrei und bewohnbar.

Sonne und Eis

Sobald man wußte, daß es verschiedene Eiszeiten gibt, versuchte man, den Grund dafür zu finden. Es hat zwar in den letzten rund hundert Jahren eine Menge Erklärungen gegeben, aber noch immer ist dieses Problem nicht gelöst. Eine der bekanntesten Erklärungen stammt von dem jugoslawischen Physiker Milutin Milanković (1879–1958). Er errechnete, daß sich die Entfernung der Erde von der Sonne wie auch der Neigungswinkel der Erdachse zyklisch veränderten. Der erste Zyklus daure 20 000 Jahre, der zweite etwa doppelt so lange. 1938 stellte Milanković graphisch dar, wie diese Zyklen die Energiemenge beeinflussen würden, die die Erde von der Sonne empfängt. Diese »Milanković-Kurve« steigt und fällt in etwa mit den Eiszeiten. Als sie allerdings erstmals veröffentlicht wurde, glaubten nur wenige, daß sie etwas mit dem Weltklima zu tun hat, und selbst heute noch zweifeln viele Wissenschaftler daran, daß sie bei Eiszeiten eine Rolle spielt. Einige sind der Ansicht, daß Eiszeiten durch Vulkantätigkeit oder sogar durch eingebaute Schwankungen verursacht werden, so daß das Eis vorrückt und sich zurückzieht wie Wellen in einer Badewanne, ohne daß ein Anstoß von außen erforderlich wäre.

Erosion durch Wind

Verglichen mit bewegtem Eis ist bewegte Luft schwach. Sie kann nur kleine Objekte wie Sand und Staubkörner aufnehmen. Doch in einigen Teilen der Welt hat die Winderosion die Landschaft erheblich verändert. Wie das Eis wirkt auch der Wind auf zweierlei Weise: indem er Dinge zusammenklaubt und sie von einem Ort zum andern transportiert. Dabei bildet er Sanddünen und lagert feine Bodenschichten ab.

Der Wind sortiert Sandteilchen nach ihrer Größe: Zuerst läßt er die größeren fallen, die kleineren trägt er viel weiter (S. 137).

Eines der spektakulärsten Beispiele von Winderosion hat sich erst vor kurzem ereignet – jedenfalls geologisch gesehen. Am 20. März 1935 fegte ein gewaltiger Sandsturm durch die amerikanischen Staaten Colorado, Kansas, Oklahoma und Texas. Die Staubwolke war fast 4 Kilometer hoch und so dick, daß der Tag fast zur Nacht wurde. Über Autos und Traktoren bildeten sich Verwehungen wie bei Schnee, und die Menschen mußten im Freien Atemmasken tragen. Als sich der Wind schließlich wieder legte, entdeckten die Farmer, daß die wertvolle Bodenkrume auf ihren Feldern großenteils einfach davongeweht war. Während der dreißiger Jahre kamen noch mehrere derartiger Stürme vor, so daß man vom Jahrzehnt der Dustbowl (Staubschüssel) spricht. In dieser Zeit ging in manchen Gegenden bis zu einem Meter Boden verloren. Dies lag daran, daß die Farmer die natürliche Pflanzendecke des Landes durch Pflügen und Überweiden abgetragen hatten; hinzu kamen Jahre der Dürre. Sobald der Boden ungeschützt dalag, konnten ihn starke Winde wegtragen. Paradoxerweise sind viele der besten Ackerbaugebiete der Welt durch Winderosion entstanden. In den Präriestaaten der USA und Kanadas, in der Ukraine und in China haben sich die fruchtbarsten Böden auf einer tiefen Schicht von Löß gebildet – ein feines Sediment, das durch den Wind vor Jahrtausenden oder Jahrmillionen von einem fernen Ort herbeigeweht und durch den natürlichen Bewuchs befestigt worden ist.

Eisberge entstehen, wenn Gletscher Eis ins Meer abladen. Wenn sie schmelzen, werden Eisberge gezackt.

Meereis bildet sich, wenn die Oberflächentemperatur unter – 2 ° fällt. Es wird nie dicker als etwa fünf Meter.

Erosion durch Eis

Gletscher sind große Eisströme, die durch Bergtäler fließen und sich immer tiefer hinunterschieben, bis sie schließlich schmelzen. Das Eis darin ist nicht so klar wie bei Eiswürfeln, sondern trübe, weil es aus zusammengepreßtem Schnee - wie in Schneebällen - besteht. Gletscher kommen selten schneller als 2 Meter pro Tag voran, doch sie sind so ausgedehnt, daß sie riesige Kessel ins Gestein schneiden, Täler zu gewaltigen Trögen ausweiten und ganze Berghänge kappen können.
Heutzutage gibt es nur noch im Gebirge und in Polargebieten Gletscher. Aber während der Eiszeiten (S. 135) waren Nordamerika, Europa, Asien und Südafrika großenteils von Gletschern und riesigen Eisflächen bis zu einer Stärke von 3 000 Metern bedeckt, und darum sind die Landschaften dort weithin glazial.

Ein typischer Gletscher

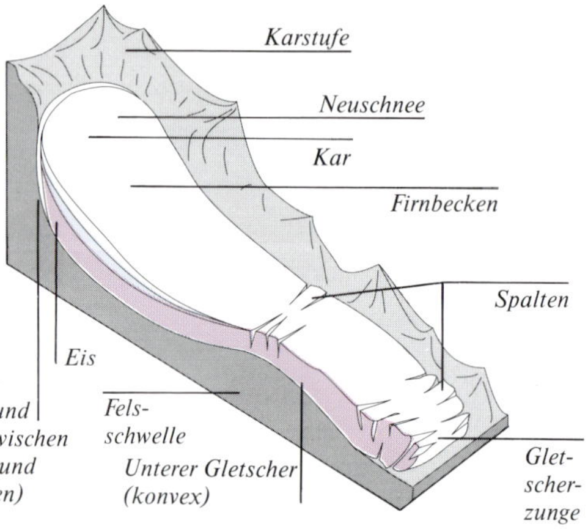

Am Kopf des Gletschers sammelt sich Schnee und wird in Kristallkörner umgewandelt, den Firn, der zu festem Eis zusammengepreßt wird. Das Eis bewegt sich langsam bergab, und während es über Felshöcker gleitet und sich an der Gletscherzunge verbreitert, bilden sich Gletscherspalten.

EXPERIMENT

Kriechendes Eis

Gletscher bewegen sich hauptsächlich auf zwei Arten: durch plastische Verformung und durch Regelation (S. 133). Zu plastischer Verformung kommt es in Eis, das mindestens 30 Meter unter der Oberfläche liegt. Der ungeheure Druck des Eises darüber ordnet die Eiskristalle neu, so daß sie übereinander gleiten können. Damit verhält sich das Eis nicht wie ein fester, sondern wie ein sehr dickflüssiger Stoff und kriecht langsam bergab. Diese plastische Verformung könnt ihr mit einem Gewicht und einem Päckchen Karten nachahmen. Wenn ihr das Päckchen nach unten stupst, beginnt das »Eis« zu fließen.

IHR BRAUCHT

• Gewicht • Spielkarten oder Kartonblätter • Tablett

1 Legt das Kartenpäckchen aufs Tablett und darauf das Gewicht. Es stellt eine dicke Eisschicht dar, die Karten die platt gedrückten Eiskristalle darunter.

2 Hebt langsam ein Ende des Tabletts an. Das Gewicht beginnt langsam nach unten zu rutschen, während die Karten übereinander gleiten.

3 Schließlich rutscht das Gewicht vom Tablett. Ihr seht, daß die Karten sich am wenigsten bewegt haben, die direkt auf dem Tablett liegen - wie das tiefste Eis im Gletscher.

EXPERIMENT

Vom Eis zerschürft

Eis ist an sich zu weich, um Gestein aushöhlen zu können. Aber dieses Experiment zeigt, daß Eis, das Gestein enthält, so rauh wie Sandpapier ist. Gletschereis sammelt Gesteinsfragmente auf – durch Einbettung –, die sich durch Verwitterung gelöst haben – von riesigen, mehrere tausend Tonnen schweren Brocken bis zu »Gesteinsmehl« oder »Gletschermilch«, winzigen Sandkörnchen mit zackigen Rändern. Damit schabt der Gletscher über das Muttergestein und trägt es ab, wobei oft Rillen oder Gletscherschrammen (»Kritzer«) auf der Oberfläche zurückbleiben. Auf diese Weise kommt es zu einer gewaltigen glazialen Erosion. In ein paar tausend Jahren können Gletscher aus V-förmigen Tälern U-förmige machen. Wenn ein Gletscher schmilzt, treten glatte, polierte Flächen und Gesteine zutage, die von einer Region zu einer anderen transportiert wurden (S. 134).

IHR BRAUCHT
- Eiswürfel
- Sand • Weichholzbrett

1 Laßt den Eiswürfel gerade anschmelzen und taucht ihn dann in den Sand.

2 Reibt mit der sandigen Seite des Eiswürfels kreisförmig auf dem Brett. Taucht den Würfel zwischendurch immer wieder in den Sand.

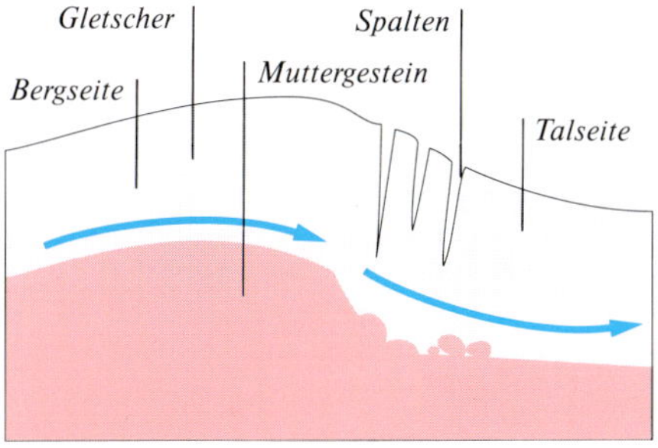

Rundhöcker
Wenn Gletscher bergab fließen, schleifen sie das Muttergestein zu sogenannten Rundhöckern ab. Sie sind auf der Bergseite abgerundet, während sie auf der Talseite durch Einbettung abbröckeln.

3 Seht euch nach ein paar Minuten die Oberfläche des Bretts an: Das Eis hat daran geschliffen – wie ein Gletscher ins Muttergestein schürft.

Davongleiten

Unter einem schweren Gewicht schmilzt ein Eiswürfel rasch – so wie die tiefsten Gletschereisschichten unter dem Gewicht des Gletschers, der dann auf dem Wasser gleitet. Das nennt man Regelation.

Glaziale Landschaften

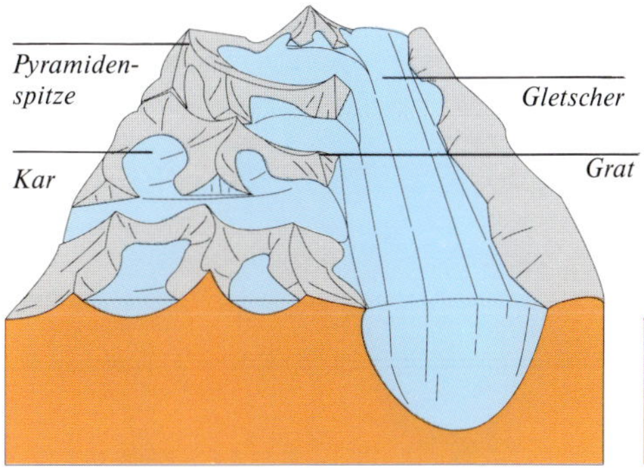

Während der Vergletscherung
Am Kopf des Gletschers erzeugt die Erosion schüsselförmige Kare. Durch Abtragung werden die Rücken dazwischen zu Graten reduziert und die Spitzen zu scharfkantigen Pyramiden. Durch Frostaufbrüche (S. 106) werden sie noch zackiger.

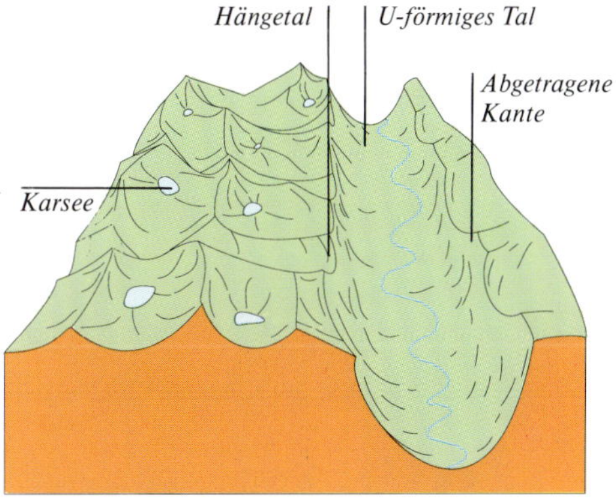

Nach der Vergletscherung
Das schmelzende Eis hinterläßt zerklüftete Berge und tiefe, U-förmige Täler mit seitlichen Hängetälern über der Sohle des Haupttals. Auf dem Boden der Kare bilden sich oft kleine Karseen.

Gletscherablagerungen

Gletscher stellt man sich gern als mächtige Ströme glitzernden Eises vor. Betrachtet man aber einen Gletscher näher, stellt sich heraus, daß das Eis am Fuße eines Gletschers oft sehr schmutzig ist. Es hat nämlich während des Fließens riesige Mengen von Schutt - hauptsächlich Gesteinsteile - aufgelesen. Einiges davon fällt von oben aufs Eis, während der Gletscher selbst an der Unterseite Gesteinsbrocken herausschürft. Wenn das Eis vorrückt und sich wieder zurückzieht, wird all dieser Schutt als Moräne zurückgelassen. Diese zurückgelassenen Gesteinstrümmer bilden Höcker und gewundene Hügelrücken, die typisch für eine glaziale Landschaft sind.

GROSSE ENTDECKER

Louis Agassiz

Wenn man einen Gletscher mit einem alten Foto von ihm vergleicht, erkennt man gleich, wie er sich verändert hat. Vor 150 Jahren jedoch konnten sich nur wenige Menschen vorstellen, daß Eis vorrücken und sich zurückziehen kann. Damals hat der in der Schweiz geborene und in Amerika gestorbene Naturforscher Louis Agassiz (1807 - 1873) Wesen und Wirkung der Gletscher genauer untersucht. Er entdeckte die Auswirkungen der Eiserosion an Orten, wo es längst keine Gletscher mehr gab, was er damit erklärte, daß Nordamerika und Europa einst großenteils von einer riesigen Eisschicht bedeckt waren. Agassiz verdankt die Wissenschaft die Erkenntnis, daß es mehrere Eiszeiten (S. 135) gab.

EXPERIMENT

Eine Moräne bauen

Mit einer mit Wasser gefüllten Plastiktüte und etwas Sand könnt ihr demonstrieren, wie ein Gletscher Gesteinsbrocken vor sich her schiebt und eine Stauchmoräne bildet: eine Schuttschicht, die nach dem Rückzug des Gletschers als flache Aufschüttung zurückbleibt. In der Natur bilden sich Moränen aus Gesteinsfragmenten aller Größen - vom Sandkorn bis zu riesigen Blöcken. Ihr könnt das zwar bei diesem Experiment nicht sehen, aber dieses Durcheinander von Gesteinsbrocken ist typisch für Moränen. Gletscher sortieren nämlich die Steine nicht wie Flüsse während des Transports, und wenn das Eis innehält, wird alles am gleichen Ort abgekippt.

IHR BRAUCHT

• Plastiktüte • Gabel • Wasser • Sand • Schale

1 Gebt den Sand in die Schale und glättet ihn. Füllt die Tüte mit Wasser, bindet sie fest zusammen und schiebt sie seitlich über den Sand.

2 Nehmt die Tüte weg, und nun seht ihr eine runde Moräne am Ende und an den Seiten, wo sich euer Gletscher befunden hat.

3 Stellt die Tüte wieder auf den Sand und stecht mit der Gabel hinein. Das Wasser fließt heraus - so wie ein Gletscher auf dem Rückzug schmilzt.

4 Während das Wasser herausfließt, wird die Moräne etwas weggeschwemmt, und wie bei einem echten Gletscher, bleibt ein Bett zurück.

Inlandeis

Die größten Flächen von Inlandeis finden sich in der Antarktis und auf Grönland. In der Antarktis ist das Eis teilweise über 4 000 Meter dick und so schwer, daß das Gestein darunter weit unter Meeresniveau gesunken ist. Inlandeis bildet sich nur über Land und ist wie ein einziger Riesengletscher. In der Mitte häuft sich Schnee an, der zu Eis wird, das sich langsam nach außen bewegt. Wo es aufs Meer trifft, bricht es ab und treibt fort. In Grönland entstehen so gezackte Eisberge, die die Schiffahrt gefährden. In der Antarktis bilden sich riesige Eisplatten, die mit dem Inlandeis verbunden bleiben oder abbrechen und zu flachen Treibeisinseln werden.

Nach dem Eis

Die auffälligste Hinterlassenschaft einer zurückweichenden Eisdecke sind Moränen: niedrige Ansammlungen von Gesteinsschutt, die sich oft entlang der Ränder eines Gletschers anhäufen. Schmale Kiesbänke, sogenannte Esker oder Oser, schlängeln sich über den Boden und sind durch Schmelzwasserbäche unter dem Eis entstanden. Das zurückweichende Eis enthüllt auch Drumlins, walfischähnliche Höcker, die in die Fließrichtung des Eises weisen, Sölle (kleine runde Senken aus Toteis) sowie Kames - von Gletschern gebildete, steil abfallende Hügel oder von Inlandeis geformte wellenförmige Deltas.

Während der Vergletscherung

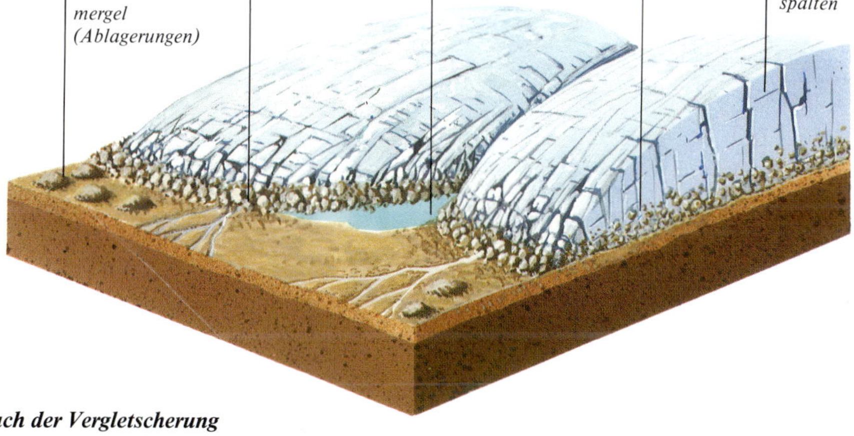

Nach der Vergletscherung

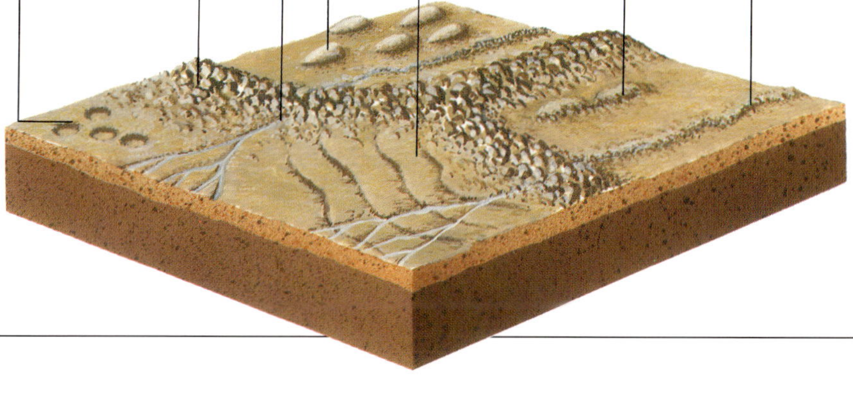

Eiszeiten

Man spricht oft von der Eiszeit, aber die Erde hat sich wiederholt abgekühlt und erwärmt und daher hat es Eiszeiten und Zwischeneiszeiten gegeben. Das Diagramm zeigt dies für die letzten 600 000 Jahre.

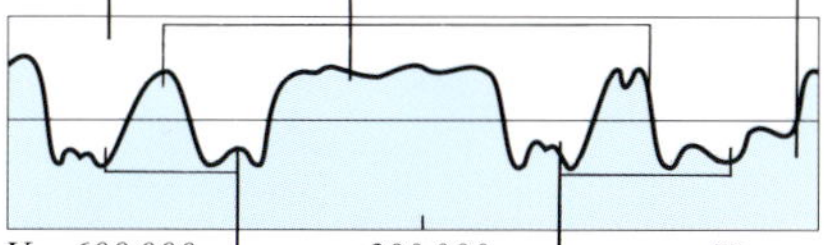

Wind in der Wüste

Wüsten sind nicht immer riesige Meere aus Sand. Es gibt felsübersäte Ebenen, nackte Felswüsten und weite Becken, in denen vereinzelte riesige Bergstöcke stehen. Aber eines haben sie gemeinsam: Sie sind alle trocken. Durch ihr trockenes Klima unterscheiden sich Wüsten von allen anderen Landschaftsformen, wobei der Wind bei ihrer Bildung eine Hauptrolle spielt. Er erodiert das Land, indem er Sand und Staub abradiert und auf die Oberfläche von Gesteinen wirft und dadurch viele seltsame Landformen erzeugt. Er rollt lockere Steine über den Wüstenboden, hebt leichtere in die Luft und bläst flache Senken aus, sogenannte Windmulden. Starke Wüstenwinde tragen Sand und Staub zu Dünen zusammen oder befördern sie an ferne Orte, wo sie sich als Löß ablagern, der bis zu 300 Meter mächtig sein kann. Die seltenen, aber heftigen Regenfälle schaffen eine kantige Landschaft aus Steilwänden, tiefen Sturzbächen und riesigen Hängen, die man Bajadas nennt.

Stehengebliebene Landschaft
Diesen Tafelberg im Monument Valley in Utah nennt man eine Mesa – ein Beispiel für die Wassererosion in einer Wüstenregion. Im Laufe von Jahrmillionen wurde das Gestein abgetragen, und zurück blieben nur ein paar isolierte Blöcke. Die Hänge ziehen sich allmählich nach innen zurück, bis die Mesa zu einer spitzen Nadel schrumpft.

Vier verschiedene Dünen

Parabolische Dünen bilden sich an Küsten, wo es genügend Sand gibt und der Wind stark ist. Ihre langen Hörner liegen im Wind und werden von Pflanzen gesichert. Dazwischen befindet sich das Windloch, wo der Wind den Sand herausgeblasen und ins Landesinnere verfrachtet hat. Zuweilen wird das Windloch völlig ausgeblasen, so daß zwei Längsdünen entstehen.

Querdünen bilden sich senkrecht zum Wind. Sie formieren sich in Wüsten, entstehen aber oft auch hinter Stränden, wo ein gleichmäßiger Wind weht und genug Sand da ist. Zwischen den Kämmen, deren steilste Seite vom Wind abgewandt ist, befinden sich tiefe Mulden. An Küsten sind Inlanddünen oft mit Strandhafer bedeckt, der sie fest verankert.

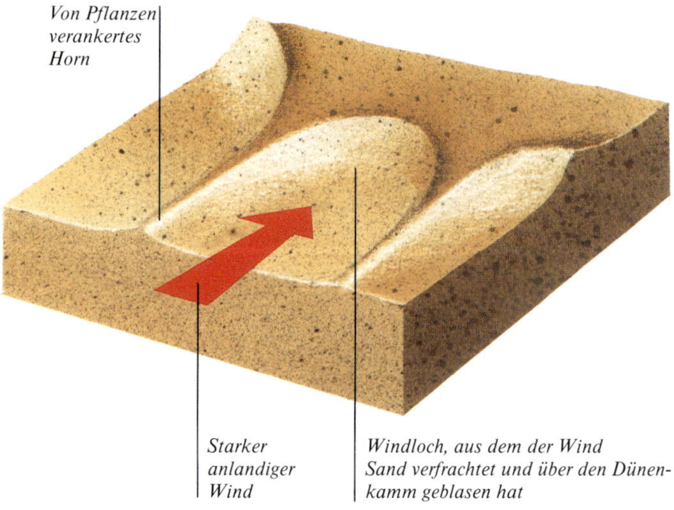

Parabolische Dünen

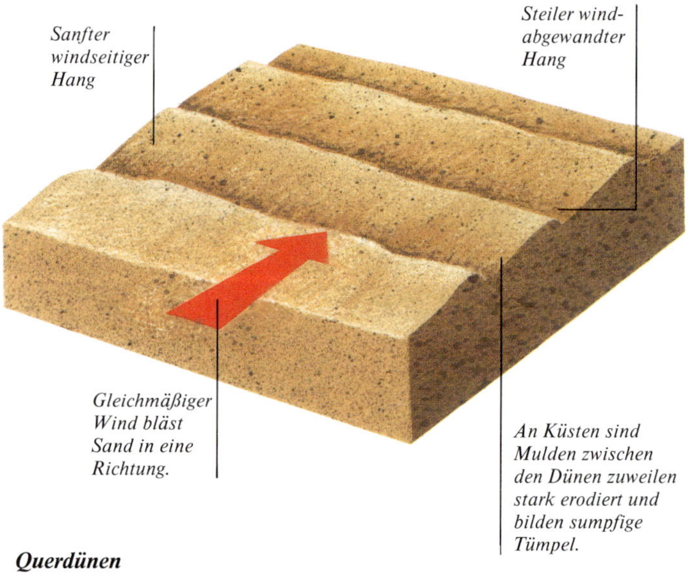

Querdünen

EXPERIMENT

Sand springen sehen

Bei einem Staubsturm werden Staubwolken hoch in die Luft gewirbelt. Da Sand schwerer ist als Staub, steigt er bei Sturm selten höher als einen Meter auf - euer Körper könnte also von wirbelndem Sand eingehüllt sein, während euer Kopf darüberragt. Bei diesem Experiment seht ihr, daß es von der Größe und vom Gewicht eines Partikels abhängt, wie weit der Wind es trägt.

IHR BRAUCHT

• Löffel • Fön • Mischung aus grobem und feinem Sand • Holzklotz • Eiswürfelbehälter

1 Stellt den Klotz ans Ende des Eiswürfelbehälters und löffelt Sand darauf, um eine »Düne« zu bilden.

2 Haltet den Fön nahe an die Düne und schaltet ihn an, so daß er den Sand in den Behälter bläst. Am weitesten fliegt der feine Sand.

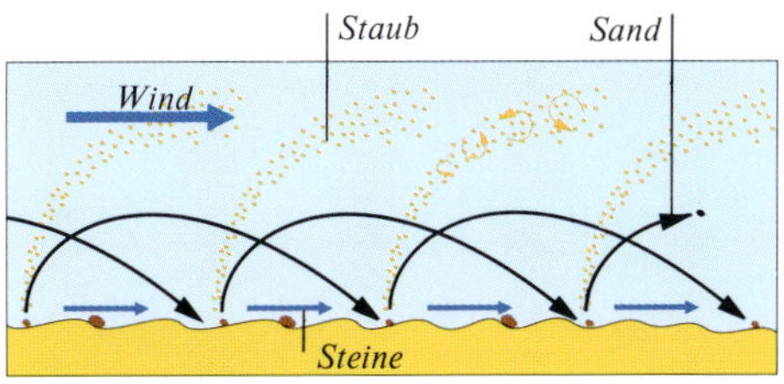

Fliegender Sand

Bei starken Winden hüpfen Sandkörnchen durch die Luft, und diese Bewegung nennt man einen sprungweisen Transport (Saltation). Beim Landen kollidieren die Körnchen mit anderen und stoßen sie vorwärts. Auch Staub wird aufgewirbelt, und da er leichter ist, schwebt er in der Luft und fliegt viel weiter als Sand.

Je kleiner, desto weiter

Die Strecke, die jedes Korn zurücklegt, hängt von seinem Gewicht ab. Schwere Körner fallen gleich in den Behälter, leichte erreichen das entgegengesetzte Ende.

Halbmondförmige Sicheldünen bilden sich in Schwärmen oder Sandmeeren auf harten, flachen Ebenen mit sehr wenig Sand, wo der Wind nur in einer Richtung bläst. Die Hörner liegen in der Windrichtung. Der Sand wird über den sanften Hang auf der Windseite geblasen und gleitet auf dem steilen, windabgewandten Hang (dem Gleithang) hinunter. In den großen Wüsten können Längsdünen ein Meer aus riesigen Rippen bilden. Eine Düne kann Hunderte von Kilometern lang sein und bis zu 180 Meter hoch. Sie bilden sich dort, wo Sand rar ist und der Wind verschieden stark, aber meist aus einer Richtung bläst. Längsdünen nennt man auf der arabischen Halbinsel »Seifs« und in Australien »Sandridges«.

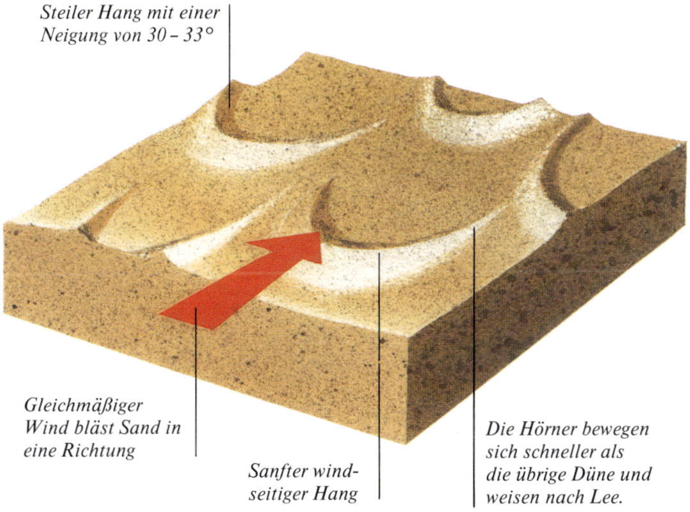

Sicheldünen

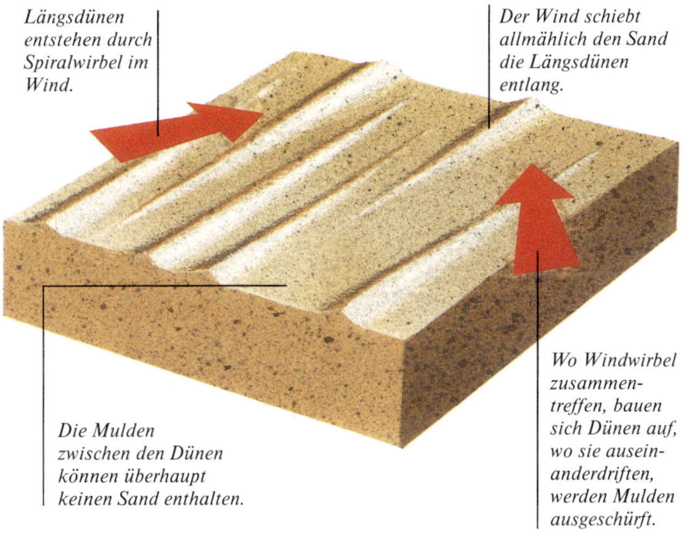

Längsdünen

DAS MEER

Klein und groß
Solche Korallenskelette (oben) entstehen aus winzigen Polypen und bilden gigantische Riffe, die das Land oft vor der Gewalt des Meeres schützen. Über weite Strecken auf dem offenen Meer können sich riesige Wellen ungehindert entwickeln. Wenn sie sich schließlich am Strand wie hier auf Hawaii (links) brechen, führen sie eine ungeheure Energie mit sich, die die Küstenlinie zerschlagen und umgestalten kann.

Unser Planet ist fast zu drei Vierteln vom Meer bedeckt. Meerwasser ist beinahe ständig in Bewegung. Die Strömungen leiten die Wärme der Sonne weiter und sind an der Entstehung des Weltklimas beteiligt, während die Wellen gegen die Küste schlagen und sie niederreißen oder aufbauen.

DIE OFFENE SEE

Über zwei Drittel der Erdoberfläche ist von Wasser bedeckt; die durchschnittliche Tiefe der Ozeane ist etwa 3,5 km. Das Meer ist niemals ruhig, sondern wird durch Wind und Sonne ständig in Bewegung gehalten. Winde peitschen die Oberfläche zu Wellen auf und treiben Strömungen Tausende von Kilometern weit, während die Wärme der Sonne die Tiefen aufwühlt. Dieser nie endende Kreislauf der Meeresströmungen wirkt sich auch nachhaltig auf das Klima der Erde aus.

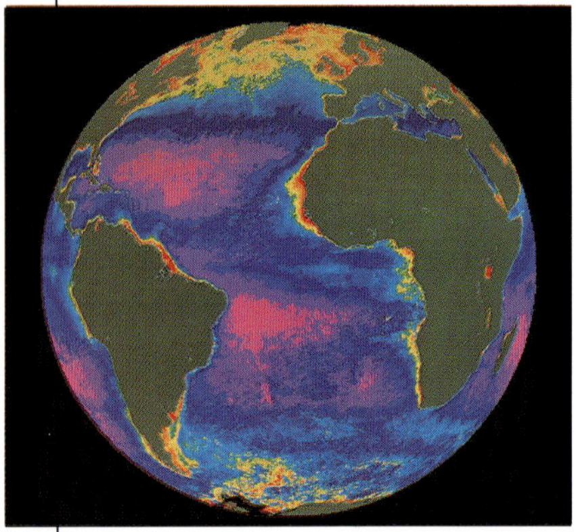

Wo kalte Strömungen vom Meeresboden aufsteigen, bringen sie Mineralien an die Oberfläche. Diese Stoffe sind wie reichhaltiger Dünger, der es winzigen Planktonpflanzen ermöglicht, schwebend im sonnenbeschienenen Wasser zu leben. Auf diesem Satellitenfoto sind kalte planktonreiche Meere gelb, warme Meere, die wenig Plankton enthalten, rosa gefärbt.

Am 26. Mai 1876 kehrte das britische Forschungsschiff *Challenger* von einer abenteuerlich langen Reise zurück. Es war 125 000 Kilometer unterwegs gewesen, hatte die tiefsten Regionen der Weltmeere kartographisch erfaßt und Tiere gesammelt, die in der Tiefe leben. Die Wissenschaftler an Bord hatten Temperaturen gemessen, das Meerwasser analysiert und die Geschwindigkeit der Strömungen in allen großen Weltmeeren ermittelt. Es dauerte 20 Jahre, bis die Ergebnisse der Expedition aufgearbeitet waren – die veröffentlichten Berichte umfaßten 50 Bände. Damit hatte die Ozeanographie als Wissenschaft ihren Durchbruch. Ein Jahrhundert zuvor noch wußte man wenig über die Ozeane der Erde. Seeleuten war zwar bekannt, daß das Meerwasser sich in Strömungen bewegt, und Isaac Newton (1642 – 1727) hatte herausgefunden, wie die Schwerkraft des Mondes die Gezeiten erzeugt (S. 20). Aber es war ein absolutes Rätsel, was sich unter der Meeresoberfläche abspielt und warum es überhaupt Ozeane gibt.

Das Meer unterhöhlt Klippen und schneidet in die Küste ein. Während das Land abgetragen wird, entstehen Buchten und Vorgebirge.

Die Erde unter Wasser

Große Verdienste bei der Erforschung der Ozeane hat sich Matthew Maury (1806 – 1873), ein Leutnant der US-Marine, erworben. Mitte des 19. Jahrhunderts war er an einem der ehrgeizigsten technischen Projekte beteiligt, die es je gegeben hatte: der Verlegung des Transatlantischen Kabels. Ehe es das Radio gab, konnte man sich nur über den Telegraphen verständigen, also über elektrische Impulse, die durch einen Draht übermittelt wurden. Über kurze Abschnitte hatte man bereits Unterseekabel verlegt, etwa im Kanal zwischen England und Frankreich, aber ein Kabel über den Atlantik stellte eine ganz andere Herausforderung dar. Maury sollte alle bekannten Meßdaten sammeln und eine Karte vom Meeresboden im Nordatlantik erstellen. Er kam zu überraschenden Ergebnissen. Der Atlantik wurde keineswegs bis zur Mitte immer tiefer, wie man erwartet hatte. Nach einem Viertel der Strecke etwa fiel der Meeresboden auf beiden Seiten tief ab. Aber zur Mitte hin stieg er wieder an. Maury nannte diesen flachen Mittelabschnitt das »Telegraphenplateau«. Damals gab es nur eine Möglichkeit, die Meerestiefe zu messen: Man ließ eine mit Gewichten beschwerte Leine hinunter, bis sie auf den Boden traf. Diese Methode war langwierig und oft ungenau. Erst 1917 entwickelte der französische Physiker Paul Langevin (1872 – 1946) ein Entfernungsmeßsystem, indem er die Zeit abstoppte, in der das Echo eines hochfrequenten Schalls von einem fernen Objekt zurückkam. Das Unterwasser-Schallmeßsystem (kurz »Sonar«) funktioniert sogar bei tiefem Wasser so gut, daß man den Meeresboden ziemlich genau vermessen konnte. Heute wissen wir, daß die Meeresböden genauso abwechslungsreich sind wie die Oberfläche des trockenen Landes. An manchen Stellen erheben sich riesige Tiefseeberge, an anderen fallen Tiefseegräben bis zu 11 Kilometer tief ab. Wie sich herausstellte, ist Maurys Telegraphenplateau gar kein Plateau, sondern eine Abfolge gezackter Unterwassergebirge und tiefer Täler. Im Zentrum dieser Gebirgskette befindet sich ein aktives vulkanisches Gebiet, wo neuer Meeresboden entsteht (S. 46).

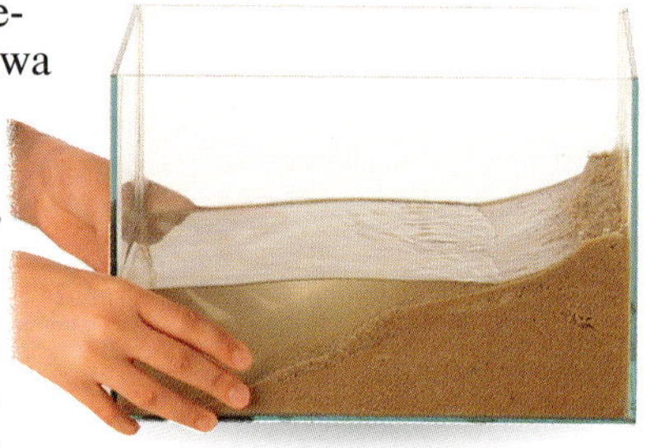

Je nach der Küstenneigung baut das Meer den Strand auf oder frißt ihn weg (S. 144).

Wie aber kam das Wasser in die Ozeane? In vielen älteren Darstellungen der Erdentwicklung heißt es, daß die Ozeane vor dem Land dagewesen seien. Heute hingegen glauben die

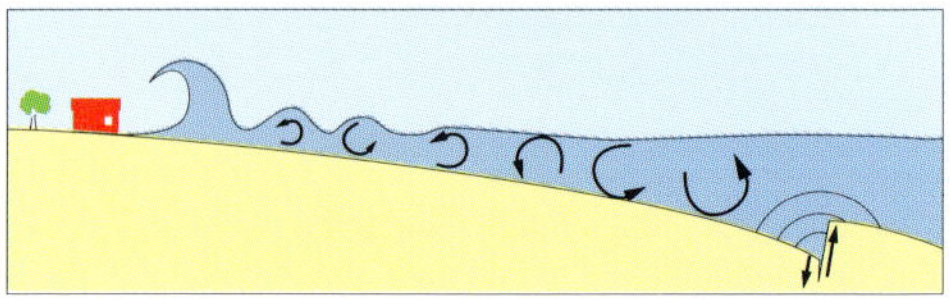

Eine riesige Tsunamiwelle wird durch unterseeische Erdbeben oder Vulkanausbrüche ausgelöst (S. 144).

Geologen eher, daß es sich genau andersherum abgespielt hat. Nach dieser Theorie entstanden die Ozeane während desselben Prozesses, während dessen sich die Atmosphäre bildete (S. 150).

Der Ursprung der Ozeane

Zunächst gab es weder Ozeane noch eine Atmosphäre auf der Erde. Doch es herrschte eine derartige Hitze, daß einige Elemente und Verbindungen – wie Stickstoff, Kohlenstoffdioxid und Wasser – verdampften und eine Gasschicht bildeten, die durch die Schwerkraft festgehalten wurde. Sobald die neue Atmosphäre genügend Wasserdampf enthielt, begann das Wasser als Flüssigkeit zu kondensieren und die Ozeane zu bilden.

Dieser Prozeß fand vermutlich auch auf anderen Planeten statt. Doch auf den inneren Planeten zwischen der Erde und der Sonne reichte die Schwerkraft nicht aus, so daß der Wasserdampf ins Weltall entwich.

Und auf den äußeren Planeten waren die Temperaturen so niedrig, daß das Wasser zu Eis erstarrte. Soweit wir wissen, ist die Erde der einzige Planet im Sonnensystem, auf dem Wasser in allen drei Aggregatszuständen vorkommt: fest, flüssig und gasförmig.

An einem »Taucher« in einer Flasche läßt sich die Beziehung zwischen Druck, Tiefe und Dichte demonstrieren (S. 143).

Wirbelnde Wasser

In den Weltmeeren steht das Wasser nie still, sondern wirbelt in einem riesigen und komplizierten System von Strömungen herum. Über das Vorhandensein einiger Oberflächenströmungen weiß man schon seit Jahrhunderten Bescheid, während die Entdeckung der Tiefseeströme erst in neuerer Zeit erfolgte. Einige der frühesten Untersuchungen der Oberflächenströmungen verdanken wir dem amerikanischen Politiker und Forscher Benjamin Franklin (1706 – 1790). Er hatte selbst die Erfahrung gemacht, daß Schiffe, die den Nordatlantik überqueren, einer nordöstlich verlaufenden Strömung ausgesetzt sind, und fand heraus, daß diese Strömung – der Golfstrom – etwa 6 Kilometer in der Stunde zurücklegt.

Franklin untersuchte auch die Temperatur der Strömung: Sie war wärmer als das sie umgebende Wasser. Und statt sich mit diesem zu vermischen, blieb die Strömung als eine Masse beisammen. Die Grenze zwischen warmem und kaltem Wasser war ausgeprägt, und Franklin gab an, wie Seeleute mit Hilfe von Thermometern in den Strom hinein oder aus ihm heraus steuern konnten. Während Winde die Strömungen an der Oberfläche antreiben, wissen wir heute, daß die Tiefenwasserströmungen von Temperaturunterschieden verursacht werden. Mit Hilfe von Temperatursensoren und -bojen in bestimmten Tiefen hat man herausgefunden, daß alle Meere ständig in Bewegung sind, selbst in den tiefsten Gräben. Diese von der Sonnenenergie angeregte allmähliche Umwälzung ist von entscheidender Bedeutung für das Leben im Meer. Durch sie wird Sauerstoff aus der Atmosphäre gelöst, und an die Oberfläche gelangen Mineralien, von denen sich wiederum zum Plankton gehörige Pflanzen ernähren.

In der Tiefe

In Meerestiefen unter etwa 100 Metern ist es stockfinster, weil das Wasser alles Sonnenlicht ausfiltert. Der Wasserdruck ist viel größer als an der Oberfläche und nimmt mit der Tiefe weiter zu. In mehreren tausend Metern Tiefe ist er mehrere hundert Male größer als der Luftdruck. Bis in dieses Jahrhundert hinein gab es nur eine Möglichkeit, diese unheimliche Welt zu erforschen: indem man Proben auffischte und an die Oberfläche brachte. 1860 wurden lebende Seesterne aus einer Tiefe von über 2,5 Kilometern geholt – ein Beweis, daß es auch in dieser Tiefe noch Leben gab. Aber erst seit 1948, als das erste Bathyskaph (ein Spezial-U-Boot mit besonders dicken Wänden) gebaut wurde, können Menschen den Meeresboden wirklich untersuchen.

Dieser ist teils mit einer dicken Schlammschicht bedeckt und teils mit Knollen übersät – Mineralienklumpen, die insbesondere Mangan enthalten. Seltsam sind auch die Bewohner des Meeresbodens. Noch in großen Tiefen gleiten spinnenförmige Schlangensterne über den Schlick, während sich nacktschneckenartige Seegurken in ihn hineinwühlen. Diese Wesen ernähren sich von den Überresten der Oberflächenbewohner, die als nahrhafter Segen von der sonnenbeschienenen Welt über der Meeresoberfläche herunterfallen.

Mit Buhnen verhindert man, daß Strände durch Küstenversetzung seitlich weggespült werden (S. 147).

Wellen entstehen durch Windenergie. Je mehr Wasser der Wind bestreicht, desto größer können die Wellen werden.

Wellen verlieren an Tempo, wenn sie sich an Landspitzen brechen (S. 145).

Wellenkraft

Wenn ihr wieder einmal am Meer seid, beobachtet einmal, was passiert, wenn eine Welle auf die Küste zuläuft. Zunächst ist sie eine niedrige, glatte Wasserwand. Aber wenn sie sich der Küste nähert, wird sie aufgrund der Reibung über dem Meeresboden langsamer, höher und schmäler, bis sie sich schließlich überschlägt und bricht und den Strand hinaufrauscht.
Wellen – vor allem Sturmwellen – können gegen eine Küste mit gewaltiger Kraft anbranden. Sie tragen Gestein ab, indem sie es zu Stücken zerschlagen, Sand dagegen schleudern und die Luft so fest in Risse pressen, daß das Gestein platzt. Auf diese Weise unterhöhlen sie Klippen und schneiden breite Plattformen in festes Gestein – und schleifen gezackte Brocken zu glatten Kieseln oder Sand ab.

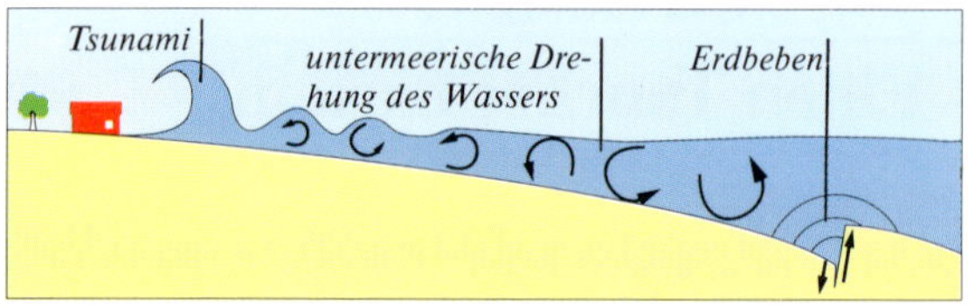

Tsunamiwellen

Eine Tsunami ist eine gigantische Welle, die gewöhnlich durch ein Erdbeben oder einen Vulkanausbruch ausgelöst wird. Die plötzliche Erschütterung baut einen mächtigen Wasserschwall unter der Oberfläche auf, der sich nach allen Richtungen mit bis zu 1000 km/h ausbreitet. Eine Tsunami bemerkt man erst in flachen Küstengewässern, wo sie sich plötzlich zu einer Höhe von 40 Metern aufrichten und verheerende Schäden verursachen kann. Meist trifft man sie im Pazifik an, wo sie durch Erschütterungen im sogenannten Feuerring (S. 62) ausgelöst werden.

EXPERIMENT

Küstenerosion

Wo das Meer aufs Land trifft, konzentriert sich seine ganze Energie auf die Küstenlinie, die sich mit den Gezeiten ändert (S. 146). Entlang dieser Linie branden die Wellen ständig an Land und verschieben das Material, aus dem es besteht. An manchen Stellen trägt das Meer die Küste ab, an anderen hingegen bauen die Wellen sie auf.
Mit diesem Experiment könnt ihr herausfinden, wie das Meer eine steile Sandküste verändert. An einem steilen Strand ist der Rückstrom (die Abwärtsbewegung der Welle) stärker als das Schwappen (die Aufwärtsbewegung der Welle). Auf diese Weise wird Material den Strand hinuntergezogen, so daß er sanfter geneigt wird. Schließlich fällt der Strand immer flacher ab, während er unter der Niedrigwassermarke viel steiler ist. An solchen Stränden herrscht oft eine starke Unterströmung auf dem Unterwasserhang.
Nach diesem Experiment solltet ihr euch auf Seite 146 ansehen, wie das Meer Küsten mit einem flachen Hang beeinflußt.

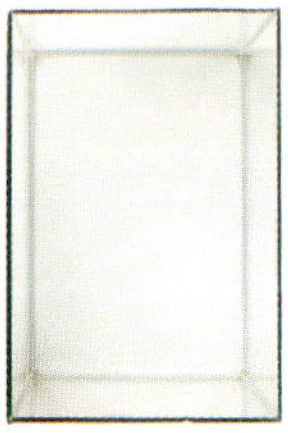

IHR BRAUCHT
- Krug • Wasser
- Behälter oder tiefe Glasschüssel • Sand
- Löffel

1 Löffelt soviel Sand an einer der Schmalseiten in den Behälter, daß ein steiler Sandhang entsteht.

2 Gießt vorsichtig Wasser hinein, ohne den Sand aufzuwirbeln. Es sollte den Hang etwa zur Hälfte bedecken.

3 Schaukelt sacht das andere Ende des Behälters, so daß sich Wellen bilden und die geneigte Küste hinauflaufen. Nach und nach erodiert das Wasser den Hang und spült etwas Sand hinab und unter Wasser.

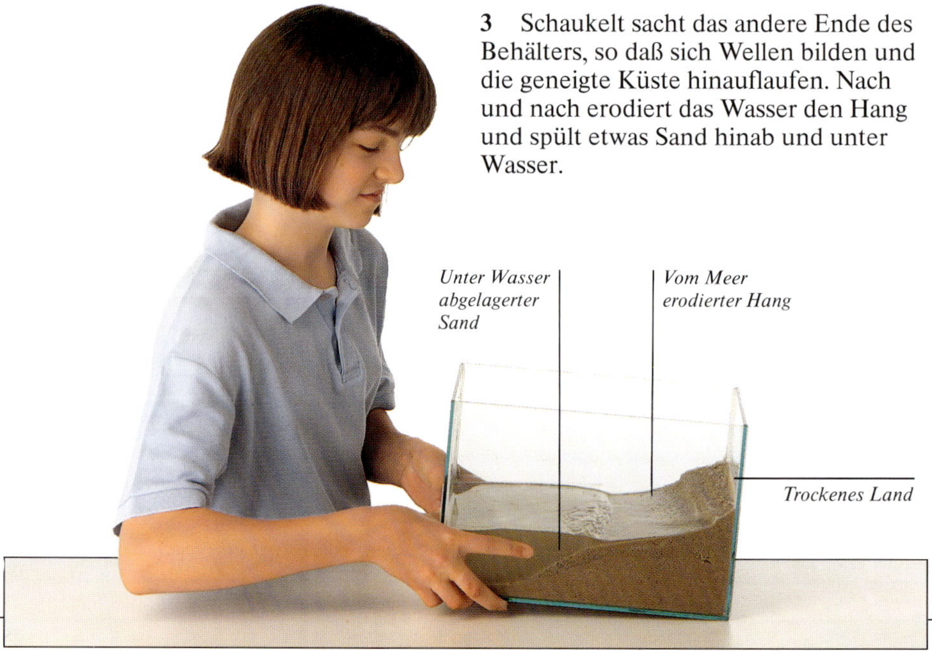

EXPERIMENT

Wellenbrecher

Auf offener See bewegen sich alle Teile einer Welle mit gleicher Geschwindigkeit. Anders unter Land: In seichtem Wasser schleift die Welle am Meeresboden entlang, so daß sie langsamer wird. Aber ihre übrigen Teile, die sich noch in tiefem Wasser befinden, bewegen sich wie zuvor weiter. Wenn sie auf ein Hindernis, etwa eine Landspitze, treffen, bewegen sich Teile der Welle ebenfalls unterschiedlich schnell. Dadurch erhält die Welle eine gewundene Form, wobei der verlangsamte Teil hinterherhinkt. Diesen Effekt nennt man Refraktion oder Brechung. Baut euch einmal einen einfachen Wellenbrecher: Stellt einen runden Gegenstand in einen Behälter oder eine Schüssel, in der sich eine flache Schicht Wasser befindet. Schiebt dieses mit einem Plastikdeckel sanft an. Sobald die Welle von der »Landspitze« gebrochen wird, ändert sie ihre Form.
Die Brechung spielt eine wichtige Rolle bei der Gestaltung der Küste durch das Meer, weil sich die Wellenenergie an bestimmten Stellen, etwa an felsigen Vorgebirgen, konzentriert.

IHR BRAUCHT
- Behälter oder Schüssel • Wasser
- runden, schweren Gegenstand oder vollen Becher
- Plastikdeckel

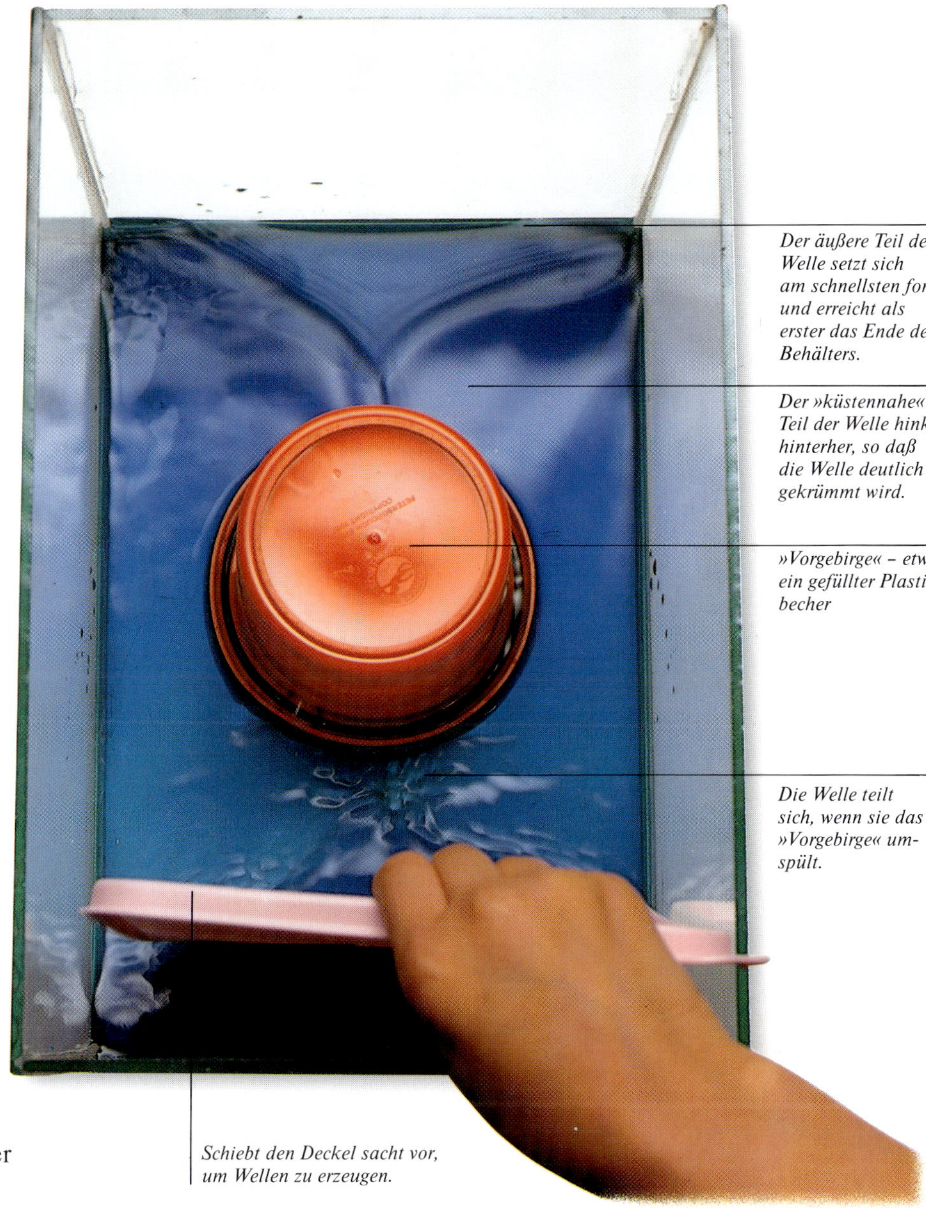

Der äußere Teil der Welle setzt sich am schnellsten fort und erreicht als erster das Ende des Behälters.

Der »küstennahe« Teil der Welle hinkt hinterher, so daß die Welle deutlich gekrümmt wird.

»Vorgebirge« – etwa ein gefüllter Plastikbecher

Die Welle teilt sich, wenn sie das »Vorgebirge« umspült.

Schiebt den Deckel sacht vor, um Wellen zu erzeugen.

Die veränderliche Küstenlinie

Die Form der Küste wird von den unterschiedlich harten Gesteinsarten bestimmt, aus denen sie besteht. Das Meer erodiert das härtere Gestein langsamer, so daß eine Landspitze zurückbleibt, die ins Meer vorspringt. Wenn die Wellen dieses felsige Vorgebirge umspülen, erodieren sie seine Flanken. Zuweilen werden sie vom Meer durchbrochen, und zurück bleibt ein natürlicher Bogen, der schließlich zusammenbricht und einen Steinpfeiler hinterläßt, eine Brandungssäule. Das abgebrochene Material wird in den Buchten abgelagert und bildet Strände.

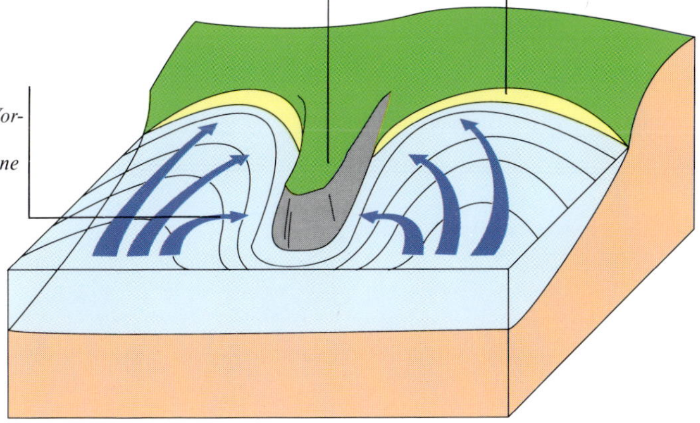

Vorgebirge aus hartem Gestein, das langsamer erodiert als das weichere Flankengestein.

Erodiertes Gestein wird in Buchten befördert und bildet Strände.

Wellen umspülen das Vorgebirge und erodieren seine Flanken.

Wandernde Küsten

Ständig ändert sich die Form der Küstenlinie. Sie verschiebt sich vorwärts und zurück, aber auch seitlich. Diese Bewegung ist meist zu langsam, als daß man sie sehen könnte, aber ihre Richtung erkennt man oft an bestimmten Zeichen. An Felsküsten mit hohen Klippen weisen herunterbaumelnde Zäune und Erdrutsche darauf hin, daß sich das Meer direkt ins Land hineinfrißt. An flachen Küsten, wo das Meer seicht ist, sind Schlick- oder Sandbänke und Kiesstreifen Zeichen dafür, daß die Küste sich erweitert. Hier findet man oft auch Beweise für eine seitliche Küstenbewegung, wie etwa Landspitzen: spitz zulaufende Sandbänke, die von der Küste ins Wasser ragen, oder Strände, wo die Kiesel an einem Ende größer sind als am anderen.

Strand in Bewegung *Niedrige Dämme oder Buhnen sollen den Sand oder Kies daran hindern, die Küste entlangzuwandern. Kiesaufhäufungen zeigen an, daß dieser Strand von links nach rechts driftet.*

Eine Küste aufbauen

An flach geneigten Küsten trägt das Meer Material unter Wasser ab und befördert es auf den Strand – an steileren Küsten geschieht genau das Gegenteil (S. 144). Ihr könnt das mit Hilfe der Strömungsschale (S. 122) beobachten. Achtet darauf, daß die Schale waagrecht steht, und bildet aus Sand einen sehr sanft geneigten Strand. Gießt soviel Wasser hinein, daß es den Strand zu zwei Dritteln bedeckt, und macht dann mit einem Holzbrett sanfte Wellen.

EXPERIMENT

Küstenversetzung

Wellen treffen oft schräg auf die Küste auf. Aber wenn sie wieder zurückfallen, fließen sie infolge der Schwerkraft senkrecht zur Küstenlinie ab. Alles, was die Wellen mit sich führen – etwa Sand oder Kies –, bewegt sich auf diese Zickzackweise die Küste entlang. Diese Art der Bewegung nennt man Küstenversetzung. Auch sie könnt ihr in der Strömungsschale (S. 122) nachahmen. Am besten ist es, wenn ihr Wasser mit einem Schlauch durch die Schale leiten könnt. Aber wenn ihr keinen Abfluß habt, könnt ihr die Küstenversetzung einfach mit schrägen Wellen mit Hilfe eines Bretts imitieren.

Wellen laufen senkrecht wieder vom Strand zurück und nehmen Sand mit.

1 Bildet aus Sand an einer Längsseite der Schale einen geneigten »Strand«, den ihr zur Hälfte unter Wasser setzt. Macht schräge Wellen mit einem breiten Brett, so daß es zu einer »Küstenversetzung« kommt – hier von rechts nach links.

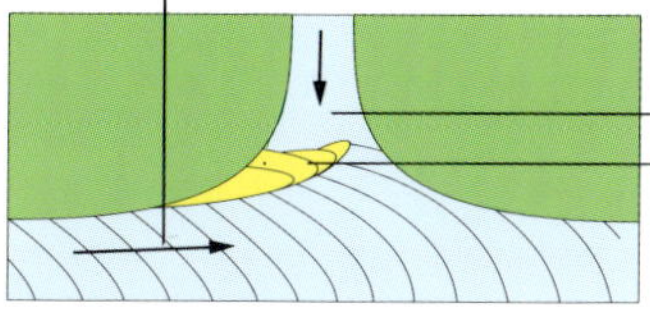

Wie eine Landspitze entsteht
Bei starker Küstenversetzung können sich Sand und Kies auf einer Seite einer Flußmündung aufhäufen, eine »Landspitze« bilden und die Strömung des Flusses ablenken. Solche Spitzen weisen immer in Richtung der Versetzung und können viele Kilometer lang werden.

Steckt Lineale senkrecht zur Küstenlinie in den Sand als »Buhnen«.

2 Ebnet den Sand wieder und wiederholt das Experiment – diesmal mit Linealen, die ihr senkrecht zur Küste in den Sand steckt, um die Versetzung zu stoppen.

3 Dank der Buhnen kommt es bei Diagonalwellen nicht mehr zur Küstenversetzung: Der Sand häuft sich einfach auf einer Seite der Buhnen auf.

Auf der den Wellen abgewandten Seite wird der Sand weggespült.

Auf der den Wellen zugewandten Seite häuft sich der Sand auf.

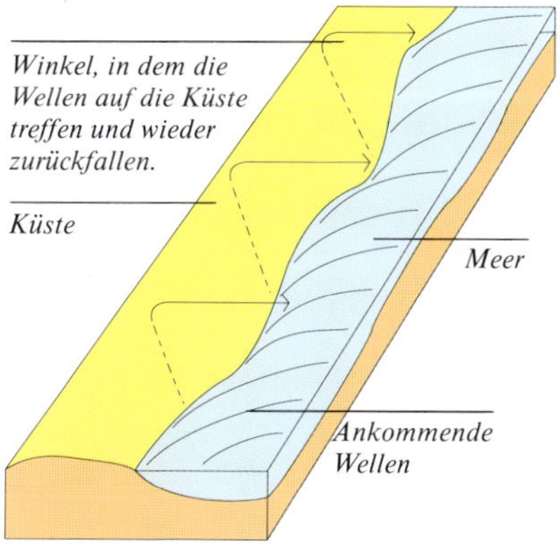

Zickzackbewegung
Wellen, die auf eine Küste schräg auftreffen, fallen senkrecht von der Küste zum Meer zurück. Sie führen Sand und Kies mit sich und lagern sie in einem Zickzackmuster ab, das typisch für die Küstenversetzung ist.

DIE ATMOSPHÄRE

Unruhige Luft
Schon immer haben die Menschen die Geheimnisse des Wetters lüften wollen und darum seit langem Geräte wie das Barometer (oben) zu Rate gezogen, mit denen man das Wetter vorhersagen kann. Eigentlich ist Wetter nichts weiter als das ständige Brodeln der Atmosphäre (links).

Unser ganzer Planet ist in eine dünne Gasdecke gehüllt, die wir Atmosphäre nennen. Ohne diese Schicht, die im Verhältnis zur Erde nicht dicker ist als etwa die Schale zum Apfel, gäbe es auf unserer Welt genausowenig Leben wie auf dem Mond: Ihr verdanken wir die Luft, die wir zum Atmen brauchen, und sauberes Trinkwasser – sie hält uns warm und schützt uns zugleich vor den schädlichen Strahlen der Sonne.

SCHICHTEN DER ATMOSPHÄRE

Anscheinend ist die Atmosphäre nichts weiter als dünne Luft. Doch wie komplex sie eigentlich ist, wird aktuell erforscht. Sie besteht aus sieben oder mehr Schichten, die unterschiedliche Eigenschaften aufweisen – von der turbulenten Troposphäre über dem Boden bis zur Exosphäre, die sich 1500 Kilometer und mehr ins schwarze Nichts des Weltalls erstreckt. Ohne diese schützenden Schichten wäre die Erde so unwirtlich wie der Mond.

Superschnelle »Strahlströme« oder »Jet streams« blasen an der Obergrenze der Troposphäre – der untersten Schicht der Atmosphäre – und sind hier als lange, dünne Wolkenbänder sichtbar.

Die ersten Ansichten über die Atmosphäre gehen vermutlich auf die Wißbegier der Menschen zurück, die das Wetter vorhersagen wollten. Es gab einige offenkundige Anzeichen, wie z. B. schwere Wolken vor einem Regen. Andere gingen auf jahrelange genaue Beobachtungen zurück. Die alten Ägypter etwa wußten aus dem sorgfältigen Studium der Sterne, daß die Trockenzeit zu Ende gehen und der Nil über die Ufer treten würde, wenn sie Sirius im Sternbild »Großer Hund« am Morgenhimmel sahen.
Auch gelang es schon, das Wetter vorherzusagen, doch erst die alten Griechen bemühten sich ernsthaft darum, die Atmosphäre zu begreifen. Thales von Milet (um 625 – um 547 v. Chr.) erkannte, daß Wasser aus dem Meer in den Himmel verdunstete, in größerer Höhe zu Wolken wurde und als Regen fiel. Im vierten vorchristlichen Jahrhundert schrieb Aristoteles (384 – 322 v. Chr.) seine Abhandlung »Meteorologica« über die Atmosphäre, die Richtiges und Falsches gleichermaßen enthielt. Da aber sein Name so viel Gewicht hatte, wurde sein Werk 2 000 Jahre lang nicht in Frage gestellt.
In der islamischen Welt wiederum versuchten Gelehrte, Zusammenhänge zwischen dem Wetter und den Bewegungen der Sterne zu entdecken, und diese Suche wurde im Europa des Mittelalters begeistert aufgegriffen. Gegen Ende des 15. Jahrhunderts waren astrologische Wettervorhersagen so beliebt, daß alljährlich Dutzende von Wetteralmanachen erschienen, die alle eine Prognose auf das Wetter der kommenden 12 Monate enthielten. Selbst im späten 19. Jahrhundert gab es noch derartige Kalender.
Im 17. Jahrhundert schließlich untersuchte man streng wissenschaftlich die Atmosphäre. Entscheidend dafür war die Entwicklung von Instrumenten, mit denen man die Lufttemperatur (Thermometer), den Feuchtigkeitsgehalt (Hygrometer) und den Luftdruck (Barometer) messen konnte. Viele dieser Geräte kamen aus Florenz, wo sich eine Gruppe begabter Gelehrter und Handwerker in der Accademia del Cimento (Akademie der Versuche) unter Leitung des Großherzogs Ferdinand II. zusammengefunden hatte.

Im 17. Jahrhundert entdeckte man, daß eine Quecksilbersäule allein durch den Luftdruck aufrechterhalten wurde: ein Beweis, daß Luft eine echte Substanz war.

Wetterhäuschen wie dieses (S. 161) sind einfache Hygrometer, die auf Änderungen der Luftfeuchtigkeit reagieren.

Luftmessungen

Bereits 1593 hatte Galilei (1564 – 1642) in Florenz ein primitives Thermometer konstruiert. Die Akademie entwickelte seine Idee weiter und baute 1657 ein Quecksilberthermometer. Ebenfalls in Florenz entdeckte Galileis Schüler Evangelista Torricelli (1608 – 1647) den Luftdruck (S. 157) und erfand ein Meßgerät dafür; das Barometer. Ein paar Jahre später stieg der französische Mathematiker Blaise Pascal (1623 – 1662) mit einem Barometer auf einen Berg und bewies auf diese simple Weise, daß der Luftdruck mit zunehmender Höhe nachläßt, da die Luft dünner wird. Dann aber mußte die Atmosphäre sich auch irgendwo völlig in Nichts auflösen.
Im Laufe der folgenden 150 Jahre untersuchte man mit diesen Instrumenten die Luft gründlich, und bald wußte man immer mehr über das Verhältnis zwischen Wind und Luftdruck (S. 158) sowie zwischen Temperatur und Luftfeuchtigkeit (S. 160). Zugleich stellte sich bei Laborexperimenten heraus, daß die Luft im wesentlichen ein Gemisch aus zwei Gasen, Stickstoff und Sauerstoff, sowie unsichtbarem Wasserdampf ist. Hinzu kommen noch winzige Spuren anderer Gase. Aber all die-

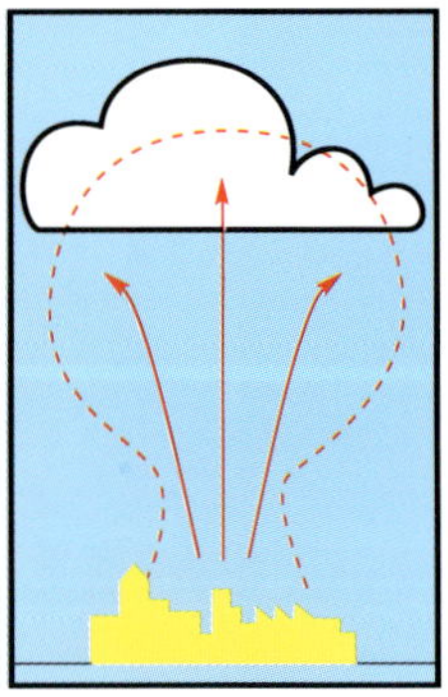

Vor 2500 Jahren erkannten die Griechen, daß Wolken aufsteigende Warmluft sind.

ses Wissen beschränkte sich auf die Luft direkt über dem Boden, und folglich fragten sich die Gelehrten, ob die Atmosphäre überall gleich ist.
1749 versuchte der schottische Astronom Alexander Wilson (1766 - 1813) vergeblich die Temperatur in größerer Höhe mit Hilfe eines an einem Drachen befestigten Thermometers zu messen. 1783 ließen die Brüder Montgolfier ihren ersten Heißluftballon steigen. Kurz darauf hatte der Amerikaner John Jeffries (1745 - 1819) bei seiner Ballonfahrt über London ein Barometer und mehrere andere Instrumente sowie Kanister dabei, in denen er die Luft aus verschiedenen Höhen sammelte. 1804 war der französische Forscher Joseph-Louis Gay-Lussac (1778 - 1850) bis auf sieben Kilometer Höhe aufgestiegen, um zu sehen, ob die Luft dort oben die gleiche chemische Zusammensetzung wie über dem Boden hatte. Das war der Fall.
Im Laufe des vorigen Jahrhunderts wurden noch mehrere derartige Ballonfahrten unternommen - aber niemand konnte über 10 Kilometer hinausgelangen, da die Luft darüber zum Atmen zu dünn ist. Dann setzte der französische Meteorologe Teisserenc de Bort unbemannte Ballons ein, die Aufzeichnungsgeräte mit Uhrwerken dabei hatten. 1902 gelang ihm der Nachweis, daß die Luft mit zunehmender Höhe erwartungsgemäß kälter wurde - bei 12 Kilometer lag sie bei etwa - 55 °. Darüber hinaus aber schien die Temperatur gleich zu bleiben. De Bort erklärte, daß die Atmosphäre zwei Schichten habe: eine turbulente untere Schicht mit Wind und Wetter, die sogenannte Troposphäre, und eine ruhige obere Schicht, die Stratosphäre, die sich über dem Niveau befinde, bis zu dem warme Luft aufsteige (die Tropopause).

Die Erdrotation beeinflußt die Bewegung der Atmosphäre - Winde werden so abgelenkt wie die Farbe auf diesem sich drehenden Ball (S. 158).

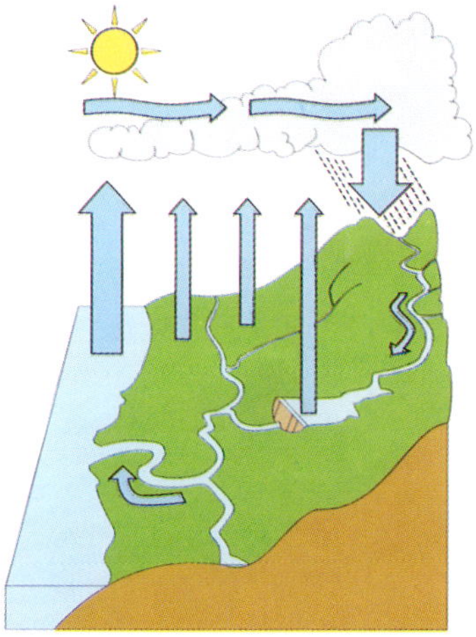

Der Wasserkreislauf - Wasser verdunstet überm Meer, wird zu Wolken und fällt wieder als Regen - wurde schon von Thales vor 2500 Jahren beschrieben.

Höhere Sphären

Mit Hilfe von Radiosonden-Ballons, die ihre Messungen per Funk übertrugen, gelangte man in noch größere Höhen. In den dreißiger Jahren fand man heraus, daß die Temperaturen in der Stratosphäre mit zunehmender Höhe tatsächlich wieder steigen - infolge der Konzentration des Gases Ozon, wie man später entdeckte. Das Ozon wird durch die Absorption ultravioletter Strahlen von der Sonne erwärmt, die sonst zur Erde gelangen würden.
Zur gleichen Zeit löste der britische Physiker Edward Appleton (1892 - 1965) ein Rätsel, vor dem die Wissenschaft stand, seit Marconi 1901 zum erstenmal Radiosignale über den Atlantik gesendet hatte: Radiowellen pflanzen sich geradlinig fort - aber wie gelangen sie dann rings um die gekrümmte Erdoberfläche? Appleton zeigte, daß sie von geladenen Partikeln (Ionen) in der Atmosphäre abprallen. Es gibt fünf solcher Schichten, die zusammen die Ionosphäre bilden.

Winde sind Luftmassen, die zwischen Zonen unterschiedlichen Luftdrucks zirkulieren - wie das heiße und kalte Wasser bei diesem Experiment (S. 158).

Raketenforschung

Da Radiosonden-Ballons nicht über 30 Kilometer Höhe hinauskommen, schickten die Wissenschaftler in den vierziger Jahren Raketen noch höher hinauf. Man fand heraus, daß über 50 Kilometer Höhe die Temperaturen in einer Schicht, die man Mesosphäre nannte, erneut fielen - bis zu − 100 ° bei 80 Kilometern. Außerdem erwies sich die Mesosphäre im Sommer kälter als im Winter, ohne daß man herausfand, warum.
Ende der fünfziger Jahre erforschte man die Thermosphäre (die Schicht über 80 Kilometer Höhe) anhand der Verlangsamung von Satelliten durch die Reibung mit der Atmosphäre. Hier schwanken die Temperaturen beträchtlich: von 500 ° nachts bis zu 2 000 ° mittags - aber die Luft ist so dünn, daß sie die Wärme nicht halten kann.
Durch die Raumfahrt hat man weitere atmosphärische Schichten entdeckt: die Heliosphäre, eine Heliumschicht, und die Exosphäre, die schließlich in den Weltraum übergeht.

Stürme entstehen durch Wirbel in der Troposphäre. Die höheren Schichten der Atmosphäre hingegen sind stets absolut ruhig.

In der Luft

Wenn ihr an einem klaren Tag zum Himmel hinaufschaut, seht ihr die Atmosphäre der Erde – sie reicht bis zu einer Höhe von rund 700 Kilometern über euch. Ohne diese schützende Decke aus Gasen könnten wir nicht leben: Wir würden tagsüber in der Sonne verbrennen und nachts steinhart gefrieren. Der größte Teil der Atmosphäre besteht aus einem dünnen Gemisch von Gasen, die so unbeweglich und unveränderlich sind wie das Weltall darüber. Aber auf den ersten 11 Kilometern – der Schicht, in der wir leben und atmen – verdichten sich Gase, Wasser und Staub, und hier entsteht auch unser Wetter. Wenn die Sonne das darunterliegende Land und die Meere erwärmt, wird dieses dichte Gemisch am Brodeln gehalten. Dieses immerwährende Wirbeln in der Troposphäre sorgt für sämtliche Wettererscheinungen – vom sanften Sommerregen bis zum tobenden Wirbelsturm.

EXPERIMENT

Höhe und Wärme

Mit zunehmender Höhe wird es immer kälter in der Troposphäre – darum sind höhere Berggipfel mit Schnee bedeckt. Diesen gleichmäßigen Temperaturrückgang nennt man Temperaturgradient, er beträgt etwa 6° pro 1000 Meter. Nur unter bestimmten Bedingungen, sogenannten Inversionen, ist es oben wärmer als unten am Boden. Wenn warme Luft durch die Atmosphäre nach oben steigt, kühlt sie sich ab, weil sie sich durch immer dünnere Luft bewegt und entsprechend verdünnt wird. Diesen Prozeß nennt man adiabatische Abkühlung. Ein einfacher Versuch mit einer Luftpumpe macht dies deutlich.

Wärme hineinpumpen
Wenn ihr einen Fahrradreifen aufpumpt, drückt ihr die Luft auf einem immer kleiner werdenden Raum zusammen, so daß sie sich erwärmt. Wenn ihr fest pumpt, spürt ihr das an der Luftpumpe.

Abkühlen
Wenn ihr die Luft aus dem Ventil laßt, verspürt ihr einen kühlen Zug: Die in den Reifen gepreßte Luft breitet sich aus und kühlt sich dabei adiabatisch ab.

EXPERIMENT

Aufsteigende Luft

Mit zunehmender Höhe wird die Luft immer dünner, und beim Aufsteigen breitet sich Luft immer mehr aus. Wenn man etwa eine Blase in Öl nach oben bläst, wird sie dabei größer – genauso wie eine Luftblase beim Aufsteigen in der Atmosphäre größer würde. Darum kühlt sich Luft adiabatisch ab (siehe links unten).

IHR BRAUCHT
- Flasche Speiseöl
- Plastikschlauch

1 Steckt den Schlauch in die Flasche bis zum Boden. Blast vorsichtig eine Blase hinein – vielleicht müßt ihr etwas üben.

2 Beobachtet die Blase genau, wie sie im Öl aufsteigt: Sie wird immer größer, je höher sie steigt.

EXPERIMENT

Was ist Luft?

Die Atmosphäre besteht zu über 99 Prozent aus zwei Gasen: Stickstoff und Sauerstoff. Der Stickstoffanteil ist größer und beträgt 78 Prozent – der Sauerstoffanteil dagegen wird zum Atmen sowie zur Verbrennung benötigt. Das restliche Prozent setzt sich zusammen aus Kohlendioxid, Wasserdampf und winzigen Spuren von Gasen wie Helium, Neon und Ozon.
Die Tatsache, daß Luft vor allem aus Stickstoff und Sauerstoff besteht, wurde 1774 von Antoine de Lavoisier nachgewiesen. Doch bereits ein Jahrhundert zuvor hatte der englische Arzt John Mayow (1641 – 1679) gezeigt, daß Luft Sauerstoff enthält, und zwar mit dem nachfolgenden Experiment – genauer gesagt: Er zeigte, daß Luft eine Substanz enthält, die bei der Verbrennung benötigt wird und die er »salpetrigen Luftgeist« nannte. Lavoisier wies dann in seinen Experimenten nach, daß es sich dabei um Sauerstoff handelt.

IHR BRAUCHT
- Kerze • Kerzenhalter
- Schüssel • Becherglas
- gefärbtes Wasser
- Zündhölzer

1 Stellt die Kerze im Halter in die Schale mit dem gefärbten Wasser und zündet sie an.

2 Stülpt das Becherglas vorsichtig über die brennende Kerze. Merkt euch die Höhe des Wasserspiegels im Glas.

Zunächst entweicht die Luft in Blasen aus dem Glas. Dann verbraucht die Kerze den Sauerstoff und verlischt. Wenn die verbliebene Luft abkühlt, wird Wasser im Glas hochgezogen.

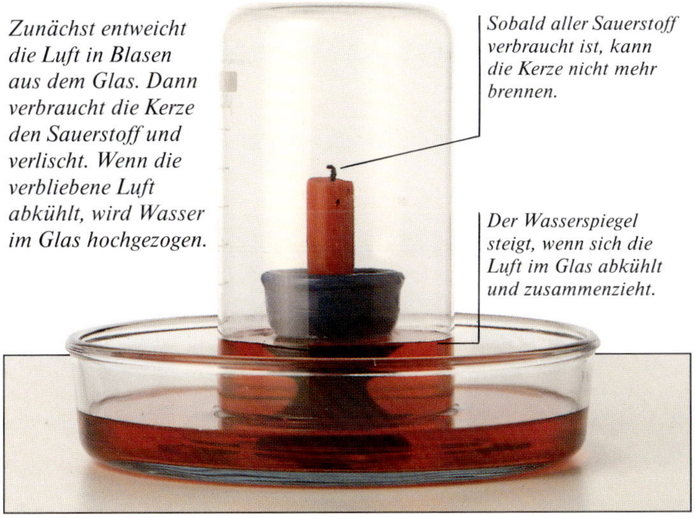

Sobald aller Sauerstoff verbraucht ist, kann die Kerze nicht mehr brennen.

Der Wasserspiegel steigt, wenn sich die Luft im Glas abkühlt und zusammenzieht.

GROSSE ENTDECKER

Antoine de Lavoisier

Der französische Chemiker Antoine de Lavoisier (1743 – 1794) war einer der genialsten Wissenschaftler aller Zeiten. Zu seinen wichtigsten Entdeckungen gehört, daß Luft hauptsächlich aus Stickstoff und Sauerstoff besteht. 1774 hatte der englische Geistliche Joseph Priestley einen berühmten Versuch gemacht: Als er Quecksilberoxid erhitzte, entstand ein Gas, das eine Kerze heller brennen ließ. Damit hatte er den Sauerstoff entdeckt, ohne daß ihm die Bedeutung dieser Entdeckung bewußt war. Später erzählte er Lavoisier davon, der das Experiment wiederholte und aufzeigte, daß Luft ein Gemisch aus zwei Gasen ist. Ein Fünftel davon war das Gas, das Priestley gefunden hatte. Lavoisier nannte es Oxygenium. Das übrige Gemisch bestand aus einem inaktiven Gas, das Lavoisier »Azote« nannte (vom griechischen Wort für »kein Leben«) – später bekam es den Namen Stickstoff. Erst um 1890 wurden noch winzige Spuren anderer Gase in der Luft gefunden.

Schichten der Atmosphäre

Die Wissenschaftler teilen die Atmosphäre in verschiedene Schichten ein – von der Troposphäre bis zu der etwa bei 700 Kilometern Höhe beginnenden äußerst dünnen Luft der Exosphäre, in der Satelliten die Erde umkreisen (hier nicht gezeigt).

Thermosphäre
In dieser Schicht nimmt die Temperatur mit der Höhe zu.

Mesosphäre
Hier wird es mit zunehmender Höhe kälter (bis – 120 °).

Stratosphäre
Sie reicht von 11 bis 50 Kilometer, enthält 19 % der Gase der Atmosphäre und wird bis zur Stratopause immer heißer.

Troposphäre
Sie enthält 80 % aller Gase, hier entsteht das Wetter. Die Temperatur sinkt bis zur Tropopause (11 Kilometer).

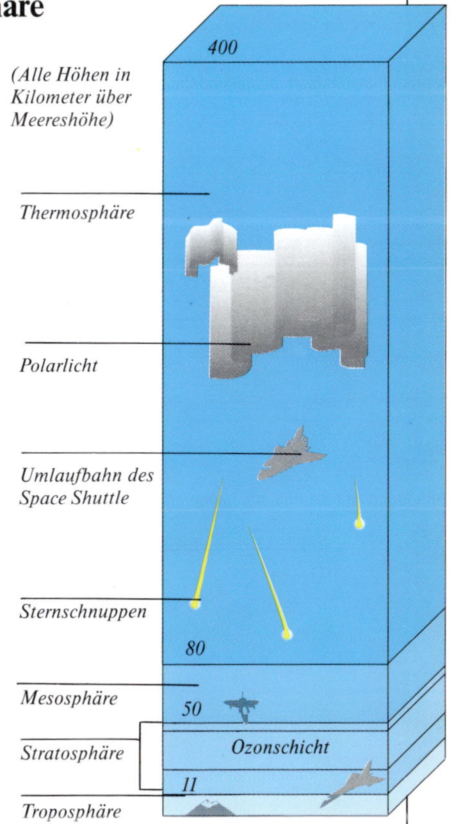

Sonnenwärme

Ohne die Sonne wäre es bei uns nicht nur sehr kalt – wir hätten überhaupt kein Wetter. Die Sonnenwärme versetzt nämlich die Atmosphäre in Bewegung und sorgt so für Wind, Wolken, Regen und Schnee. Diese Aufheizung ist überall auf der Erde unterschiedlich zu den verschiedenen Tages- und Jahreszeiten (S. 18) – wegen des Winkels, in dem die Sonne am Himmel steht, und weil Wolken ihre Strahlen teilweise abschirmen. In den Tropen steht die Sonne so hoch, daß es dort fast dreimal wärmer ist als in den Polarzonen. Andererseits wird die Einstrahlung dort durch Wolken auf die Hälfte reduziert, bevor sie den Boden erreicht.

Sonnenbrand *Die Sonnenstrahlen können in Papier ein Loch brennen, wenn ihr sie mit einer Lupe bündelt. Genauso funktioniert auch ein Sonnenscheinautograph, der mit Hilfe einer starken Linse die Sonne selbst die Dauer ihrer Einstrahlung aufzeichnen läßt.*

EXPERIMENT

Sonnenkraft

Je tiefer die Sonne am Himmel steht, desto weniger Wärme gibt sie ab – weil ihre Strahlen einen viel weiteren Weg durch die Atmosphäre zurücklegen müssen und weil beim schrägen Auftreffen der Strahlen auf dem Boden die Wärme über eine größere Fläche verteilt wird, wie man an den langen Schatten bei Sonnenuntergang erkennt. Hier testen wir dieses Phänomen.

IHR BRAUCHT

- Styroporplatten
- schwarzen Karton
- Klebeband
- Plastikschlauch
- Becher
- Thermometer
- Lineal
- Messer
- Kleber
- Schere

1 Schneidet alle Styroporteile wie unten abgebildet zurecht, und klebt sie zu einem Kasten mit drei Fächern zusammen.

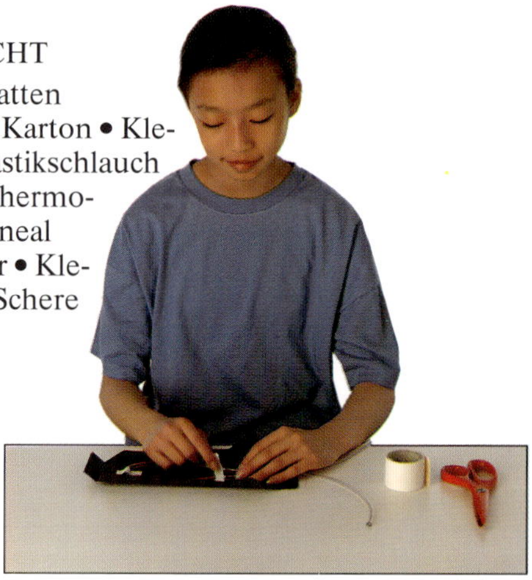

2 Schneidet die Teile aus schwarzem Karton aus, und klebt je eine Schlauchschleife auf die Rückseite. Faltet und verklebt die Falze.

Mit Klebeband befestigter Deckel

Teile aus quadratischen Styroporplatten, Seitenlänge 30 cm

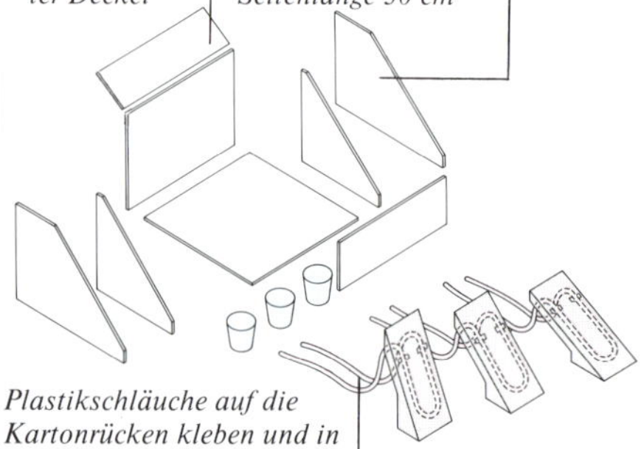

Plastikschläuche auf die Kartonrücken kleben und in die Becher stecken.

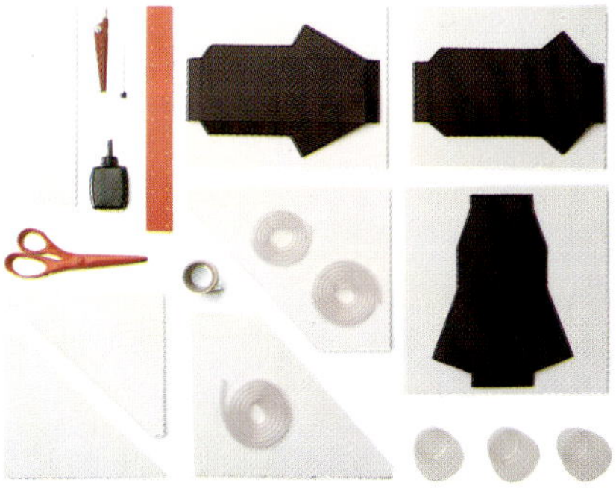

Die Schläuche unter dieser Mittelwand durchführen.

3 Stellt die Kartonteile vor die halblange Mittelwand. Füllt die Becher mit Wasser und stellt sie ins hintere Fach. Steckt ein Ende der Schläuche ins Wasser, und füllt sie durch Saugen. Steckt beide Enden in die Becher, und befestigt die Kartonschrägen wie auf dem Bild. Stellt den Kasten mittags in die Sonne, meßt die Wassertemperatur in den Bechern, und schließt den Deckel. Meßt eine Stunde später erneut: Hat sich das Wasser unterschiedlich schnell erwärmt?

Die Menge der absorbierten Sonnenwärme ist vom Winkel der Schrägen abhängig.

EXPERIMENT

Wetterhütte

Wenn man an einem heißen Tag in den Schatten tritt, kann man plötzlich frieren – so groß kann der Temperaturunterschied zwischen direktem Sonnenlicht und Schatten sein. Daher messen Meteorologen die Temperaturen stets im Schatten, wo sie gleichbleibend sind. Die Thermometer sind in speziellen Wetterhütten untergebracht, die weiß gestrichen sind, um die Sonnenstrahlen zu reflektieren, und an den Seitenwänden Jalousien haben, durch die ein Luftstrom streicht. Baut euch doch einmal eine einfache Wetterhütte.

IHR BRAUCHT

• Balsa, Sperrholz • Messer, Säge • Zeichendreieck • Plastillin • weiße Farbe • Lineal, Bleistift • Thermometer • Kleber

1 Schneidet 7 Lamellen für die Vorderseite (280 x 20 mm) und 14 für die Seitenteile (125 x 20 mm). Markiert ihre Position an den senkrechten Rahmenbrettchen mit dem Dreieck.

Wo ist die Sonnenwärme geblieben?
Die Sonnenwärme wird auf ihrem Weg durch die Atmosphäre zur Hälfte absorbiert. Doch die Erde bleibt warm, weil einige Gase in der Luft die Wärme wie in einem Treibhaus einfangen (S. 188).

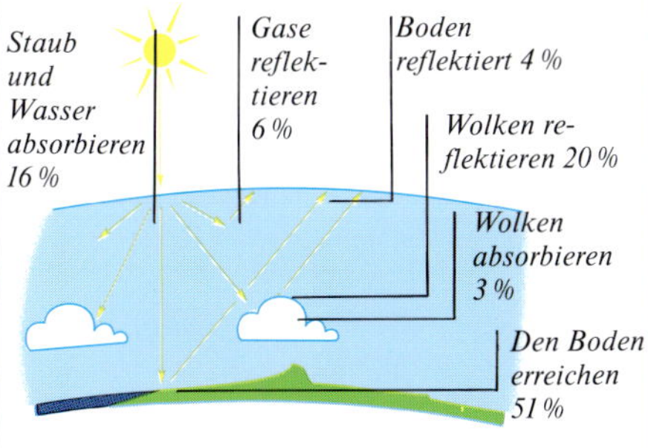

2 Verklebt die Lamellen schräg zwischen den beiden senkrechten Rahmenbrettchen für die Vorderseite und die Seitenteile.

3 Klebt die Rückwand und die Seitenteile rechtwinklig zusammen und dann aufs Bodenbrett. Prüft jeweils mit dem Dreieck den Winkel.

4 Klebt die Vorderjalousie an die Bodenplatte und die Seitenwände. Klebt vier Klötzchen in die Ecken des Deckels, damit er nicht verrutscht.

5 Streicht den Kasten weiß an – am besten zweimal. Legt das Thermometer nun auf zwei Plastillinklötzchen hinein, und legt den Deckel auf.

Sonnenfalle
Stellt eure Wetterhütte draußen auf, am besten 1,2 Meter über dem Boden und weit genug weg von Bäumen und Häusern. Ideal ist ein Maximum-Minimum-Thermometer; sonst müßt ihr bei Sonnenaufgang und mittags messen.

Luftdruck

Wenn man ein Papier zu Boden flattern sieht, möchte man kaum glauben, daß Luft irgendeine Kraft ausübt - was sie doch die ganze Zeit tut. Ständig drückt die Luft um uns in alle Richtungen - nach oben, unten und seitwärts -, und zwar mit der gleichen Kraft wie ein Elefant auf einen Spieltisch. Früher glaubte man, diese Kraft - der Luftdruck - beruhe lediglich auf dem Gewicht von mehreren hundert Kilometern Luft, das nach unten drückt. Heute wissen wir, daß es sich dabei um das ständige Bombardement unzähliger hin und her sausender Luftmoleküle handelt.
Am größten ist der Luftdruck auf Meereshöhe, weil dort die Luft am dichtesten ist und die meisten Moleküle enthält. Je höher man kommt, desto mehr nimmt der Luftdruck ab, und zwar so gleichmäßig, daß Flugzeughöhenmesser einfach den Luftdruck messen, um die Höhe zu errechnen. Über 5 000 Meter wird er so niedrig, daß man kaum noch atmen kann: Bergsteiger tragen daher Sauerstoffmasken, und in Flugzeugen sind die Passagiere durch Druckausgleichskabinen geschützt.

Von der Luft gehalten

Den Luftdruck kann man ganz einfach nachweisen: Man füllt ein Glas unter Wasser, dreht es darin um und hebt es hoch, bis sich die Öffnung gerade noch unter der Wasseroberfläche in der Schüssel befindet. Die Luft, die auf das Wasser in der Schüssel drückt, verhindert, daß das Wasser aus dem Glas läuft.

Hoch-Wasser
Der Luftdruck ist so stark, daß er nicht nur das Wasser im Glas hält, sondern eine 10 Meter hohe Wassersäule - ja sogar eine 76 Zentimeter hohe Quecksilbersäule (die schwerste Flüssigkeit).

EXPERIMENT

Ein Barometer bauen

Der Luftdruck wird gewöhnlich mit einem Barometer gemessen. Solche Geräte können sehr kompliziert und teuer sein, aber schon mit dieser ganz simplen Konstruktion läßt sich ermitteln, ob sich der Luftdruck ändert. Da das Wetter eine ganze Menge mit dem Luftdruck zu tun hat, stellen Luftdruckänderungen eine nützliche Hilfe für Wettervorhersagen dar. Wenn der Luftdruck deutlich fällt, ist eine Front oder ein Tief (S. 174) im Anzug - und darum wird es Regen und Sturm geben. Hochdruck dagegen ist ein Zeichen für schönes, trockenes Wetter.

IHR BRAUCHT
- Flasche mit langem Hals
- hohes Becherglas • Krug
- Lebensmittelfarbe • Marker

1 Gießt gefärbtes Wasser ins Glas. Steckt die Flasche kopfüber hinein, so daß die Öffnung knapp über dem Boden ist.

2 Markiert den Wasserspiegel im Flaschenhals täglich am Glas.

Hoher Wasserstand in der Flasche zeigt an, daß die Luft kräftig auf das Wasser im Glas drückt und dieses in der Flasche aufsteigt - also hoher Luftdruck herrscht.

Bei niedrigem Wasserspiegel drückt die Luft nur leicht auf das Wasser im Glas - ein Zeichen für niedrigen Luftdruck.

EXPERIMENT

Druckkraft

1654 demonstrierte der deutsche Forscher Otto von Guericke (1602 – 1686) die Kraft des Luftdrucks, indem er die beiden Hälften einer Messingkugel zusammenfügte und dann die Luft herauspumpte. Der Luftdruck außerhalb der Kugel war so groß, daß nicht einmal 16 Pferde die beiden Hälften auseinanderziehen konnten. Dieser Test ist etwas einfacher.

IHR BRAUCHT

• Plastikflasche • Trichter • Krug mit heißem Wasser • Eis • Schüssel

1 Stellt die Flasche in eine Schüssel. Gießt einen Krug heißes Wasser mit dem Trichter hinein.

2 Schraubt die Flasche zu, legt sie hin, und bedeckt sie mit Eis und kaltem Wasser.

3 In der Flasche ist Dampf vom heißen Wasser enthalten. Wenn er sich zu Wasser abkühlt, bildet sich teilweise ein Vakuum. Der größere Außendruck zerdrückt nun die Flasche.

Aneroidbarometer

Luftdruckänderungen wurden früher mit Hilfe der Höhe einer Quecksilbersäule gemessen. Heutzutage verwendet man meist ein Aneroidbarometer: ein Metallkästchen mit einem Teilvakuum. Wenn das Kästchen bei Luftdruckänderungen größer oder kleiner wird, bewegt eine Nadel einen Zeiger über eine Skala, die in Millibar (mb) eingeteilt ist. Auf Meereshöhe beträgt der Luftdruck etwa 1013 mb, er kann aber zwischen 800 und 1050 mb schwanken. Ältere Barometer haben noch ein auf die Quecksilbersäule bezogene Millimeterskala.

GROSSE ENTDECKER

Evangelista Torricelli

Daß es so etwas wie Luftdruck gibt, hat zuerst Evangelista Torricelli (1608 – 1647), ein Schüler des berühmten italienischen Forschers Galileo Galilei, entdeckt. 1641 forderte Galilei ihn auf, herauszufinden, warum Wasser nicht höher als 10 Meter nach oben gepumpt werden konnte. Torricelli füllte ein Glasrohr von einem Meter Länge mit Quecksilber, der schwersten Flüssigkeit. Er drehte das Rohr dann um und hielt das offene Ende unter die Oberfläche von Quecksilber in einer Schüssel. Das Quecksilber im Rohr fiel bis auf etwa 76 Zentimeter – darüber mußte sich also ein Vakuum im Rohr befinden. Torricellis Folgerung: Der Druck der Atmosphäre auf die Oberfläche des Quecksilbers in der Schüssel verhinderte, daß das Quecksilber im Rohr noch weiter fiel. Doch dieses Phänomen konnte man auch anders erklären, und so fand Torricelli zunächst wenig Glauben. Aber im Laufe der nächsten 20 Jahre sprach immer mehr für diese Theorie, und Ende des 17. Jahrhunderts war man von der Existenz des Luftdrucks weithin überzeugt. 1647 versah der Philosoph René Descartes Torricellis Quecksilberrohr mit einer Skala, so daß man es als Barometer benutzen und Luftdruckänderungen mit Wetteränderungen in Beziehung setzen konnte.

Wind und Luftdruck

Wenn Luft sich zu bewegen beginnt, entsteht Wind: eine leichte Brise bei langsamer Luftbewegung oder Stürme und Hurrikane, wenn sich Luft sehr rasch bewegt. Jeder Wind fängt auf die gleiche Weise an – nämlich beim Vorliegen von unterschiedlichem Luftdruck. Wo Luft wärmer und leichter als die Umgebungsluft ist, steigt sie nach oben, so daß der Luftdruck sinkt. Wo sie kälter und schwerer ist, sinkt sie, und der Druck nimmt zu. Wind weht von Hochdruckzonen (»Antizyklonen« oder Hochs) nach Tiefdruckzonen (»Zyklonen« oder Tiefs).
Auf Wetterkarten werden die Luftdruckunterschiede durch Isobaren wiedergegeben: Linien, die Orte gleichen Drucks miteinander verbinden. Wo Isobaren dicht zusammenliegen, gibt es einen steilen Druckgradienten – es herrscht ein großer Druckunterschied. Liegen sie weit auseinander, ist der Druckgradient flach – es herrschen geringe Druckunterschiede. Je steiler der Gradient, desto stärker der Wind: Wenn sich die Isobaren dicht um eine Tiefdruckzone drängen, wird es sehr stürmisch.

EXPERIMENT

Coriolis-Kraft

Winde wehen nicht geradlinig von Hoch- zu Tiefdruckzonen. Sie werden infolge der Erdrotation abgelenkt – nach rechts auf der Nordhalbkugel, nach links auf der Südhalbkugel. Man nennt das die Coriolis-Kraft, nach dem französischen Physiker Gustave-Gaspard Coriolis (1792 – 1843), der diesen Effekt als erster 1835 entdeckte. Wir benützen hier einen Ball als Erde, um die Wirkung dieser wichtigen Kraft zu demonstrieren, die auch Meeresströmungen ablenkt, die Rotation von Wirbelstürmen steuert und die Flugbahn von Fliegern und Raumfahrzeugen beeinflußt.

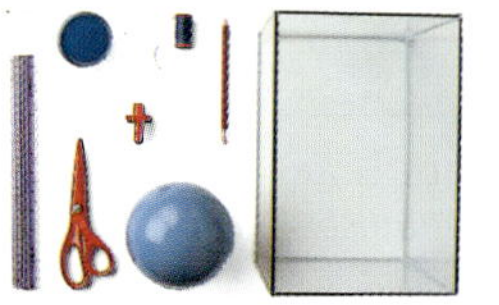

IHR BRAUCHT
- Ball • Faden
- Behälter
- Lineal • Zündholz • Lebensmittelfarbe
- Tropfpipette

EXPERIMENT

Zirkulation

Vereinfacht gesagt, weht Wind, weil Luft von sinkenden kalten Luftmassen ausgequetscht und unter aufsteigenden warmen Luftmassen eingesogen wird. Am Boden also weht Wind von kalten zu warmen Stellen. In größerer Höhe hingegen fließt ein Luftstrom von Warm nach Kalt zurück. Wir demonstrieren diese Zirkulation hier mit kaltem und warmem Wasser.

IHR BRAUCHT
- 2 Plastikflaschen • Schlauchenden • Schüsseln • Plastillin
- Klammern • Lebensmittelfarbe • Eis • Vorstecher
- Bohrmaschine • Schere

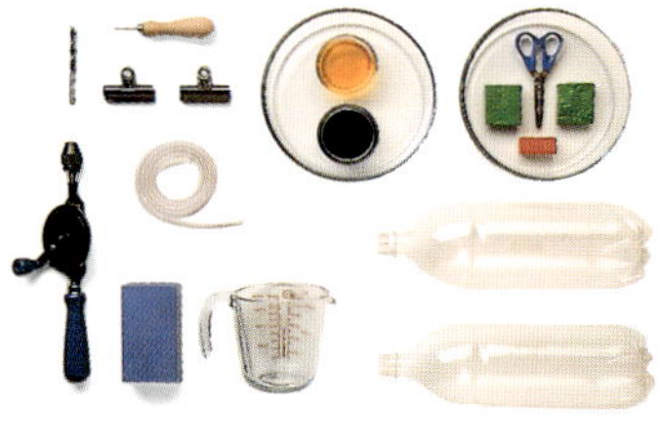

1 Schneidet das Oberteil der Flaschen ab. Bohrt oben und unten an den gleichen Stellen je ein Loch in die Flaschen.

2 Schneidet zwei gleichlange Schlauchenden zurecht, und steckt sie in die Löcher, die ihr außen mit Plastillin abdichtet.

3 Stellt je eine Flasche in heißes Wasser und Eis, klemmt die Schläuche ab, und gießt verschieden gefärbtes Wasser ein.

Zirkulation
Durch die Wärme steigen in der erwärmten Flasche Strömungen auf, in der eisgekühlten sinken sie ab. Wenn ihr die Klammern entfernt, fließt Wasser aus der kalten Flasche durch den unteren Schlauch hinüber und durch den oberen zurück.

Aufsteigende Wärme erzeugt eine Rückströmung, wobei das warme Wasser oben zum kalten fließt.

Das Wasser fließt in geringer Höhe aus dem kalten zum warmen Gefäß; Winde verhalten sich genauso.

1 Bohrt ein Loch in den Ball, und füllt ihn mit Wasser. Bindet ein Zündholz an den Faden, und steckt es ins Loch.

2 Hängt den Ball am Lineal auf, und versetzt ihn in eine leichte Drehung. Nun laßt ihr etwas Farbe auf den »Pol« tropfen.

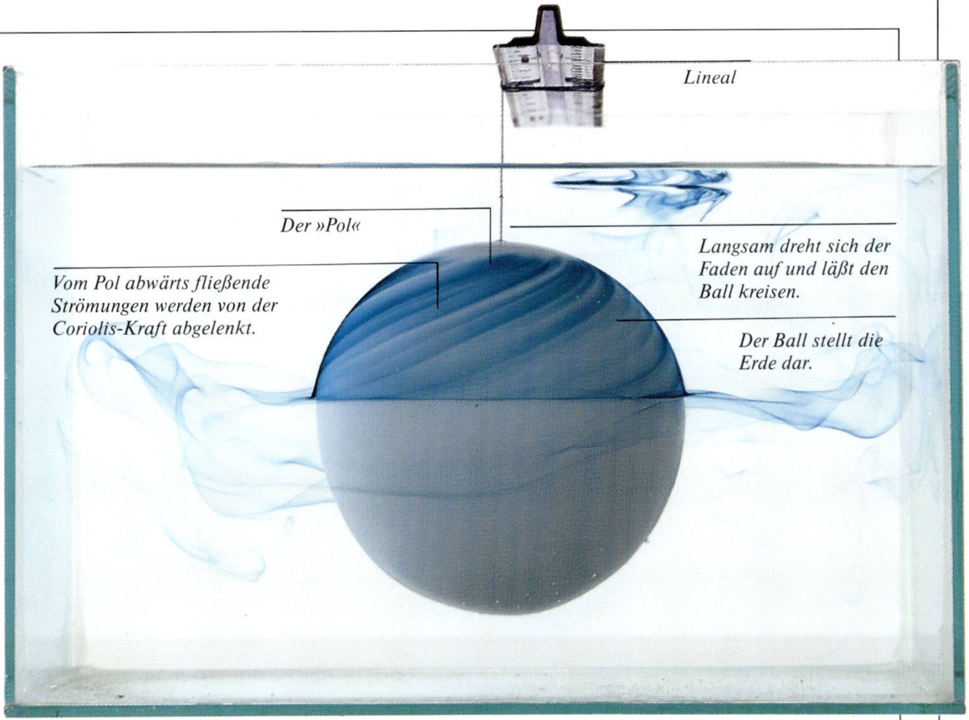

Ablenkung
Die Farbe wird immer stärker nach einer Seite abgelenkt – genauso wie Winde, die vom Pol zum Äquator wehen. Wenn sie vom Äquator kommen, werden sie zur anderen Seite abgelenkt.

Kreiseln

Winde kreiseln aus Hochs heraus – infolge der Coriolis-Kraft auf der Nordhalbkugel im Uhrzeigersinn, auf der Südhalbkugel gegenläufig. In Tiefs kreiseln sie in umgekehrter Richtung hinein.

Buys-Ballotsche Regel
Wenn ihr mit dem Rücken zum Wind steht, befindet sich das Tiefdruckgebiet auf der Nordhalbkugel stets links von euch – auf der Südhalbkugel rechts.

Luftfeuchtigkeit

Auch wenn es nicht regnet, ist die Luft oben sehr feucht, weil sie unsichtbaren Wasserdampf enthält. Wenn man nasse Kleider trocknet, verschwindet das Wasser nicht einfach, sondern verdunstet – es verwandelt sich in Wasserdampf. Ist die Luft gesättigt, kondensiert der Dampf wieder zu Wasser. Die Menge von Wasserdampf in der Luft zu einem bestimmten Zeitpunkt nennt man Luftfeuchtigkeit. Je wärmer die Luft ist, desto mehr Feuchtigkeit kann sie halten, und Meteorologen sprechen daher gewöhnlich von relativer Luftfeuchtigkeit: Das ist die Feuchtigkeitsmenge in der Luft bezogen auf die maximale Menge Wasserdampf, die sie bei dieser Temperatur halten kann.

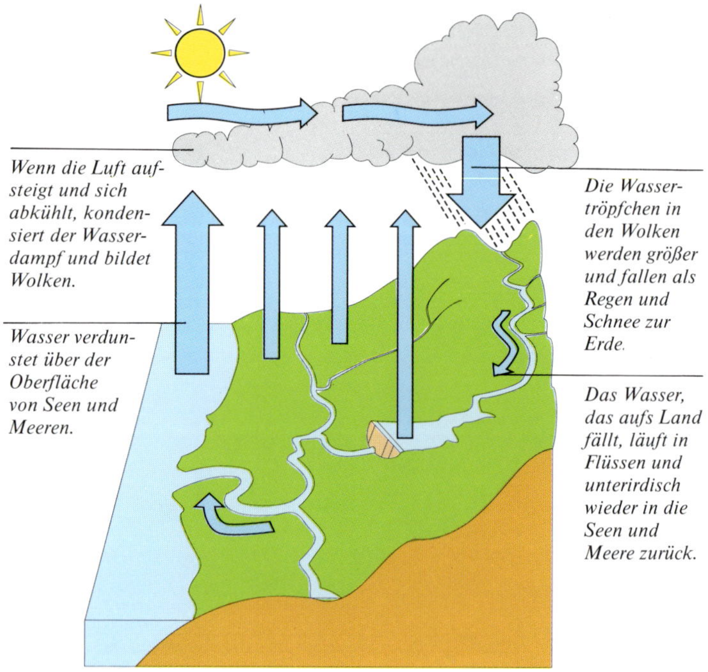

Der Wasserkreislauf

Ständig verdunstet Wasser aus Meeren und Seen, die 70 Prozent unseres Planeten bedecken, und erzeugt Wasserdampf in der Luft. Wenn sich die Luft abkühlt, kondensiert der Wasserdampf zu Tröpfchen und bildet Wolken. Das Wasser fällt dann als Regen oder Schnee zur Erde, wo es im Boden versickert und in Flüssen in die Seen und Meere läuft. In der Atmosphäre befindet sich immer nur ein Prozent des gesamten Wassers – die Ozeane enthalten 97 Prozent.

EXPERIMENT

Feucht und trocken

Meßt die relative Feuchte mit zwei Thermometern – einem trockenen und einem ständig feucht gehaltenen. Je geringer der Temperaturunterschied, desto näher ist die Luft ihrem maximalen Feuchtigkeitsgehalt.

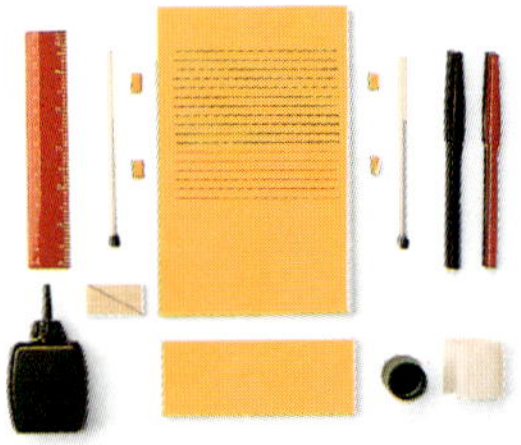

IHR BRAUCHT
- Schreiber, Lineal
- 2 Thermometer
- Brett
- Balsa
- Musselin
- Flaschenverschluß
- Kleber

1 Zieht die Linien auf dem Brett wie abgebildet, und klebt es auf einem Balsabrett mit Hilfe von Balsadreiecken fest.

2 Klebt die Thermometer mit Balsastückchen aufs Brett, dann die Flaschenkappe aufs Balsabrett, und füllt sie mit Wasser.

3 Wickelt Musselin um den Kolben des einen Thermometers, und taucht es in die Kappe. Meßt einmal am Tag.

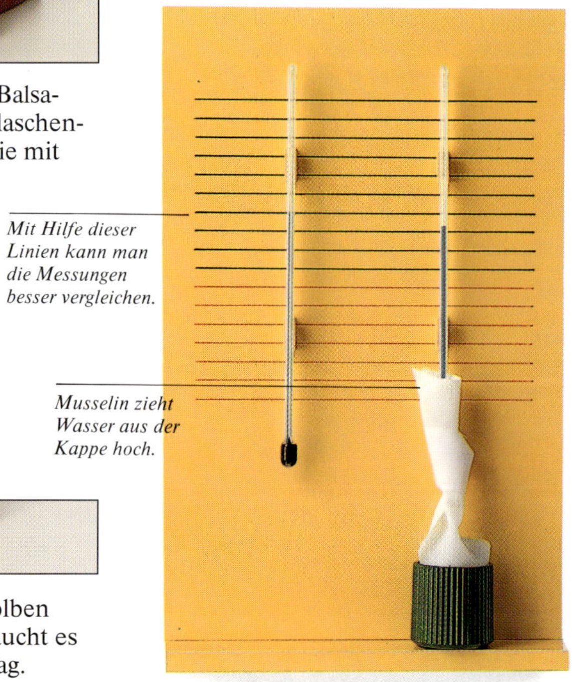

EXPERIMENT

Wetterhäuschen

Ist die Luft sehr feucht, ist das oft ein Zeichen, daß es regnen wird – ist sie trokken, wird es vermutlich schön bleiben. Daher hat man schon immer das Wetter mit Feuchtigkeitsanzeigern vorherzusagen versucht, etwa mit den einst sehr beliebten Wetterhäuschen. Darin zieht sich ein Haar zusammen oder dehnt sich aus – je nach der herrschenden Feuchte: Ist die Luft feucht, streckt sich das Haar, so daß das Feuchtwettermännchen heraustritt – ist sie trocken, zieht sich das Haar zusammen, holt das Männchen hinein, und das Schönwetterweibchen tritt heraus. Mit einem genügend langen Haar könnt ihr euch ein ganz simples Wetterhäuschen bauen.

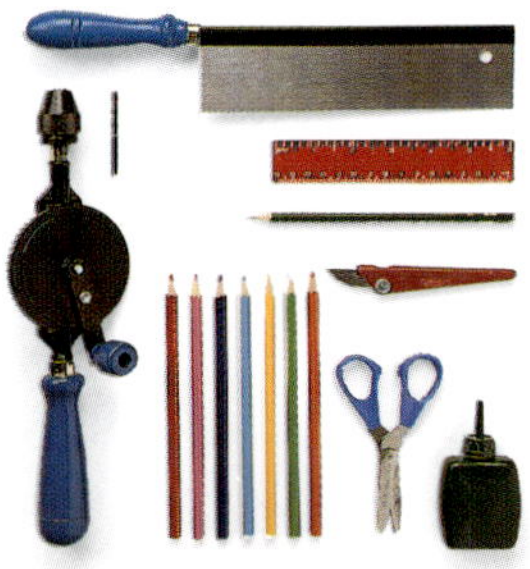

IHR BRAUCHT

- langes Haar
- Karton für die Teile unten
- Schere
- Schrauböse
- Balsastreifen
- Teppichmesser
- Kleber • Buntstifte zum Bemalen der Figuren • Werkzeuge wie abgebildet

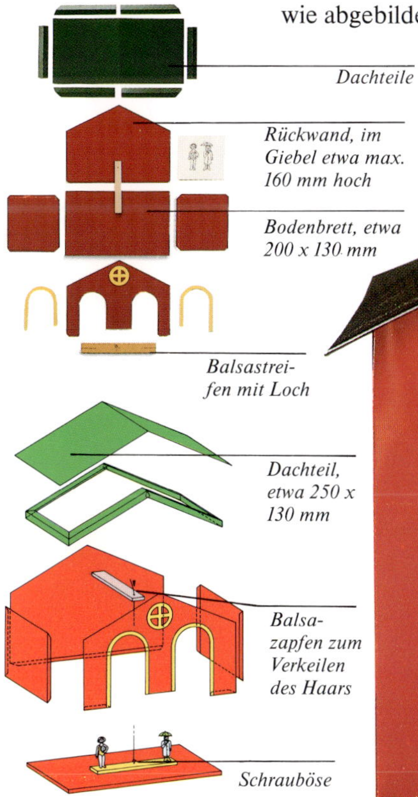

1 Laßt das Bodenbrett von einem Erwachsenen zurechtschneiden. Schneidet die Wände aus Karton, und verklebt sie zuerst mit dem Boden, dann miteinander.

2 Klebt den Balsastreifen mit in den Giebel von Vorder- und Rückwand. Schneidet die Kartonfiguren aus, bemalt sie und klebt sie auf einen zweiten Balsastreifen.

3 Schraubt die Öse in diesen Balsastreifen, und knotet das Haar daran. Fädelt es durch ein Loch in der Querleiste oben, und verkeilt es mit einem Stück Balsa.

4 Faltet ein Stück Karton fürs Dach, schneidet aus Kartonstreifen einen Rahmen (wie links), und legt das Dach auf das Häuschen.

Schön und schlecht
Wenn ihr die Öse ein wenig heraus- oder hineindreht, könnt ihr euer Wetterhäuschen einstellen, so daß der Junge mit dem Schirm bei feuchter und das Mädchen im Badeanzug bei trockener Witterung herauskommt.

Wolken

Viele Wolken sehen fast so aus, als ob sie feste Körper wären – aber sie sind nichts weiter als Ansammlungen winziger Wassertropfen und Eiskristalle, die in der Luft schweben. Es gibt verschieden geformte Wolken, je nachdem, wie sie sich bilden und wie das Verhältnis von Wassertröpfchen zu Eiskristallen in ihnen ist.

Wolken bilden sich durch aufsteigende Luft. Weil Luft sich abkühlt, wenn sie aufsteigt (S. 158), kann sie immer weniger den unsichtbaren Wasserdampf halten. Beim sogenannten Taupunkt wird die Luft so kalt, daß der Wasserdampf kondensiert (S. 170) und winzige sichtbare Wassertröpfchen oder sogar Eiskristalle bildet.

Zuweilen steigt die Luft über einem begrenzten Gebiet so rasch auf, daß aufquellende Kumulus- oder Haufenwolken entstehen, die nur ein paar Stunden existieren. Wenn die Luft hingegen langsam über einer großen Fläche aufsteigt, bilden sich riesige formlose Stratus- oder Schichtwolken, die den ganzen Himmel tagelang bedecken.

Je dunkler die Wolken, desto mehr Wasser enthalten sie – weil sie sehr dick oder sehr dicht sind. Das Wasser läßt das Sonnenlicht nicht durch. Vor allem dunkle, graue Wolken bringen daher Regen.

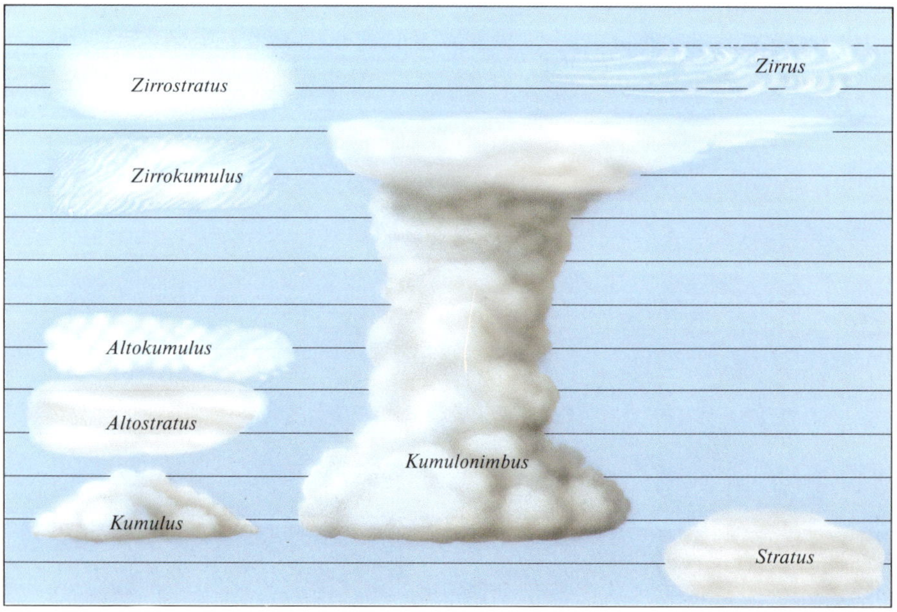

Wolkentypen

Wolken werden nach ihrer Form und nach der Höhe klassifiziert, in der sie sich bilden. In großer Höhe sind sie fast ganz aus Eis und heißen Zirruswolken, in mittlerer Höhe kennzeichnet man sie mit der Vorsilbe »Alto-«. In allen Höhen bilden sich Stratus- oder Kumuluswolken, je nach ihrer Form.

Kondensationswolken

Wenn ihr eine sehr kalte Getränkedose aus dem Kühlschrank in ein warmes Zimmer bringt, ist sie bald von Wassertropfen bedeckt: Auf der kalten Dose kondensiert Wasserdampf aus der Luft.

Haltet eine kalte Schale über eine Schüssel mit heißem Wasser: Bald ist sie mit Wassertröpfchen übersät. Genauso entstehen aus aufsteigender Warmluft beim Abkühlen Wolkentröpfchen.

Atmet auf einen kalten Spiegel, der sich wegen der unsichtbaren Feuchtigkeit in eurem Atem »beschlägt«.

EXPERIMENT

Wolkendecke

Wieviel Sonnenschein den Boden erreicht, hängt davon ab, wieweit der Himmel mit Wolken bedeckt ist. Der Bedeckungsgrad wird in Achteln angegeben, je nach Wolkentyp: So kann der Himmel zu drei Achteln mit Zirrus und zu zwei Achteln mit Kumulus bedeckt sein. Das könnt ihr mit bloßem Auge abschätzen, aber mit diesem Raster fallen eure Schätzungen einheitlicher aus.

2 Knickt den Rand der Seitenteile entlang der Schräge etwa 1 Zentimeter um, und klebt auf diese Falze den Rahmen wie hier gezeigt.

3 Spannt Fäden in gleichen Abständen über den Rahmen, so daß ein Raster aus beliebig großen Feldern entsteht. Sichert alles mit Klebeband.

IHR BRAUCHT
- Karton • Faden
- Kleber, Klebeband • Lineal, Bleistift • Schere
- Spiegel

1 Schneidet aus einem DIN A4 großen Karton einen rechteckigen Rahmen und aus zwei weiteren Blättern die beiden diagonal geschnittenen Seitenteile aus.

4 Schätzt den Bedeckungsgrad in jedem Sektor, indem ihr entweder den Rahmen gegen den Himmel haltet oder über einem Spiegel aufstellt, der den Himmel reflektiert. Schreibt eure Schätzungen auf, addiert sie und teilt sie durch die Anzahl der Sektoren.

Wie eine Haufenwolke entsteht

An warmen Tagen erwärmt die Sonne den Boden an manchen Stellen mehr als anderswo. Dort bilden sich Blasen aus Warmluft und steigen durch die kühlere, dichtere Umgebungsluft nach oben – wie ein Heißluftballon. Wenn die Blasen in dünnere Luft kommen, dehnen sie sich aus und kühlen ab. Eine Wolke bildet sich dann, wenn die Luft so weit aufgestiegen ist und sich so abgekühlt hat, daß der Wasserdampf in ihr zu Tröpfchen kondensiert (S. 171).

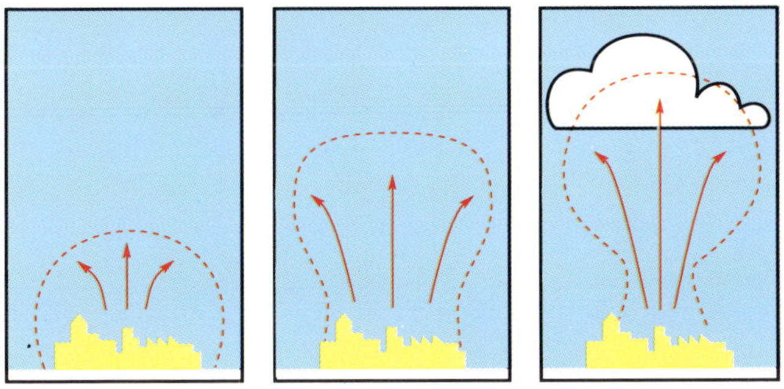

Wolkengeburt
So bildet sich eine Kumuluswolke: Eine Warmluftblase bildet sich über einer heißen Stelle am Boden (links), steigt auf und dehnt sich aus (Mitte) und kühlt sich schließlich unter den Taupunkt ab.

Wolkenfront
Wolken bilden sich oft da, wo warme, feuchte Luft über einen Keil kalter Luft (S. 174) gleitet. An der Basis dieser Wolke sieht man die Grenze zwischen der warmen und der kalten Luft.

Himmelsfarben

Habt ihr euch schon mal gefragt, warum ein klarer Himmel zuweilen tiefblau und dann wieder fast weiß ist? Oder warum Sonnenuntergänge mal feurig rot und mal wäßrig gelb sind? Das liegt daran, daß die Zusammensetzung der Partikel in der Atmosphäre sich ständig ändert. Alle Himmelsfarben werden von der Sonne erzeugt. Sonnenlicht ist weiß, setzt sich also aus sämtlichen Farben des Regenbogens zusammen. Aber wenn es die Atmosphäre durchläuft, wird es durch Gase, Staub, Eiskristalle und Wassertröpfchen in die verschiedenen Farben zerlegt, wobei einige durch Reflexion unsere Augen erreichen und andere absorbiert werden. Blau ist ein klarer Himmel dann, wenn Gase in der Luft hauptsächlich blaues Licht von der Sonne reflektieren. Wenn zusätzlich Staub oder Feuchtigkeit andere Farben reflektieren, wird das Blau abgeschwächt und der Himmel blasser. Sonnenuntergänge sind gelb (oder rot bei staubiger Luft), weil die Sonnenstrahlen durch die tiefere Atmosphäre einen weiteren Weg zurücklegen, so daß außer Gelb alle anderen Farben absorbiert werden.

Regenbogenkreis
Vom Boden aus gesehen bildet ein Regenbogen nur einen Teilkreis. Aber von einem Flugzeug aus sieht man auf den Wolken darunter zuweilen einen vollständigen Kreis.

Regenbogenfarben

Regenbogen entstehen einfach durch die Reflexion der Sonne in Regentropfen – daher tauchen sie nach plötzlichen Schauern stets gegenüber der Sonne auf. Die Regentropfen zerlegen das Sonnenlicht genau wie ein Prisma in ein Farbenspektrum. Da das Sonnenlicht auf jeden Tropfen in einem anderen Winkel trifft, sehen wir davon auch einen anderen Teil des Spektrums reflektiert. Die Farben treten stets in derselben Reihenfolge auf: Rot, Orange, Gelb, Grün, Blau, Indigo und Violett.

Farbtropfen
Wenn wir einen Regenbogen erblikken, sehen wir verschiedene Teile des Spektrums von jedem der unzähligen Regentropfen am Himmel reflektiert.

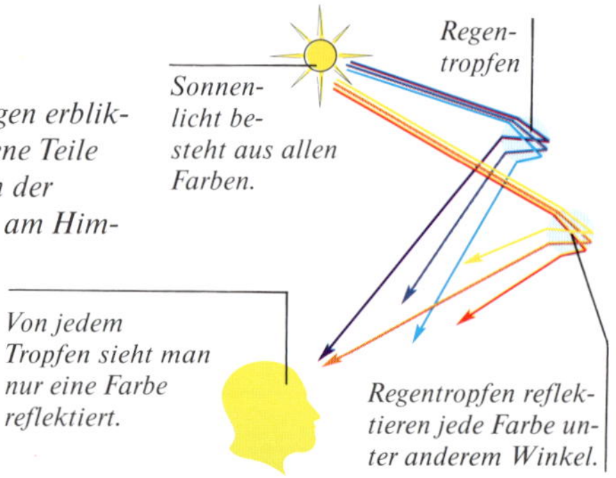

EXPERIMENT

Roter und blauer Himmel

Man kann auf ganz einfache Weise demonstrieren, wie alle Himmelsfarben dadurch entstehen, daß Sonnenlicht auf verschiedene Weise von Partikeln in der Atmosphäre reflektiert und absorbiert wird. Die Unterschiede sind so gering und nicht immer leicht zu erkennen, so daß ihr das Experiment in einem ganz dunklen Raum durchführen müßt. Füllt ein hohes Glas mit kaltem Wasser, und gebt einen halben Teelöffel Milch hinzu. Nun beleuchtet ihr das Glas mit einer Taschenlampe aus verschiedenen Winkeln und beobachtet, wie sich die Farbe des milchigen Wassers geringfügig verändert. Haltet die Lampe dicht ans Glas. Wiederholt das mit einem zusätzlichen halben Teelöffel Milch, schließlich mit einem ganzen Teelöffel voll, wobei ihr das Glas aus allen möglichen Winkeln beleuchtet.

IHR BRAUCHT
- hohes Glas
- Taschenlampe
- Milch oder pulverisierte Kreide • Teelöffel

Abendrot

Nach einer alten Wetterregel deutet es auf schönes Wetter hin, wenn die Sonne rot untergeht. Die intensivsten Sonnenuntergänge gibt es, wenn die Luft voller Wassertropfen oder Staub ist, und das ist oft bei ruhigem Hochdruckwetter (S. 156) vor einer nebligen Nacht der Fall. Hochdruckwetter ist im allgemeinen beständig und schön.

Beginnt mit nur einem halben Teelöffel Milch – zuviel verdirbt den Effekt.

Tiefblauer Himmel

Wenn Staub, Wassertröpfchen und andere Partikel verschiedene Farben reflektieren, wird das Blau des Himmels abgeschwächt. Daher ist der Himmel besonders blau, wenn die Luft ganz rein ist. In Europa etwa ist das der Fall, wenn bei strahlendem Sonnenschein ein kräftiger Nordwind weht, der die tieferen Atmosphäreschichten blank fegt und trockener wird, wenn er nach Süden in wärmere Luft vordringt.

Blauer Himmel
Beleuchtet ihr das Glas von der Seite, seht ihr nur reflektiertes, leicht blau getöntes Licht.

Gelbe Sonne
Beleuchtet ihr das Glas von hinten, sieht es so gelb aus wie die Sonne tagsüber.

Rosa Sonnenuntergang
Fügt ihr mehr Milch hinzu, schimmert das Glas mehr rosa, da andere Farben absorbiert werden.

WETTERVERHÄLTNISSE

Stürme, Winde, Regen, Schnee, Windstille – all diese Phänomene gibt es nur, weil die Luft durch die Sonnenwärme in Bewegung versetzt wird. All diese Wirbel und Strudel erkennt man deutlich an den Wolken auf einem Satellitenfoto (S. 172). Das sieht zwar chaotisch aus, aber im Laufe der letzten 250 Jahre haben die Meteorologen allmählich in diesem Chaos verschiedene Zirkulationsmuster und Wettersysteme wie Tiefs und Fronten (S. 174) ausgemacht, die jeweils eine bestimmte Art von Wetter bringen.

Der Einfallswinkel der Sonne beeinflußt sehr stark die Wetterverhältnisse. Winde wehen aus den kalten Polarzonen, wo die Sonne tief am Himmel steht, zum Äquator hin, wo die Sonne stets hoch am Himmel steht.

Seeleute wußten längst eine ganze Menge über Wind und Wetter, bevor die Wissenschaftler deren Ursachen zu verstehen begannen – ihr Leben hing nämlich davon ab. Bald entdeckten sie etwa, daß sie nach Süden in die Tropen segeln mußten, wenn sie mit Hilfe der nordöstlichen Winde nach Amerika kommen wollten. Und um die Westwinde zu finden, die sie wieder nach Hause bringen würden, segelten sie nach Norden, weg von den Tropen, bevor sie sich auf den Ozean hinauswagten. Heute wissen wir, daß sie sich zwei der wichtigsten Strömungssysteme der Erde zunutze machten: die Passatwinde, die in den Tropen gleichmäßig von Nord- und Südost in Richtung des Äquators wehen, und die Westwinde in den mittleren Breiten.

Benjamin Franklin bewies die elektrische Natur von Blitzen und studierte die Bewegung von Stürmen.

Von der Wärme getrieben

Eine erste wissenschaftliche Erklärung für diese Phänomene verdanken wir dem englischen Astronom Edmond Halley (1656 – 1742), der sich für die Passatwinde zu interessieren begann, als er die Insel Sankt Helena im Südatlantik besuchte. Halley fand heraus, daß die Sonne am Äquator besonders intensiv scheint und deshalb die Luft aufsteigt; gleichzeitig werden die Passatwinde angezogen, um die Luft zu ersetzen.

Warum Winde abgelenkt werden

Das erklärte, warum diese Winde wehen. Wieso aber wehen sie in einem Winkel zum Äquator – also von Nord- und Südosten – und nicht direkt auf ihn zu? Halley glaubte, die aufsteigende Luft könnte dem täglichen Lauf der Sonne gen Westen folgen. Doch der englische Meteorologe George Hadley (1685 – 1768) erklärte 1735 zutreffend, daß die Winde in Wirklichkeit von der Drehung der Erde beeinflußt werden. Die Erde dreht sich nämlich am Äquator viel schneller als an den Wendekreisen, so daß die Luft, die sich zum Äquator hin bewegt, der Erde immer mehr hinterherhinkt. Da sich die Erde nach Osten dreht, würden die zum Äquator wehenden Winde nach Westen abweichen. 100 Jahre später wies der französische Physiker Gaspard Coriolis (1792 – 1843) nach, daß alles, was sich über eine drehende Oberfläche bewegt (Wind oder Wasser), eine Kurve beschreibt. Infolge dieser Coriolis-Kraft schwenken auf der Nordhalbkugel alle Winde (und Meeresströmungen) nach rechts ab, im Süden hingegen nach links – jeweils in Strömungsrichtung gesehen.

Hadley hatte noch eine wichtige Idee. Er erklärte, daß die über dem Äquator aufsteigende Warmluft sich in großer Höhe zu den Polen hin bewegt, bevor sie sich abkühlt und zur Erde sinkt – und dann wieder zum Äquator zurückgezogen wird. Diese Zirkulationsbewegung der Luft nannte man später eine Hadley-Zelle. Heute wissen wir, daß diese Zellen sich nicht bis zu den Polen erstrecken, wie Hadley geglaubt hatte, sondern nur bis etwa zum 30. Breitengrad. Hier sinkt hochreichende Luft vom Äquator zur Erdoberfläche ab und fließt zum Äquator zurück – aber nur zum Teil. Ein anderer Teil fließt zu den Polen hin und wird von der Coriolis-Kraft nach Osten abgelenkt, so daß die Westwinde der mittleren Breiten entstehen. Etwas Ähnliches geschieht in den Polarzonen: Kalte Luft sinkt über den Polen ab, drückt die Luft nach außen und erzeugt Ostwinde, wenn die Luft durch die Coriolis-Kraft abgelenkt wird.

Ein Tornado kreiselt wie Wasser durch den Abfluß, wird aber nicht durch die Erddrehung beeinflußt (S. 178).

Winde und Stürme

Um 1850 waren den Meteorologen folgende drei Elemente der

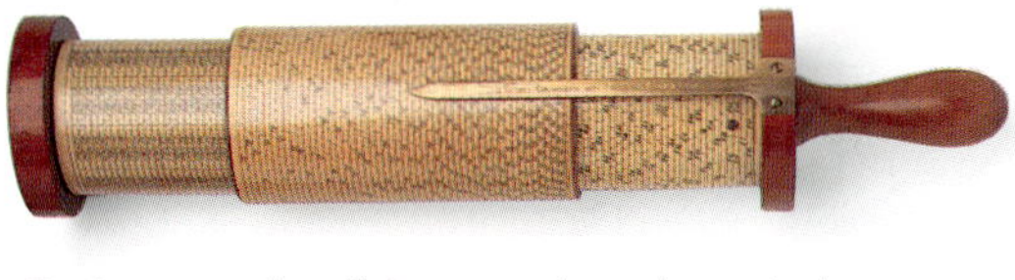

In den zwanziger Jahren wurde es theoretisch möglich, das Wetter aufgrund zahlreicher Beobachtungen vorauszuberechnen – aber mit Geräten wie diesem dauerte das stundenlang.

Im Winter können durch Tiefdruckgebiete über 110 Kilometer schnelle Blizzarde entstehen, bei denen mehr als 60 Zentimeter Schnee fallen können.

Windzirkulation auf der Erde vertraut: die Passatwinde, die westlichen Winde und die polaren Ostwinde. Aber noch hatten sie nur eine vage Vorstellung davon, inwieweit Stürme und Wetteränderungen mit diesen Winden zusammenhängen.
Mit der Erfindung des Barometers wußte man auch, daß ein Sinken des Luftdrucks einen bevorstehenden Sturm anzeigt.
Im 18. Jahrhundert hatte der französische Physiker Jean de Borda (1733 – 1799) bemerkt, daß Luftdruckänderungen und Änderungen in der Windgeschwindigkeit und -richtung miteinander zusammenhängen. Und dem amerikanischen Staatsmann und Gelehrten Benjamin Franklin (1706 – 1790) fiel etwas Verblüffendes auf: Ein Unwetter schien sich über Philadelphia von Südwest nach Nordost zu bewegen – während gleichzeitig der Wind in entgegengesetzter Richtung wehte.

Luftdruckzonen

Allmählich fanden die Meteorologen heraus, daß Stürme etwas mit beweglichen Tiefdruckzonen zu tun haben. Um 1830 legte der amerikanische Meteorologe William Redfield (1789 – 1857) dar, daß tropische Wirbelstürme um ein stilles Tiefdruckzentrum kreisen. Er hatte recht: Die Winde kreiseln um das Auge des Sturms, werden aber dorthin durch aufsteigende Warmluft gezogen. Allerdings strömen sie nicht direkt zum Auge des Sturms, weil sie durch die Coriolis-Kraft abgelenkt werden – darum wehen Winde auf der Nordhalbkugel gegen den Uhrzeigersinn um das Sturmzentrum, auf der Südhalbkugel im Uhrzeigersinn.
Wirbelstürme und Tiefdruckgebiete haben zwar unterschiedliche Intensität, sind aber in den Tropen wie in den mittleren Breiten gleich geartet. Während jedoch tropische Stürme – Hurrikane und Taifune – wie die Passatwinde alle nach Westen ziehen, bewegen sich die außertropischen Sturmtiefs wie die Westwinde alle nach Nord- oder Südost. Erst in jüngster Zeit ist der Zusammenhang zwischen Tiefdruckgebieten und den wichtigen Windströmungen klarer geworden.

Höhenströmungen

Im Grunde gehören die Westwinde nicht wie die Passatwinde zur planetarischen Zirkulation: Es sind einfach Winde, die um Tiefdruckgebiete wehen und darum weniger verläßlich sind als Passatwinde. In größeren Höhen jedoch gibt es starke, beständige Westwinde.
In den vierziger Jahren fand der schwedisch-amerikanische Meteorologe Carl-Gustav Rossby (1898 – 1957) heraus, daß sich in diesen Höhenwinden oft riesige, bis zu 2 000 Kilometer lange Mäander bilden, sogenannte Rossby-Wellen. Bei jüngeren Forschungen hat sich herausgestellt, daß kürzere Rossby-Wellen bei ihrer Wanderung nach Westen Tiefdruckgebiete mit sich ziehen, die von den längeren Wellen gesteuert werden. Rossby fand auch heraus, daß sich innerhalb der Wellen schmale Bänder von besonders starken Winden befinden, die er »jet streams« nannte und die vielleicht eine wichtige Rolle bei der Entstehung von Stürmen spielen.
All diese Entdeckungen gehen letztlich auf die Arbeit von Meteorologen im norwegischen Bergen nach dem Ersten Weltkrieg zurück, besonders auf Vilhelm Bjerknes (1862 – 1951). Bis dahin hatten die Wissenschaftler angenommen, daß das schlechteste Wetter bei einem Sturm das Tiefdruckzentrum umgebe. Tatsächlich aber strahlt es in zwei V-förmigen Linien vom Zentrum aus, so daß sich eine deutliche Wetterfolge ergibt (S. 174). Bjerknes wies nach, daß diese Linien die Grenze oder »Front« zwischen zwei sehr unterschiedlichen Luftmassen darstellen: warmer, feuchter Luft, die die Westwinde aus den Tropen, und kalter Luft, die die polaren Ostwinde herbeiführen.
Die V-Form der Fronten ist im Grunde nichts weiter als ein tiefer Knick in der wellenförmigen Grenze zwischen warmer Tropenluft und kalter Polarluft, die ständig um den Globus zirkuliert und die Bjerknes »Polarfront« nannte. Sie befindet sich dort, wo tropische und polare Luft um die Vorherrschaft kämpfen, wie Bjerknes es formulierte – und aus diesem Konflikt entstehen Stürme.

Carl-Gustav Rossby wies experimentell nach, daß Wellen dadurch entstehen, daß die Erddrehung von den Polen zum Äquator strömende Luft beeinflußt (S. 173).

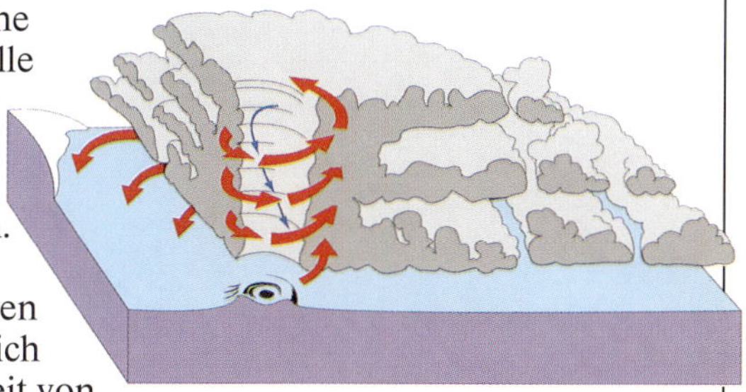

In einem tropischen Tiefdruckgebiet, etwa einem Hurrikan, kreisen Winde um das stille Tiefdruckzentrum oder »Auge«, zu dem sie durch heftig aufsteigende Warmluft gezogen werden.

Das Wetter ändert sich oft mit der Windrichtung durch den Einfluß einer bestimmten Luftmasse (S. 168).

Wind

Eine alte Wetterregel lautet: »Jeder Wind hat sein Wetter.« Manche Winde bringen sonniges Wetter, andere Regen, Schnee oder Nebel. In den USA etwa bringen Nordwinde kaltes Wetter, Westwinde Regen. Tatsächlich kann man aus der Windrichtung eine Menge über das bevorstehende Wetter erfahren, weil unterschiedliche Winde auch verschiedene, charakteristische Luftmassen mit sich führen. Über dem Festland sind Luftmassen trocken, über dem Meer feucht. Tropische Luftmassen sind warm, polare sind kalt.

GROSSE ENTDECKER

Sir Francis Beaufort

Das erste System, nach dem man Windstärken miteinander vergleichen konnte, war die von dem englischen Admiral Sir Francis Beaufort (1774 – 1857) 1806 eingeführte und noch heute oft verwendete Beaufort-Skala. Beaufort erkannte, daß man Windstärken am einfachsten nach der unterschiedlichen Takelung von Schiffen bei verschiedenen Winden abschätzen konnte. Auf seiner Skala gab es 13 Windstärken: Stärke 0 bedeutete Windstille, Stärke 12 Wirbelsturm. Später paßte man die Skala dem Gebrauch an Land an und stützte sich auf Anzeichen wie aufsteigenden Rauch, brechende Bäume und umstürzende Schornsteine.

EXPERIMENT

Windstation

Bei diesem Experiment sollte ein Erwachsener mithelfen

Mit dieser Windstation könnt ihr herausfinden, welche Winde welches Wetter bringen. Zeichnet dann jeden Tag zu einer bestimmten Zeit eure Beobachtungen auf. Zu unserer Windstation gehört auch ein Windmesser oder Anemometer zur Bestimmung der Windstärke (in Kilometer pro Stunde).

IHR BRAUCHT

• Rundholz • 2 Weichholzstreifen 380 x 12 x 6 mm • Sperrholzquadrat 320 mm lang • Kupferrohr • Plastikflasche mit Verschluß • Schrauben und Muttern • Draht • Kleber • Werkzeuge und Geräte • Farbe

1 Zeichnet den Hahn und die anderen Teile auf das Sperrholzquadrat, spannt es fest in einen Schraubstock ein, und laßt die Umrisse von einem Erwachsenen mit einer Laubsäge aussägen.

2 Schlitze für Hahn und Pfeil in die zwei Holzstreifen schneiden, Pfeilspitze und -ende sowie Hahn ankleben und beide Streifen verbinden. Auf jeder Seite eine Strebe anschrauben.

4 Spannt das Kupferrohr ein, und bohrt vorsichtig ein kleines Loch in beide Enden. Feilt die Rundholzenden so weit ab, daß sie ins Rohr passen (siehe rechts).

5 Der Flaschenverschluß wird durchlöchert, auf das Rundholz geschoben und verklebt. Dann wird das Rundholz mit den Streben unterm Hahns verschraubt.

Land- und Seewinde

sind die Lokalwinde, die ständig über die tropischen Küsten wehen: auflandige Winde tagsüber vom Meer zum Land, Landwinde nachts vom Land zum Meer. Seewinde wehen, weil die Sonne das Land am Tag erwärmt, so daß die Luft aufsteigt. Damit wird die Luft auf der Seeseite nach oben gedrückt, und kalte Luft wird weiter unten hereingezogen. Nachts ist es umgekehrt: Das Meer bleibt wärmer, so daß Landwinde entstehen.

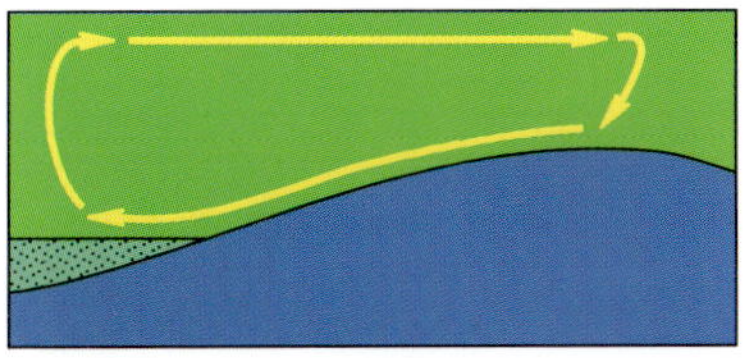

Landwind
Nachts zirkuliert die Luft vom Meer zum Land hoch oben, vom Land zum Meer über dem Boden, wodurch Landwind entsteht.

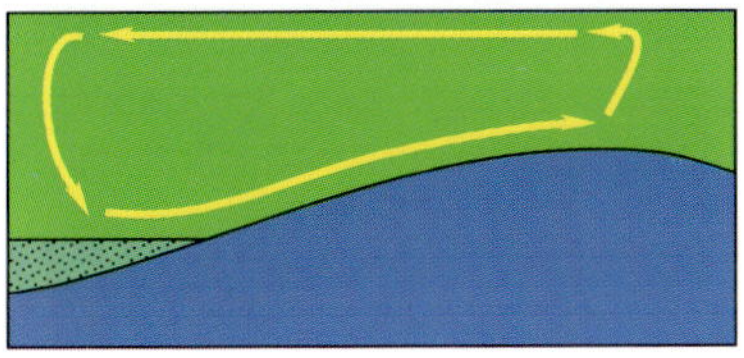

Seewind
Tagsüber kehrt sich die Zirkulation um, und die Luft weht vom Land zum Meer hoch oben, vom Meer zum Land über dem Wasser, wodurch Seewind entsteht.

Jet stream
Gerade Wolkenbänder auf diesem Satellitenbild weisen auf »Jet streams« hin: enge Streifen von sehr starkem Wind, der hoch oben in der Atmosphäre über Tausende von Kilometern weht.

3 Schneidet Schlitze in beide Enden von vier Rundholzabschnitten, und klebt diese um den Sperrholzring. Schneidet die Tierformen aus, und klebt sie fest.

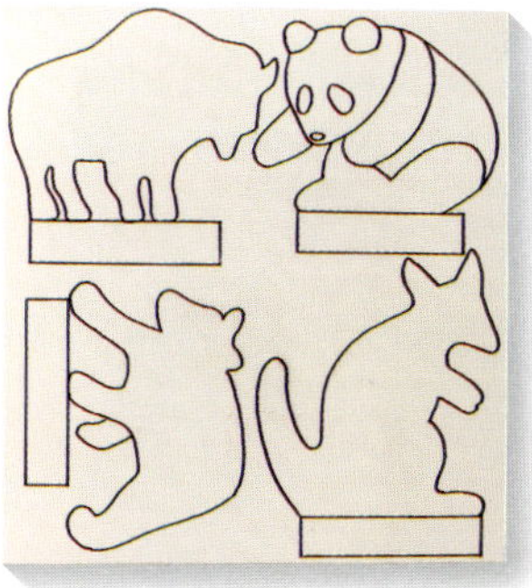

Tierwinde
Die Tiere zeigen die Windrichtung an. Legt die Punkte mit einem Kompaß fest: Der Eisbär zeigt nach Norden, das Känguruh nach Süden, der Büffel nach Westen und der Panda nach Osten.

Montage des Wetterhahns
Setzt das Ganze wie unten zusammen, und stellt die Station etwa 1,3 Meter hoch im Freien auf, wo der Wind ungehindert weht. Striche alle 10° auf dem Windmesser zeigen Veränderungen in der Windgeschwindigkeit von je 30 km/h an.

6 Die Windskala befestigen. Der Boden der Plastikflasche dient als Windbecher. Er wird wie gezeigt mit Draht befestigt und muß frei schwingen können.

Regen

Auf die Frage, woher der Regen kommt, bekommt man stets zu hören: »Aus Wolken.« Doch warum geben manche Wolken Regen ab und andere nicht? Jede Wolke enthält Milliarden von Wassertröpfchen, Eispartikeln und Kristallen, die so winzig sind, daß sie in der Luft schweben. Um als Regen zu fallen, müssen sie mindestens hundertmal größer werden, und das geschieht nur, wenn die Luft aufsteigt und sich so weit abkühlt, daß sie mehr Wasser durch Kondensation freigibt (S. 162). Es gibt drei Möglichkeiten, warum Luft aufsteigt: durch Konvektion (S. 185), also durch warme Aufwinde; »zyklonisch«, wenn Warmluft durch einen Kaltluftkeil an einer Front (S. 174) nach oben gelenkt wird; und »orografisch«, wenn Luft an Hügeln und Bergen nach oben strömt. Je schneller Luft aufsteigen muß, desto kürzer und schwerer die Regenschauer. Die schwersten Niederschläge kommen aus Kumulonimbuswolken, Schichtwolken geben meist länger anhaltenden, sanften Regen ab.

Sommerschauer
Im Sommer und in den Tropen, wo es das ganze Jahr sonnig ist, heizt oft die warme Morgensonne die Erdoberfläche auf und bewirkt, daß Warmlufttaschen rasch aufsteigen. Im Laufe des Nachmittags bildet die aufsteigende Luft bis zu 10 Kilometer hohe Gewitterwolkentürme. Diese entladen dann plötzlich und heftig das in ihnen gespeicherte Wasser.

EXPERIMENT

Regenmesser

Wetterstationen führen schon seit langem genau Buch über Regenfälle, aber schon über einem kleinen Gebiet finden sie so unterschiedlich statt, daß es sich lohnt, eigene Aufzeichnungen anzulegen. Aus einer Plastikflasche könnt ihr euch einen Regenmesser basteln. Damit eure Aufzeichnungen mit offiziellen Messungen übereinstimmen, müßt ihr euren Regenmesser so montieren, daß sich der Rand 300 mm über dem Boden befindet. Je 500 Kubikzentimeter Wasser, die sich in der Flasche sammeln, entsprechen etwa 1 Zentimeter Regen. Wenn ihr eure Aufzeichnungen über einen längeren Zeitraum führt, könnt ihr daraus vielleicht lernen, wann mit Regen zu rechnen ist.

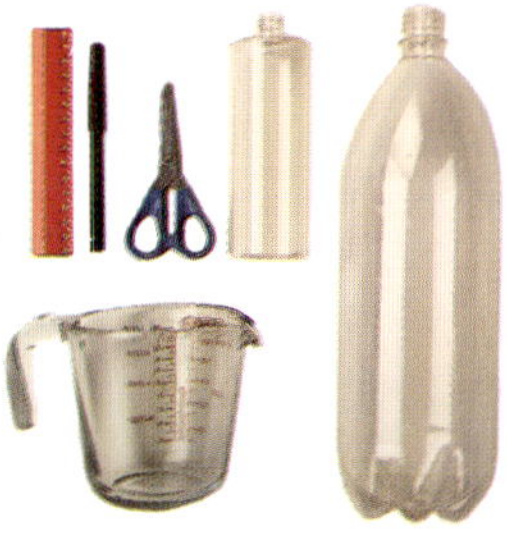

IHR BRAUCHT
- Marker, Lineal
- Schere • Plastikshampooflasche
- Plastikflasche
- Meßbecher

1 Schneidet das Oberteil beider Flaschen sorgfältig ab, wobei die Schnittkante möglichst gerade sein sollte.

2 Gießt aus dem Meßbecher genau 100 cm^3 Wasser in die Shampooflasche. Markiert den Wasserstand auf der Flasche.

3 Gebt erneut 100 cm^3 Wasser hinzu, und markiert den Wasserstand. Wiederholt das mehrere Male (100 $cm^3 \triangleq 2\ mm^3$ Regen).

4 Stellt die leere Shampooflasche in die größere Flasche, deren Oberteil ihr als Trichter in die Shampooflasche steckt.

EXPERIMENT

Regentropfen erzeugen

Wolkentröpfchen werden dann Regen, wenn sie schwer genug sind, um den Luftwiderstand zu überwinden. Dies könnt ihr in kleinerem Maßstab nachahmen, indem ihr Wassertröpfchen auf eine Glasscheibe oder einen Spiegel sprüht. Erst wenn die Tropfen groß genug sind, um die Oberflächenspannung zu überwinden, laufen sie hinab.

IHR BRAUCHT
• Sprühflasche • Glasscheibe, Spiegel

Kleine Tropfen
Sprüht etwas Wasser gleichmäßig über die ganze Glasfläche. Die ersten Tröpfchen sind sehr klein und leicht, und die Oberflächenspannung – die Anziehung zwischen den Atomen des Glases und des Wassers – reicht aus, daß sie nicht die Scheibe hinunterlaufen.

Hinunterlaufen
Wenn ihr immer mehr Wasser auf die Scheibe sprüht, verbinden sich einige Tropfen mit anderen. Sobald es genügend sind, überwinden sie dank ihres Gewichts die Oberflächenspannung und laufen in Rinnsalen die Scheibe hinunter.

Jährliche Regenmenge

Am Jahresende könnt ihr die monatlichen Regenmengen in so ein Balkendiagramm eintragen. Typischerweise sind die Wintermonate am nassesten und die Sommermonate am trockensten. Erkennt ihr andere Gesetzmäßigkeiten?

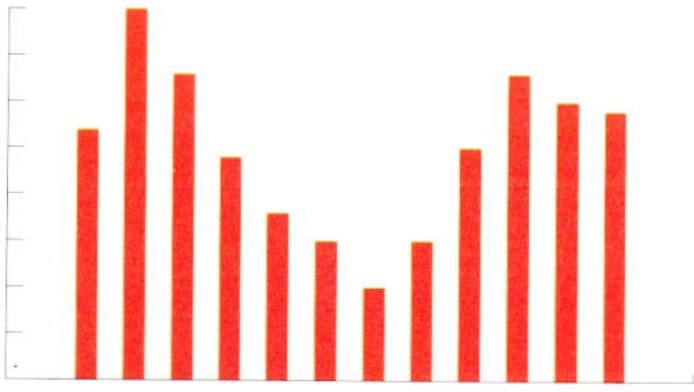

Regenvorhersagen
Wenn ihr eure Aufzeichnungen über ein paar Jahre vergleicht, könnt ihr vielleicht vorhersagen, wieviel Regen in einem bestimmten Monat fallen wird.

5 Stellt euren Regenmesser an einem sicheren Ort 300 mm über dem Boden im Freien auf. Kontrolliert den Wasserstand jeden Morgen und führt darüber Buch.

Gesammeltes Regenwasser

Zwei Arten von Regen

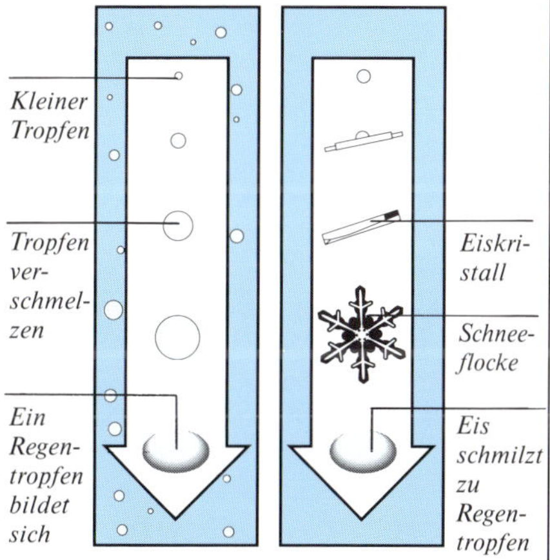

Regentropfen wachsen auf zwei verschiedene Arten: in den Tropen meist durch »Koaleszenz«, wobei einfach kleine Tropfen mit größeren zusammenfließen (oben links) – außerhalb der Tropen gewöhnlich durch »Aggregation« (oben rechts), wobei Wasserdampf aus der Luft direkt an Eiskristallen kondensiert, so daß diese immer größer werden. Die Kristalle können dann als Schneeflocken fallen oder im Fallen zu Regen schmelzen.

Das Wetter auf der Erde

Zuweilen möchte man einfach nicht glauben, daß das Wetter eine gewisse Ordnung aufweist. Doch es gibt auf der Erde ein deutliches Windzirkulationsschema, das Seeleute seit Jahrhunderten kennen. Es beruht auf der Kombination von Erdrotation und der Verteilung der Sonnenwärme. Da heiße Luft am Äquator (wo die Sonne am stärksten ist) aufsteigt und an den Polen sinkt, gibt es eine ständige Bewegung von Bodenluft von den Polen zum Äquator – von Hoch- zu Tiefdruck. Das wird durch eine gegenläufige Bewegung hoch oben in der Atmosphäre ausgeglichen. Diese planetarische Zirkulation verteilt sich auf drei Zonen, die ihr eigenes Windschema haben: trockene Nordost- und Südostpassate (S. 186) in den Tropen – feuchtwarme Westwinde in den mittleren Breiten – und kalte Ostwinde in den Polarzonen.

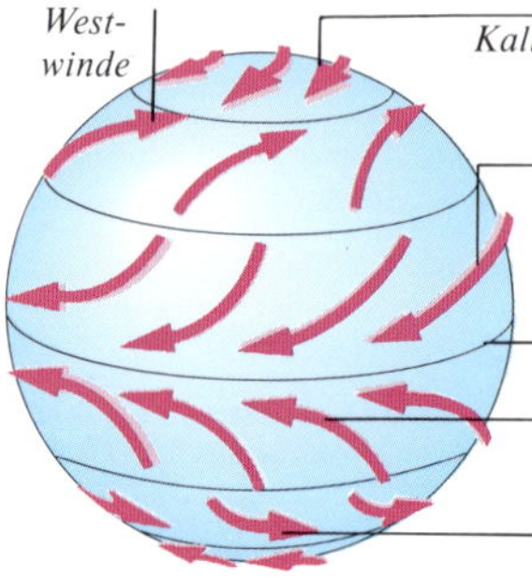

Verdrehte Winde
Winde wehen nicht geradlinig zwischen den Polen und dem Äquator, sondern sind in einem Winkel verdreht (S. 158). Daher wehen Passatwinde aus Nordost, nicht Nord.

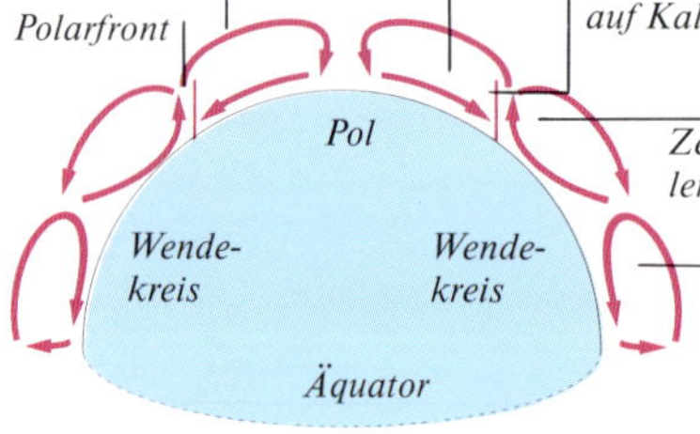

Vertikales Schema
Die vertikale Luftzirkulation teilt sich auf jeder Halbkugel in drei Zellen auf, vor allem weil die vom Äquator wehende Warmluft sich an den Wendekreisen abkühlt und zur Erde sinkt.

Wirbelnde Atmosphäre

Die planetarische Zirkulation erkennt man oft deutlich anhand von Wolkenmustern auf Satellitenbildern. Am auffälligsten sind die spiraligen Tiefdruckgebiete der Westwindzone in den mittleren Breiten. Nicht minder deutlich erkennt man ein Wolkenband über dem Äquator, wo heiße Luft in der innertropischen Konvergenzzone aufsteigt, in der Nord- und Südpassate zusammentreffen (Kalmen).

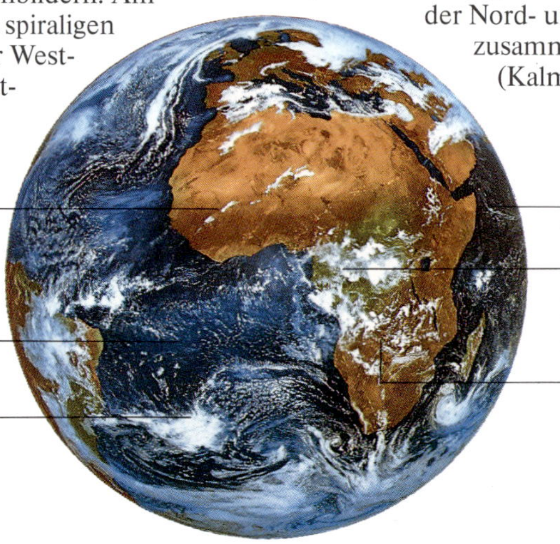

EXPERIMENT

Windmuster

Bei diesem Experiment sollte ein Erwachsener mithelfen

Die Winde der Erde entstehen durch Kälte an den Polen, Hitze am Äquator und die Erddrehung, wie hier gezeigt.

IHR BRAUCHT • Blechdose, Becher • Gummi • Räder • Handkurbel • Rundholz • Holzklötze, Brett • Beilagscheiben • Eis • Aluminiumpulver • Kerzen

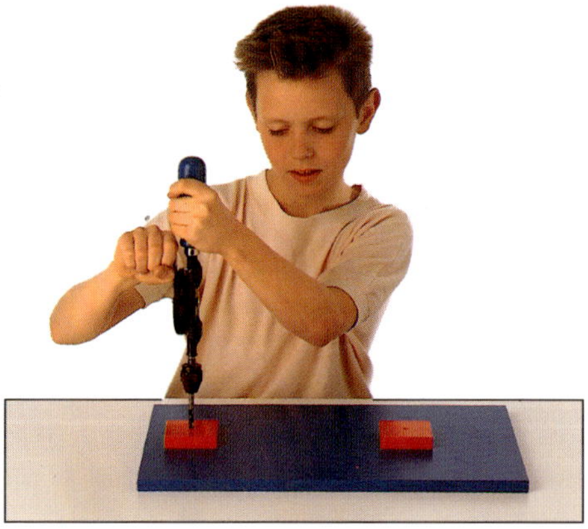

1 Bohrt in die Mitte von zwei Klötzen je ein Loch und klebt sie wie auf dem Bild auf das Brett.

2 Klebt die Kurbel (aus Balsa oder Rundholz) in ein Rad und steckt es mit einer Beilagscheibe auf den Klotz.

3 Klebt einen weiteren Klotz von unten in die Mitte des Dosenbodens und darauf ein Rad.

5 Legt das Gummiband um beide Räder, spannt es ein wenig und klammert es vorsichtig zusammen.

4 Steckt eine Rundholzachse in den anderen Klotz und darauf mit einer Beilagscheibe das Rad unter der Dose.

6 Stellt den Becher voll Eis in die Mitte der Dose, zündet die Kerzen unter ihrem Rand an, und füllt die Dose mit Wasser und einem Löffel Aluminiumpulver. Dreht den Griff, so daß sich die Dose langsam dreht.

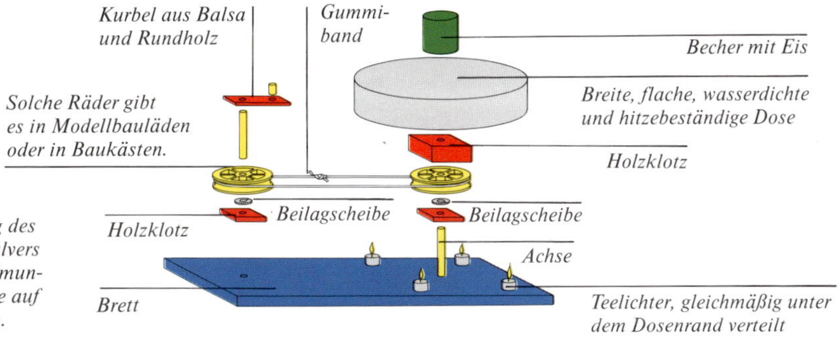

Die Bewegung des Aluminiumpulvers ahmt die Strömungen der Winde auf der Erde nach.

Winde und Wellen

Bei diesem Experiment ist das Wasser die Erdatmosphäre, das Pulver der Wind, der Eisbecher der Pol und der heiße Rand der Äquator. Die Drehung der Dose imitiert die Erdrotation. Wenn alles gut funktionieren soll, braucht ihr vielleicht mehr Kerzen oder Eis oder ein anderes Pulver, um die Zirkulation sichtbar zu machen. Der Forscher Carl-Gustaf Rossby demonstrierte damit die Windzirkulation zwischen dem Äquator und den Polen sowie das Auftauchen einer Reihe von zungenförmigen »Lappen«, die entlang der Polarfront (S. 186) um den Pol laufen. Diese »Rossby-Wellen« spielen eine wichtige Rolle bei der Entwicklung von Tiefdruckgebieten.

Fronten und Tiefs

Wenn es stundenlang regnet, oder Stürme um euer Haus heulen, befindet ihr euch vermutlich unter einem der riesigen spiraligen Wettersysteme, die man Tiefdruckgebiete nennt und die in mittleren Breiten oft vorkommen. Sie sind zunächst nichts weiter als winzige Punkte tiefen Drucks entlang der Polarfront (S. 186) und werden langsam größer, während sie ostwärts um den Globus fegen und kaltes Wetter, bedeckten Himmel, Regen und stürmische Winde bringen. In jedem Tief erstreckt sich ein Warmluftkeil bis zur Mitte, wie ein Stück Kuchen, und dieser Keil ist von einer Kaltluftmasse umgeben. Das schlechteste Wetter kommt entlang der Fronten vor, wo Warmluft auf Kaltluft trifft. An der Vorderseite des Kaltluftkeils ist die Warmfront, und hier gleitet Warmluft auf die Kaltluft auf – am hinteren Ende befindet sich die Kaltfront, unter die Kaltluft einströmt.

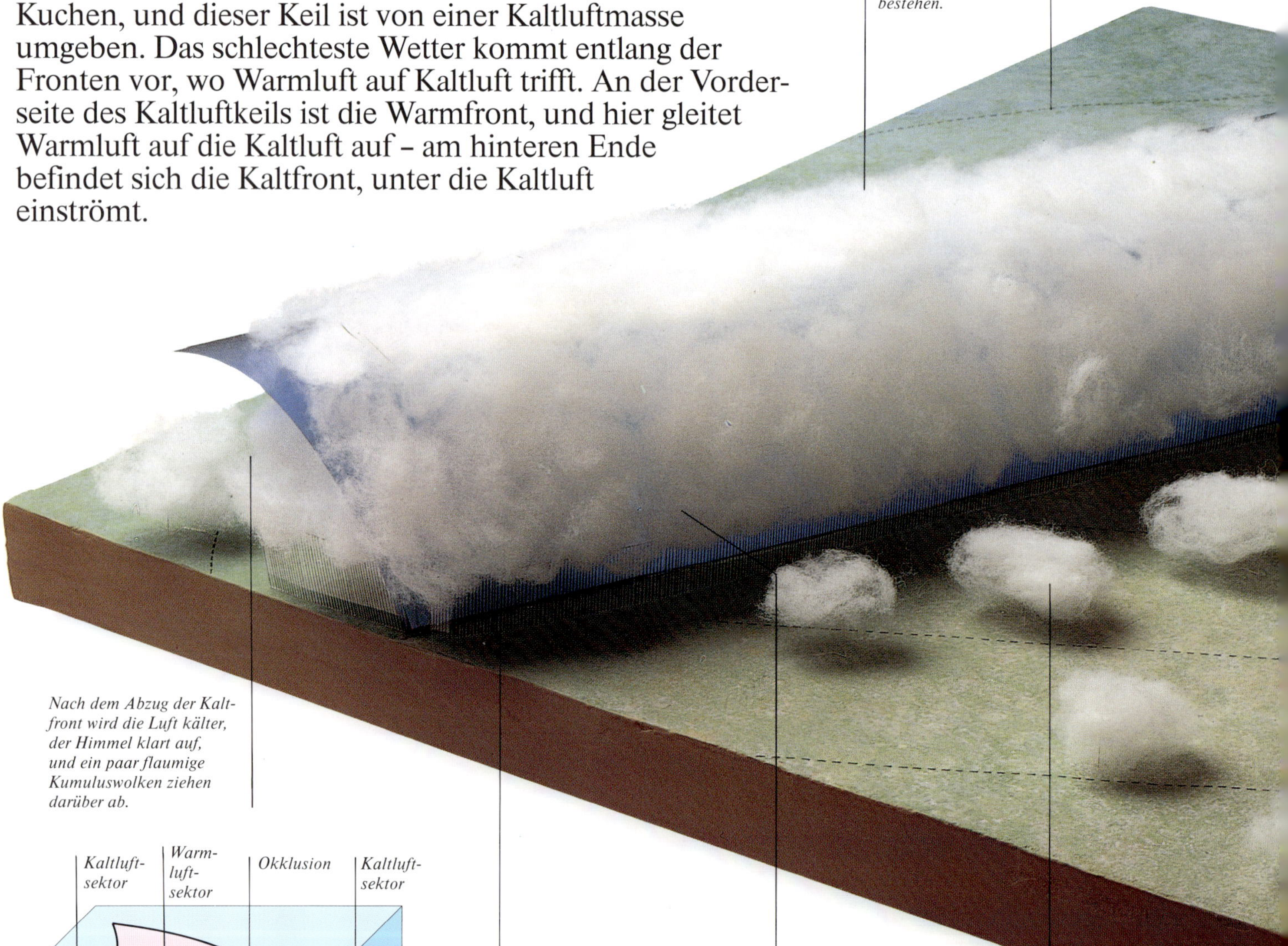

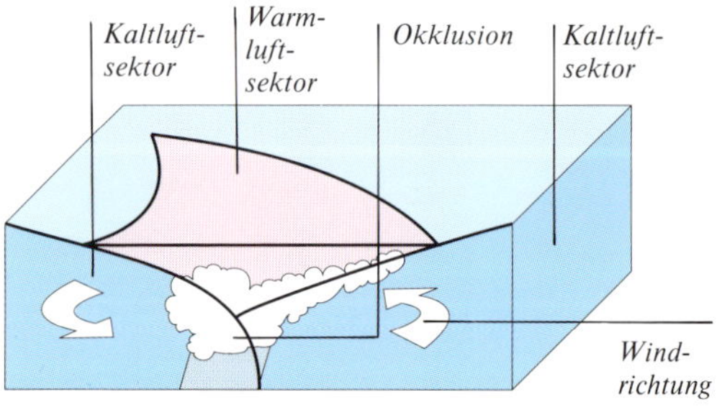

Okklusion
Die Kaltfront bewegt sich schneller als die Warmfront, sie holt sie schließlich ein und verschmilzt mit ihr zu einer einzigen »Okklusionsfront«.

Modell eines Tiefs
Hier sieht man die Hauptmerkmale eines Tiefs, einschließlich der Warmfront (rosa) und der Kaltfront (blau). Wo die beiden Fronten aufeinandertreffen, befindet sich das Zentrum des Tiefs, dazwischen der Warmluftsektor. Das ganze System bewegt sich langsam von links nach rechts, und wenn ihr darunterstündet, würde die Warmfront zuerst über euch hinwegziehen, danach der Warmluftsektor und schließlich die Kaltfront.

Lebenslauf eines Tiefs

Viele Tiefs entstehen über dem Meer, wo feuchtwarme Tropenluft auf kalte Polarluft entlang der sogenannten Polarfront trifft. Das Ganze beginnt damit, daß sich die Tropenluft polwärts über die Polarluft ausbuchtet. Die kalte Polarluft gleitet unter die warme Tropenluft, und bald kreisen sie umeinander – Kalt jagt hinter Warm her, und Warm reitet auf Kalt.

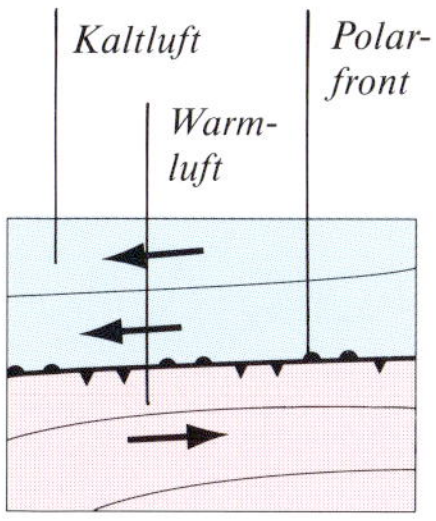

Polarfront
Trifft kalte Polarluft auf Tropenluft aus dem Süden, bildet sich eine Front.

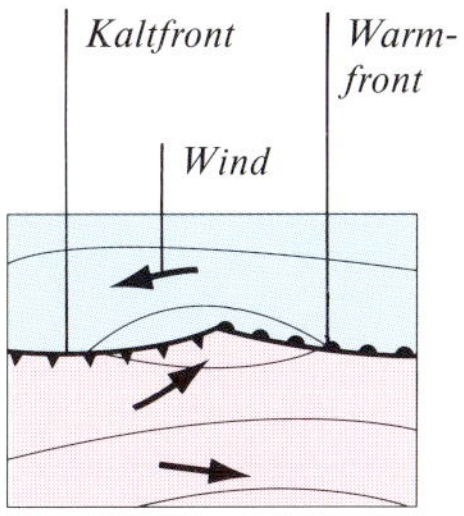

Ein Tief entsteht
Das Tief entsteht mit einer Ausbuchtung in der Polarfront.

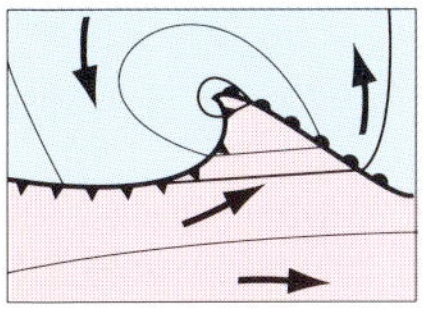

Umkreisung
Warm und Kalt beginnen zu kreisen.

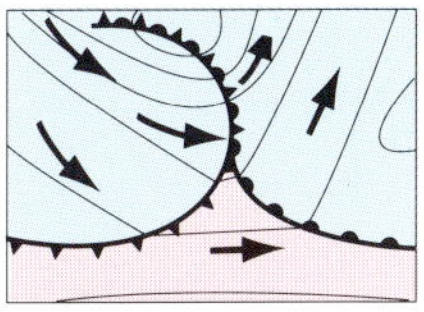

Okklusion
Die Kaltfront holt die Warmfront ein und verschmilzt mit ihr.

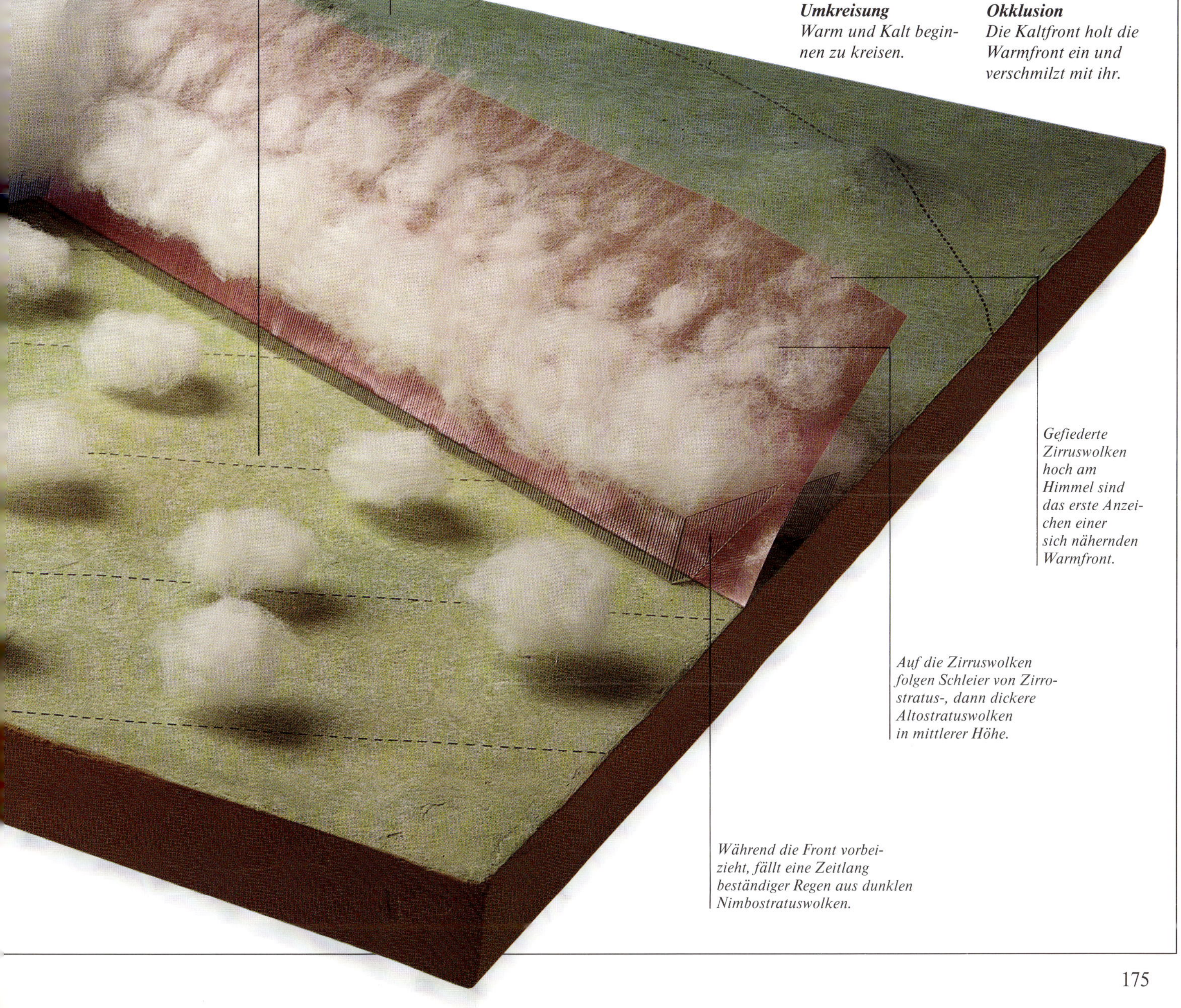

Blitz und Donner

Gewitterwolken sind riesengroß und ungeheuer energiegeladen. Sie türmen sich bis zu 16 Kilometer hoch auf und könnten eine Kleinstadt ein Jahr lang mit Strom versorgen. Kein Wunder also, daß sie zu verheerenden Unwettern führen können.

Derart große und starke Wolken benötigen zu ihrer Bildung sehr kräftige Aufwinde, und daher entstehen sie meist entlang von Kaltfronten (S. 174) oder bei starkem Sonnenschein über dem Boden. Heftige Luftströme sausen in der Wolke auf und ab, reißen die Wassertröpfchen und Eiskristalle auseinander und peitschen sie dann wieder zusammen. Durch diese Kollisionen laden sich die Wolkenpartikel mit statischer Elektrizität auf – wie wenn man einen Luftballon an einem Pullover reibt. Blitze sind nichts weiter als plötzliche Entladungen von Millionen geladener Teilchen in der Gewitterwolke.

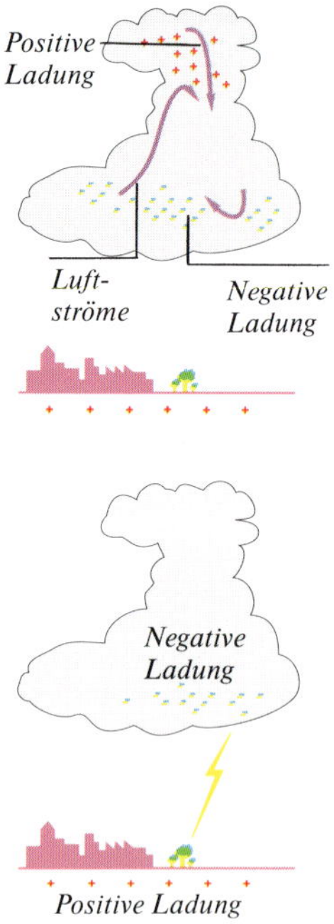

Wenn es blitzt
Laden sich Wolkenpartikel durch Aufeinanderprallen elektrisch auf, sammeln sich positiv geladene Partikel an der Spitze der Wolke, negative bleiben an der Basis (rechts oben). Wird die Differenz zwischen ihnen zu groß, kommt es zu einem Flächenblitz, der sie ausgleicht. Oft allerdings entladen sich Blitze nicht in der Wolke, sondern zum positiv geladenen Boden hin (rechts unten). Dabei entstehen mehr oder weniger verzweigte Linienblitze.

Donnern und Prasseln

Donner entsteht, wenn Blitze sengend durch die Luft sausen. Der Blitz erhitzt die Luft so stark, daß sie sich mit Überschallgeschwindigkeit ausdehnt, wobei es zu einem ohrenbetäubenden Donnerschlag kommt.

Ihr könnt Donner selbst ganz einfach erzeugen, indem ihr mit einer großen Hartfaserplatte oder dickem Karton heftig wackelt. Durch diese rasche Bewegung wird die Luft plötzlich zusammengedrückt – wie bei einem Blitz –, und infolge dieses Schocks entsteht ein Donnerschlag. Auch das Geräusch von Regen könnt ihr nachmachen, indem ihr getrocknete Erbsen auf ein Blech schüttet (links). Etwas aufwendiger hat man dieses Geräusch früher in Theatern erzeugt, indem man Erbsen über Metallplatten geschüttet hat, die zickzackförmig in einem Holzrohr angeordnet waren (rechts).

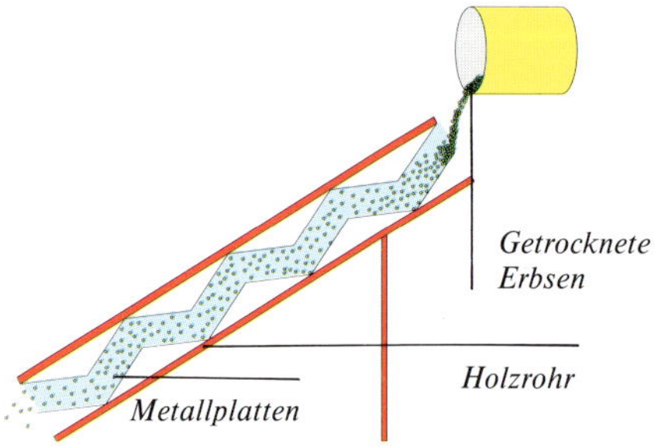

EXPERIMENT

Blitze erzeugen

Mit einer Metallschale und einem Stück Plastikfolie könnt ihr einen winzigen und harmlosen Blitz erzeugen. Indem ihr mit der Schale über die Folie reibt, entsteht eine statische elektrische Ladung - genau wie an den Partikeln, die in einer Gewitterwolke aneinanderreiben. Wenn ihr nun einen Metallgegenstand nahe an die Schale haltet, wird sich die statische Elektrizität in einem kleinen Funken entladen, wie ein Miniaturblitz.

IHR BRAUCHT

• Metallschale • Plastillin • Blechdosendeckel • Plastikfolie • Schere • Abdeckband

1 Klebt das Stück Folie mit Abdeckband auf einen Tisch oder eine andere glatte Fläche. Die Folie sollte ziemlich dick sein - oder nehmt sie doppelt.

2 Drückt einen Klumpen Plastillin fest auf den Boden der Schale als Handgriff. Faßt nur das Plastillin an, und reibt nun mit der Schale heftig auf der Folie herum.

3 Nach etwa einer Minute sollte die Schale stark aufgeladen sein. Erzeugt einen Funken, indem ihr den Blechdeckel etwa auf 2 bis 3 Millimeter der Schale nähert.

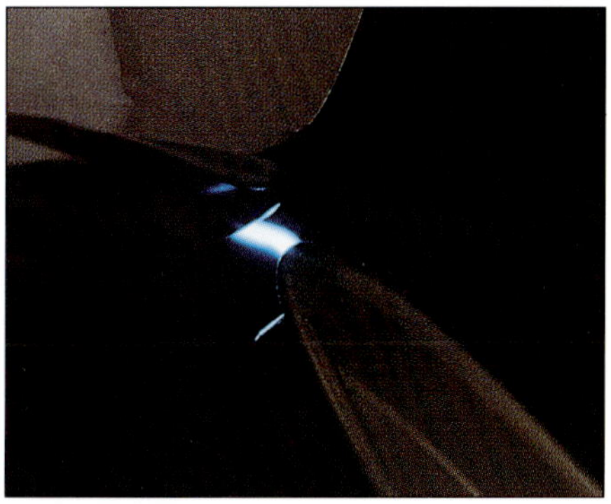

Heller Funken
In einem abgedunkelten Raum sollte der Funken, der bei der Entladung der statischen Elektrizität von der Schale zum Deckel überspringt, deutlich sichtbar sein.

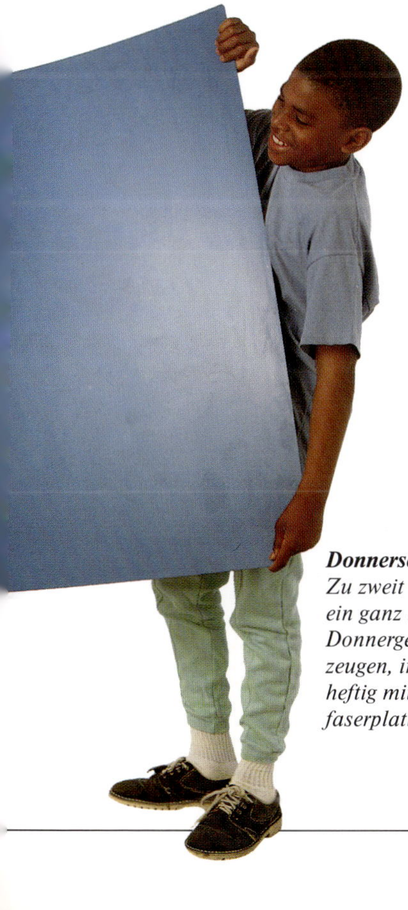

Donnerschlag
Zu zweit könnt ihr ein ganz realistisches Donnergeräusch erzeugen, indem ihr heftig mit einer Hartfaserplatte wackelt.

GROSSE ENTDECKER

Benjamin Franklin

Was Blitze eigentlich sind, hat als erster der geniale amerikanische Staatsmann und Erfinder Benjamin Franklin (1706 - 1790) entdeckt. Er wußte, daß man einen Funken statischer Elektrizität durch Reiben von Glas an Schwefel erzeugen kann, und fragte sich, ob ein Blitz nicht das gleiche sei. Um das zu überprüfen, ließ er während eines Gewitters einen Drachen steigen und befestigte einen Metallschlüssel mit einem Seidenfaden an der Drachenschnur. Aus den Wolken floß statische Elektrizität entlang der feuchten Schnur über die Seide bis in den Schlüssel hinein. Als Franklin die Hand dem Schlüssel näherte, erhielt er einen schwachen elektrischen Schlag und sah kleine Funken, wie bei einem Funkengenerator. Da hatte er also seinen Beweis - und überdies Glück, daß er noch lebte, denn viele Menschen, die dieses Experiment nach ihm versuchten, kamen dabei um. Laßt also die Finger davon! Ein paar Monate später erfand Franklin im Jahre 1752 den Blitzableiter: eine Eisenstange, die auf die Spitze eines Gebäudes montiert und über einen Draht mit der Erde verbunden ist. Durch diese harmlose Blitzentladung werden Gebäude geschützt.

Hurrikane und Wirbelstürme

Über warmen tropischen Meeren können sich aus spiralförmig kreisenden Tiefs (S. 174) die heftigsten aller Stürme entwickeln: die Hurrikane. In Fernost nennt man sie Taifune, in Australien Zyklone oder Willy-willies. Anfangs sind es schwache Gewitter über dem Meer. Ist das Wasser warm genug (über 24°), können sich mehrere Gewitter zusammenballen und einen einzigen Wirbel bilden. Diese neue, größere Sturmfront kreiselt nun über den Ozean, zieht dabei feuchtwarme Luft in sich hinein und gewinnt an Energie. Wenn sie auf die andere Seite des Ozeans gelangt, ist daraus eine gewaltige Spirale mit riesigen Wolken, peitschendem Regen und verheerenden Winden geworden. In der Mitte befindet sich ein »Auge« der Windstille, das bis zu 35 Kilometer breit sein kann.

Hurrikanbeobachtung

Deutlich erkennt man auf diesem Bild aus einem Raumfahrzeug die riesigen Spiralwolken eines Hurrikans und das knopfartige Auge im Zentrum. Durch solche Bilder aus dem All kann man Hurrikane viel leichter verfolgen und ihren Weg vorhersagen. Wichtige Informationen liefern auch Spezialflugzeuge, die immer wieder durch den Sturm fliegen und dabei Messungen im Auge vornehmen.

EXPERIMENT

Einen Strudel erzeugen

Bei diesem Experiment sollte ein Erwachsener mithelfen

Das begrenzte Kreisen eines Wirbelsturms nennen Wissenschaftler einen Strudel. Man weiß noch nicht genau, wie Strudel entstehen, aber wie sie funktionieren, könnt ihr ganz deutlich an Wasser beobachten, das durch den Abfluß im Bad abläuft. Strudel haben nichts mit der Coriolis-Kraft (S. 158) zu tun, und darum rotieren Wirbelstürme auch nicht in entgegengesetzter Richtung auf den beiden Erdhalbkugeln – im Unterschied zu Hurrikanen. Wie das Experiment zeigt, hängt die Wirbelrichtung eines Strudels von der Richtung der auslösenden Bewegung ab.

IHR BRAUCHT

• 2 Plastikflaschen • Säge • Autokühlerschlauch • Kartoffel • Lebensmittelfarbe • Stricknadel • Messer, Schneidbrett

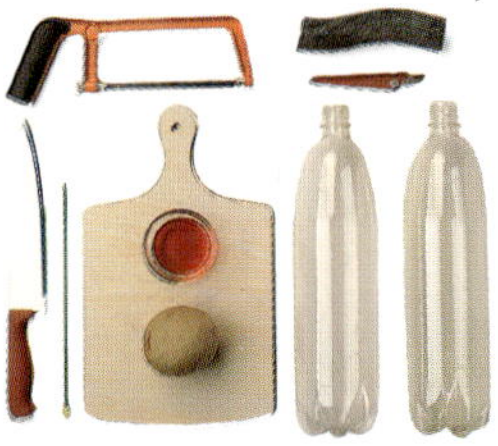

1 Stecht mit Hilfe des Flaschenhalses ein Stück Kartoffel ab, das genau hineinpaßt.

2 Bohrt mit der Stricknadel ein Loch von 7 mm in das Kartoffelscheibchen, das ihr wieder in den Flaschenhals steckt.

3 Sägt ein Schlauchstück zurecht, das gut zweimal so lang ist wie das Gewindestück der Plastikflasche.

4 Schiebt den Schlauch über einen Flaschenhals, füllt die andere Flasche halb voll und steckt beide zusammen.

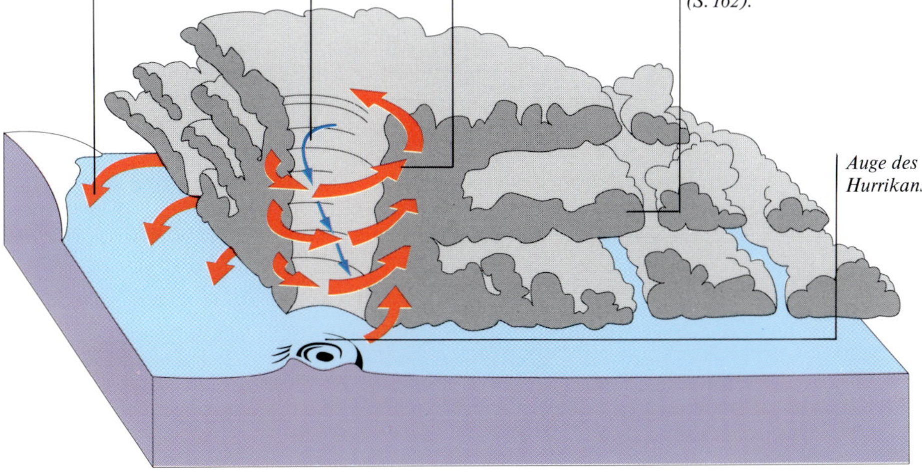

Aufbau eines Hurrikans

Ein typischer Hurrikan hat einen Durchmesser von etwa 1500 Kilometern und setzt sich aus riesigen kreisförmigen Bändern von Kumulus- und Kumulonimbuswolken (S. 162) zusammen, die spiralförmig um das Sturmzentrum – das Auge – kreisen. Infolge der Wärme steigt die Luft in diesen Wolkenbändern sehr rasch auf. Dabei entstehen große Regenwolken, aus denen Platzregen fällt, und Winde werden mit einer Geschwindigkeit bis zu 360 km/h eingesogen. Nur im Auge des Sturms büßen die Winde ein wenig von ihrer Kraft ein – hier sinkt die Luft ab, und der Himmel kann klar sein. Die Windstille beim Durchzug des Auges währt aber nur kurz, und bald stürmt und schüttet es wieder – bis zu 18 Stunden und länger, ehe der Hurrikan schließlich abzieht.

5 Dreht die Flaschen um. Haltet mit einer Hand die untere Flasche, mit der anderen das Schlauchstück, und dreht die Flaschen rasch. Versucht das ein paarmal, und wechselt dann die Drehrichtung.

Wirbelstürme und Tornados

Verglichen mit Hurrikanen sind Wirbelstürme und Tornados klein, doch sie können verheerende Schäden anrichten. Ihr Durchmesser beträgt nur etwa 250 Meter, und in ein paar Minuten sind sie vorbeigetobt – aber dabei können sie Menschen, Autos, ja Häuser durch die Luft wirbeln. Tornados entstehen offenbar tief in der Mitte von riesigen Gewitterwolken, in sogenannten »Superzellen«, wo eine Säule aufsteigender Warmluft durch rasante Winde oben auf der Wolke zum Drehen gebracht wird. Wird dieser Drehstrudel stärker, senkt er sich durch die Wolkenbasis wie ein Elefantenrüssel nach unten und saugt mit seinem gewaltigen Sog alles auf, was ihm im Weg ist.

Wettervorhersagen

Für eine genaue Wettervorhersage benötigen Meteorologen Millionen von Beobachtungsdaten aus aller Welt. In jedem Augenblick zeichnen Wetterstationen, Wetterschiffe, Satelliten, Ballons und Radarstationen detaillierte Messungen von Temperatur, Luftdruck, Windrichtung und so weiter genau auf und geben diese Daten ins Globale Telekommunikationssystem (GTS) ein. Starke Großrechner fertigen daraus ein vollständiges Bild der atmosphärischen Bedingungen, das Vorhersagen bis zu einer Woche erlaubt.

Synoptische Karte

Wetterkarten wie diese werden meist von Computern angefertigt. Man nennt sie synoptisch – eine Zusammenschau –, weil alle Beobachtungen genau zur selben Zeit gemacht werden sollten. In der Praxis werden sie zeitlich gering voneinander abweichen.

Stürmisches Wetter
Die Kaltfrontsymbole auf der Wetterkarte (blaue, gezackte Linien) zeigen an, daß ein Unwetter wie dieses im Anzug ist.

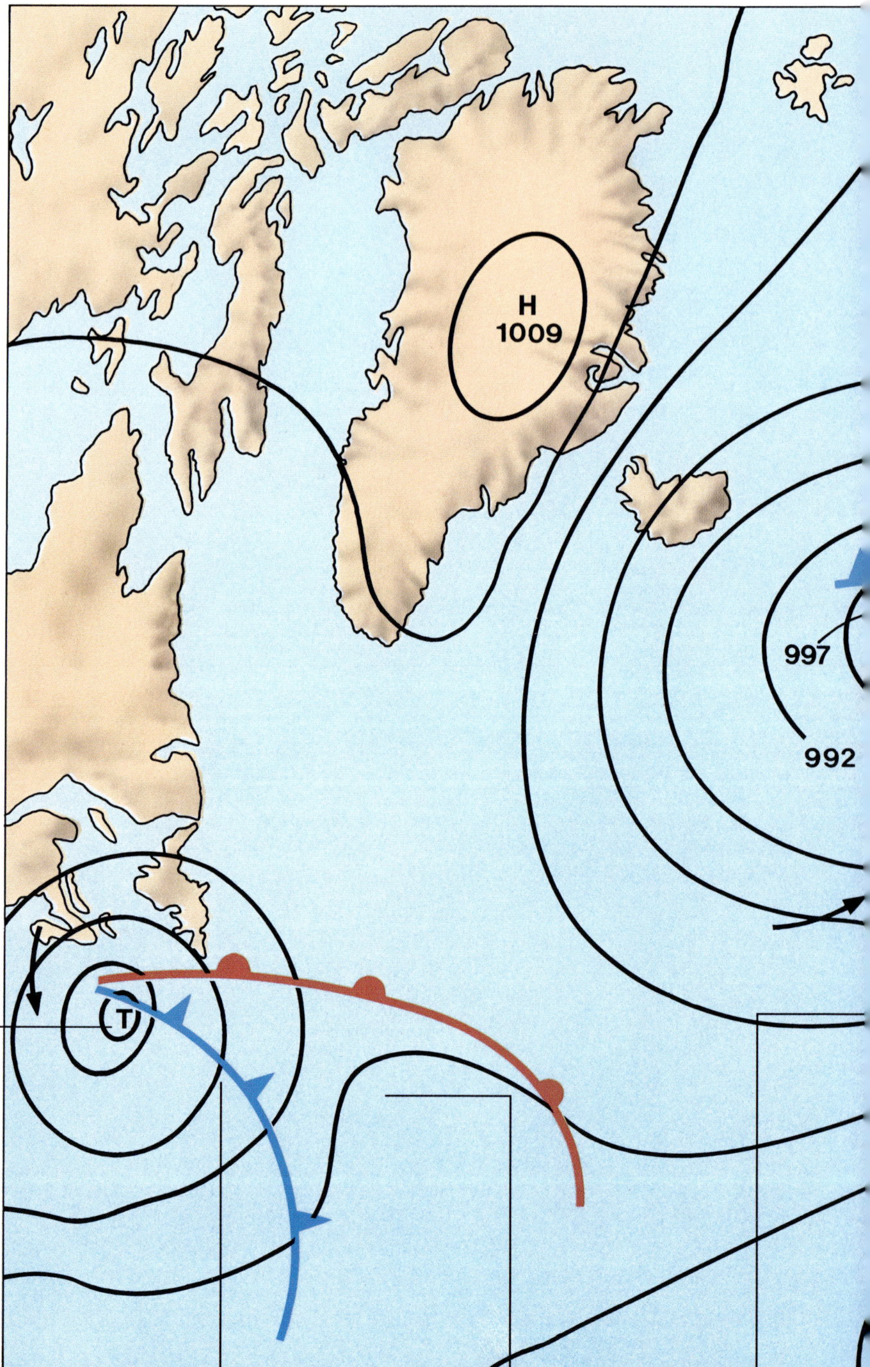

Tiefs ziehen gleichmäßig ostwärts, von links unten nach rechts oben.

Kaltfront, bringt stürmisches Wetter und heftigen Regen.

Warmluftsektor zwischen den Fronten, bringt milderes Wetter; der Regen läßt nach.

Zahlen zeigen den Luftdruck für die Isobaren in Millibar an (S. 157).

Langfristige Vorhersagen

Dank moderner Techniken sind Wettervorhersagen bis zu einer Woche ziemlich genau – darüber hinaus sind sie weniger zuverlässig. Allenfalls kann man die Tendenz des Wetters für die kommende Woche vorhersagen. So weiß man, daß zu einer bestimmten Jahreszeit der Wind stets kalte, trockene Festlandsluft bringt oder daß sich ein Hochdruckmassiv entwickelt hat, das Schlechtwettersysteme fernhält. Über längere Zeiträume hinaus kann man nur auf frühere Wetterverhältnisse Bezug nehmen.

Starke Winde kreisen zum Zentrum des Tiefs hin.

Im Winter liegen Hochs oft über großen Landmassen und bringen kalte, klare Nächte und strengen Frost.

Hochdruckgebiet oder »Antizyklone«, sorgt tagelang für schönes Wetter und klaren Himmel.

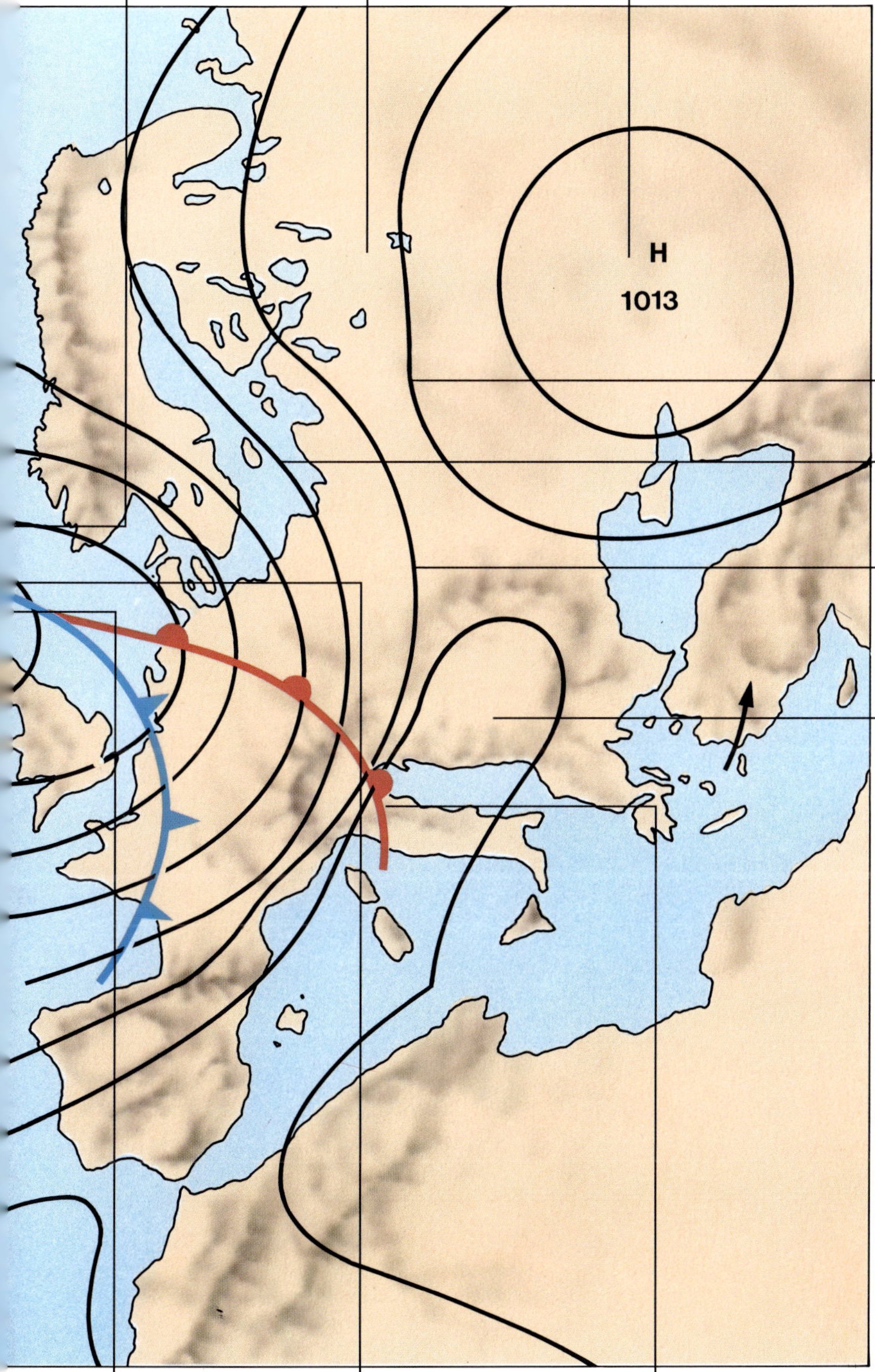

Isobaren verbinden Punkte gleichen Drucks.

Diese Isobaren werden sich stetig in die rechte obere Ecke verlagern, der Druck wird fallen – schlechtes Wetter ist im Anzug.

Nahe zusammenliegende Isobaren bringen stärkeren Wind.

Hochdruckrücken

Zentrum des Tiefs – hier ist der Druck am niedrigsten.

Okklusion (S. 174): Eine Kaltfront schiebt sich unter eine Warmfront.

Warmfront, bringt stundenlang beständigen Regen.

Rücken und Rinnen
Das Wettergeschehen der Erde wird durch Drucksysteme angetrieben. Daher ist es ganz wichtig, Hoch- und Tiefdruckgebiete, Hochdruck- und Tiefdruckrücken zu lokalisieren.

GROSSE ENTDECKER

Lewis Richardson

Für moderne Wettervorhersagen werden Zahlen in Computer eingegeben und aus ihnen herausgeholt – daher spricht man von numerischen Vorhersagen. 1922 erklärte der englische Meteorologe Lewis Richardson (1881 – 1953), man könne das Wetter am besten vorhersagen, wenn man eine ganze Reihe von Beobachtungen überall auf der Welt gleichzeitig an gleichweit voneinander entfernten Punkten (Netzpunkten) vornähme. Mit Hilfe dieses frühen Rechners versuchte Richardson vergeblich, die erforderlichen umfangreichen Berechnungen zu bewältigen – erst mit modernen Großrechnern sind numerische Vorhersagen möglich geworden.

Glossar der Fachbegriffe

Aa-Lava Begriff für flüssige Basaltlava, die ihre schwarze, schlackige Struktur durch Gase erhält, die durch die abkühlende Oberfläche platzen. Der Ausdruck stammt aus Hawaii; siehe auch *Pahoehoe-Lava.*

Abfluß Wassermenge in einem Fluß, gemessen in Kubikmeter pro Sekunde.

Ablation Abtragung von Gletschereis oder -schnee durch Schmelzen, Verdunsten oder durch den Wind.

Abrasion Abschleifen der Landschaft durch Sand und Gestein in Flüssen, Gletschern sowie Wind und Wellen.

Adiabatisch Erwärmung oder Abkühlung, die allein durch Expansion oder Kompression, ohne Wärmeaustausch mit der Umgebung, erfolgt.

Advektionsnebel Bildet sich, wenn feuchtwarme Luft über eine kühle Fläche fließt.

Aktualismus Theorie, nach der alle Landformen allmählich durch ähnliche Prozesse wie heute gestaltet worden sind. *Siehe auch Katastrophentheorie.*

Albedo Maß für die Reflexion des Sonnenlichts von einer Oberfläche. Neuschnee hat eine Albedo von 85 Prozent, reflektiert also 85 Prozent des Sonnenlichts.

Alluvialfächer Sandfächer, den ein Fluß ablädt, wenn er aus einem Gebirgstal in eine Ebene hinaustritt.

Alluvium Jegliches Material, das von fließendem Wasser abgelagert wird. (auch: jüngere Abteilung des Quartärs, jetzt Holozän genannt.)

Alto Vorsilbe für Wolken in mittleren Höhen, wie Altokumulus, Altostratus.

Altwassersee Ein vom Fluß abgeschnittener Mäander.

Anemometer Gerät zur Messung der Windgeschwindigkeit.

Aneroidbarometer Luftdruckmeßgerät mit luftleerer Metalldose.

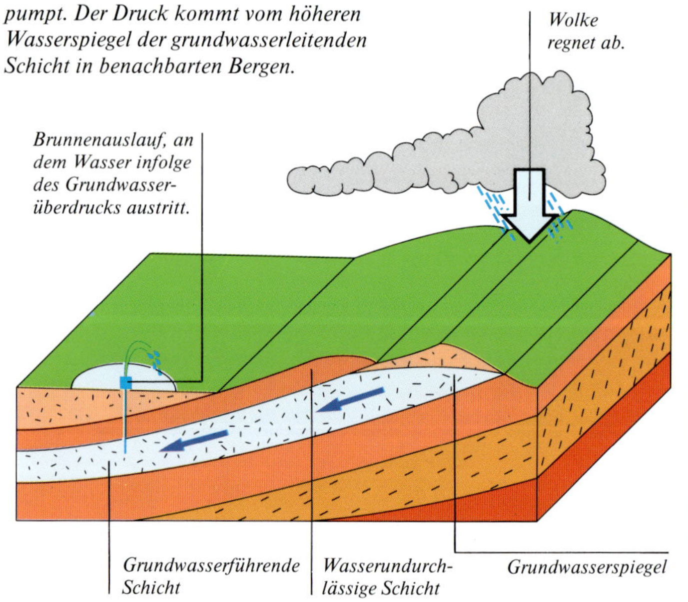

Artesischer Brunnen
Bei einem artesischen Brunnen wird Wasser aus einer unterirdischen Sättigungsschicht durch seinen Eigendruck nach oben gepumpt. Der Druck kommt vom höheren Wasserspiegel der grundwasserleitenden Schicht in benachbarten Bergen.

Antikline Nach oben gewölbte Falte in Gesteinsschichten (Sattel).

Antizyklone Hochdruckgebiet, bringt gewöhnlich schönes Wetter.

Äon Die Erdgeschichte wird von manchen Geologen in drei Äonen eingeteilt: Archäikum, Proterozoikum und Phanerozoikum.

Äquinoktium Die beiden Tage im Jahr – gewöhnlich der 21. März und der 23. September –, an denen die Sonne mittags senkrecht über dem Äquator steht und Tag und Nacht auf der ganzen Welt gleichlang sind (Tagundnachtgleiche).

Artesischer Brunnen Wird vom Grundwasser gespeist, das unter seinem eigenen Druck zur Oberfläche dringt *(siehe links unten).*

Asthenosphäre Schicht des Erdmantels, unter der *Lithosphäre*, die wiederum auf der Astenosphäre gleitet.

Atoll Ringförmige Koralleninsel *(siehe oben).*

Aufwind Warmluft, die bei der Erwärmung von Hängen hinaufströmt *(siehe S. 184).*

Auslaugen Das Auswaschen von Mineralien durch Wasser, das durch den Boden sickert.

Auswaschen Ausspülung feiner Mineralienkörner aus den oberen Bodenschichten.

Auswürfling Von Vulkanen ausgeworfene größere Gesteinsbrocken.

Bajada Reihe von Alluvialfächern, die sich in trockenen Gebirgsgegenden zu einem einzigen Hang vereinen.

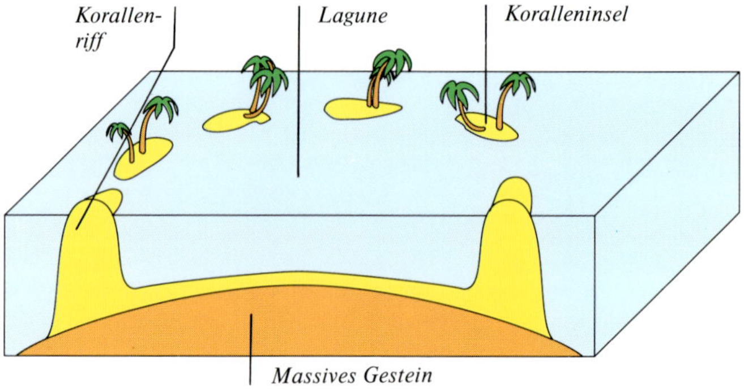

Atoll
Man vermutet, daß diese ganz aus Korallen bestehenden ringförmigen Inseln sich stets auf felsigem Untergrund bilden. In manchen Fällen handelt es sich um Vulkaninseln, die allmählich versunken sind.

Barchan Sichelförmige Sanddüne, die in Windrichtung vorrückt.

Barometer Gerät zur Messung des Luftdrucks.

Basalt Vulkangestein, bildet sich bei der Abkühlung von Lava, die durch Risse in der Erdkruste nach oben quillt.

Batholith Großer Tiefengesteinskörper.

Beaufort-Skala 1805 von Admiral Beaufort eingeführte 13-teilige Windstärkeskala.

Benioff-Zone Grenzzone, an welcher Erdbeben durch *Subduktion* zweier tektonischer Platten ausgelöst werden.

Bergschrund Tiefe Spalte zwischen dem Eis des bewegten Gletschers und der Felswand.

Bodenfließen Das Bergabgleiten einer breiartigen Bodenmasse auf geneigter Unterlage (bis zu 2 ° Neigung).

Bodenlast Das schwerere Material, das in einem Bachbett rollt, gezogen wird oder dahinpurzelt.

Bodenprofil Längsschnitt des Bodens, enthüllt die verschiedenen Horizonte.

Breite Entfernung nördlich oder südlich vom Äquator, wird in Grad gemessen und ist auf Globen durch Linien dargestellt, die parallel zum Äquator um die Erde laufen.

Breitenberechnung Der Einfallwinkel der Sonne ändert sich mit der Breite – daher konnten Seeleute die Breite nach der Sonne berechnen, und Sonnenuhren sind nach der Breite abzustimmen. Dazu müßt ihr den Einfallswinkel der Sonne am Mittag herausfinden (wie auf S. 31), ihn von 123,5 abziehen und für jeden Tag vor oder nach der Mittsommerwende 0,26 ° hinzuzählen. Die Winkel der Stundenlinien auf der Sonnenuhr errechnet ihr nach folgender Gleichung, wobei A der Winkel, L die Breite und H das 15fache der gewünschten Stunde ist:
$\tan A = \sin L \times \tan H$.

Brekzie Trümmergestein aus eckigen Bruchstücken.

Bruchfaltengebirge Durch Faltung entstandene Hochflächen.

Caldera Großer kreisförmiger Kessel, durch Explosion eines Vulkankegels oder durch Einsturz eines Vulkans in seine Magmakammer entstanden.

Conrad-Diskontinuität Grenzfläche zwischen Erdober- und Erdunterkruste, ca. 10–20 Kilometer tief.

Coriolis-Kraft Ablenkung von Winden und Wasser durch die Erdrotation: auf der Nordhalbkugel nach rechts, auf der südlichen nach links.

Damm Erhabene Schlamm- oder Sandbank auf beiden Seiten eines häufig Hochwasser führenden Flusses.

Deflation Winderosion von Sand und Boden, höhlt Wüsten und Strände aus.

Denudation Allmähliche Abtragung der Landschaft (ohne Abrasion).

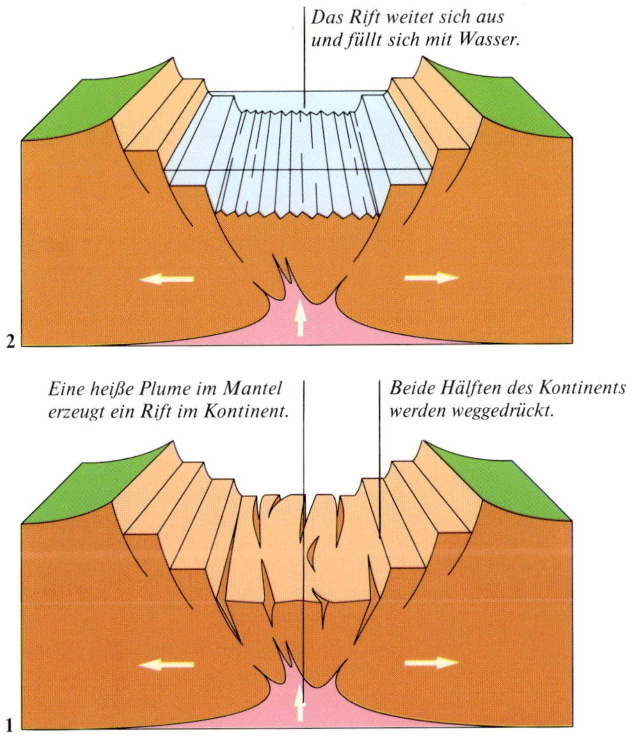

Wenn Kontinente sich teilen
Ozeane können sich mitten auf einem Kontinent bilden, wenn heiße Plumes im Erdmantel nach oben drücken, bis dieser sich spaltet (Zeichnung 1). Diese Spalte weitet sich zu einem Rift aus und das wiederum zu einem immer breiter werdenden Ozean, solange heiße Ströme im Mantel weiter nach oben drücken (Zeichnung 2).

Diagenese Das Zusammenpressen und Zementieren lockerer Sedimente zu festem Sedimentgestein.

Diskordanz Auffällige Unterbrechung in einer Abfolge von Gesteinsschichten.

Driftströmung Langsame, durch Winde angetriebene Strömung an der Meeresoberfläche.

Drumlin Eiförmige Aufschüttung aus Grundmoränenmaterial in ehemaligen Gletschergebieten.

Einspülung Die Ablagerung von Mineralien in tieferen Bodenschichten durch sickerndes Wasser.

Einzugsgebiet Gebiet, aus dem ein einzelnes Flußsystem sein Wasser bezieht.

Eisberg Treibende Eismasse, die von einem Gletscher oder vom Inlandeis abgebrochen ist.

Eiszeiten Vergangene Perioden, in denen große Teile der Erdoberfläche unter einer dicken Eisschicht lagen.

Erdbeben Eine durch die plötzliche Bewegung von Gesteinen in der Erdkruste oder tiefer verursachte Erschütterung des Bodens.

Erdbebenwellen Schockwellen – seismische Wellen – im Boden.

Erdkern Das unglaublich heiße metallische Zentrum der Erde, vermutlich außen flüssig und innen fest.

Erdkruste Feste Außenhaut der Erde, 5–50 Kilometer stark.

Erdrutsch Abwärtsbewegung von Land, bei der ganze Hänge mitgerissen werden.

Erosion Abtragung der Landoberfläche durch fließendes Wasser, Wellen, Eis, Wind und Wetter.

Erosionsbasis Niedrigstes Niveau, auf dem Land durch fließendes Wasser erodiert werden kann.

Erosionszyklus Vorstellung, daß Landschaften stufenweise abgetragen werden, ehe sie wieder »verjüngt« (gehoben) werden und der Prozeß von neuem beginnt.

Eruptionsspalte Vulkan, bei dem flüssige Lava aus einer langen Spalte in der Erdkruste herausquillt und riesige Basaltplateaus bildet.

Eruptivgestein Einer der drei Hauptgesteinstypen, entsteht bei der Abkühlung von Magma.

Esker Gewundener Rücken aus grobem Sand und Kies, durch Rinnsale von Schmelzwasser unter einer Eisschicht gebildet (auch Oser genannt).

Evapotranspiration Gesamtheit des Wasserverlustes des Bodens an die Luft durch Bodenverdunstung und Pflanzentranspiration.

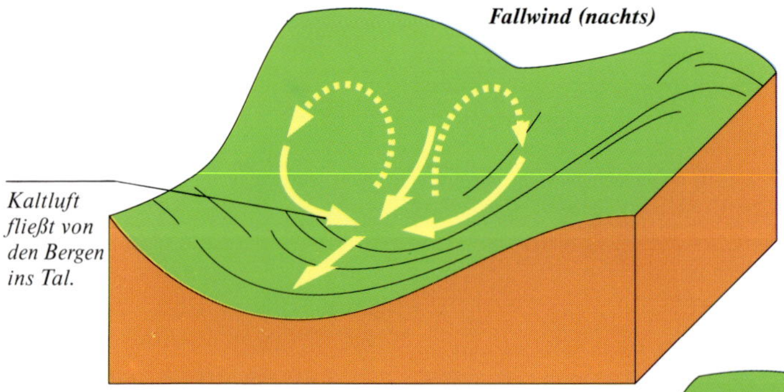

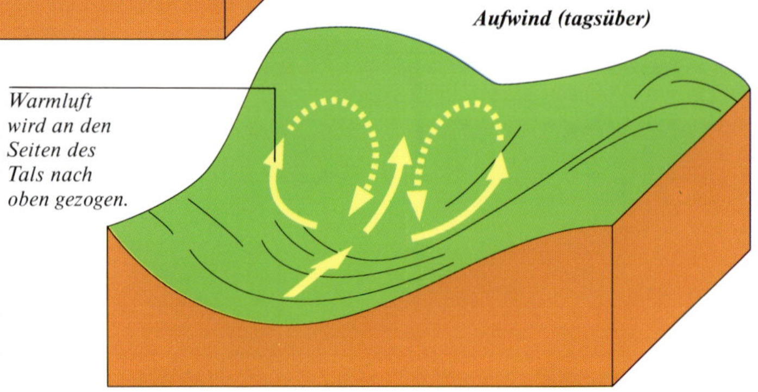

Fallwinde und Aufwinde
Fallwinde sind kalte Winde, die in ruhigen, klaren Nächten in Gebirgstäler hinunterwehen, wenn dichte Kaltluft von schneebedeckten Gipfeln abfließt. Tagsüber wehen Aufwinde im Tal nach oben, wenn die Berghänge von der Sonne erwärmt werden.

Extrusion Ausströmen von Magma bei einem Vulkanausbruch.

Fallen Neigungswinkel von Gesteinsschichten.

Fallwind Kalter Wind, der nachts in Gebirgstäler hinabweht *(siehe S. 184).*

Faltung Biegung und Brechung von vormals geraden Gesteinsschichten.

Fetch Entfernung, die der Wind über dem offenen Meer zurücklegen kann, um Wellen zu erzeugen.

Findling Ein erratischer Gesteinsbrocken, der von einem Gletscher eine große Strecke transportiert wurde, oft in ein Gebiet, das aus anderem Gestein besteht.

Firn Durch Schmelzen und Wiedergefrieren zusammengepreßter Schnee.

Fossilien In Gestein erhaltene Überreste von Tieren oder Pflanzen.

Fracht Das Material, das von einem Bach oder Fluß transportiert wird.

Freilegung Abtragung von Material um eine bestimmte geologische Formation, etwa *Batholith.*

Front Grenze zwischen zwei Luftmassen. An einer Warmfront gleitet warme auf kalte Luft auf; an einer Kaltfront schiebt sich kalte unter warme Luft.

Fuge Riß oder Kluft in Gesteinen.

Geologische Zeitrechnung Die Geologen teilen die Erdgeschichte in Abschnitte ein: Äonen (am längsten), Äras, Perioden, Epochen, Zeitalter und Chrons (am kürzesten). Äonen dauern Milliarden Jahre, Epochen weniger als 20 Millionen Jahre.

Gesteinsgang Erstarrungsgestein in Spalten, welche andere Gesteinsschichten durchschneiden.

Gletschergrat Rücken zwischen zwei Gletschern.

Gletscherschutt Alles von einer Eisschicht abgelagerte Material.

Gletscherspalte Tiefer Riß in der Oberfläche eines Gletschers.

Gondwana Riesenkontinent auf der Südhalbkugel vor ca. 200 Millionen Jahren. Er umfaßte die Antarktis, Australien und Teile von Südamerika, Afrika und Indien.

Grabensenke Tal zwischen zwei parallelen Falten.

Grundmoräne Von einem Gletscher abgelagerter Gesteinsschutt.

Grundwasser Wasser, das sich unterirdisch in der Sättigungszone angesammelt hat.

Grundwasserspiegel Niveau, bis zu dem der Boden ständig gesättigt ist.

Grundwasserträger Wasser aufnehmendes Gestein.

Gutenberg-Diskontinuität Grenze zwischen dem Mantel und dem äußeren Erdkern.

Guyot Abgestumpfter Tiefseeberg, etwa ein ehemaliger Vulkan, dessen Spitze durch Brandungswellen erodiert wurde.

Hadley-Zelle Wichtige Luftzirkulation in den Tropen: Steigt am Äquator auf, fließt polwärts, sinkt zur Erde und fließt als Passatwind zum Äquator zurück.

Hängetal Seitental, das von einem Gletscher im Haupttal abgeschnitten wurde und hoch über dem Boden des Haupttals liegt.

Hangkriechen Langsame Abwärtsbewegung von Boden auf einem Hang.

Härtling Aufgrund seiner Widerstandsfähigkeit gegen Abtragung und Verwitterung über seine Umgebung herausragender Einzelberg.

Hebungsküste Alte Küste, die sich hoch über dem gegenwärtigen Meeresspiegel befindet.

Hochgebirgsgletscher Ein sich bewegender Eisstrom in einem Hochgebirgstal.

Höhenlinie Linie, die auf einer Landkarte alle Punkte gleicher Höhe über dem Meeresspiegel miteinander verbindet.

Holozän Jüngste geologische Epoche, begann vor ca. 10 000 Jahren (Nacheiszeit).

Horizont Bestimmte Bodenschicht.

Horst Von Falten begrenzter, erhabener Landsockel. *Siehe auch Bruchfaltengebirge.*

Hot spot Zentrum der Vulkantätigkeit, möglicherweise über Plumes im Erdmantel. *Siehe auch Plumes.*

Inlandeis Riesige Eisfläche, Tausende von Metern dick, bedeckt alles außer den höchsten Bergen.

Inselberg Steil aufragender stumpfer Hügel über einer niedrigen Felsebene

Insolation Erwärmung der Erdoberfläche durch die Sonne.

Isobare Linie auf einer Wetterkarte, verbindet Punkte gleichen Luftdrucks.

Isostasie Theorie, nach der die Erdkruste auf dem Mantel im Gleichgewicht schwimmt.

Jet stream Die Erde in großer Höhe sehr schnell umkreisende Winde.

Jura Geologische Periode, die vor 200 Millionen Jahren begann und vor 135 Millionen Jahren endete. Zu dieser Zeit hatten Dinosaurier ihre größte Verbreitung.

Känozoikum Jüngste erdgeschichtliche Ära, begann vor 65 Millionen Jahren.

Kar Von Gletschern hervorgerufene kesselförmige Vertiefung.

Karbon Geologische Periode, die vor 345 Millionen Jahren begann und 60 Millionen Jahre dauerte. Die meisten Kohlenlager sind Überreste von Wäldern aus dieser Zeit.

Karren Karsterscheinung, Auslaugungsformen an der Oberfläche von Kalkgestein. Sie bestehen anfangs aus rillenförmigen kleineren Furchen und Löchern, deren Tiefe bis auf mehrere Meter anwachsen kann (auch Schratten genannt).

Karstrelief Landschaft, die sich durch Auflösung von Kalkstein durch Regenwasser gebildet hat *(siehe rechts).*

Katastrophentheorie (Überholte) Theorie, daß die Welt nicht allmählich, sondern aufgrund einer Reihe größerer Katastrophen entstanden ist. *Siehe auch Aktualismus.*

Kissenlava Runde Brocken, oft aus Basalt, entstehen beim Ausbrechen von Lava in Meerwasser.

Klastische Gesteine Sedimentgesteine aus Bruchstükken anderer Gesteine, in Schichten auf dem Meeresboden abgelagert.

Knickpunkt Stufe im Flußlauf, nach dem Absinken des Meeresspiegels durch langsames Zurückweichen eines Flusses entstanden.

Kondensation Umwandlung unsichtbaren Wasserdampfs in Wassertropfen und Eiskristalle.

Konglomerat Sedimentgestein, das runde Kiesel und Brocken enthält.

Kontakthof Bereich in unmittelbarer Nähe eines Magmakörpers, in dem metamorphe Gesteine entstehen.

Kontaktmetamorphose Umwandlung von Gesteinen durch Hitzeeinwirkung aus Magmagesteinen.

Kontinentalhang Die steile Unterwasserböschung, die vom Schelf bis zum Meeresboden reicht.

Kontinentale Kruste Teil der Erdkruste, bestehend aus den Kontinenten und dem *Schelf.*

Karstrelief
Kalkstein kann eine Landschaft prägen. Da er durchlässig ist, gibt es kein Oberflächenwasser – es verschwindet in Schlundlöchern und tröpfelt durch Fugen. Saures Regenwasser löst das Gestein, erzeugt immer größere Löcher und schließlich Höhlen.

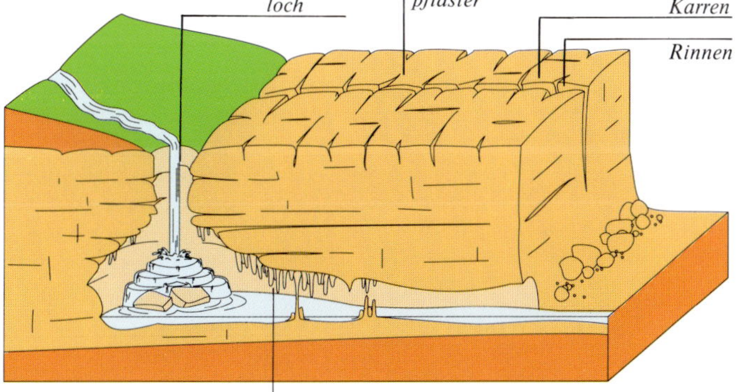

Kontinentalverschiebung Theorie, nach der die Kontinente auf verschiedenen tektonischen Platten liegen, die sich gegeneinander verschieben und so die Form der Kontinente verändern.

Konvektion Das Aufsteigen heißer Luft oder Flüssigkeit, die leichter als ihre kältere Umgebung ist. In der Atmosphäre ist sie die Antriebskraft aller Winde. Vermutlich infolge von Konvektion im Erdmantel bewegen sich tektonische Platten und brechen Vulkane aus. Außerdem konvektiert im Erdmantel festes – aber eben plastisches Gestein.

Kritzen Schrammen im Gestein, durch in Gletscher eingebettete Brocken hervorgerufen.

Küstenversetzung Die Verschiebung von Sand und Kies entlang der Küste durch Wellen, die durch eine entsprechende vorwiegende Windrichtung schräg auf die Küste zulaufen.

Kumulus Durch Konvektion entstandene Flaumwolke in geringerer Höhe.

Lagergang Erstarrungsgestein, das fast horizontal in eine Schichtfuge eingedrungen ist.

Lakkolith Intrusion von Magma, die darüberliegendes Gestein aufgewölbt hat.

Länge Entfernung in Graden östlich oder westlich vom *Nullmeridian* (in Greenwich in England).

Längsdünen Riesige Sandrücken in Wüstengebieten, die in Längsrichtung zum Wind liegen.

Lava Geschmolzenes Magma, das durch Vulkane und *Eruptionsspalten* auf die Erdoberfläche gelangt ist.

Lithosphäre Erdschale, die die Kruste und die starre Oberschicht des Mantels umfaßt. Besteht aus tektonischen Platten, die sich über der *Asthenosphäre* bewegen.

Luftdruck Kraft, mit der die Luft auf eine Fläche drückt; wird gewöhnlich in Millibar gemessen.

Luftmasse Eine große Atmosphärenmenge, die durchgehend warm und trocken oder kalt und naß ist.

Magma Heiße Gesteinsschmelze unter der Erdoberfläche.

Mantel Schicht im Erdinnern zwischen Erdkruste und Erdkern.

Massenbewegung Das Bergabgleiten von großen Mengen Gestein und Boden.

Mercalli-Skala Zwölfteilige Skala zur Beschreibung der Auswirkungen eines Erdbebens.

Mesosphäre Schicht der Atmosphäre über der *Stratosphäre.*

Mesozoikum Die mittlere Ära des jüngsten Äons der Erdgeschichte, begann vor 245 Millionen Jahren und endete vor 65 Millionen Jahren.

Metamorphes Gestein Durch Umwandlung (Metamorphose) anderen Gesteins unter intensiver Hitze und/oder Druck entstandenes Gestein.

Millibar Maßeinheit des Luftdrucks.

Mineral Physikalisch und chemisch homogener Körper, der auf natürliche Weise in der Erdrinde vorkommt.

Mittelozeanischer Rücken Zerklüfteter Gebirgsrücken, der sich über Zehntausende von Kilometern in der Mitte der großen Ozeane aus der Tiefe erhebt.

Mohorovičić-Diskontinuität Übergang zwischen Erdkruste und Mantel.

Monsun Wind, der seine Richtung jahreszeitlich ändert und in bestimmten Gebieten abwechselnd sehr heftige Niederschläge und sehr trockenes Wetter bringt.

Moräne Sand- und Kiesablagerungen von einem Gletscher oder vom Inlandeis.

Mure Im Hochgebirge auftretende, aus Wasser, Erde, Schutt und Felsblöcken bestehende Ströme, die sich plötzlich lawinenartig abwärts bewegen.

Muttergestein Der unterste Horizont eines Bodenprofils.

Neigungsmesser Gerät zur Messung des Neigungswinkels von Gesteinsschichten.

Neptunismus Aufgegebene Theorie aus dem 18. Jahrhundert, nach der alle Gesteine aus im Wasser abgelagerten Sedimenten gebildet wurden. *Siehe Plutonismus.*

Niederschlag Jede Form von Regen oder Schnee.

Nullmeridian Linie vom Nordpol zum Südpol durch Greenwich, (Vorort von London) von der aus man die Länge berechnet.

Oberflächenabfluß Gesamtmenge des Wassers, das über Bäche und Flüsse zum Meer abfließt.

Oberirdischer Abfluß Regenwasser, das über die Oberfläche als dünne Schicht abläuft.

Okklusion Entsteht beim Einholen einer Warmfront durch eine Kaltfront, wobei diese sich unter die Warmfront schiebt.

Orogenese Gebirgsbildung.

Ozon Form von Sauerstoff, hält in einer Schicht der Stratosphäre die gefährlichen ultravioletten Sonnenstrahlen zurück.

Pahoehoe-Lava Strickmusterähnliches Gestein, bildet sich, wenn die Haut auf zähflüssiger Lava durch die darunter fließende geschmolzene Lava gerunzelt wird. *Siehe auch Aa-Lava.*

Paläontologie Wissenschaft der fossilen Pflanzen und Tiere.

Pangaea Riesiger Superkontinent in präkambrischer Zeit, bestand aus allen heutigen Kontinenten und war von einem Ozean umgeben, der die übrige Welt bedeckte, dem Panthalassa.

Parabeldüne Dünentyp mit langen, in den Wind weisenden Hörnern.

Passatwinde In den Tropen vorherrschende Winde, die aus Nordost und Südost jeweils vom Wendekreis zum Äquator wehen.

Pediment Sanft geneigte Gebirgsfußfläche.

Permafrost Ständig gefrorener Boden, in dem die Temperaturen seit mindestens zwei Jahren unter 0 ° liegen.

Permeabilität Durchlässigkeit von Gestein oder Sediment für Flüssigkeiten oder Gase.

Pfropfen Felsiger Überrest eines alten Vulkanschlots, der oft vereinzelt stehenbleibt, nachdem das weiche Umgebungsgestein abgetragen ist.

pH-Wert Maßzahl für Säure- oder Laugengehalt, auch des Bodens. Ein pH-Wert von 7 ist neutral, Werte unter 7 sind zunehmend sauer, Werte über 7 zunehmend alkalisch. Böden haben im allgemeinen einen pH-Wert zwischen 5 und 7.

Playa Geschlossenes Wüstenbecken, oft unter Meereshöhe.

Pleistozän Geologische Epoche, in die auch die jüngsten Eiszeiten fallen und die vor weniger als zwei Millionen Jahren begann und bis vor 10 000 Jahren dauerte.

Plume Säule aus heißem geschmolzenem Tiefengestein im Erdmantel, die gelegentlich die Erdkruste durchdringt und dann an der Oberfläche einen *Hot spot* bildet.

Pluton In der Tiefe der Erdkruste erstarrtes Magmagestein.

Plutonismus Historische Theorie, nach der viele Gesteine aus dem heißen Erdinnern stammen; *siehe auch Neptunismus.*

Pluvialzeit Lange Periode während der Eiszeit in den Tropen und Subtropen, mit heftigen Niederschlägen und weniger Wüstenzonen.

Polarfront Grenzgürtel um die Erde zwischen kalter Polar- und tropischer Warmluft.

Polarlicht Farbige Lichterscheinung über den Erdpolen, entsprechend auch Nord- oder Südlicht genannt.

Porosität Maß für den Luftraum in Gestein.

Präkambrium Zeitalter der ersten Gesteinsbildung bis zum Beginn des Kambriums vor 580 Millionen Jahren.

Divergente Grenze — *Konvergente Grenze* — *Konservierend oder unbekannt*

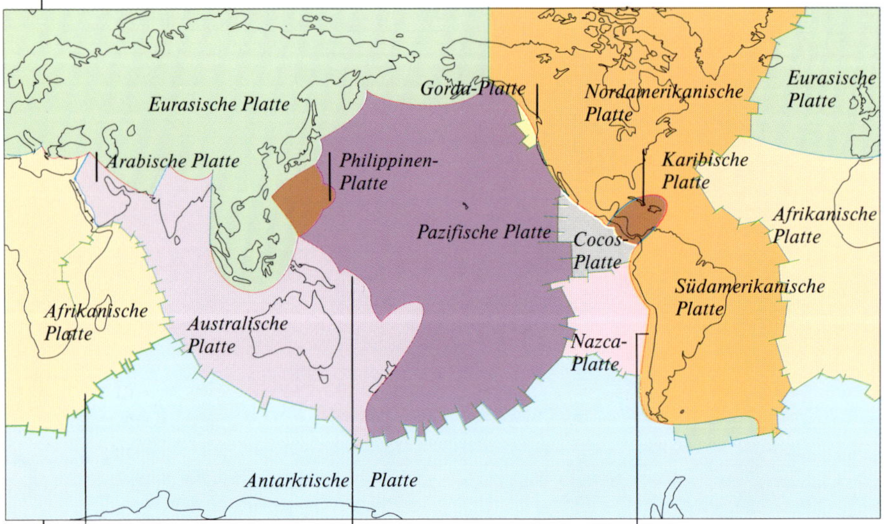

Zackiger Rand infolge von Seitenverschiebungen auf dem mittelozeanischen Rücken

Inselbögen wie die Salomonen entstehen durch Vulkane an einer konvergenten Grenze.

Subduktionszone, wo sich die Nazca-Platte unter die Südamerikanische Platte schiebt.

Plattentektonik
Nach dieser Theorie besteht die Lithosphäre, also die Erdkruste und die starre obere Mantelschicht, aus 7 Hauptplatten und etwa 12 kleineren Platten, die sich alle unabhängig voneinander bewegen – entweder auseinander (divergente Grenze), aufeinander zu (konvergente Grenze) oder aneinander vorbei (transform fault oder konservierende Grenze).

Proterozoikum Das mittlere *Äon* in der Erdgeschichte, begann vor 2,5 Milliarden Jahren und endete mit dem Beginn des Kambriums.

Quartär Die jüngste geologische Periode – die letzten 1,5 Millionen Jahre.

Querdüne Düne senkrecht zur Windrichtung.

Radiales Abflußnetz Flußsystem, das von einem zentralen Punkt ausstrahlt.

Regolith Lockeres, verwittertes Gesteinsmaterial über dem Muttergestein.

Relative Luftfeuchtigkeit Menge des Wassers in der Luft bei einer bestimmten Temperatur im Vergleich zum Höchstmaß an Wasser, das die Luft bei dieser Temperatur halten kann.

Ria(s)küste Tal, das durch den Anstieg des Meeresspiegels unter Wasser geraten ist.

Richter-Skala Skala zum Messen der Stärke eines Erdbebens. Mittlere Beben liegen bei 4,5, das stärkste bislang gemessene Beben (Chile 1960) lag bei 8,9.

Rinne Rille in Kalksteinabschnitten, wird durch Wasser gebildet, das Gestein in den Fugen löst *(siehe S. 185)*.

Rossby-Wellen Kurven in den *Jet streams* der höheren Atmosphäre, rund 2000 Kilometer lang.

Ruhewinkel Größter Winkel, bis zu dem ein Hang aus lockerem Material natürliche Stabilität aufweist und nicht abrutscht.

Rundhöcker Durch Gletschererosion gegen die Fließrichtung rund geschliffenes, auf der anderen Seite schroffes Gestein.

Saltation Hüpfende oder springende Bewegung von Sandkörnern.

Sandwüste Wanderdünenregion, v.a. in der Sahara.

Saurer Regen Von Schadstoffen sauer – siehe *pH-Wert* – reagierender Regen, verursacht Umweltschäden.

Schelf An die Kontinente angrenzender, unter Wasser liegender Festlandssockel.

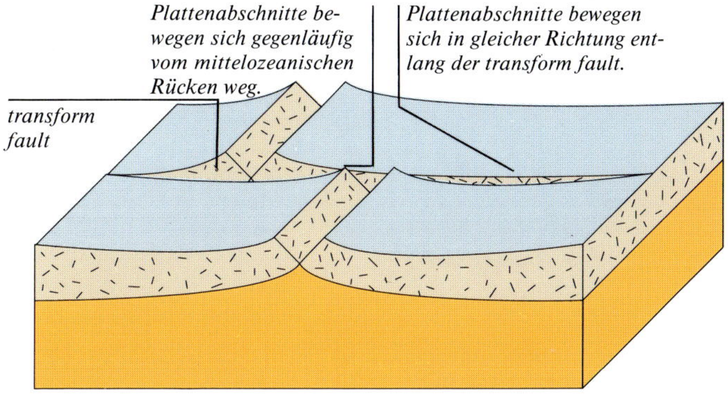

Seitenverschiebung
Der mittelozeanische Rücken ist in einzelne Abschnitte durch eine besondere Verwerfungsform aufgebrochen, die man transform fault nennt. Die Rücken werden dabei von einem Abschnitt zum nächsten verschoben. Die beiden Faltungshälften bewegen sich gegenläufig entlang der Verwerfungsfläche, wobei es zu Erdbeben kommt.

Schichtfläche Flache Grenze zwischen zwei Sedimentgesteinsschichten, oft durch eine Fuge gekennzeichnet.

Schichtstufe Durch Erosion schwach geneigter Gesteinsschichten entstandene Landstufe mit einem steilen Stufenhang und einer sanften *Schichtfläche.*

Schichtvulkan Aus wechselnden Asche- und Lavaschichten bestehender Vulkantyp.

Schieferung Neigung der Gesteine, sich in einer bestimmten Ebene zu spalten.

Schildvulkan Niedriger, sanft geneigter Vulkan, aus dünnflüssiger Lava gebildet.

Schlackenkegel Vulkankegel, der aus Asche und anderen Gesteinsfragmenten besteht, weniger aus Lava.

Schlick Feinkörnige Sedimente, die den Tiefseeboden bedecken.

Schlot Zentrale Öffnung eines Vulkans, durch die Magma ausbricht.

Schuttkegel Befindet sich am Fuß eines Steilhangs.

Sedimentgestein Einer der drei Gesteinshaupttypen, besteht aus Sedimenten, die in Schichten abgelagert sind, vor allem auf dem Meeresboden.

Seismometer Erdbebenanzeigegerät.

Seitenverschiebung Massive seitliche Dehnung in der Ozeankruste am mittelozeanischen Rücken, auch transform fault genannt *(siehe oben)*.

Soll Hohlform, die sich durch Abschmelzen von Toteis in Gletscherschutt gebildet hat.

Sonnenwende Die beiden Tage des Jahres (gewöhnlich der 22. Juni und der 22. Dezember), wenn die Sonne zur Mittagszeit senkrecht über einem der beiden Wendekreise steht, so daß es auf dieser Erdhälfte den längsten Tag gibt.

Spreizbewegung des Meeresbodens. Erfolgt weg vom *mittelozeanischen Rücken* (sea-floor-spreading) und läßt neue Kruste entstehen.

Sprungweiser Transport Das Hüpfen von schweren Partikeln im Flußbett oder bei Wind über dem Boden.

Stratosphäre Die Atmosphäreschicht über der *Troposphäre*, in der die Temperaturen langsam mit der Höhe zunehmen.

Streichen Himmelsrichtung der Schnittlinie einer geologischen Fläche mit der Horizontalebene, senkrecht zum Fallen.

Subduktion Absinken einer tektonischen Platte in den Mantel unter eine andere beim Zusammenstoß.

Suspensionsstrom Trübe Sedimentwolke, die auf dem *Kontinentalhang* zu tieferen Regionen hinabgleitet.

Synkline Durch eine Faltung entstandene Gesteinsmulde.

Synoptische Karte Dient der Wettervorhersage.

Taupunkt Temperatur, bei welcher sich gleichmäßig abkühlende Luft keinen Wasserdampf mehr halten kann. *Siehe Kondensation.*

Tektonische Platten Etwa 20 ozeanische und kontinentale Platten, die die Erdoberfläche bedecken und beim Gleiten über die Asthenosphäre aneinanderstoßen. Damit lassen sich viele Phänomene erklären, von Erdbeben und Vulkanen bis zu den tropischen Wäldern, die es in Nordamerika vor 300 Millionen Jahren gegeben hat *(siehe S. 186)*.

Temperaturgradient Geschwindigkeit, mit der sich aufsteigende Luft abkühlt.

Temperaturinversion Umkehrung des normalen *Tem-*

peraturgradienten, so daß die Luft mit zunehmender Höhe wärmer wird. Damit kann Warmluft (und der Schadstoffgehalt) über dem Boden nicht entweichen.

Tertiär Geologische Periode, die vor 65 Millionen Jahren begann und vor 1,5 Millionen Jahren endete.

Thermosphäre Höchste Atmosphäreschicht, 80 Kilometer über der Erdoberfläche.

Tiefdruckgebiet Wettersystem, daß sich in den mittleren Breiten nach Osten bewegt und entlang von Warm- und Kaltfronten schlechtes Wetter bringt. Auch Tief oder Zyklone genannt.

Tiefsee-Ebene Von Schlick und Metallknollen bedeckter flacher Tiefseeboden.

Treibhauseffekt Bestimmte Gase in der Atmosphäre halten die Erde warm, indem sie Sonnenwärme binden, die sonst ins Weltall zurückgestrahlt würde. Durch Verbrennung vermehren sich diese Gase, so daß sich die Erde übermäßig erwärmen könnte.

Trockental Tal auf Kreide oder Kalkstein, in dem kein Bach oder Fluß fließt.

Trogtal Typische Form eines von einem Gebirgsgletscher ausgehöhlten Tales.

Troposphäre Die unterste Atmosphäreschicht, erstreckt sich vom Boden bis zu einer Höhe von 11 Kilometern.

Tsunami Riesige Welle, durch ein unterseeisches Erdbeben oder einen Vulkan ausgelöst.

Überlagerungsprinzip Prinzip, nach dem die Gesteinsschichten, die der Oberfläche am nächsten liegen, die jüngsten sind.

Überschiebung Bruch bei geringem Winkel (< 45 °) in Gestein.

Überschiebungsdecke Bei einer Faltenüberschiebung weit ins Bergvorland hinausgeschobenes Schichtpaket.

Vergletscherung Die Gestaltung der Landschaft durch einen Gletscher oder eine Eisschicht.

Verwitterung Die Abtragung von Gestein, das dem Wetter ausgesetzt ist.

Wasserkreislauf Dieser Kreislauf beginnt mit der Verdunstung des Wassers über Meeren und Seen in die Luft, wo Wolken entstehen. Dann fällt das Wasser wieder als Regen oder Schnee zur Erde zurück und fließt schließlich wieder über Bäche und Flüsse in die Seen und Meere zurück.

Wasserscheide Trennung zwischen den Einzugsgebieten zweier Flüsse.

Wellenbrechung Prozeß, bei dem Wellen in Landnähe auf ein Hindernis treffen, so daß sie langsamer werden und ihre Richtung ändern müssen.

Windkanter Durch Wind und Sand geformtes Gestein.

Wolke In der Luft schwebende Masse winziger Wassertröpfchen und Eiskristalle.

Wüstenpflaster Glatte Oberfläche aus Steinen in der Wüste, nachdem feineres Material fortgeblasen oder -gespült wurde.

Zirrus Hohe, gefiederte, aus Eiskristallen bestehende Wolke.

Zyklon (meist) tropischer Wirbelsturm, nicht zu verwechseln mit *Zyklone* (s. u.)

Zyklone *Siehe Tiefdruckgebiet.*

Register

A

B

I

J

K

L

M

N

O

P

Danksagung

John Fardon dankt Ruth Iles für ihre unschätzbare Hilfe bei der Vorbereitung und der Kontrolle der Experimente, David Donkin für seine Ideen für den Modellbau und Chris Darmon für seine Beratung zu den Gesteinen und Mineralien.

Dorling Kindersley spricht all denen seinen Dank aus, deren Mitarbeit und Unterstützung zur Entstehung dieses Buches beigetragen haben.

BILDNACHWEIS

o = oben, M = Mitte, u = unten, r = rechts, l = links

Alex Arthur: 139, 150ol *British Library, mit freundlicher Genehmigung:* 22ur, 24–25 *Bruce Coleman Ltd: Melinda Berge* 53or; *Geoff Dore* 163ur; *M. P. L. Fogden* 54ol, 61ol; *Jeff Foote* 107ol; *Goetz Plage* 52–53; *Michael Dunning:* 102–103, 120, 164u; *Andreas Einsiedel:* 82 obere Reihe (l, M, r), 83ol, 83or, 83 Kasten (ol 2. Reihe l, 3. Reihe l, untere Reihe l und r), 85 Kasten (or, ul, ur, ur außen) *Mary Evans Picture Library:* 12M, 15ul, 22ul, 25ur, 28ul, 35Mr, 38or, 44uM, 78or, 88oM, 92Mr, 150ul, 157ur, 166ul, 177ur *The Geographical Society:* 134or *The Geological Society:* 66ul, 114ul *GeoScience Features Picture Library:* Dr. B. Booth 73or, 82ul, 82uM, 85 Kasten (ol, ol außen ur außen, ul außen), 89 *Geo Thermal Energy Project:* 34ol *The Image Bank: David de Lossy* 170or *Jay Maisel* 148–149 *Larry Pierce* 32–33 *John R. Ramey* 67ul *Barrie Rokeach* 72–73 *Bernard Roussel* 109or, 128or *Colin Keates:* 33o, 58Ml, 83 Kasten (or, 2. Reihe r, 3. Reihe r), 90 Kasten (alle) *Geoffrey Manders:* 74ol, 104ol, 117Mr *Jonathan Metcalf:* 97Mr, 165or *National Maritime Museum:* 11or, 23or, 34or *Stephen Oliver:* 79Ml *Science Photo Library: European Space Agency* 172ul *Simon Fraser* 180 Ml *John Heseltine* 114ol *NASA* 10–11, 12ol, 13Mr,22ol, 140ol, 143ur *(Dr. Gene Feldman),* 169or, 178or *David Parker* 64ol, 70or *Dr. Morley Read* 96ol *Karl Shane:* 149o, 157ul *Tony Stone Associates:* 42ol, 66or, 103or, 116ol, 126or, 130ol, 131Mr, 135ol, 136or, 138–139, 146or,176or, 179ur *Die Uffizien, Florenz:* 112or

ILLUSTRATIONEN

Caroline Brodie: 15Mr *David Donkin:* 169M *Richard Lewis:* 23Ml, 27u, 39u, 40u, 81, 110, 162 *Janos Marfy:* 15Ml, 54ul, 55o, 60ul, 63ol, 65Mr, 67Mr, 76Mr, 91Ml, 92ul, 129or, 135ur, 136u, 137u, 154l, 159u, 161ul, 169Mr, 173Mr, 180–181

COMPUTERZEICHNUNGEN

Joanna Figg-Latham: 43or, 49M, 54ur, 56or, 57ul, 58or, 58ul, 59u, 61or, 126, 129ol, 130ur, 132or, 133ur, 147uM *Martyn Foote:* 13um, 15ur, 16M, 20, 29, 35o, 38Mu, 40l, 42ur, 47o *Dawn Ryddner:* 23Mr, 26ur, 27u, 31Mr *Bryn*

Walls: 12ul, 18Mr, 22Mr, 31Ml, 31ur *Alistair Wardle:* 20–21, 24ul, 36ul, 44r, 50ul, 51ur, 60or, 61, 62or, 62Mr, 63M, 63Mr, 68ul, 69or, 69ur, 71Mr, 75Ml, 76ur, 77ur, 82Ml, 84ur, 85Mr, 86ul, 87ul, 95ur, 96Mr, 98ul, 100o, 104ur, 107ul, 113o, 113Mr, 115r, 116ur, 118or, 122Ml, 123or, 123ur, 124Ml, 125ol, 126ul, 127or, 133or, 135ul, 137or, 140ur, 142ur, 143ul, 144or, 145ur, 147u, 150ur, 151o, 153ur, 155or, 160or, 163ul, 164Mr, 167or, 169ol, 171M, 171Mr, 172Ml, 174ul, 175or, 176uM, 176or, 179o, 181or, 182, 183, 184,185or, 186, 187

MODELLBAU

David Donkin: 4, 7or, 7ur, 12ur, 13Ml, 15or, 18ur, 19ur, 20–21, 25ol, 27M, 36–37M, 43u, 45M, u, 46–47u, 50–51o, 64–65u, 68–69M, 70–71, 90–91, 114–115M, 150M, 155, 160u, 161, 167M, 167ur, 169, 173, 174–175M *Alison Donovan:* 6–7M, 93, 94–95, 104Mr, 105or, 113u *John Farndon:* 117Ml, 122–123 *Martyn Foote: 80u, 154u Geoffrey Manders:* 163o

KINDER

Amy Douglas: 143, 144 *Hayley-Clair Johnston:* 2or, 14, 15 *Antonia Kadri:* 84, 100, 154or *George Kelion:* 56, 63, 133, 142 *Zoe Kelion:* 62, 63, 137 *Emma Madden:* 11, 21M, 45M, 45u, 57, 121r, 132, 134 *Oliver Madden:* 16, 17, 26–27, 94ur, 95 *Meera Mallya:* 16uM, 30ul außen *Uma Mallya:* 16ul, 30ul *Geoffrey Manders:* 41r, 122, 123 *Darren McDonald:* 3ul, 18, 31, 38, 76–77, 82, 83, 118, 120, 152l, 177ul *Sam Redman:* 2Ml, 19, 30r, 41l, 61, 91, 146–147, 156u, 177o, 178–179 *Susannah Steel:* 56ur, 81r, 168r, 169r *Amy West:* 3or, 39, 59, 152r *Lisa West:* 28–29 *Paisley Wright:* 1r, 20–21, 45

Die anderen Kinder wurden von Little Boats Model Agency vermittelt